国家出版基金项目

中国战略性新兴产业研究与发展

R&D of China's Strategic New Industries

燃气轮机
Gas Turbine

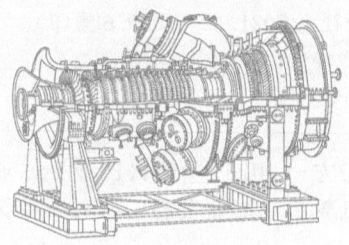

东方电气集团东方汽轮机有限公司 组编

方宇 主编

机械工业出版社
China Machine Press

本书主要内容分为10章，包括绪论、燃气轮机总体、压气机、燃烧室、透平、转子、辅助系统、控制与保护系统、试验验证技术和燃气轮机材料制造与运维技术，结构上涵盖了燃气轮机全部核心部件，内容涵盖了燃气轮机设计、制造、试验验证全部流程。在核心部件章节中，既有相关理论介绍、也有实际案例展示。书中多以东方电气集团东方汽轮机有限公司50MW重型燃气轮机为实例，基本可以展现当前国内自主研发的最新进展。

本书可以为政府部门制定政策法规、产业界人员进行技术决策提供参照，还可供工程技术人员和相关专业本科生、研究生学习参考。

图书在版编目（CIP）数据

中国战略性新兴产业研究与发展. 燃气轮机/方宇主编. —北京：机械工业出版社，2021.12（2025.6重印）
国家出版基金项目
ISBN 978-7-111-69792-3

Ⅰ.①中… Ⅱ.①方… Ⅲ.①新兴产业－产业发展－研究－中国②燃气轮机－产业发展－研究－中国 Ⅳ.①F269.24②TK47

中国版本图书馆CIP数据核字（2021）第248481号

机械工业出版社（北京市百万庄大街22号　邮政编码100037）
策划编辑：赵　敏　　责任编辑：赵　敏　王　良
责任校对：李　伟　　封面设计：德浩设计工作室
责任印制：张　博
北京建宏印刷有限公司印刷
2025年6月第1版第3次印刷
170mm×242mm・20.25印张・1插页・352千字
标准书号：ISBN 978-7-111-69792-3
定价：158.00元

电话服务　　　　　　　　　　　网络服务
服务咨询电话：(010)88361066　　年　鉴　网：http://www.cmiy.com
读者购书热线：(010)88379838　　机工官网：http://www.cmpbook.com
　　　　　　　(010)68326294　　机工官博：http://weibo.com/cmp1952
封底无防伪标均为盗版

为中华崛起传播智慧

To disseminate intelligence for the rise of China

中国战略性新兴产业研究与发展

编委会

主　任　路甬祥　第十届、十一届全国人大常委会副委员长，
　　　　　　　　　中国科学院院士，中国工程院院士
副主任　苏　波　第十三届全国政协经济委员会副主任
　　　　　　李　奇　机械工业信息研究院院长、机械工业出版社社长

委　员　（按姓氏笔画排序）
　　　　　　左世全　工业和信息化部装备工业发展中心政策规划处处长
　　　　　　石　勇　机械工业信息研究院副院长
　　　　　　龙伟民　新型钎焊材料与技术国家重点实验室主任
　　　　　　田长青　中国科学院理化技术研究所研究员
　　　　　　白云生　中国核科技信息与经济研究院副院长
　　　　　　邢　敏　中国内燃机工业协会秘书长
　　　　　　刘忠明　郑州机械研究所有限公司副总工程师
　　　　　　李耀文　中国液压气动密封件工业协会研究员
　　　　　　邱伏生　中国机械工程学会物流工程分会副理事长、副秘书长、
　　　　　　　　　　供应链专业委员会主任委员
　　　　　　宋晓刚　中国机械工业联合会执行副会长、中国机器人产业联盟
　　　　　　　　　　执行理事长
　　　　　　陆大明　中国机械工程学会副理事长兼秘书长
　　　　　　陈　明　同济大学工业4.0学习工厂实验室主任
　　　　　　陈吉红　国家数控系统工程技术研究中心主任、武汉华中数控股份
　　　　　　　　　　有限公司董事长
　　　　　　周　宇　中国轴承工业协会常务副理事长兼秘书长
　　　　　　周　济　中国工程院院士
　　　　　　周　锋　天津电气科学研究院有限公司常务副总经理
　　　　　　周奇才　同济大学机械与能源工程学院教授、博士生导师
　　　　　　郑爱军　北京国脉互联信息顾问有限公司总裁
　　　　　　赵　炳　同济大学机械与能源工程学院机械电子所副所长
　　　　　　赵志明　中国石油和石油化工设备工业协会首席顾问
　　　　　　宣　成　杭州东华链条集团有限公司副董事长
　　　　　　翁云宣　北京工商大学化学与材料工程学院教授、博士生导师
　　　　　　郭　锐　机械工业信息研究院党委书记、机械工业出版社总编辑
　　　　　　蒋　明　杭州制氧机集团股份有限公司董事长、中国通用机械工业协会
　　　　　　　　　　副会长
　　　　　　程宏飞　长安大学地球科学与资源学院副院长
　　　　　　谢鹏程　北京化工大学教授、博士生导师

《中国战略性新兴产业研究与发展·燃气轮机》
执行编委会

主　编：方　宇

副主编：赵世全　谢永慧　孔祥林　张　荻　艾　松　宋立明

撰稿人（按姓氏笔画排序）：

王顺森　邓清华　田晓晶　付　雷　冯珍珍　成　露　朱光宇

苏鹏飞　李　平　李　冠　李　浦　李　鑫　李定骏　李祥晟

杨照宏　张琼元　赵　攀　赵仕志　赵代银　胡胜波　徐　健

高　进　程国强　熊建坤　黎汝坚

中国战略性新兴产业研究与发展
编委会办公室

主　任　石　勇（兼）

副主任　刘成忠　田付新

成　员　赵　敏　刘世博　曹　军　任智惠　张珂玲

序言

全球金融危机和经济衰退发生以来,美欧日俄等为应对危机、复苏经济、抢占未来发展的先机和制高点,都在重新审视发展战略,不断加快推进"再工业化",培育发展以新能源、节能环保低碳、生物医药、新材料与高端制造、新一代信息网络、智能电网、海洋空天等技术为支撑的战略性新兴产业,在全球范围内构建以战略性新兴产业为主导的新产业体系。力图通过新一轮技术革命的引领,重新回归实体经济,创造新的经济增长点。这已成为很多国家摆脱危机、实现增长、提升综合国力的根本出路。可以预计,未来的二三十年将是世界大创新、大变革、大调整的历史时期,人类将进入一个以绿色、智能、可持续发展为特征的知识文明时代。那些更多掌握绿色、智能技术,主导战略性新兴产业发展方向的国家和民族将在未来全球竞争合作中占据主导地位,赢得全球竞争合作,共享持续繁荣进程中的主动权和优势地位。

为应对金融危机和全球性经济衰退以及日趋强化的能源、资源和生态环境约束,以实现中国经济社会的科学发展、和谐发展、持续发展,党中央、国务院提出加快调整产业结构、转变经济发展方式,加快培育和促进战略性新兴产业发展的方针,出台了《国务院关于加快培育和发展战略性新兴产业的决定》以及相关政策举措。可以肯定,未来5～10年将是我国结构调整与改革创新发展的一个新的战略机遇期,将通过继续深化改革,扩大开放,提升自主创新能力,建设创新型国家,实现我国科技、产业、经济由大变强的历史性跨越,我国经济社会发展将走出一条依靠创新驱动,绿色智能,科学发展、和谐发展、持续发展之路,实现中华民族的伟大复兴。

展望未来,高端装备制造、新能源汽车、节能环保、新一代信息技术、生物医药、新能源、新材料、绿色运载工具、海洋空天、公共安全等全球战略性新兴产业将形成十几万亿美元规模的宏大产业,成为发展速度最快,采用高新技术最为密集,最具持续增长潜力的产业群落。战略性新兴产业的发展需求也将拉动技术的创新突破和产业的结构调整，为包括我国在内的全球经济发展注入新的强大动力。

在世界各国高度重视培育和发展战略性新兴产业的新形势下，编写一套"中国战略性新兴产业研究与发展"图书，借鉴国外相关产业发展的成功经验，对行业发展思路、发展目标、发展战略、发展重点、投资方向、政策建议等方面进行全面、系统研究，凝聚对战略性新兴产业内涵和发展重点的认识，为国家战略性新兴产业发展规划的顺利实施，以及政府和有关部门制定促进战略性新兴产业发展的相关政策和法规提供参考，具有十分重要的现实意义。

"中国战略性新兴产业研究与发展"系列图书对相应产业的阐述、分析均注重强调战略性新兴产业的六个主要特点：

一是**绿色**。战略性新兴产业属于能耗低、排放少、零部件可再生循环的"环保型""绿色型"产业，无论从产品的设计、制造、使用，还是回收、再利用等整个生命周期的各个环节，对资源的利用效率与对环境的承载压力均要求达到最理想水平。

二是**智能**。新型工业化要求坚持以信息化带动工业化、以工业化促进信息化，即要实现"两化融合"。而"两化融合"决定了智能是未来产业尤其是战略性新兴产业的发展方向。所谓智能，是指制造过程的智能化、产品本身的智能化、服务方式的智能化。这些均是智能的最基本层次，它还具有其他更为丰富的内涵。例如，智能电网，通过先进的传感和测量技术、先进的设备技术、先进的控制方法以及先进的决策支持系统技术的应用，可实现电网的可靠、安全、经济、高效、环境友好和系统安全等方面的智能；智能汽车不只是安全智能，还包括节能、减排、故障预警等方面的智能。

三是**全球制造**。随着全球化趋势不断深化，战略性新兴产业的发展成果也必将是由全人类共创共享。新产品的研制开发，不再由一个企业独自完成，需要集成各方面优势资源共同解决。例如，iPhone 在中国完成装配，但它的设计、研发以及许多零部件的供应都是在美国、日本和欧洲实现的，其本身就是一个全球化的产品。因而，未来的制造必然是全球化制造、网络化制造。

四是满足个性化需求与为更多人分享相结合。目前中国有14亿人口，印度有13亿人口，还有巴西、印度尼西亚等新兴国家、发展中国家也都要实现现代化。在全球如此规模庞大的人群中，既存在富裕阶层、高消费阶层，他们的消费需求是个性化、多样化的；又有占比较大的中产阶层、贫困人口，他们的消费需求是基本层次的，但也不能被忽视。两种类型的消费需求必须同时被满足，这不仅是构建和谐社会的需要，而且是构建和谐世界的需要。因此，我国发展战略性新兴产业，应该既要满足中高端个性化的需求，同时又要满足我国与其他发展中国家广大普通消费者的需求。要把个性化的设计、个性化的产品生产，与规模化、工业化的传统生产结合起来，不能完全抛弃传统的规模化生产方式。

五是可持续。要使有限的自然资源得以有效、可持续利用，发展利用可再生资源、能源，强调发展再制造、循环经济。无论是原材料使用，还是零部件制造，从研发、设计之初就考虑到了生产中的废料、使用后的残骸的回收处置，使其能够重新得到循环利用。

六是增值服务。培育发展战略性新兴产业需要注意在设计制造过程中与产品售后、使用过程中提供相关增值服务。不应再局限于传统的观念，只注重制造本身，而不注重服务的价值。例如，发展电动汽车产业，必须首先解决好商业模式问题，包括充电桩建设、电池更换、废旧电池回收等服务，否则将无法广泛推广。

"中国战略性新兴产业研究与发展"系列图书内容丰富、资料翔实、观点鲜明、立意高远，并力求充分体现出"四性"，即科学性、前瞻性、指导性和基础性。

第一，**体现科学性**。所谓科学性，就是指以科学发展观为指导。科学发展观的核心是以人为本，基本要求是全面、协调、可持续，根本方法是统筹兼顾，符合客观规律。"中国战略性新兴产业研究与发展"系列图书既要能够为党中央、国务院提出的加快发展战略性新兴产业的总体战略服务，又不应受到行业、部门的局限，更不能写成规划或某些部门规划的解读材料，而应能够立足于事物客观规律、立足于全局。各分册编写组同志重视调查、研究，力求对国情、科技、产业及全球相关产业的发展态势有比较准确的把握，努力为我国战略性新兴产业的发展提供一本基于科学基础的好素材。这套图书立足我国国情，而不是简单地把发达国家的相关产业信息进行综合、编译，照搬照抄。当然，我国发展战略性新兴产业不能"闭门造车"，而是要坚持开放性，积极参与国际分工合作，充分利用全球优势资源，提高发展的起点和水平。因而，有必要参照国际成功经验与最新发展趋势，但一定要以我国国情和产业特点为根本出发点，加快培育和发展有中国特色的、竞争能力强的战略性新兴产业。

第二，体现**前瞻性**。一是能够前瞻战略性新兴产业的发展，因为这套图书是战略性新兴产业的发展指导书。二是能够前瞻战略性新兴产业技术的发展。为了做好这两个前瞻，必须要适当地前瞻全球经济、我国经济与战略性新兴产业发展的趋势。只讲发展现状是不够的，因为关于现状的资料很多，通过简单的网络搜索即可查到；也不能只罗列国外的某些规划和发展战略。"中国战略性新兴产业研究与发展"系列图书的编写注重有深度的科学分析与前瞻性的研究。

第三，体现**指导性**。"中国战略性新兴产业研究与发展"系列图书本身就是指导书，能够对产业、对技术、对国家制定政策，甚至在未来国家发展战略与规划的制定等方面发挥一定的引导作用与影响。虽然不能说这套图书可以指导国家战略与规划的制定，但是应该努力发挥其积极的引导作用。

第四，体现**基础性**。所谓基础性，就是指要能够提供战略性新兴产业的基础信息、基础知识，以及我国和有关国家在相关产业发展方面的基本战略，主要的法规、政策和举措，并尽可能提供一些基本的技术路线图。比如，在轴承分册，就描述了一个轴承产业发展的路线图。唯有如此，"中国战略性新兴产业研究与发展"系列图书才能满足原来立项的宗旨——不仅要为工程技术界、大学教师、大学生与研究生提供学习参考书，为产业界的技术人员、管理人员提供决策参照，而且要为政府部门的政策法规制定者提供参考。

机械工业出版社是具有60多年历史的专业性综合型出版机构，改革开放后，随着市场经济的发展，机械工业出版社不断改革转型，不但形成了完善的编辑出版工作流程和质量保证体系，而且编辑人员作风严谨，工作创新。

"中国战略性新兴产业研究与发展"系列图书不仅是一套科技普及书，更是一套产业发展参考书，必须既要介绍国内外战略性新兴产业的发展情况，又要阐述相关政策、法规、扶植措施等内容。因此，这套图书的组编单位、编写负责人和编写工作人员必须要有相关积累和优势。"中国战略性新兴产业研究与发展"系列图书所选的分册主编和作者主要是精力充沛的业内中青年专家，并由资深专家负责相应的编审、校审工作。现在看来大多数工作由中青年同志担当，是完全符合实际的。此外，这套图书的编著还充分发挥了有关科研院所、行业学会和协会的作用，他们的优势在于对行业比较熟悉，并掌握了较为丰富的资料。

最后，特别感谢国家出版基金对"中国战略性新兴产业研究与发展"系列图书的大力支持！感谢全体编写出版人员的辛勤劳动！

期望"中国战略性新兴产业研究与发展"为社会各界了解战略性新兴产业提供帮助，期待中国战略性新兴产业培育和发展尽快取得重大突破，祝愿我国在不久的将来实现由经济大国向经济强国的历史性跨越！

是为序。

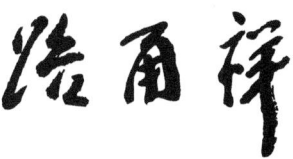

前言

燃气轮机被誉为制造业"皇冠上的明珠",是清洁发电和动力装置的关键核心设备,是涉及能源和国防安全的战略性新兴产业,代表了一个国家的先进科技水平和尖端制造水平。21世纪初,我国通过"打捆招标"以市场换技术的方式引进F级重型燃气轮机技术。经过近20年的发展,目前国内在运的F级重型燃气轮机有近200台,国产化率最高可达80%。然而这些机组的高温部件仍然需要依赖进口,为了打破这种局面,"十三五"以来我国加快了燃气轮机的自主研发。

燃气轮机产业的可持续发展,必须打通全产业链,实现产业链、创新链、资金链和政策链的深度融合。国家政策的指导,产业链上游天然气燃料、精密阀门、高温原材料等的供应,中游制造商的制造能力,下游用户对自主燃气轮机的接受和验证,高校/科研院所的理论支撑等都是影响我国自主燃气轮机产业的重要因素。

作为央企,东方电气集团东方汽轮机有限公司主动对接国家战略需求,于2009年牵头开展国内首台F级50MW重型燃气轮机的研发,经过十余年的潜心研发已经取得了一些成果。公司本就希望能够找到一种合适的方式在行业内部进行分享和交流,为行业进步贡献力量,此次恰好受到机械工业出版社承担的国家出版基金项目的委托,以书籍的形式,力求从"体系完整、技术前沿、典型应用、未来展望"等多维度体现国内燃气轮机研发与制造的最新进展。

本书主要内容分为10章,包括绪论、燃气轮机总体、压气机、燃烧室、透平、转子、辅助系统、控制与保护系统、试验验证技术和燃气轮机材料制造与运维技术,结构上涵盖了燃气轮机全部核心部件,内容上涵盖了燃气轮机设计、制造、试验验证全部流程。在核心部件章节中,既有相关理论介绍,也有实际案例展示,可供工程技术人员和相关专业本科生、研究生学习参考。书中多以东方电气集团东方汽轮机有限公司50MW重型燃气轮机为实例,基本可以展现当前国内自主研发的最新进展,可以为政府部门制定政策法规、产业界人员进行技术决策提供参照。

本书由东方电气集团东方汽轮机有限公司联合西安交通大学共同编写。由谢永慧和孔祥林负责协调、汇总和校对,由赵世全负责审稿,各章节的编写多由团队中的中青年同志担当,在此感谢所有参编人员的辛勤付出!特别是谢永慧教授及其团队,他们将偏工程应用的素材进行理论扩充、相互融合,花费了大量的心力和时间,在此表示感谢!编写中我们参阅了相关著作、论文和工作报告,甚至引用或介绍了他们的观点,在此表示感谢!

由于编者水平有限,书中难免有不足或错误之处,恳请广大读者批评指正,帮助我们不断完善。

2021年10月

编写说明

《国务院关于加快培育和发展战略性新兴产业的决定》确定了我国未来经济社会发展的战略重点和方向是战略性新兴产业,并且根据我国国情和科技、产业基础,又进一步明确为现阶段重点发展节能环保、新一代信息技术、生物、高端装备制造、新能源、新材料、新能源汽车、数字创意和相关服务业九大新兴产业。可见,九大战略性新兴产业将是国家重点支持、大力推广的产业。

为了使大家全面理解、准确把握、深刻领会国家这一战略决定的精神实质,了解其发展内涵,推动产业结构升级和经济发展方式转变,增强国际竞争优势,抢占新一轮经济和科技制高点,机械工业出版社在国家出版基金的支持下,组织各领域权威专家编写了一套"中国战略性新兴产业研究与发展"(以下简称"研究与发展")图书。

"研究与发展"以国家相关发展政策和规划为基础,借鉴国外相关产业发展的成功经验,对产业发展思路、发展目标、发展战略、发展重点、投资方向、政策建议等方面进行了全面、系统的研究;对前瞻性、基础性和目前产业上有瓶颈限制的问题提出了有针对性的对策。

"研究与发展"采用分期分批的出版方式陆续出版发行,第一期12个分册、第二期13个分册分别于2013年6月和2018年2月完成出版,第一期的分册包括太阳能、风能、生物质能、智能电网、新能源汽车、轨道交通、工程机械、水电设备、农业机械、数控机床、轴承和齿轮,第二期的分册包括功能材料、物流仓储装备、紧固件、模具、内燃机、塑料机械、塑木复合材料、物联网、制冷空调、智能制造装备、非常规油气、中压开关和数据中心。本次出版的第三期29个分册图书包括:智慧工业、生物基材料、数据与企业治理、智慧经济、智能注塑机、数据赋能、高端轴承、冷链物流、智能汽车、通用航空、远程设备智能维护、智能供应链、智能化立体车库、气体分离设备、焊接材料与装备、高端液气密元件、高端链传动系统、风电齿轮箱、海洋油气装备、燃气轮机、变频调速设备、电子信息功能材料、智能制造、数控系统、工业机器人、核电、智慧交通、增材制造以及内燃机再制造产业发展与技术路线。今后根据国家产业政策要求及各行业的发展情况还将陆续推出其他分册。

为了出版好"研究与发展",机械工业出版社成立了"中国战略性新兴产业研究与发展"编委会,全国人大常委会原副委员长路甬祥担任编委会主任。路甬祥副委员长对该套图书的编写高度重视,亲自参加编委研讨会,多次提出重要指导意见。他从图书的定位、内容选材、作者队伍建设和运作流程等方面都给予了全面和具体的指导,并提出了"六个特点"和"四性"的具体要求。

机械工业出版社还建立了完善的项目管理、编写组织、出版规范和网络支撑四个方面的工作体系来保证图书质量,投入了大量的精力组织行业权威专家规划内容结构、研讨内容特色。参与图书编写的主创人员自觉自愿地把自己的聪明才智和研究成果奉献给社会,奉献给国家。他们都担负着繁重的科研、教学、行业管理或生产任务,为了使此书能够早日与大家见面,他们不辞辛苦、加班加点,因为他们都有一个共同心愿——帮助企业快速成长,使中国由大变强。

在此,衷心地感谢为此项工作付出大量心血的组编单位、各位专家、各位撰稿人及编辑出版工作人员!

尽管我们做了大量工作,付出了巨大努力,但仍难免有疏漏或不足之处,敬请读者批评指正!

中国战略性新兴产业研究与发展　编辑部
2021 年 1 月

目录 CONTENTS

序言
前言
编写说明

第 1 章　绪论 ·································· 1
  1.1　燃气轮机的特点、组成及基本工作原理 ············· 2
    1.1.1　燃气轮机的特点 ························· 2
    1.1.2　燃气轮机的组成及基本工作原理 ············ 3
  1.2　燃气轮机的类型 ····························· 5
    1.2.1　按热力循环分类 ························· 5
    1.2.2　按设计体系分类 ························· 6
    1.2.3　按燃烧温度等级分类 ····················· 7
  1.3　燃气轮机的发展历史 ························· 7
    1.3.1　国际燃气轮机的发展历史 ·················· 7
    1.3.2　我国燃气轮机的发展历史 ················· 10
  1.4　燃气轮机的应用 ···························· 13
  1.5　燃气轮机技术现状及发展趋势 ·················· 14
    1.5.1　世界技术现状 ·························· 14
    1.5.2　我国技术现状 ·························· 14
    1.5.3　燃气轮机技术发展趋势 ··················· 16

第 2 章　燃气轮机总体 ························· 19
  2.1　燃气轮机的循环 ···························· 20
    2.1.1　燃气轮机的简单循环 ···················· 20
    2.1.2　燃气轮机的复杂循环 ···················· 21
  2.2　燃气轮机性能分析 ·························· 24
    2.2.1　燃气轮机的性能指标 ···················· 24

2.2.2　理想简单循环性能分析 ·················· 26
　　2.2.3　部件损失等参数对循环性能的影响 ············ 29
2.3　燃气轮机总体结构及特点 ······················ 36
　　2.3.1　燃气轮机总体结构 ····················· 36
　　2.3.2　燃气轮机模块特点 ····················· 38
2.4　燃气轮机总体设计 ························· 40
　　2.4.1　热力计算具体方法 ····················· 40
　　2.4.2　燃气轮机总体设计实例 ··················· 44
2.5　燃气轮机联合循环 ························· 56
　　2.5.1　燃气-蒸汽联合循环 ···················· 56
　　2.5.2　整体煤气化联合循环 ···················· 57

第3章　压气机 ······························ 59
3.1　压气机的主要功能 ························· 60
3.2　压气机气动设计概述 ························ 61
　　3.2.1　压气机气动设计的基本流程 ················· 61
　　3.2.2　影响级压比的主要因素 ··················· 61
　　3.2.3　基元叶型 ························· 63
3.3　压气机特性 ···························· 65
　　3.3.1　特性的产生 ························ 65
　　3.3.2　特性上的关键状态 ····················· 68
3.4　压气机气动设计示例 ························ 71
　　3.4.1　压气机一维设计 ······················ 71
　　3.4.2　压气机二维设计 ······················ 73
　　3.4.3　压气机叶型设计 ······················ 75
　　3.4.4　压气机三维CFD分析 ···················· 75
　　3.4.5　压气机的喘振特性 ····················· 77
3.5　压气机叶片强度振动设计概述 ···················· 78
　　3.5.1　压气机静叶片和动叶片结构 ················· 78
　　3.5.2　叶片强度分析 ······················· 79
　　3.5.3　叶片振动分析 ······················· 83
　　3.5.4　叶片颤振分析 ······················· 86

第4章 燃烧室 89

4.1 燃烧室的基本工作原理与结构 90
4.1.1 燃烧室的基本工作原理 90
4.1.2 燃烧室的结构 91
4.1.3 燃烧室的类型 96

4.2 燃烧室设计概述 100
4.2.1 燃烧室概念设计 101
4.2.2 燃烧室关键部件气动设计 102
4.2.3 燃烧室冷却设计 106

4.3 高效低污染燃烧技术 106
4.3.1 贫预混燃烧 107
4.3.2 催化燃烧 108
4.3.3 RQL 燃烧 108
4.3.4 变几何燃烧室 109
4.3.5 分级燃烧 110
4.3.6 柔和燃烧 111
4.3.7 驻涡燃烧 111
4.3.8 增压燃烧 112
4.3.9 高效低污染燃烧技术的应用 112

第5章 透平 115

5.1 透平的基本原理及功能 116
5.1.1 燃气轮机透平的基本概念 116
5.1.2 用于描述透平气动热力过程的基本方程 117
5.1.3 透平级的速度三角形 118
5.1.4 损失及效率的定义 120

5.2 透平气动设计概述 122
5.2.1 透平气动设计流程 122
5.2.2 初始方案设计 123
5.2.3 通流方案设计 125
5.2.4 叶型设计 125

5.3 透平气动设计示例 · 127
  5.3.1 透平一维设计 · 127
  5.3.2 透平二维设计 · 129
  5.3.3 透平叶型设计 · 130
  5.3.4 透平三维 CFD 分析 · 130

5.4 透平叶片冷却 · 131
  5.4.1 内部冷却 · 131
  5.4.2 气膜冷却 · 133
  5.4.3 典型叶片冷却结构 · 134

5.5 透平叶片强度振动设计概述 · · · · · · · · · · · · · · · · · · · 135
  5.5.1 叶片和轮盘的结构 · 135
  5.5.2 叶片强度分析 · 136
  5.5.3 叶片振动分析 · 145
  5.5.4 叶片蠕变分析 · 147
  5.5.5 叶片低周疲劳寿命分析 · · · · · · · · · · · · · · · · · 149

第 6 章 转子 · 153

6.1 燃气轮机转子类型及结构 · 154
  6.1.1 中心拉杆组合式转子（西门子 V94.3A 和
       SGT5-8000H）· 154
  6.1.2 周向拉杆组合式转子（东汽 G50）· · · · · · · · · 155
  6.1.3 周向拉杆组合式转子（三菱 M701F）· · · · · · · 157

6.2 燃气轮机转子结构强度设计概述 · · · · · · · · · · · · · · · 159
  6.2.1 等厚度轮盘应力分析 · · · · · · · · · · · · · · · · · · · 159
  6.2.2 燃气轮机转子轮盘应力二维有限元分析和校核 · · · · 160
  6.2.3 燃气轮机转子轮盘应力三维有限元分析和校核 · · · · 162
  6.2.4 燃气轮机转子强度校核方法 · · · · · · · · · · · · · 163

6.3 转子动力学设计概述 · 165
  6.3.1 拉杆组合式转子动力学模型 · · · · · · · · · · · · · 168
  6.3.2 燃气轮机气缸动刚度计算 · · · · · · · · · · · · · · · 171
  6.3.3 转子叶片断裂突加不平衡的瞬态响应分析 · · · · · 172
  6.3.4 燃气轮机轴系扭振特性分析 · · · · · · · · · · · · · 174

6.4 二次空气系统 · 177
    6.4.1 二次空气系统概述 · 177
    6.4.2 二次空气系统的主要功能 · 178

第 7 章 辅助系统 · 179

7.1 燃料供应系统 · 180
    7.1.1 气体燃料供应系统 · 180
    7.1.2 液体燃料供应系统 · 184

7.2 进、排气系统 · 185
    7.2.1 进气系统 · 186
    7.2.2 进气冷却技术 · 187
    7.2.3 排气系统 · 189

7.3 润滑油系统 · 190
    7.3.1 润滑油系统的组成及流程 · 190
    7.3.2 润滑油系统的主要部件 · 192

7.4 起动与盘车系统 · 199
    7.4.1 起动机 · 199
    7.4.2 盘车系统 · 200

第 8 章 控制与保护系统 · 203

8.1 单轴燃气轮机控制系统 · 204
    8.1.1 单轴燃气轮机控制原理概述 · 204
    8.1.2 起动升速控制 · 206
    8.1.3 转速/功率控制 · 207
    8.1.4 排气温度控制 · 210
    8.1.5 压比限制控制 · 211
    8.1.6 功率限制控制 · 211
    8.1.7 IGV 控制 · 212

8.2 单轴燃气轮机程序顺控系统 · 213

8.3 单轴燃气轮机保护系统 · 214
    8.3.1 单轴燃气轮机保护系统概述 · 214

8.3.2　超速保护 ················· 214
　　8.3.3　超温保护 ················· 215
　　8.3.4　燃烧监测保护 ············· 215
　　8.3.5　热通道温度保护 ··········· 216
　　8.3.6　喘振保护 ················· 216
　　8.3.7　振动保护 ················· 216
　　8.3.8　热悬挂监测 ··············· 216
8.4　单轴燃气轮机停机控制 ············· 216
　　8.4.1　正常停机 ················· 216
　　8.4.2　紧急停机 ················· 218
8.5　单轴燃气轮机控制与保护系统示例 ··· 220
　　8.5.1　燃气轮机控制系统示例 ····· 220
　　8.5.2　燃气轮机保护系统示例 ····· 225
8.6　分轴燃气轮机控制系统 ············· 228
　　8.6.1　分轴燃气轮机结构带来的控制新问题 ············· 228
　　8.6.2　分轴燃气轮机控制系统的形成 ··· 231
　　8.6.3　动力透平喷嘴可调的分轴燃气轮机控制 ············ 233
8.7　多轴燃气轮机控制系统 ············· 233

第9章　试验验证技术 ················· 237
9.1　燃气轮机测量技术 ················· 238
　　9.1.1　燃气轮机稳态参数测量 ····· 238
　　9.1.2　燃气轮机动态参数测量 ····· 241
　　9.1.3　燃气轮机特种测量技术 ····· 243
9.2　压气机试验 ······················· 247
　　9.2.1　压气机试验台 ··············· 247
　　9.2.2　压气机试验方案 ············· 248
　　9.2.3　压气机试验典型结果 ········· 249
9.3　燃烧室试验 ······················· 252
　　9.3.1　燃烧室试验台 ··············· 252
　　9.3.2　常压试验 ··················· 254
　　9.3.3　中、高压试验 ··············· 255

XIX

9.4 透平试验 ········· 256
 9.4.1 叶栅气动试验 ········· 257
 9.4.2 透平叶片冷却试验 ········· 260
 9.4.3 二次空气系统试验 ········· 263
9.5 整机试验和验收试验 ········· 264
 9.5.1 整机试验 ········· 264
 9.5.2 验收试验 ········· 265

第10章 燃气轮机材料、制造与运维技术 ········· 267

10.1 叶片制造工艺 ········· 268
 10.1.1 叶片结构与材料 ········· 268
 10.1.2 叶片制造技术 ········· 271
10.2 转子制造工艺 ········· 277
 10.2.1 转子结构与材料 ········· 277
 10.2.2 转子制造技术 ········· 279
10.3 燃烧室制造工艺 ········· 283
 10.3.1 燃烧室结构与材料 ········· 283
 10.3.2 燃烧室制造技术 ········· 284
10.4 气缸类部件制造工艺 ········· 286
 10.4.1 气缸类部件结构与材料 ········· 286
 10.4.2 气缸类部件制造技术 ········· 287
10.5 涂层制备与喷涂 ········· 288
 10.5.1 涂层类别 ········· 288
 10.5.2 涂层材料及制备工艺 ········· 290
10.6 运维技术 ········· 290
 10.6.1 燃气轮机运维概述 ········· 290
 10.6.2 燃气轮机检修内容 ········· 291
 10.6.3 热部件寿命管理 ········· 294

参考文献 ········· 296

第 1 章

绪论

燃气轮机是关系国家安全、稳步发展和国民经济持续增长的重大动力装备，代表国家综合科技水平和强大工业制造的硬实力，被誉为工业制造领域"皇冠上的明珠"，是展现一个国家先进科技水平、强大军事实力和综合国力的重要标志。燃气轮机在电力、能源开采与输送、舰船以及分布式能源系统方面具有不可替代的战略地位和作用。

燃气轮机的核心技术主要掌握在发达国家手中，国内燃气轮机装机和服务市场基本被国外公司掌控。通用、三菱、西门子三家企业产量一直位列全球前三，这种市场格局自1989年以来就没有发生过明显变化。在燃气轮机装机和服务市场中，高温部件利润最高，也一直被国外公司掌控。当前国际燃气轮机巨头掌握了大量核心专利和完整的产业链，形成了严密且完备的知识产权保护体系。其关键设计及核心部件的制造维修等技术都对我国进行严格控制和封锁，拒绝转让，特别是关于热端高温部件对我国筑起了技术壁垒。虽然向我国转让了冷端制造技术，但严密封锁燃气轮机设计、试验、热端制造技术，通过专利限制关键技术的转移。民用燃气轮机产品虽然可从国外购买，但维修和保障完全受制于人，费用高昂。随着国际形势的变化，燃气轮机技术和产品引进被限制的风险逐渐增加，一旦风险变现，国内将无法继续引进高性能燃气轮机，已有燃气轮机电厂设备维护、检修也将无法持续，这给我国能源安全和社会发展带来巨大隐患。

为了解决燃气轮机核心关键技术的"卡脖子"问题，国家出台政策，大力支持燃气轮机自主化研发。"十三五"期间，国家推出了多项政策促进燃气轮机的自主研发。2018年，国家能源局发布了对24个燃气轮机型号和2个运维服务项目的创新发展示范项目。当前我国燃气轮机产业已进入快速发展阶段，将重点突破发电用重型燃气轮机、工业驱动用中型燃气轮机、分布式能源用中小型燃气轮机以及燃气轮机运维服务技术，逐步发展壮大我国的燃气轮机产业。

1.1 燃气轮机的特点、组成及基本工作原理

1.1.1 燃气轮机的特点

燃气轮机（图1-1）是发电系统的核心装备之一，在能源行业中具有十分重要的战略地位。自1939年瑞士诞生世界第一台发电用燃气轮机起，经过80余年

发展，以燃气轮机为核心的联合循环电站已经成为目前发电的重要形式，占全球发电量的 20% 以上。较之传统的蒸汽轮机，燃气轮机及其联合循环发电有以下优势：

1）效率高。随着高温材料开发的不断突破，叶片冷却技术不断取得进展，透平前的燃气初温逐步提高，压气机的压比也越来越大，使燃气轮机的效率逐渐提升。目前，重型燃气轮机的简单和联合循环效率分别可达 40% 和 60% 以上。

2）体积相对较小，使用便捷。燃气轮机部件紧凑，体积相对较小，相比传统蒸汽轮机装置，不仅设备规模小，而且占用空间小，便于移动部署。

3）燃料适应性广，清洁环保。燃气轮机可以采用天然气、氢气、柴油、酒精等多种燃料。通过严格控制燃烧过程或对烟气进行脱硝处理，可以有效减少氮氧化物、硫氰化物等污染物的产生。燃用氢气的燃气轮机则可以真正实现零排放。

4）噪声小，安全可靠。燃气轮机运行稳定，有利于电网安全运行；产生的噪声低频分量很低，并且易于处理，环境影响相对较小。

图 1-1　燃气轮机基本结构示意图（东汽 G50 燃气轮机）

1.1.2　燃气轮机的组成及基本工作原理

现代燃气轮机主要由压气机、燃烧室和透平三部分组成，其基本热力循环是由绝热压缩、等压加热、绝热膨胀和等压冷却四个过程组成的布雷顿循环（Brayton cycle）（图 1-2）。压气机和透平都是高速旋转的叶轮机械，主要进行工质能量与机械功之间的相互转换。压气机由透平驱动连续地从大气中吸入空气并压缩升压，压缩后的空气进入燃烧室，与喷入的燃料混合燃烧成为高温燃气，然后进入透平膨胀做功，做功后的燃气压力降至大气压并排入大气。就像从低处提升至高处的石头势能显著增加一样，燃烧后形成的高温燃气的做功能力也大大提高，因而透平的输出功明显大于压气机耗功,这些富余的功可对外输出,用以驱动负载。在上述工作过程中,燃烧室燃烧加热过程的压力近似不变,因此燃气轮机热力循环也称为等压燃烧加热循环。

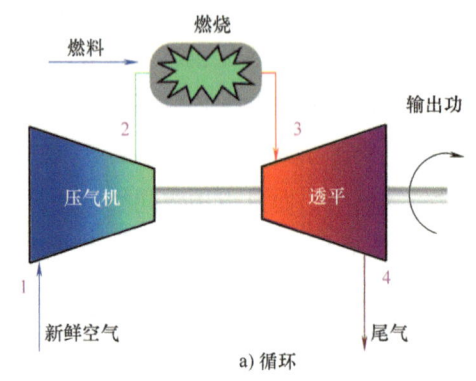

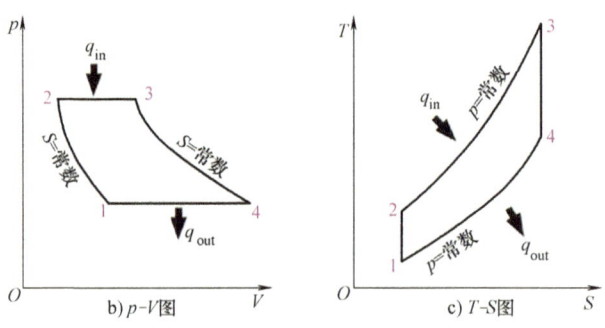

图1-2 布雷顿循环示意图

只由压气机、燃烧室和透平这三大部件组成的燃气轮机循环称为简单循环。这种循环具有体积小、重量轻、起动快、冷却水用量少等优势,是大多数燃气轮机采用的循环方案。一般来说,燃气轮机发电系统中,透平做功的1/2～2/3用于驱动压气机,其余1/3左右用于发电。燃气轮机起动时,需要外界提供动力带动压气机升速,直到透平做功大于压气机耗功时,才可解除外界动力,此时燃气轮机可正式工作。压气机压比和透平进口燃气初温是决定燃气轮机运行效率的重要因素,并呈现正相关的变化规律。目前,高参数燃气轮机一般在低压压气机和高压压气机间设有中冷器,以提高压比,部分燃气轮机还设有再热器。

除简单循环外,基于能量梯级利用原则,国内外各大主机厂一直致力于研发高效燃气-蒸汽联合循环机组(图1-3),以合理利用排烟温度,提升循环效率。较之简单循环，燃气-蒸汽联合循环通过将燃气轮机高温尾气引入余热锅炉，产生的蒸汽进入蒸汽轮机再发电，极大地提高了循环效率。最新的 H 级燃气轮机，如美国通用电气公司（简称 GE 公司）9HA 燃气轮机、三菱公司 M701J 燃气轮机和西门子公司 SGT6-9000HL 燃气轮机等，其联合循环效率已突破 64%。

图 1-3　典型的燃气-蒸汽联合循环机组示意图

1.2　燃气轮机的类型

1.2.1　按热力循环分类

（1）等压加热循环与等容加热循环　在燃气轮机早期发展过程中，曾发展过等容加热循环，特点为加热过程是断续爆燃，其燃烧室需要设置进气阀和排气阀。与等压加热循环相比，等容加热循环的燃烧室结构复杂，透平进气压力脉动大、工作效率低，机组效率很难提高。因此这种循环逐渐被人们放弃，现用的燃气轮机都是按照等压加热循环来设计和运行的。

（2）开式循环与闭式循环　开式循环的工质来自大气又排入大气（图1-4a），闭式循环的工质则与外界隔绝，被封闭地循环使用（图1-4b）。第一台闭式循环燃气轮机在 1940 年就已投入运行，虽然经过多年发展，但因效率提高受到很大限制，而且设备笨重、造价高，至今未被推广应用，目前现用的燃气轮机大多为开式循环机组。

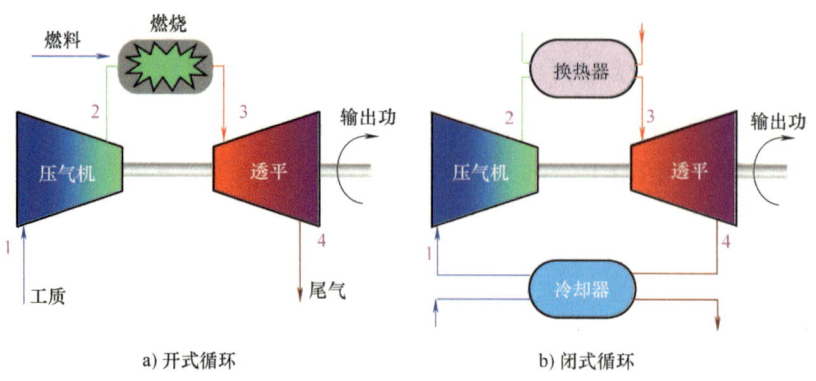

图1-4　开式循环及闭式循环示意图

（3）现用的热力循环　燃气轮机工质的工作过程包括一次压缩、一次燃烧加热、一次膨胀做功，这是构成燃气轮机循环必不可少的过程，称为简单循环。如果将透平高温排气用来加热压气机压缩后的空气，提高进入燃烧室的空气温度、减少燃烧室中燃料的加入量，从而提高机组效率，这种循环称为回热循环。此外，还有在压缩过程中对工质进行冷却的间冷循环，以减少压缩耗功，以及在膨胀过程中对工质进行再热的再热循环，以增加工质的膨胀功。

（4）复合循环　由燃气轮机循环和其他动力装置循环联合组成的热力循环称为复合循环，目的是相互取长补短，以充分利用能源，提高能源利用率。燃气－蒸汽联合循环就是复合循环。

1.2.2　按设计体系分类

按的设计体系分类，燃气轮机主要分为重型燃气轮机、轻型燃气轮机和微型燃气轮机三种。

（1）重型燃气轮机　其功率一般高于50MW，主要用于陆地发电。在设计时更加关注长期安全运行的能力，瞄准的是超长期服役，寿命可达10万h以上；不以减重为目的，因此部件质量较大，单位功率的质量为2～5kg/kW。结构方面主要有两个特点：一是静子为上下两个部分，呈水平中分结构；二是采用滑动轴承，以保证较长的工作寿命。根据燃烧温度，重型燃气轮机又可分为不同的级别。

（2）轻型燃气轮机　其功率一般在50MW以内，主要由航空发动机改制而成，采用较好的材料制造，结构紧凑，重量较轻，可用于工业发电、舰船驱动、分布式供能系统等。

（3）微型燃气轮机　其功率一般在 1MW 以下，通常用于分布式能源，大部分采用离心压缩机和向心透平。

在不同的设计体系下，为保证燃气轮机的运行性能，往往还会采用不同的轴系。其中最简单的轴系方案为单轴燃气轮机。此外，还有分轴、双轴及三轴等不同轴系方案的燃气轮机。

1.2.3　按燃烧温度等级分类

透平进口燃气温度和压气机压比是燃气轮机的重要指标，反映了燃气轮机的技术水平，尤其是透平进口燃气温度，直接影响着燃气轮机的热效率。因此，通常也根据透平进口温度来划分重型燃气轮机的等级，见表 1-1。

表 1-1　不同等级重型燃气轮机透平进口温度等级

级别	E	F	G	H
透平进口温度等级 /℃	1 100	1 300	1 400	1 500～1 600

随着初温的增加，燃气轮机功率随之增加，一般 E 级燃气轮机功率为 100～200MW，F 级燃气轮机功率为 200～300MW，更高等级如 G 级、H 级燃气轮机功率为 300～600MW。

1.3　燃气轮机的发展历史

1.3.1　国际燃气轮机的发展历史

我国的走马灯（图 1-5a）是燃气轮机最早的雏形，公元 1000 年左右就有关于走马灯的记述。意大利人列奥纳多·达·芬奇于 15 世纪末也设计出了与走马灯原理相同的烟气转动装置（图 1-5b）。到 17 世纪中叶，透平原理已在欧洲得到了较多应用。

1791 年，英国人巴贝尔登记了第一个燃气轮机设计专利（图 1-6a），这是世界上首次使用燃气轮机这个名称。该设计由往复式压气机、燃烧室和透平组成，压气机由透平通过传动机构带动，具有现代燃气轮机的特征，标志着燃气轮机进入具体创建和研制时期。1872 年，德国人施托尔策通过将轴流压气机与透平结合，提出了热空气轮机（hot air turbine），并在 1900—1904 年开展了试验。其结构与现代燃气轮机类似，但由于部件效率低且进入透平的气体温度低，机组始终无法脱开起动机独立运行对外输出功。1903 年，挪威人埃吉迪乌斯·艾林制造出了首台有 11 马力（1 马力 =735.499W）正功输出的燃气轮机（图 1-6b）。

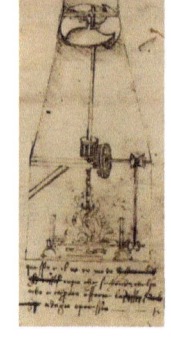
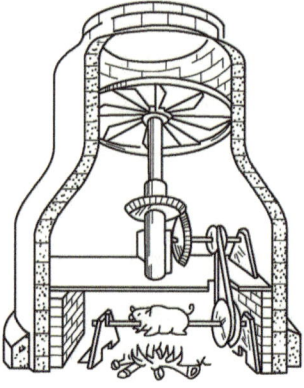

a) 走马灯　　　　　　　　　　　　b) 烟气转动装置

图 1-5　燃气轮机的雏形

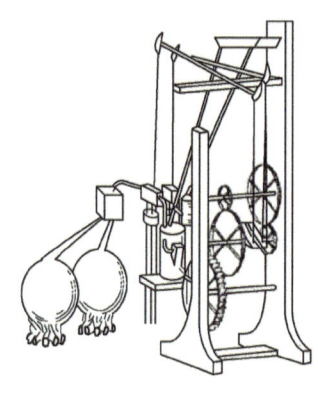

a)　　　　　　　　　　　　　　　　b)

c)　　　　　　　　　　　　　　　　d)

图 1-6　部分早期燃气轮机

1905年，法国人勒梅尔和阿芒戈制成第一台现代形式的燃气轮机（图1-6c），但机组因部件效率低和进入透平的气体温度不高导致实测效率仅3%~4%。1920年，第一台实用的燃气轮机（图1-6d）由德国人霍尔茨瓦特研制成功，其热力过程为等容加热循环，效率为13%，功率为370kW。但是等容加热循环以断续爆燃的方式进行加热，存在较大缺陷，因此最终还是被人们放弃。

随着气体动力学的发展，人们通过对压气机叶片中气体扩压流动特性的研究，逐步掌握了高效轴流压气机的设计方法，并在20世纪30年代中期成功制造出效率为85%的轴流压气机。同时，透平效率也有所提升。在高温材料方面，研制出了铬镍合金钢等耐热钢，可承受600℃以上的高温，这样就可以提高燃气初温，使等压加热循环能够成功应用于燃气轮机。

1939年7月7日，由Brown Boveri & Cie（BBC）公司设计研发了世界上第一台发电用燃气轮机（图1-7），并在瑞士纳沙泰尔市的一座市政发电站投入商业运行。其透平进口温度为550℃，效率为17.4%，功率为4 000kW，其中透平输出功率为15 400kW，而压气机就消耗11 400kW。自此之后到20世纪50年代末，BBC公司一直进行重型燃气轮机的研发，但产品功率始终小于4MW，燃气初温不超过800℃，且热效率低于20%。

图1-7　第一台发电用燃气轮机

美国通用电气公司和德国西门子公司在第二次世界大战结束后也开始研发重型燃气轮机，进行核心技术的原始创新。20世纪60年代起，日本三菱公司则通过技术引进、消化、吸收和再创新开展重型燃气轮机的研制。20世纪70年代末，三家公司都研发成功了25MW以下的原型燃气轮机，燃气初温达到1 000℃，效率也提升到约 26%。在研发过程中确定了燃气轮机的基本结构，搭建了各类试验平台，培养了一批技术人才，形成了较完整的研发平台及团队。

随着高温材料研制和透平叶片冷却技术不断取得进展，燃气初温逐步提升，燃气轮机效率和功率进一步提高，E 级燃气轮机逐渐成为世界燃气轮机市场的主流产品。自 20 世纪 80 年代初期开始推出的 E 级燃气轮机单机功率为 31～105MW，效率可达 30% 左右，燃气初温也提高至 1 100℃。其后，燃气轮机功率逐渐增大至 37～130MW，效率提升到 32%，燃气温度达到 1 200℃。自 1978 年到 1995 年，全球已销售近 9 000 台 1MW 以上的发电用燃气轮机，总功率达到 7.3 亿 kW，世界燃气轮机市场逐渐形成。

其后，更高参数的 F 级燃气轮机开始替代 E 级燃气轮机。20 世纪 90 年代中期，燃气轮机功率达到 225～235MW，效率提高至约 34%，燃气初温为 1 320～1 350℃；到 2010 年，功率进一步增大到 285～300MW，效率提高到 36%～37%。在此期间，1MW 以上的燃气轮机销量接近 1.3 万台，总功率超过 10 亿 kW。2010 年，燃气轮机发电量占全球总发电量的 20%，燃气轮机已成为发电行业必不可少的关键设备。

目前，燃气轮机各项技术仍在快速发展，重要参数指标也在稳步提升。新一代 H/J 级燃气轮机功率已达 400～520MW，热效率为 40%～41%，燃气初温提升至 1 550～1 600℃。2015 年，H/J 级燃气轮机销量占北美市场近一半的份额，这充分说明 H/J 级燃气轮机的时代正在来临。

燃气轮机一直被发达国家视为战略性产业，并在新产品和新技术方面投入巨额资金，先进技术的更新迭代不仅提升了燃气轮机性能，也推动了整个燃气轮机产业的大力发展。许多发达国家还制定了与燃气轮机相关的特殊发展计划，如美国的 ATS（Advanced Turbine Systems）计划、美国和欧洲合作的 CAGT（Collaborative Advanced Gas Turbine）计划、日本的"新日光"计划和"煤气化联合循环动力系统"、欧洲的 EC-ATS（European Community-Advanced Turbine Systems）计划等。此外，随着减碳政策在全球范围的推广，一些主要燃气轮机制造商正在开发使用高氢含量燃料的燃气轮机，其中西门子公司采用湿式燃烧技术的燃气轮机掺氢能力可达 100%，采用干式燃烧技术的燃气轮机掺氢能力可达 50%。低碳经济的蓬勃发展将推动燃机轮机研发进入一个崭新的阶段。

1.3.2　我国燃气轮机的发展历史

1956 年，沈阳黎明航空发动机制造公司试制成功了我国第一台国产涡轮喷气发动机，航空发动机的生产成功标志着我国燃气轮机工业的开端。1962年，我国第一台船用燃气轮机（2.940MW）在上海汽轮机厂研发制造成功；1964年，我国第一台发电用燃气轮机（1.5MW）在南京汽轮电机厂制造成功；1969年，我国第一台机车用燃气轮机（2.205MW）在哈尔滨汽轮机厂制造成功，这台燃气轮机完全由我国自主设计并研发，自此我国迈入了具有独立研发燃气轮机能力的国家行列。

在国产航空发动机改型为陆用燃气轮机研究方面，1975年，中国南方航空动力机械公司把单转子涡桨发动机WJ6改型为WJ6G1单轴燃气轮机，功率可达2.13MW。其后，哈尔滨东安发动机制造公司、沈阳黎明航空发动机制造公司、中国西安航空发动机公司、无锡第二机械研究所和常州兰翔机械总厂等在航空发动机改型方面为我国燃气轮机事业发展做出了巨大贡献，先后研制成功了包括WZ6G、WZ5G、WJ5G1、WP6G1、WS9G1A和410A等在内的多种型号，功率为750kW～9.56MW。

从20世纪80年代中期开始，我国一些动力设备生产商通过国际合作，利用引进的国外先进技术生产燃气轮机。1984年，南京汽轮电机厂引进通用公司技术，生产了MS6001B燃气轮机发电机组，功率可达37MW，效率可达31.4%。1986年，成都发动机公司与美国PW和TPM公司开展合作，将JT8D航空发动机改型为FT-8燃气轮机，功率提升到24MW，效率为38.7%，达到了当时的世界领先水平。1994年，中国船舶工业总公司引进了乌克兰曙光-机器设计科研生产联合体的GT25000舰用燃气轮机，功率可达27MW，效率为36%。2001年，国家发展和改革委员会发布了《燃气轮机产业发展和技术引进工作实施意见》，决定以市场换取技术的方式，引进、消化、吸收燃气轮机制造技术。国内三大电气集团东方电气、上海电气和哈尔滨电气分别与国外燃气轮机先进制造企业三菱重工、西门子和通用电气公司合作，引进F级重型燃气轮机。首批引进的燃气轮机共有53台，引进机组的参数见表1-2。

表1-2　打捆招标引进重型燃气轮机主要产品及其主要技术参数

合作公司	哈电-通用电气	上海电气-西门子	东方电气-三菱重工
型号代号	PG9351FA	V94.3A	M701F
简单循环功率/MW	255.6	260	270
简单循环效率（%）	36.9	38.5	38.2
联合循环效率（%）	56.7	57.1	57

经过多年发展，三家公司的引进机组国产化率不断提高，东方电气目前国产化率已达 90%。然而国外企业向我国转让的燃气轮机技术主要局限在冷端部件制造和整机装配等低附加值部分，对于燃气轮机设计、热端部件制造、控制系统等核心技术则进行严密封锁。由于国内燃气轮机的制造利润低，设备投资及维护成本高，因此燃气轮机发电产业的发展受到了极大的限制。

为了确保我国能源安全及天然气发电产业链自主可控，东方电气自 2009 年开始进行 50MW 燃气轮机的自主研制，2012 年开始搭建核心部件测试平台，2014—2018 年陆续开展了压气机、燃烧室和透平部件试验，2019 年完成整机制造和装配，开始整机验证，至今已基本完成 50MW 燃气轮机自主研制的全流程，2020 年 11 月 27 日，在 6 名院士和多名特邀专家的见证下实现了满负荷运行。满负荷试验是燃气轮机研发过程中最关键的验证节点，也是电站长期运行前的最后一项性能试验。这次试验的成功表明东方电气已在燃气轮机研制方面突破了一系列"卡脖子"关键核心技术，掌握了包括设计、制造、试验、运维及人才培养在内的全过程能力，推动了我国自主燃气轮机产业的跨越发展。

（1）自主构建了燃气轮机设计体系　通过 G50 的研发，东方电气掌握了燃气轮机核心部件与整机总体性能、总体结构的设计方法，构建了具有自主知识产权的设计规范、软件和数据库，从根本上突破了国外燃气轮机的技术封锁。

（2）具备了燃气轮机全部部件的制造能力　依托 G50 项目，东方电气已具备了含高温部件燃烧室和透平在内的全部部件批量化制造能力，成为国内首个掌握高温部件制造体系和规范、形成检测标准的厂家。

（3）建设了部件及整机试验验证平台　自主设计建造了国内首台高压比大流量重型燃气轮机压气机试验平台、国内首台 F 级干式低污染燃烧室试验平台以及多个透平性能验证试验台，建成了国内最大功率的整机试验台，它是国内最完备、最系统的燃气轮机试验基地。

（4）能够实现燃气轮机 100% 自主运维　能够进行燃气轮机长期运行后的缺陷状态评估和修复，具备全部部件更换的能力。同时也可针对现役燃气轮机提供维修和备件服务，解决了我国燃气轮机运维长期受制于人的"痛点"问题。

（5）培养了燃气轮机研发人才　东方电气成立了专门的技术研发团队——"G50 发展中心"进行研发，目前这支队伍专业齐全、结构合理、年富力强，完整地参与了 G50 燃气轮机研制的全部过程，燃气轮机设计经验丰富。

随后，G50将依托"国家能源局第一批燃气轮机创新发展示范项目"进行长时考核与商业运行。该项目由东方电气与中国电力联合实施，已在四川省德阳市经济开发区建设燃气轮机试验示范电站，计划于2022年正式运行。

经过近半个世纪的努力，已经在国内打造出一支燃气轮机专业技术队伍，积累了大量经验，并具备了制造和研发先进燃气轮机的物质条件，为我国燃气轮机产业的进一步发展打下了良好的基础。

1.4 燃气轮机的应用

随着我国"双碳目标"的不断推进，现有能源格局正在发生迅速而深刻的变革。燃气轮机技术独特，运行灵活，用途广泛，可以使用低碳或无碳分子燃料（如氢气、合成甲烷或其他可再生燃料），能够满足能源安全和可靠持续供应的需求，因此将在"双碳目标"的实现过程中充分发挥优势并贡献突出力量。

（1）发电　燃气轮机的效率高、起动快，能快速适应负荷需求的变化，既适用于大型电站发电，又适用于在无电网地区独立运行发电。用于电站发电时，既可带基本负荷，也可用于调峰运行，还可作为备用机组。当电网出现故障造成断电时，备用燃气轮机能够紧急投入运行，不需要外接电源便能起动，可以有效地保证电力供应。燃气轮机和联合循环发电具有效率及可靠性高、建设周期短、污染排放低等优势，在各类发电站中所占比重一直在增加。20世纪80年代后期，美国的燃气轮机年生产容量就已经超过了蒸汽轮机。目前，全世界燃气轮机和联合循环设备的年订购容量总和与蒸汽轮机大致相当。而在一些发达国家如美国、德国等，燃气轮机和联合循环之和则已经超过蒸汽轮机。因此，燃气轮机和联合循环发电已经成为世界电力行业使用设备的重要组成部分。随着先进的燃气-蒸汽联合循环、间冷回热复杂循环、回注蒸汽的燃气轮机循环、燃气轮机燃煤技术的应用，燃气轮机的发展和应用进入了一个崭新时期。

（2）工业驱动　工业现场大量使用燃气轮机来驱动泵、压缩机和发电机等。为了提高能源利用率、达到节能的目的，还将燃气轮机的排气热量用于余热锅炉产生蒸汽供热，实现热电联产，更好地满足生产需求。此外，还可通过热、电、冷联供，进一步提高能源利用率。

在石油天然气工业中，由燃气轮机驱动天然气压缩机的增压机组在20世纪60年代就被认为是最佳动力形式。如今在天然气管道输送增压站中，燃气轮机的应用已占绝对优势。在大容量原油管道输送中，也使用了大量由燃气轮机驱动的离心泵机组增压原油。

（3）舰船驱动　20世纪60年代，轻型燃气轮机就被认为是军舰的最佳动力。此后在排水量为数千吨的驱逐舰、护卫舰等大中型军舰中，燃气轮机均得到了广泛应用。与此同时，气垫船等也大量使用燃气轮机作为驱动。近年来，高速渡船发展很快，这种渡船采用轻型燃气轮机驱动喷射水泵喷水推进，航速可达40～60节（1节=1.85km/h），营运效益非常好，我国香港地区就有多艘这种渡船。

综上所述，燃气轮机是一种功率范围大、效率高、污染低、可靠性高且应用很广的动力机械。目前，应对全球气候变暖、控制碳排放已成为全世界的共识，碳中和成为各国能源发展的目标，这为燃气轮机的应用提供了更为广阔的发展空间。氢气作为一种零碳燃料，是重要的二次能源和能量载体，其广泛应用可以解决可再生能源在时间和地域上分布不均的问题。而燃氢燃气轮机将成为氢能消纳的重要设备，在碳中和目标的实现过程中发挥重要作用。

1.5　燃气轮机技术现状及发展趋势

1.5.1　世界技术现状

过去几十年，燃气轮机技术取得了显著进步，性能得到不断提升，主要体现在以下三个方面：

1）通过航空技术的移植以及新材料、新工艺的应用，燃气轮机的零部件设计逐步完善，整机效率、功率以及透平进口燃气温度都不断提高。

2）开发了多种先进的燃气轮机热力循环，包括燃气-蒸汽联合循环、程式循环、间冷回热循环等。

3）通过发展燃烧技术，提高燃气轮机燃料灵活性和应用领域。除了常规的燃油和天然气，燃气轮机还可使用低热值合成气、重柴油、富氢燃料等。在此基础上开发了增压流化床联合循环（Pressurized Fluidized Bed Combustion Combined Cycle，PFBC-CC）和整体煤气化联合循环（Integrated Gasification Combined Cycle，IGCC）等技术。

70多年来，重型燃气轮机的燃气温度由早期的550℃提高到1600℃，简单循环效率由17%提升到44%，单机功率由1.5MW增大到570MW，实现了巨大的技术跨越。

1.5.2　我国技术现状

国内在重型燃气轮机制造方面，分别以东方电气、上海电气、哈尔滨电气以及南京汽轮电机为核心形成了燃气轮机产业群。目前整个行业拥有年产约 40 套燃用天然气的 E/F 级燃气轮机，以及与之配套的燃气－蒸汽联合循环发电设备的能力，可基本满足我国电力工业的市场需求。

由于国际和国内多种因素的限制，60 多年来我国燃气轮机行业主要呈"马鞍形"发展：起步虽然不晚，但是进展不快，性能较发达国家尚有差距；投入不大且不持续，虽然机型不少，但是市场份额不大。燃气轮机的开发需要具备一套完整的设计、制造和试验体系，需要基础科学、制造工艺、材料研发以及试验技术的支撑。我国燃气轮机产业的基础力量比较薄弱，在设计、试验验证、高温合金材料研发及关键核心部件加工方面亟须加强赶超。

为满足核心企业燃气轮机产品制造的需求，我国对燃气轮机产业部分配套能力进行了发展，以冷端部件和辅助系统制造为主。同时国内主机制造厂也在逐步掌握关键核心热部件原材料、锻件、加工制造配套能力，与世界先进水平的差距正不断缩小。东方汽轮机有限公司的 50MW 燃气轮机于 2020 年 9 月完成满负荷试验，成为国内首个拥有完全知识产权的 F 级燃气轮机，不仅整机达到了 F 级重型燃气轮机的设计性能指标（见表 1-3），同时在关键部件自主设计及透平高温材料（见表 1-4）方面均取得了突破。这为打破国外燃气轮机技术封锁，培育自主燃气轮机产业奠定了坚实的基础。

表 1-3　东汽 G50 燃气轮机设计性能指标

性能指标	数据
燃用燃料	天然气
功率 /MW	50
热耗率 /［kJ/（kW·h）］	≤ 9 863
效率（%）	≥ 36.5
压比	18
质量流量 /（kg/s）	150
转速 /（r/min）	6 000
排气温度 /℃	545
NO_x（ppm, @15%O_2）	≤ 25
CO（ppm, @15%O_2）	≤ 10

注：1ppm=0.000 1%。

表 1-4　东汽 G50 主要部件材料类型举例

主要部件名称	材料类型
压气机叶轮	Ni-Cr-Mo-V 合金钢
压气机叶轮	9%Cr 不锈钢
压气机叶片	马氏体沉淀硬化不锈钢
压气机叶片	12% 系马氏体不锈钢
透平轮盘	镍基高温合金
透平叶片	镍基高温合金
燃烧器内筒	镍基高温合金

1.5.3　燃气轮机技术发展趋势

（1）温度等级　世界燃气轮机技术的发展一直以提高热效率为主要目标，目前正由当代级（E/F）向先进级（G/H）和未来级（J）发展，部分国外燃气轮机制造商的燃气轮机技术已达到 H 级水平。未来将会进一步提高燃气初温和压气机压比等参数以提升效率，其中燃气初温的下一个目标是 1 700℃。

（2）适应环保要求　低污染物排放燃烧技术的应用，将使得 CO、NO_x、UHC $^{\ominus}$ 等的排放量显著降低。为了防止气候变化达到危险水平，世界各国已达成了"减少碳排放"这一共识，在此背景下，掺氢和纯氢燃气轮机成为技术研发的重点。

（3）智慧燃气轮机技术　传统燃气轮机的设计、制造、运维等环节并非密切相关，可以分别进行。但在新的能源形势下，随着数字技术、人工智能、大数据等技术的发展，远程诊断、无人值守、一键起停、运行优化等技术将逐步运用到燃气轮机中，提高燃气轮机设计、运行和维护的智慧化水平。未来"智能发电"的推进对燃气轮机的高效、灵活和智慧化提出了更高的要求。

加快电力结构调整和清洁能源发展，推进清洁能源大范围优化配置，是我国电力行业高质量发展的根本要求。减少煤炭消耗、增加低碳发电比例、大幅降低二氧化碳和污染物排放、发展可替代煤电的高质量发电形式是能源清洁高效利用的迫切需要与长期主题。为深入落实国家"碳达峰、碳中和"目标任务，发展大功率、高效率的燃气轮机，为清洁能源高效利用、电网安全稳定运行提供重要的

$\ominus$ UHC 的全称为 Unburnt Hydrocabon，指未燃烧烃。

技术保障，对能源和电力行业的可持续发展具有重要的意义。大力发展我国燃气轮机制造业的时机已经到来，应抓住这一机遇努力开展工作。目前，东方汽轮机有限公司已经顺利实现了自主研发 50MW 燃气轮机满负荷运行，其他一些单位也正在积极筹备和开展新一代燃气轮机的研制和生产工作。我国即将迎来国产燃气轮机蓬勃发展的新时期，届时将有大量国产先进燃气轮机在不同领域中使用，为保障我国能源安全、实现"双碳目标"做出应有的贡献。

第 2 章

燃气轮机总体

2.1 燃气轮机的循环

2.1.1 燃气轮机的简单循环

燃气轮机的简单循环是指工质（通常为空气）经过压缩机压缩，在等压燃烧室内燃烧加热，最后在透平中膨胀做功后排入大气的循环过程。为了减少变量、方便对简单循环的研究，规定符合以下条件的简单循环为理想简单循环：①以理想气体为工质，即其比热容不随温度与压力参数发生变化；②压缩与膨胀过程无能量损失，即等熵过程；③在燃烧室中等压燃烧时忽略压力损失；④循环过程中工质流量保持不变。理想简单循环的装置如图 2-1 所示，其中 C 代表压气机，B 代表燃烧室，T 代表透平，L 代表负荷，数字表示各个过程的起点与终点。过程 1-2 表示工质在压气机中等熵压缩，过程 2-3 表示工质在燃烧室中等压加热，过程 3-4 表示工质在透平中等熵膨胀，过程 4-1 表示工质排入大气等压放热。

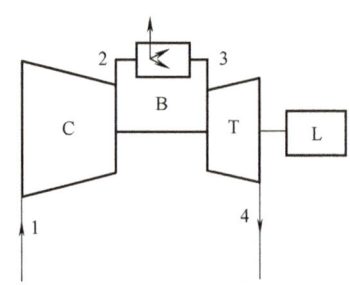

图 2-1 理想简单循环的装置

理想简单循环工作过程的压容图（$p\text{-}V$）和温熵图（$T\text{-}S$）如图 2-2 所示，通过对二者的对比有助于直观地了解燃气轮机的工作过程及其特点。不过，出于行业习惯，一般在对燃气轮机循环进行分析时，往往只提供系统的温熵图。

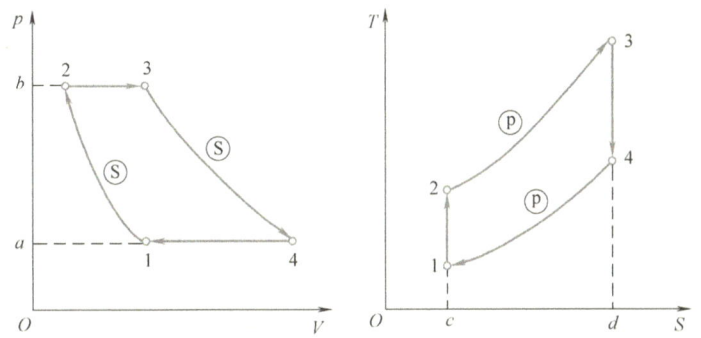

图 2-2　理想简单循环工作过程的压容图和温熵图

2.1.2　燃气轮机的复杂循环

1. 理想回热循环

在简单循环中，压气机出口温度与透平排气温度的相对大小对装置比功有很大影响，当二者相等时可以获得最大比功。当透平出口温度高于压气机出口温度时，比功下降，此时可以通过将燃气轮机排气的热量转移到压气机出口的方法来降低燃料量，从而提升装置效率，这就是回热循环。图 2-3 所示为理想回热循环的装置布置及温熵图，可以看到理想回热循环是在理想简单循环的基础上增加了一个回热器（R）。理想回热循环的回热度 σ 为 1，即 $T_{2a}=T_4$ 且 $T_{4a}=T_2$，表示回热器出口的空气温度被加热到了透平排气温度，同时忽略回热器中的压力损失。

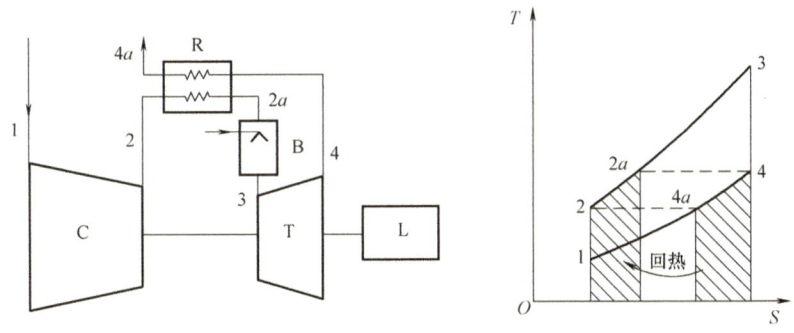

图 2-3　理想回热循环的装置布置及温熵图

注：$2a$ 为空气经回热器加热后的状态点，$4a$ 为燃气透平排气经回热器放热后的状态点。

在理想回热循环中，1-2为等熵压缩过程；2-2a为等压预热过程，热量来自于4-4a过程；2a-3为等压加热过程；3-4为等熵膨胀过程；4-4a为等压放热过程，排出的热量加热压缩机出口的工质；4a-1为等压放热过程，排入大气。可以看到，理想回热循环温熵图中的比功面积1-2-3-4与理想简单循环一致，表示二者的比功相同。不过，理想简单循环的燃料比能为2-3下的图形面积，而理想回热循环的燃料比能为2a-3下的图形面积，可以明显看到理想回热循环的燃料量低于理想简单循环的燃料量。

2. 理想间冷循环

装置比功是透平膨胀功与压气机压缩耗功之差，因此，提高膨胀功或降低压缩耗功都能增加装置的比功。在相同的膨胀比下提高工质温度，将提高工质的能量品位，产生更高的膨胀功，这就是再热循环的理论基础。相反，工质气体的温度越低，其分子速度越低，因此采用等温压缩将消耗更少的压缩功，这就是间冷循环的理论基础。

理想间冷循环的方案如图2-4所示，压气机被间冷器（IC）分为两段，即低压压气机（LC）和高压压气机（HC）。压缩过程中工质经间冷器降温后，回到压气机中继续完成压缩的燃气轮机循环称为间冷循环。理想的间冷循环需要在理想简单循环假定条件的基础上满足间冷器出口温度等于环境温度，即$T_{1m}=T_1$，而且忽略间冷器中的损失。

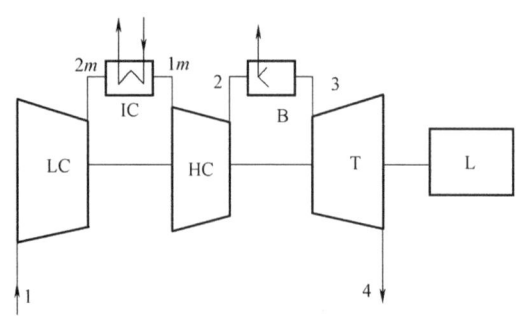

图2-4 理想间冷循环的方案图

图2-5给出了理想间冷循环的T-S图，从图中可以看出，理想间冷循环的装置比功面积为1-2m-1m-2-3-4，与理想简单循环的装置比功面积1-2′-3-4相比，增加了1m-2-2′-2m这一部分阴影面积。

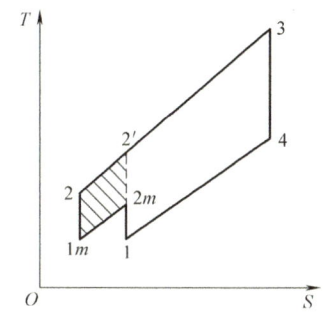

图 2-5 理想间冷循环的 T-S 图

3. 理想再热循环

与理想间冷循环类似，理想再热循环的方案如图 2-6 所示，透平被再热燃烧室（B_2）分为高压透平（HT）和低压透平（LT）。膨胀过程中，工质经再热燃烧室加热后，回到透平中继续完成膨胀过程的燃气轮机循环称为再热循环。理想的再热循环需要在理想简单循环假定条件的基础上满足透平再热后的温度与进入透平前的温度相同，即 $T_3=T_5$，且忽略燃烧室中的损失。

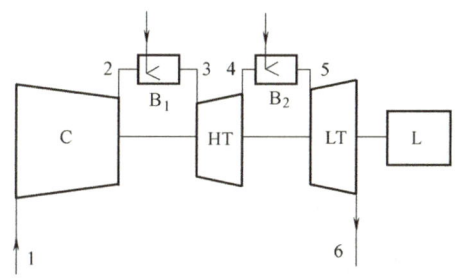

图 2-6 理想再热循环的方案图

图 2-7 给出了理想再热循环的 T-S 图，从图中可以看出，理想再热循环的装置比功面积为 1-2-3-4-5-6，与理想简单循环的装置比功面积 1-2-3-4 相比，增加了 4-5-6-4′ 这一部分阴影面积。

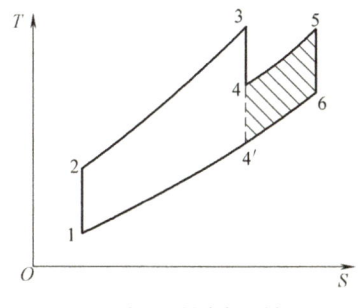

图 2-7 理想再热循环的 T-S 图

4. 理想间冷回热循环

采用间冷循环时，由于压比不变，而工质在通过低压压气机之后流经间冷器与低温的水进行换热，其温度被冷却到压气机进口温度 T_1，随后在高压压气机中完成第二阶段的压缩过程，因此，其高压压气机出口温度 T_2 相比理想简单循环的压气机出口温度有所下降。为了保证透平前进口温度 T_3 不变就需要加入更多的燃料，这就导致燃气轮机的比功增加但整体效率下降。不过，间冷循环也使得 T_4-T_2 进一步增加，这就为回热循环创造了条件。回热循环是通过增加燃料的利用率来提高装置效率的，同时不影响装置比功。将间冷循环与回热循环相结合可以增加燃气轮机的总效率。理想间冷回热循环同样需要满足理想间冷循环和理想回热循环各自的假设条件。

燃气轮机的实际循环与理想循环有很多不同之处：①实际循环中的工质不是理想气体，在流动过程中工质由空气变为燃气，在不同阶段的气体组分有很大差别，而燃气轮机的工作温度和压力都比较高，且在不同过程中有大幅度的变化，这就意味着工质的实际物性会随着流动过程发生相应的变化，对燃气轮机循环的计算也需要做相应的修正；②工质在压气机中的压缩过程和透平中的膨胀过程均存在流动损失而不满足等熵条件，这些损失来源比较复杂，主要包括流动损失、热损失、化学损失、传动辅机耗功等其他损失，这些损失在热力计算过程中也需要采用相应的系数做修正；③由于燃料的加入、透平冷却抽气、辅助系统抽气等因素，透平与压气机的工质流量是不同的，有时甚至有较大的差别；④燃料燃烧不完全、回热器出口温度小于透平排气温度、间冷器出口温度高于燃气轮机进口温度等问题也会影响燃气轮机的热力计算。由于上述因素的存在，理想循环的假定在实际中是不满足的，因此实际的燃气轮机的性能也同理想循环有一定的差异。

2.2 燃气轮机性能分析

2.2.1 燃气轮机的性能指标

燃气轮机的主要性能指标分两类：一类为热力参数指标，一类为性能参数指标。

1. 热力参数

温比顾名思义为温度之比，是循环最高温度与最低温度之比，定义如下：

$$\tau = \frac{T_3}{T_1} \tag{2-1}$$

式中，T_3 为透平前温度；T_1 为燃气轮机进气温度。温比代表了工质被加热的程度，是燃气轮机性能的重要参数之一。温比越高，代表燃气轮机的性能越好，但也对材料、工艺、冷却等技术条件有更苛刻的要求。

压比是指压气机出口总压与进口总压之比，定义如下：

$$\pi = \frac{p_2^*}{p_1^*} \tag{2-2}$$

式中，p_2^* 为压气机出口总压；p_1^* 为压气机进口总压。上标 * 表示总压，此时的压比即为滞止压比，有别于静压比。压比代表了工质被压缩的程度，也是燃气轮机性能的重要参数之一。

温比与压比需要相互配合才能实现循环比功或热效率的最优选择。

2. 性能参数

装置的比功是指单位质量或流量的工质所做（或所需）的功，相应的单位分别为 kJ/kg 或 kW·s/kg，也称为比输出。对压气机来说，比功也称为能量头或压头。在理想循环中不考虑流量差异和机械损失，此时装置比功的表达式为

$$w_n = w_T - w_C \tag{2-3}$$

式中，w_T 与 w_C 分别为透平与压气机的比功。装置比功代表了单位质量流量的燃气轮机的做功能力。若做功能力强，则表示一定输出功率的燃气轮机对工质流量需求小，相应的装置尺寸也就小，即可降低制造成本。装置的功率为装置的比功与质量流量的乘积，通常功率有以下几种表述方式：①标准额定功率：在海平面，环境温度为 15℃、相对湿度为 60%（ISO）的工况下发电机的输出功率；②合同额定功率：在确定的工况下连续运行，发电机能够持续保持的功率；③现场额定功率：在发电厂当前环境条件下，燃气轮机所能达到的最大持续功率；④尖峰功率：在规定运行条件下，燃气轮机在短时间内，以高于连续额定功率安全运行的最大功率。

装置的热效率是指装置输出的有用功与其输入系统的热量之比，其用于衡量燃料的利用程度。燃气轮机热效率有三种：循环效率、装置效率和机组有效效率。三种热效率的主要区别在于工质的输出功是否考虑接卸损失和负载效率等实际因素。理想条件下的热效率表达式为

$$\eta = \frac{G_a w_n}{G_f H_u} = \frac{w_n}{f H_u} = \frac{3600}{b H_u} \tag{2-4}$$

式中，f 为燃料空气比；G_a 为空气流量；G_f 为燃气流量；H_u 为燃料的低热值（kJ/kg）；b 为燃料消耗率（kg/kJ），即单位输出功的燃料消耗量，计算公式为

$$b = \frac{G_f}{P} = \frac{G_f}{G_a w_n} = \frac{f}{w_n} = \frac{1}{\eta H_u} \quad (2-5)$$

式中，P 为燃气轮机的轴功率。

当 b 的单位为 kg/(kW·h) 时，计算公式为

$$b = \frac{3600}{\eta H_u}$$

除了装置热效率外，通常还可以用热耗率 q（单位输出功的热耗率，单位为 kJ/(kW·h)）表示燃气轮机性能，其与热效率的换算关系为

$$q = \frac{3600}{\eta}$$

有用功系数也称为功比，指装置的比功与同透平发出的功之比，用来衡量透平发出的功用于驱动负荷的占比和装置的变工况特性，有用功系数越大，装置输出功越高，则装置尺寸可以更小，同时也意味着透平和压气机比功的相对变化对燃气轮机性能影响更小。有用功系数 λ 的表达式为

$$\lambda = \frac{w_n}{w_T} \approx 1 - \frac{w_C}{w_T} \quad (2-6a)$$

对于多级透平：

$$\lambda = \frac{w_n}{\Sigma w_T} = 1 - \frac{\Sigma w_C}{\Sigma w_T} \quad (2-6b)$$

2.2.2 理想简单循环性能分析

由热力学第一定律：

$$Q = w + c_p \Delta T \quad (2-7)$$

因而，理想简单循环四个过程的计算式为

$$Q_{1-2} = 0, \quad w_C = c_p(T_2 - T_1) = c_p T_1 (\pi^{\frac{k-1}{k}} - 1) \quad (2-8)$$

$$Q_{2-3} = c_p(T_3 - T_2), \quad w_{2-3} = 0 \quad (2-9)$$

$$Q_{3-4} = 0, \quad w_T = c_p(T_3 - T_4) = c_p T_3 (1 - \pi^{-\frac{k-1}{k}}) \quad (2-10)$$

$$Q_{4-1} = c_p(T_4 - T_1), \quad w_{4-1} = 0 \quad (2-11)$$

参照图 2-2，w_C 相当于压容图中 1-2-b-a 所围面积，Q_{2-3} 相当于温熵图中 2-3-d-c 所围面积，w_T 相当于压容图中 3-4-a-b 所围面积，Q_{4-1} 相当于温熵图中 4-1-c-d 所围面积。

1. 理想简单循环的比功

由式（2-3）可知，其比功为

$$\begin{aligned} w_{n,s} &= w_T - w_C = c_p(T_3 - T_4) - c_p(T_2 - T_1) \\ &= c_p T_1 [\tau(1 - \pi^{-\frac{k-1}{k}}) - (\pi^{\frac{k-1}{k}} - 1)] \end{aligned} \quad (2-12)$$

式中，下标 s 表示简单循环，比功在图 2-2 中相当于 1-2-3-4 所围的面积。理想简单循环的比功随温比和压比参数而变化，取 c_p=1kJ/（kg·K），k=1.4 和 T_1=288K 代入式（2-12），将其绘制成曲线，如图 2-8 所示。

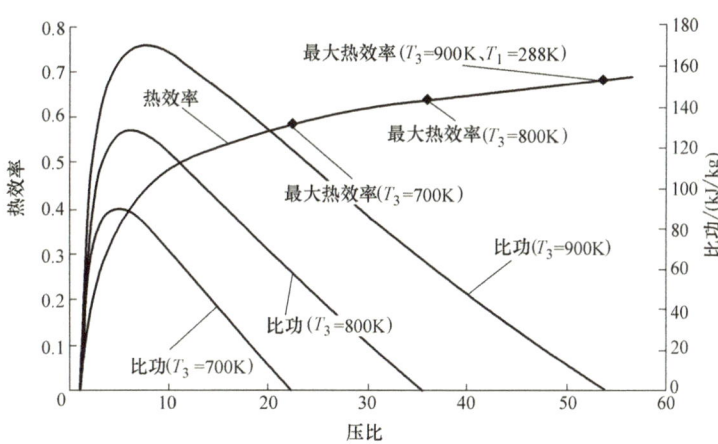

图 2-8 理想简单循环的比功和热效率

图 2-8 表明，当压比不变时，理想简单循环的比功随着温比增加而增加，但温比一定时，存在最佳压比（$\pi_{w_{n,s}=\max}$）$_{opt}$ 使得比功最大。随着温比 τ 增加，比功最大值对应的最佳压比也不断增大。事实上，令式（2-12）导数为 0 即可得最佳压比。

令 $\dfrac{\mathrm{d}w_{n,s}}{\mathrm{d}(\pi^{\frac{k-1}{k}})} = c_p T_1 \left(\dfrac{\tau}{\pi^{\frac{2(k-1)}{k}}} - 1 \right) = 0$，可得

$$(\pi_{w_{n,s}=\max})_{\mathrm{opt}} = \tau^{\frac{k}{2(k-1)}} \quad (2\text{--}13)$$

可以发现，当 $T_2=T_4$ 时，装置的比功最大。图 2-9 说明了最佳压比的存在。可以看出，当 T_1 和 T_3 都不变时，随着压比的增加，循环由 1234 变为 1 2′ 3′ 4′，再变为 1 2″ 3″ 4″，其对应的面积先逐渐变大，再逐渐减小。因此，一定存在一个面积最大值，即意味着具有最大的比功，该比功下的压比即 $(\pi_{w_{n,s}=\max})_{\mathrm{opt}}$。

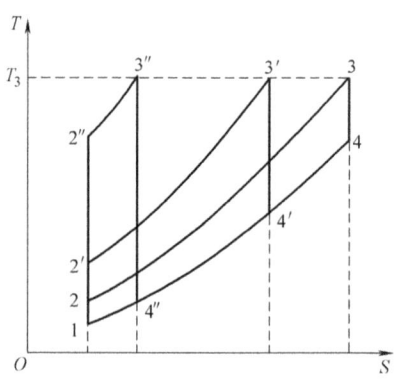

图 2-9 温比不变时比功随压比的变化

2. 理想简单循环的热效率

由式（2-4）可得

$$\eta_s = \dfrac{w_n}{fH_u} = \dfrac{c_p(T_3 - T_4) - c_p(T_2 - T_1)}{c_p(T_3 - T_2)} = 1 - \dfrac{\tau \dfrac{1}{\pi^{\frac{k-1}{k}}} - 1}{\tau - \pi^{\frac{k-1}{k}}} = 1 - \dfrac{1}{\pi^{\frac{k-1}{k}}} \quad (2\text{--}14)$$

将式（2-14）变形可以得到 $\eta_s = 1 - \dfrac{T_1}{T_2}$，因此，理想简单循环的热效率只决定于压气机压比，与温比无关。随着压比增加，压气机出口温度升高，燃料消耗量降低，热效率得到提高，但压气机出口温度不能超过透平进口温度，因为当 $T_2=T_3$ 时，循环中没有热量加入，压缩功与膨胀功相同，效率成为卡诺循环效率，

系统不对外做功，所以压比不能无限增加。相反，当压比下降到 1 时，循环效率随之下降到 0，同样没有输出做功。

3. 理想简单循环的有用功系数

由式（2-6）可得

$$\lambda_s = \frac{w_n}{w_T} = 1 - \frac{T_1\left(\pi^{\frac{k-1}{k}} - 1\right)}{T_3\left(1 - \frac{1}{\pi^{\frac{k-1}{k}}}\right)} = 1 - \frac{\pi^{\frac{k-1}{k}}}{\tau} \qquad (2-15)$$

理想简单循环的有用功系数与压比和温比有关，图 2-10 展示了 $\lambda_s = f(\pi, \tau)$ 曲线。由图 2-10 可看出，当压比 π 一定时，有用功系数随温比 τ 增加而增加，这是因为压比不变，压气机耗功 w_C 不变，而透平输出功 w_T 随温比增加而增加，从而有用功系数增大。另一方面，当温比一定时，装置的有用功系数随着压比的升高而不断降低。

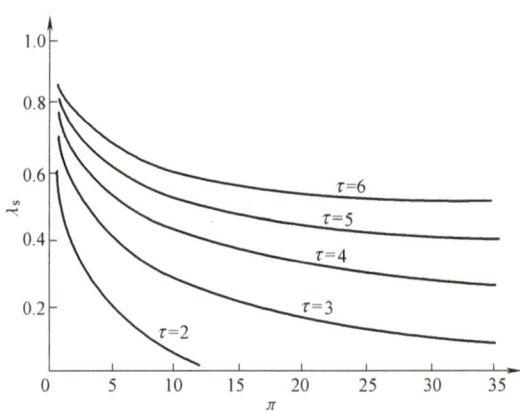

图 2-10　理想简单循环的有用功系数

2.2.3　部件损失等参数对循环性能的影响

1. 透平内效率和压气机内效率的影响

实际循环中的熵增会使得能量的品位下降，这种损失可以通过引入压缩和膨胀过程的效率来加以考虑。图 2-11 给出了理想压缩、膨胀过程以及实际压缩、膨胀过程的示意图。

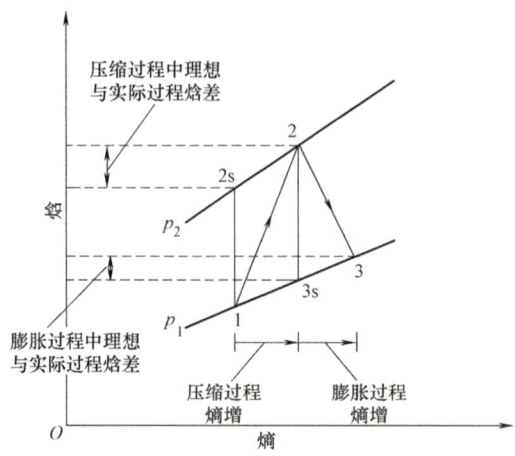

图 2-11　理想过程与实际过程示意图

在图 2-11 中，1-2s 为理想压缩过程，压力由 p_1 升高至 p_2，此时压缩功为

$$w_{sC} = c_p(T_{2s} - T_1) \tag{2-16}$$

实际过程中考虑损失的压缩过程为 1-2，膨胀过程为 2-3。为表示实际的压缩和膨胀过程与等熵过程的差异，引入压气机和透平的效率，也称为等熵效率。对于压气机，实际的压缩过程耗功大于等熵压缩过程耗功，其定义如下：

$$\eta_C = \frac{w_{sC}}{w_C} = \frac{\Delta T_{sC}}{\Delta T_C} \tag{2-17}$$

式中，w_{sC}、w_C 分别为等熵压缩、实际压缩过程的比功；ΔT_{sC}、ΔT_C 分别为等熵压缩、实际压缩过程中工质的温升，于是实际的压缩功可以表示为

$$w_C = \frac{c_p(T_{2s} - T_1)}{\eta_C} = \frac{c_p T_1 (\pi^{\frac{k-1}{k}} - 1)}{\eta_C} \tag{2-18}$$

对透平来说，实际过程的膨胀功小于等熵过程，其透平效率定义如下：

$$\eta_T = \frac{w_T}{w_{sT}} = \frac{\Delta T_T^*}{\Delta T_{sT}^*} \tag{2-19}$$

式中，w_{sT}、w_T 分别为等熵膨胀、实际膨胀过程中透平的比功；ΔT_{sT}^*、ΔT_T^* 分别为等熵膨胀、实际膨胀过程中透平的温升。于是透平实际的膨胀功为

$$w_T = c_p(T_2 - T_{3s})\eta_T = c_p T_2 (1 - \pi^{-\frac{k-1}{k}})\eta_T \tag{2-20}$$

故实际的装置比功为

$$w_n = w_T - w_C = \eta_T w_{sT} - \frac{w_{sC}}{\eta_C} \quad (2-21)$$

容易发现，压气机和透平的性能对装置的比功均有影响，不过实际运行中，压气机的效率和透平的效率对装置性能的影响程度不同。假定透平效率 η_T 改变了 $\Delta\eta_T$，其他参数不变，则装置的比功变化为

$$w_n + \Delta w_n = (\eta_T + \Delta\eta_T)w_{sT} - \frac{w_{sC}}{\eta_C} = w_n + \Delta\eta_T w_{sT}$$

将上式变形，可得

$$\frac{\Delta w_n}{w_n} = \Delta\eta_T \frac{w_{sT}}{w_n} = \frac{\Delta\eta_T}{\eta_T} \frac{w_T}{w_n} = \frac{1}{\lambda} \frac{\Delta\eta_T}{\eta_T} \quad (2-22)$$

由式（2-22）可以看出，装置比功的相对变化是透平效率相对变化的 $\frac{1}{\lambda}$ 倍，即透平效率变化对装置比功变化有"放大"作用，λ 越小，η_T 对比功和总体效率的影响越大。假定 η_C 改变了 $\Delta\eta_C$，则装置的比功变化为

$$w_n + \Delta w_n = \eta_T w_{sT} - \frac{w_{sC}}{\eta_C + \Delta\eta_C} = w_n + \frac{w_{sC}}{\eta_C} - \frac{w_{sC}}{\eta_C + \Delta\eta_C} = w_n + \frac{\Delta\eta_C w_{sC}}{\eta_C(\eta_C + \Delta\eta_C)}$$

将上式变形，可得

$$\frac{\Delta w_n}{w_n} = \frac{\Delta\eta_C}{\eta_C + \Delta\eta_C} \frac{w_{sC}}{\eta_C w_n} = \frac{\Delta\eta_C}{\eta_C + \Delta\eta_C} \frac{w_T - w_C}{w_n} = \left(\frac{1}{\lambda} - 1\right)\frac{\Delta\eta_C}{\eta_C + \Delta\eta_C} \approx \left(\frac{1}{\lambda} - 1\right)\frac{\Delta\eta_C}{\eta_C} \quad (2-23)$$

由式（2-23）可以看出，压气机的效率 η_C 对装置比功也有"放大"作用，但影响小于透平的效率 η_T，变化系数约为 $1/\lambda-1$。图 2-12 给出了 η_C 和 η_T 对简单循环比功的影响。在装置效率方面，压气机和透平效率的变化对装置效率也有影响。假定 η_T 改变了 $\Delta\eta_T$，其他参数不变，此时加热量 Q 不变，所以 η 随 w_n 的升高而升高，透平效率的变化对装置比功的作用系数为 $\frac{1}{\lambda}$，故 η 变化同样为 η_T 变化的 $\frac{1}{\lambda}$ 倍。另一方面，当 η_C 下降时，压气机出口处工质温度增加，燃料量减少，压气机的效率 η_C 对整个装置效率的影响系数小于 $1/\lambda-1$。图 2-13 给出了 η_C 和 η_T 对简单循环效率的影响。目前，压气机和透平效率的范围如下：轴流式压气机 $\eta_C = 85\% \sim 92\%$；离心式压气机 $\eta_C = 75\% \sim 87\%$；轴流式透平 $\eta_T = 85\% \sim 93\%$；向心式透平 $\eta_T = 70\% \sim 90\%$。

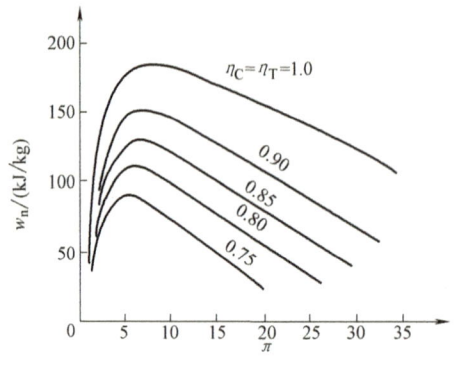 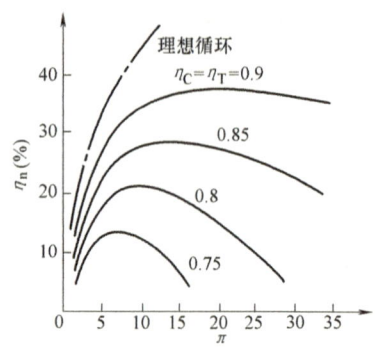

图 2-12 η_C 和 η_T 对简单循环比功的影响　　图 2-13 η_C 和 η_T 对简单循环效率的影响

2. 压损的影响

在实际循环中存在多种损失,压力损失通常用总压损失描述,如压力损失系数 ξ 或压力保持系数 Φ。压力损失系数也称为压损率,指局部压力损失与当地全压之比。压力保持系数也称为压力恢复系数,指出口与进口全压之比。在简单循环中,压力损失主要包括进气压力损失 Δp_1^*、燃烧室压力损失 Δp_2^* 和排气压力损失 Δp_4^*。这些损失用压力损失系数和压力保持系数可分别表示为

$$\xi_1 = \frac{\Delta p_1^*}{p_a} = \frac{p_a - p_1^*}{p_a} \qquad (2-24)$$

$$\xi_B = \frac{\Delta p_2^*}{p_2^*} = \frac{p_2^* - p_3^*}{p_2^*} \qquad (2-25)$$

$$\xi_4 = \frac{\Delta p_4^*}{p_4^*} = \frac{p_4^* - p_a}{p_4^*} \qquad (2-26)$$

$$\Phi_1 = \frac{p_a - \Delta p_1^*}{p_a} = 1 - \xi_1 \qquad (2-27)$$

$$\Phi_B = \frac{p_2^* - \Delta p_2^*}{p_a^*} = 1 - \xi_B \qquad (2-28)$$

$$\Phi_4 = \frac{p_4^* - \Delta p_4^*}{p_4^*} = 1 - \xi_4 \qquad (2-29)$$

式中,p_a 为大气压;p_2 为压气机出口压力;p_3 为透平进口压力。

于是可得

$$\pi_\mathrm{T} = \frac{p_3^*}{p_4^*} = \frac{\Phi_\mathrm{B} p_2^*}{p_\mathrm{a}/\Phi_4} = \frac{\Phi_\mathrm{B} p_1^* \pi}{p_\mathrm{a}/\Phi_4} = \Phi_1 \Phi_\mathrm{B} \Phi_4 \pi \qquad (2\text{-}30)$$

图 2-14 和图 2-15 分别给出了当透平效率为 0.88、压气机效率为 0.87、燃烧室的热效率为 0.98 以及温比取 5 时，循环比功和效率在压力损失作用下的影响曲线。通常，压损率每增大 5%，可使装置比功下降 2%～5%，热效率下降 1%～5%，压损率随流速二次方及流道阻力系数的增加而增加。一般情况下，燃气轮机进出口处的压力损失较小，而燃烧过程的压力损失较大，为压气机出口压力的 1%～5%。

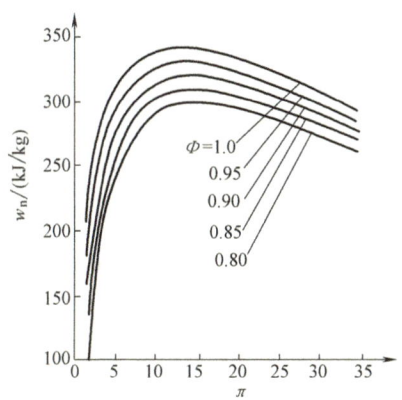

图 2-14 压力损失对比功的影响　　**图 2-15** 压力损失对效率的影响

3. 空气量和燃料量的影响

实际循环中压气机的进口空气流量 q_C 与透平的进口燃气流量 q_T 一般是不同的，并不满足理想循环工质流量相等的假设，原因主要有：①燃烧室中加入了流量为 q_f 的燃料，燃烧后形成的燃气流量不同于空气；②压气机中可能抽出了流量为 q_gl 的空气用于冷却，其中流量为 q_gl1 的空气用于冷却首级喷嘴，到其他级冷却的部分以 q_gl2 表示；③抽出部分空气用于机组的辅助系统。将辅助空气系统用气量折算入冷却空气中，则实际透平进口处的工质流量可表示为

$$q_3 = q_\mathrm{C} + q_\mathrm{f} - q_\mathrm{gl} + q_\mathrm{gl1} \qquad (2\text{-}31)$$

燃气当量流量 q_T，用于计算膨胀功，其计算式为

$$q_\mathrm{glT} = q_\mathrm{glT1} X_\mathrm{glT} \qquad (2\text{-}32)$$

式中 X_glT 为冷却空气在透平中参与做功时的做功能力折合系数。

所以参与透平做功的燃气流量为

$$q_{\mathrm{T}} = q_{\mathrm{C}} + q_{\mathrm{f}} - q_{\mathrm{gl}} + q_{\mathrm{gl1}} X_{\mathrm{glT}} = q_{\mathrm{C}}(1 + f' - X_{\mathrm{gl}} + X_{\mathrm{gl}} + X_{\mathrm{gl1}} X_{\mathrm{glT}}) \quad (2-33)$$

式中，$f' = q_{\mathrm{f}}/q_{\mathrm{C}}$；$X_{\mathrm{gl}} = q_{\mathrm{gl}}/q_{\mathrm{C}}$；$X_{\mathrm{gl1}} = q_{\mathrm{gl1}}/q_{\mathrm{gl}}$。

此时，燃烧室中的燃料空气比为

$$f = \frac{q_{\mathrm{f}}}{q_{\mathrm{C}} - q_{\mathrm{gl}}} \quad (2-34)$$

其计算方法为

$$f = \frac{c_{pb}(T_3 - T_2)}{H_{\mathrm{u}} \eta_{\mathrm{B}} + L_0 c_{pa}(T_3 - 298) - (1 + L_0) c_{pg}(T_3 - 298)} \frac{1}{1 - X_{\mathrm{gl}}} \quad (2-35)$$

式中，c_{pb}、c_{pa} 和 c_{pg} 分别为燃烧室中气体、空气和纯燃气的平均比热容值。

在燃气轮机中，一般燃料空气比不超过 0.02，q_{glT} 的范围大致在 4%～12%。通常 q_{glT} 每增加 5%，会使 w_{n} 下降 10%～20%，η 下降 0.02～0.06。尽管由于抽气会带来比功和热效率的降低，但是透平进口温度的提高可以弥补比功和热效率的降低，且收益更大。因此，提高透平叶片的冷却技术，兼顾冷却效果和冷气利用率才能使得 η 显著提高。

4. 燃烧效率的影响

实际循环中的燃料是无法保证完全燃烧的，其燃烧程度用燃烧效率表示，定义为工质在燃烧室中实际获得的热量与加入的燃料完全燃烧所放出的热量之比：

$$\eta_{\mathrm{B}} = \frac{\text{工质得热}}{\text{消耗燃料具有的比能}} = \frac{c_p(T_3 - T_2)}{fH_{\mathrm{u}}} \quad (2-36)$$

式（2-36）未考虑燃烧室中加入的燃料流量及燃料和空气之间的温度差，这种简化对高热值燃料具有足够的精度，但对高炉煤气、生物质气等低热值燃料，由于燃料流量大，该计算表达式有很大的误差，更精确的燃烧效率的计算还可使用：

$$\eta_{\mathrm{B}} = \frac{(1+f)c_{pg}(T_3 - 298) - c_p(T_2 - 298) - fc_{pf}(T_f - 298)}{fH_{\mathrm{u}}} \quad (2-37)$$

循环的效率可表示为

$$\eta = \frac{w_{\mathrm{n}}}{fH_{\mathrm{u}}} = \frac{w_{\mathrm{n}}}{c_p(T_3 - T_2)} \eta_{\mathrm{B}} \quad (2-38)$$

由于燃料的流量一般很小，仅占空气流量的 1%～2%，故燃烧效率对比功的影响很小，一般不予考虑。不过当 η_B 变化时，为达到相同的透平进口温度，燃料量会发生变化，因此燃烧效率会直接影响循环的总效率。

5. 介质物性的影响

随燃料品种、燃料空气比和燃烧状况的不同，燃烧室出口燃气的成分与空气有较大差异，因此，在循环计算中采用空气物性代替燃气时，误差较大。为了准确计算 w_n 和 η，必须要考虑工质热力性质的变化。通常，对于单一气体来说，c_p 的计算可采用比热容同温度变化的分段平均拟合多项式：

$$c_p = f(T) = a + b\frac{T}{100} + c\left(\frac{T}{100}\right)^{-2} \tag{2-39}$$

式中，T 为热力学温度；a、b 和 c 为给定气体的常数。

比热比 γ 可由式（2-40）通过 c_p 来计算：

$$\gamma = \frac{c_p}{c_p - R} \tag{2-40}$$

式中，R 为摩尔气体常数，其值为 $R=8.31\text{J/(mol·K)}$。

燃气和空气的比热容使用各气体的 c_p 值以及混合气体定律（道尔顿分压定律）来计算。首先由式（2-39）确定每一种组分的 c_p 值，然后由式（2-41）计算混合气体的 c_p：

$$c_{pg} = \sum \frac{q_i}{q_g} c_{p,i} = \frac{q_{CO_2}}{q_g} c_{p,CO_2} + \frac{q_{CO}}{q_g} c_{p,CO} + \cdots \tag{2-41}$$

工程中有时需要由 c_p 值来确定温度，需要进行循环迭代来获得准确的气体的热力学性质。近似计算中，可取 $c_{pa}=1.01\text{kJ/(kg·K)}$，$c_{pg}=1.147\text{kJ/(kg·K)}$，$\gamma_a=1.4$，$\gamma_g=1.333$。

6. 回热度和间冷度的影响

回热器和间冷器的传热面积有限，因此冷介质与热介质不可能达到相同的温度，所以要引入回热度和间冷度来说明加热或冷却的程度。

回热度的定义为实际回热量与理想回热量的比值，其表达式为

$$\sigma = \frac{T_{2a} - T_2}{T_4 - T_2} \tag{2-42}$$

式中的 σ 为回热度；T_{2a} 为回热器出口工质温度；T_2 为回热器进口工质温度；T_4

为透平出口温度。

回热器出口燃气温度 T_{4a} 可由能量平衡来计算：

$$T_{4a} = T_4 - \frac{G_a c_{pa}}{c_{pg} G_g}(T_{2a} - T_2) \qquad (2\text{-}43)$$

式中，G_a 为空气流量；G_g 为燃气流量。

回热度的大小与其型式有关，板式回热器的回热度为 0.75～0.90，再生式回热器的回热度为 0.90～0.92。

同样，间冷度可表示为

$$\sigma_1 = \frac{T_{2m} - T_{1m}}{T_{2m} - T_w} \qquad (2\text{-}44)$$

式中，T_w 为间冷器中冷却水的温度。冷却水比热容较高，故间冷度可以达到 0.9～0.99。

7. 机械效率的影响

轴承等外部机械损耗以及驱动附属设备往往需要消耗一定的燃气轮机机械功，通常用广义机械效率 η_m 进行衡量。在考虑机械损失时，可将 η_m 折合到 w_C 中，此时装置比功为

$$w_n = w_T - \frac{w_C}{\eta_m} \qquad (2\text{-}45)$$

若将 η_m 考虑成传动轴上的机械损失，则装置比功为

$$w_n = (w_T - w_C)\eta_m \qquad (2\text{-}46)$$

一般情况下，机械效率可取为 97%～99.5%。

2.3 燃气轮机总体结构及特点

2.3.1 燃气轮机总体结构

燃气轮机包括三大部件：压气机、燃烧室和透平，图 2-16 所示为中国东方电气集团东方汽轮机有限公司（以下简称东汽）G50 燃机气轮机总体结构。其特点为：侧向进气，侧向排气，单轴、单缸布置方式。整机总装完成后，安装在一个大台板上，台板的用途是方便整机运输以及简化现场，提高机组运输和现场安全便利性，缩短现场安装周期。

图 2-16　东汽 G50 燃气轮机总体结构

如图 2-16 所示，整机主体部分从压气机侧向透平侧依次为进气室、进气缸、压气机缸、燃兼压缸、透平缸、排气缸和排气扩压缸。其中进气室、进气缸、压气机缸、燃兼压缸、透平缸和排气缸依次通过垂直法兰刚性连接在一起，排气缸与排气扩压缸之间通过柔性膨胀节连接，以吸收排气缸与排气扩压缸之间的轴向热膨胀位移。

压气机和透平部分分别采用双层缸结构，降低了由于缸体变形对机组通流间隙的影响，提高了机组的通流效率。压气机缸和燃兼压缸内部分别悬挂压气机第 1～3 号静叶持环，透平缸内部悬挂透平第 1～4 号静叶持环。除进气室和排气扩压缸外，其余缸体和静叶持环均为中分面剖分结构。中分面剖分结构可以更方便地进行机组检修、维修和保养。整机共布置 8 个燃烧器，燃烧器通过燃兼压缸上的 8 个安装孔插入至燃兼压缸中，与透平第 1 级静叶连接，形成高温燃机通道，为透平提供高温高压燃气。燃烧器通过法兰与燃兼压缸连接。

进气室和排气缸及排气扩压缸通过水平面和垂直面将缸体分为上、下、左、右四部分，在安装时，水平剖分面和垂直剖分面可互换，可满足上、下、左、右四种进气和排气方式，提高了机组布置的灵活性和适应性。整机的进、排气口均为矩形口。

压气机通流部分由进口导叶、17 级叶片以及出口导叶组成，燃烧筒主体部分采用高温合金板材成形制作，4 级高温透平叶片采用了先进的等轴晶精密铸造技术，以确保其在高温、高压下满足性能、强度和寿命的要求。机组内部有一根装有第 1～17 级压气机动叶片和第 1～4 级透平动叶片的拉杆转子，负责对外输出 50MW 的额定功率。整机共有 2 个主支撑和 1 个辅助支撑，前主支撑布置在进气缸上，为机组的膨胀止点，后主支撑为弹性支撑，布置在透平缸上，可吸收整机的轴向和横向热膨胀。辅助支撑位于排气扩压缸上，承受排气扩压缸的静态和动态载荷。50MW 燃气轮机整机三维模型（不含进气室和排气扩压缸）如图 2-17 所示。

图 2-17　50MW 燃气轮机整机三维模型（不含进气室和排气扩压缸）

2.3.2　燃气轮机模块特点

50MW 燃气轮机采用模块式设计，整机按模块可分为进气模块、压气机模块、燃烧模块、透平模块、排气模块和转子模块，如图 2-18 所示。

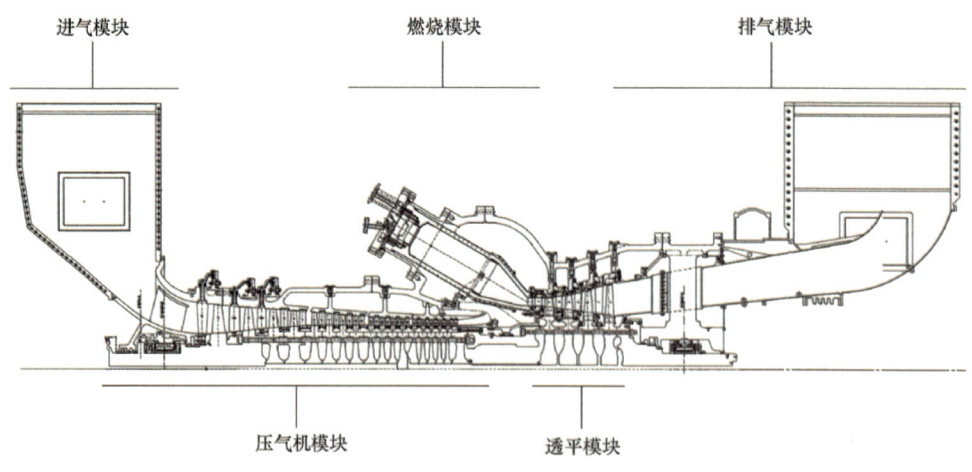

图 2-18　50MW 燃气轮机原型机通流布置图

1. 进气模块

进气模块由进气室和进气缸组成，其作用是将进气道过来的杂乱无章的气流进行整流，使得进入压气机通流的气流是稳定有序、符合设计要求的。其中进口导叶（压气机入口可转导叶）布置在进气缸上，通过油动机驱动可转导叶机构，改变入口导叶的安装角。进气室为整机的进气口，进气口为矩形，进气室上布置有水洗喷嘴，可以对机组进行在线水洗和离线水洗。进气室上布置有人孔，机组运行时使用人孔盖板进行封堵，在机组停机后，打开人孔盖板，检修人员可通过人孔进入进气室内部，检查进气室和进口导叶的状态。进气侧轴承箱位于进气缸内部，与进气缸内流道壳体铸造成一体结构，通过流道内部的支撑筋支撑在外缸体上。进气侧推力支撑联合轴承安装在进气侧轴承箱内。

2. 压气机模块

压气机模块主要由压气机缸、燃兼压缸前段和压气机第 1～3 号静叶持环组成。压气机静叶持环悬挂在压气机缸和燃兼压缸前段上，以确保机组受热膨胀后，静叶持环与压气机缸始终保持同心。压气机静叶片通过 T 形槽分别悬挂在压气机缸和静叶持环上，压气机静叶片为单只装配结构。压气机缸上布置有低压抽气口，而中、高压抽气口则布置在燃兼压缸上。低压、中压、高压抽气用于机组的密封、透平叶片的冷却以及转子推力的平衡。除进口导叶外，压气机通流共 17 级，其中第 1 级和第 2 级静叶也设计成可转静叶结构，使压气机具有更大的工作范围。压气机缸上布置有部分级次的动、静叶窥视孔，可以在机组停机后，在不开缸的情况下通过内窥镜检查动、静叶的状态，判断动、静叶是否能够继续满足机组的正常运行，确保机组的安全性。

3. 燃烧模块

燃烧模块主要由燃兼压缸后段、透平缸前段和 8 个燃烧器组成。燃烧器的尾筒通过柔性连接的方式固定在透平第 1 号静叶持环上。燃烧器为 8 个独立的筒形燃烧器，周向均布在燃兼压缸上，每个筒都有单独的点火装置和火焰检测装置。

4. 透平模块

透平模块主要由透平缸后段、透平第 1～4 号静叶持环组成。透平静叶持环悬挂在透平缸体上，保证静叶持环与透平缸始终保持同心。透平静叶片通过静叶挂环悬挂在透平静叶持环上。静叶持环的流道面侧安装有耐高温金属加工的动叶片护环，能够有效地隔离高温燃气，保护透平静叶持环，提高机组的寿命。各个透平静叶持环之间布置有端面密封以防止高温燃气进入透平冷却空气腔室。透平缸前段布置有人孔，通过人孔，可检查燃烧器的使用情况，拆装燃烧器。透平缸上布置有2级冷却空气进气口，分别用于第2级和第3级透平静叶片、动叶片护环的冷却，其中第2级静叶的冷却空气来自压气机高压段，第3级静叶的冷却空气来自压气机低压段。透平缸上布置有第1～4级动、静叶窥视孔，可以在机组停机后，在不开缸的情况下检查动、静叶的状态，判断动、静叶是否能够继续满足机组的正常运行，确保机组的安全性。

5. 排气模块

排气模块主要由排气缸和排气扩压缸组成，排气缸与排气扩压缸之间通过柔性膨胀节连接，用来吸收机组的轴向热膨胀位移。排气缸为4层结构，从外向内分别为外缸体、外导流壳、内导流壳、轴承箱。外缸体与轴承箱之间通过支撑筋连接在一起，内外导流壳通过支撑筋保护壳连接在一起。最终内、外导流壳整体通过柔性支撑悬挂在外缸体上，起到扩压、导流和隔热的作用。排气侧轴承布置在轴承箱内，通过外缸体与轴承箱之间的支撑筋支撑在外缸体上。排气缸轴承箱内部布置有通气孔，将压气机的中压抽气引入透平第4级轮盘后的推力平衡腔室，用以调节和平衡转子的推力，确保机组的安全性。排气扩压缸通过柔性膨胀节与排气缸相连，独立支撑在基础上，其作用是将排气缸中的轴向排气转变为径向排气，并起到扩压作用。排气扩压缸上布置有放气接口，压气机低压、中压、高压抽气可通过放气口排放至排气扩压缸中。

6. 转子模块

机组转子为拉杆轮盘转子，具有良好的转子动力学特性。整根转子分为压气机轮盘组件、中间轴和透平轮盘组件，压气机轮盘组件和透平轮盘组件通过中间轴连接在一起。转子前后分别通过支撑轴承支撑在进气缸和排气缸上，进气缸处的支撑轴承为进气侧支撑轴承，排气缸处的支撑轴承为透平侧支撑轴承。为了缩短转子长度，整机的推力轴承也布置在进气缸内，与进气侧支撑轴承组合在一起成为进气侧支撑推力联合轴承。

2.4 燃气轮机总体设计

2.4.1 热力计算具体方法

依据确立的设计工况参数开展燃气轮机热力计算，为燃气轮机各个部件的设计提供依据。其中有部分参数可以直接根据当地实际情况或经验在计算前直接给定，如大气温度 T_a、大气压力 p_a、透平效率 η_T、压气机效率 η_C、燃烧室效率

η_B、机械效率 η_m、冷却空气系数 X_{g1}、进气道压损系数 ξ_1、燃烧室压损系数 ξ_B 和排气道压损系数 ξ_4。透平进口的燃气初温 T_3 一般是根据透平叶片的涂层、基体材料、冷却方式等限制确定。

热力计算的主要过程是采用逐点计算法绘制比功 - 压比曲线和热效率 - 压比曲线，并依据实际需求选取合适的压比。具体过程是在给定一个温比后，在已知热力参数的条件下计算出不同压比对应的比功、热效率，然后将这些数据点绘制成曲线。根据这些曲线，可以灵活选择所用压比。

由于发电用燃气轮机更关注运行的经济性，因而其压比的选择更偏向于热效率，多数情况下压比的选择要平衡诸多因素，往往在最佳热效率和最佳比功之间。采用平均比热容法按顺序计算各部件参数的过程，见表 2-1。

表 2-1 燃气轮机热力循环参数计算过程

名称	符号	单位	计算公式
压气机进口压力	p_1	kPa	$p_a(1-\xi_1)$
压气机进口温度	T_1	K	t_a+273
压气机压比	π		选定
压气机出口压力	p_2	kPa	$p_1\pi$
压气机等熵压缩出口温度	T_{2s}	K	$T_1\pi^{\frac{k-1}{k}}$（k 选定）
压缩过程绝热指数	k		按 $(T_1+T_2)/2$、$\beta=0$，查图 2-19b
压气机效率	η_C		选定
压缩过程实际温升	ΔT_C	K	$\dfrac{T_{2s}-T_1}{\eta_C}$
压气机实际出口温度	T_2	K	$T_1+\Delta T_C$
压缩过程实际比热容	c_{pC}	kJ/(kg·K)	按 $(T_1+T_2)/2$、$\beta=0$，查图 2-19a
压缩过程实际消耗功	w_C	kJ/kg	$c_{pC}(T_2-T_1)$
透平动叶片前温度	T_3		给定
燃烧室出口温度	T_A	K	根据热平衡由 T_3 推出
空气平均比热容	c_{pa}	kJ/(kg·K)	按 $(T_A+298)/2$、$\beta=0$，查图 2-19a
燃烧室空气平均比热容	c_{pb}	kJ/(kg·K)	按 $(T_2+T_A)/2$、$\beta=0$，查图 2-19a
纯燃气比热容	c_{pg}	kJ/(kg·K)	按 $(T_A+298)/2$、$\beta=1$，查图 2-19a
理论空气量	L_0	kg/kg	由燃料种类确定

（续）

名称	符号	单位	计算公式
燃料系数	β		由式（2-47）得出
燃料空气比	f		$f=\beta_A/L_0$
透平进口压力	p_3	kPa	$p_2(1-\xi_b)$
冷却空气系数	X_{gl}		给定
供给透平第一级喷嘴的冷却空气流量系数	X_{gl1}		给定
透平动叶片前燃料系数	β_3		$\beta_3 = \beta_A \dfrac{1-X_{gl}}{1-X_{gl}+X_{gl}X_{gl1}}$
膨胀过程绝热指数	k		按 $(T_3+T_{4s})/2$、β_3，查图 2-19b
透平效率	η_T		选定
膨胀过程实际温降	ΔT_T	K	$(T_3-T_{4s})\eta_T$
透平的实际膨胀功	w_T	kJ/kg	$w_T = c_{pT}\Delta T_T \dfrac{G_T}{G_C}$
透平的排气温度	T_4	K	$T_3-\Delta T_T$
机组比功	w_n	kJ/kg	w_T-w_C
单位质量空气吸收的热量	q_1	kJ/kg	$f(1-X_{gl})H_u$
机组循环效率	η		w_n/q_1
机械效率	η_m		一般按 0.98～0.995 选取
发电机效率	η_G		一般按 0.96～0.99 选取
机组有效效率	η_e		$\eta\eta_m\eta_G$
额定功率	P	kW	给定
空气流量	G_C	kg/s	P/w_n
燃料消耗量	G_f	kg/s	$G_C f(1-X_{gl})$
油耗	B	kg/(kW·h)	$3600G_f/P$

根据热平衡的原理可以得出燃料系数 β 的计算公式为

$$\beta = \frac{L_0 c_{pb}(T_A - T_2)}{H_u \eta_b + L_0 c_{pa}(T_A - 298) - (1+L_0)c_{pg}(T_A - 298)} \quad (2\text{-}49)$$

需要说明的是，表 2-1 所列的热力循环参数的计算过程适用于简单循环的单轴机组。其他的循环方案，原理上是相似的。

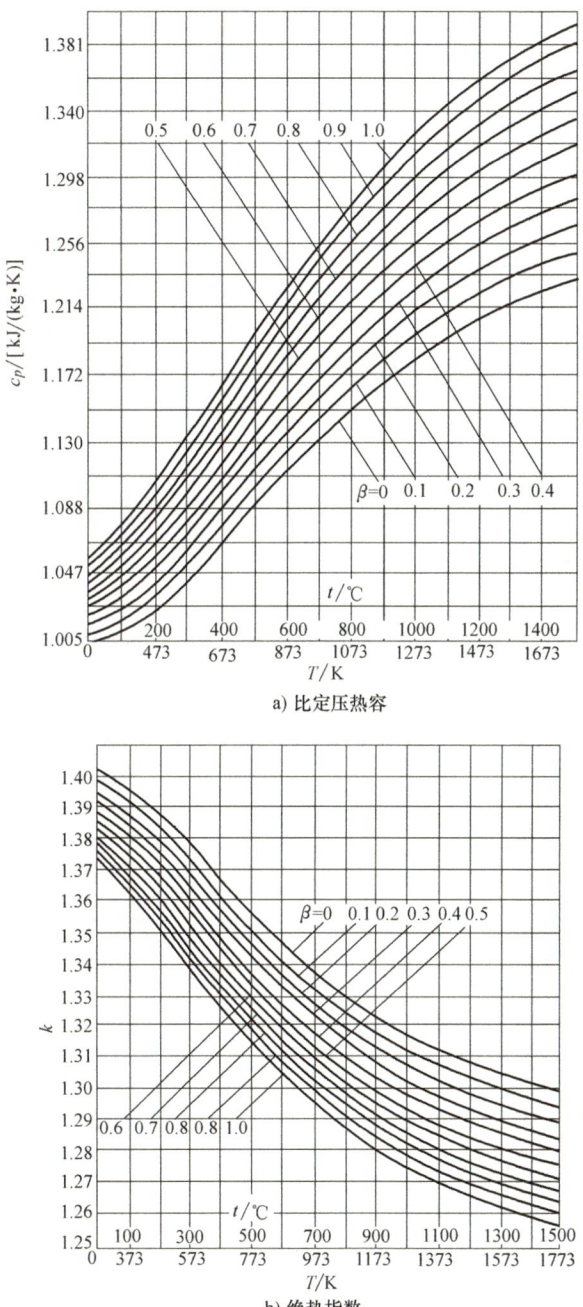

图 2-19 不同温度下空气和燃气的比定压热容和绝热指数

2.4.2 燃气轮机总体设计实例

G50为东汽完全自主化设计及研制的燃气轮机,在设计前对市场上成熟机型的参数进行了大量的调研,并基于东汽自身的加工制造能力,选取合适的总体气动参数。

本节主要针对市场上成熟燃气轮机参数进行细致分析,与初始设计时给定的参数进行对比,同时对关键参数——转速的选取进行研究,最后给出50MW燃气轮机合理的转速范围。

1. 国内外工业燃气轮机性能参数分析

在进行初始方案设计之前,对国内外工业燃气轮机的性能参数进行调研和分析是十分必要的,它不仅能确保所设计燃气轮机的参数选取是合理的,而且能够为参数的选取提供指导。

大部分工业燃气轮机的参数如功率、热耗、转速、压比和流量是公开的,包含用于单循环的中小型燃气轮机以及联合循环的大型燃气轮机。调研的燃气轮机对象见表2-2。

表2-2 燃气轮机研究对象列表

对象	数量	功率范围/MW
东汽燃气轮机	4	5～50
公开报道的燃气轮机	6	20～170

初始设计阶段,对东汽的原始设计方案和优化设计方案的性能参数进行对比分析。以下从燃烧室出口温度(公开的或者反算得来的)、流量、压比、热效率、压气机转速和压气机效率等方面展开对比。

现代中型和大型工业燃气轮机的燃烧室出口温度为1550～1650K,更高的温度较少见。流量和功率呈线性关系,东汽原始设计方案略低于线性规律,这表明设计将需要更高的效率或者更高的燃烧室出口温度。不同轴功率时燃烧室出口温度如图2-20所示,不同轴功率时质量流量如图2-21所示,不同压比时燃气轮机热效率如图2-22所示,不同燃烧室出口温度时燃气轮机热效率如图2-23所示。

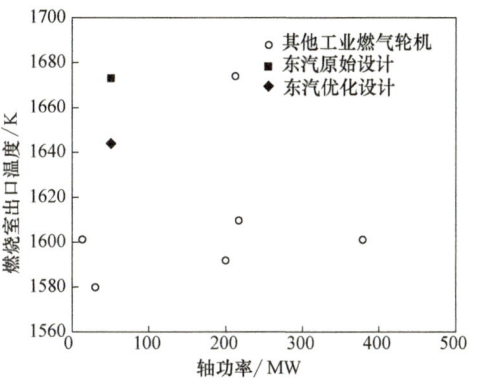

图 2-20　不同轴功率时燃烧室出口温度

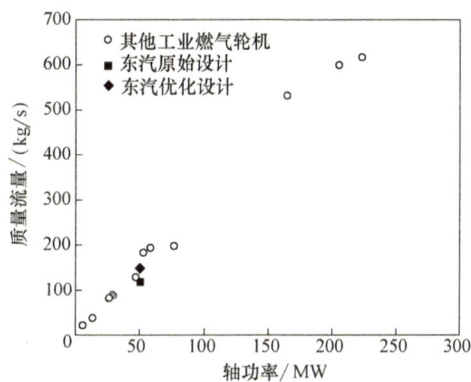

图 2-21　不同轴功率时质量流量

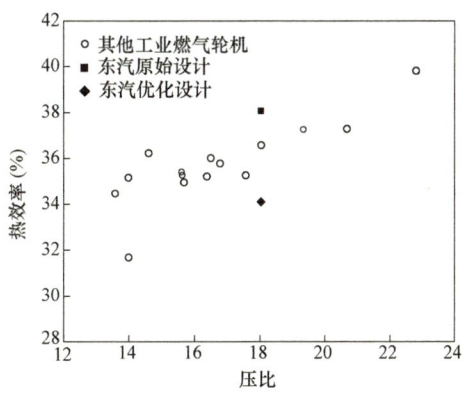

图 2-22　不同压比时燃气轮机热效率

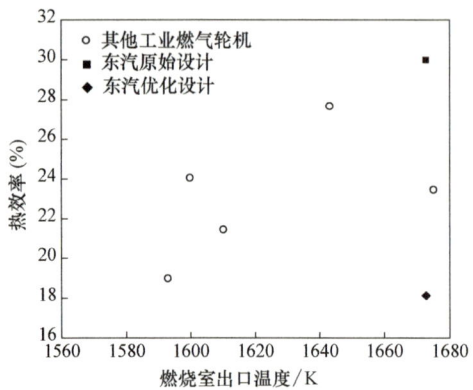

图 2-23　不同燃烧室出口温度时燃气轮机热效率

如图 2-24 所示，压气机转速和流量之间存在强关联，由图可知 50MW 燃气轮机的转速必须大于 5 000r/min。考虑绝热效率受压比的影响，图 2-25 所示为压

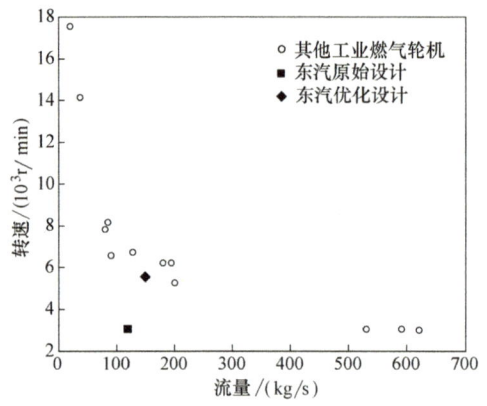

图 2-24　压气机转速与流量的关系

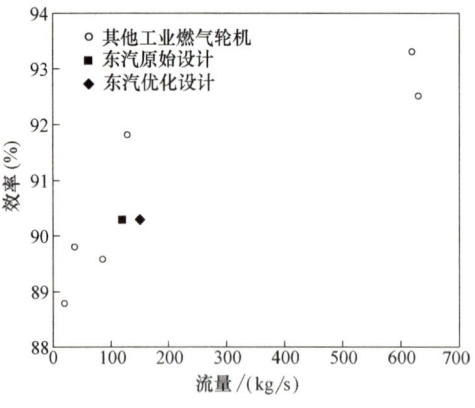

图 2-25　压气机效率与流量的关系

气机效率与流量的关系，显然，更大流量的压气机效率将更高。

在开展50MW燃气轮机的循环研究之前，需要对5项透平技术特征进行研究，即透平静叶和转子最高金属温度、叶片平均速度、静叶和动叶片冷却效率以及冷却对透平效率的影响、级气动载荷、末级透平 AN^2（流道面积与转速二次方的乘积）。以下分析主要用于评估提高热效率的途径，但是如果这些途径严重偏离工程经验将是非常危险的（采用更先进的技术除外，例如更好的材料）。

在对设计程序进行校验时发现，当简单假定金属温度时，6个算例中的5个都能较好地预估冷却流量，另外一个算例需要更低的温度，所设定的温度见表2-3。需要说明的是，这些温度只是参考温度，但是该温度会影响循环模型中冷气流量的比例。通常小型燃气轮机温度设计得较高，而大型燃气轮机一般设计得较低。其可能原因是，大型燃气轮机在基础负荷发电时对叶片的可靠性要求非常高，并且会经受更加恶劣的瞬态热应力（影响低周疲劳寿命）。对于G50初始设计比较合理的假设是：大静叶片最高金属温度为875℃，动叶片最高金属温度为825℃。

表2-3 设计程序中透平案例温度设定

项目	透平静叶最高金属温度/℃	透平动叶片最高金属温度/℃
金属温度上限	900	850
金属温度下限	850	800

图2-26给出了叶片平均速度与燃气轮机轴功率的关系，可以看出透平转速

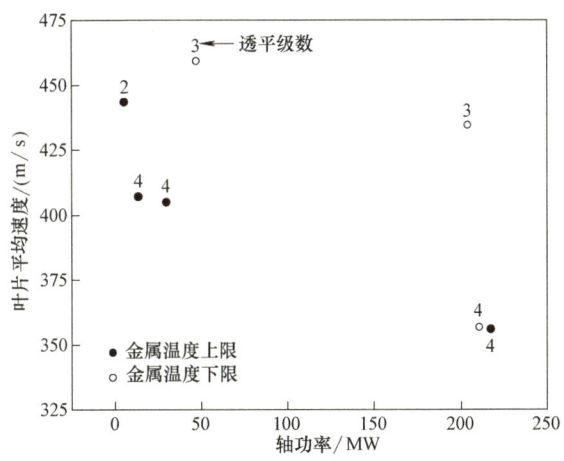

图2-26 叶片平均速度与燃气轮机轴功率的关系

和透平功率之间没有明显的关系，但是叶片转速随着透平级数的减少有增加的趋势（为了避免太大的气动载荷）。因此透平的速度暂定为425m/s是较为合理的。

冷却效率主要与冷却系统以及对冷却流量的需求相关，经验证，最大到50MW的输出功率，常规的冷却效率设定是合适的。同时发现，当燃气轮机功率大于200MW时，需要设置较低的冷却效率，此时燃气轮机的气流温度通常较高。这与大型燃气轮机需要较低的透平金属温度的原因相似。因此，在进行小型燃气轮机初始设计时，冷却效率采用设计程序的默认设置，冷却气流与主流的掺混会造成额外的气动损失。在所有的算例中，采用相同的冷却比例-损失关系（$\Delta \eta^*$），被证明能取得较好的结果，采用默认的$\Delta \eta^*$在初始设计时是合适的。

透平的气动载荷的定义是单位功率（功率/流量）除以叶片速度的二次方，当参数保持不变时，级数越少冷却流量需求越低，载荷就越高（单级载荷更高）。高的级载荷会对级效率造成较大的影响，目前的平均载荷系数范围在1.2～1.7之间。为了获得较高的效率，初始设计时的平均载荷系数为1.25（首级为1.5、末级为1.0）。

当选择转速为5500r/min时，AN^2值为$50 \times 10^6 \mathrm{m}^2 \cdot (\mathrm{r/min})^2$。图2-27为所有算例中的$AN^2$值与叶片平均速度之间的关系，末级$AN^2$值在较大的范围内变动，无明显规律。通常，$AN^2 < 40 \times 10^6 \mathrm{m}^2 \cdot (\mathrm{r/min})^2$是有动力涡轮的设计，其转速的变化范围比单轴更加宽泛。因此，可以认为在初始设计时将AN^2值选定为$45 \times 10^6 \mathrm{m}^2 \cdot (\mathrm{r/min})^2$是较为合理的。

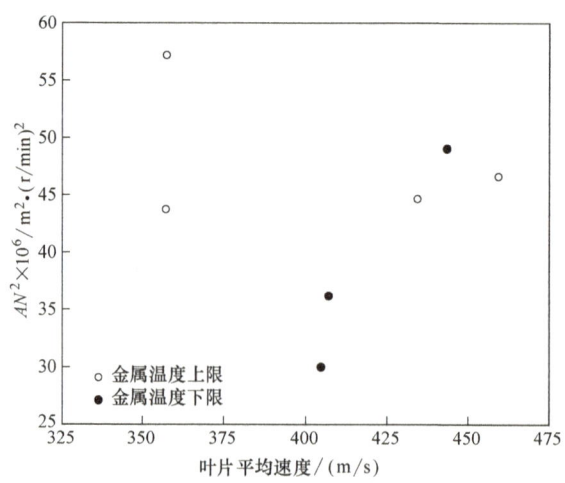

图2-27　叶片平均转速与AN^2的关系

2. 转速的选取

下面将对东汽 50MW 燃气轮机的转速对热效率、透平尺寸和冷却量的影响进行分析，分析时的主要输入参数见表 2-4。

表 2-4　总体性能计算输入参数

输入参数名称	数值
透平入口温度①/K	1673
输出功率 /MW	50
压比②	18
进口温度 /K	288.15
进口（出口）压力 /kPa	101.325
燃料	天然气
转速 /(r/min)	3500～6500
压气机绝热效率	86%
透平级数	3 或 4
末级透平载荷系数	1
透平效率	默认计算
透平冷却比例	默认计算
透平最高金属温度 T/℃	见后续分析
透平叶片平均速度 /（m/s）	见后续分析
最小部件损失	默认计算

① 燃烧室出口 / 透平第 1 级静叶进口。
② 压气机出口总压 / 进口总压。

由于初始设计时透平技术参数未知，所以对重要参数进行设定，如透平的叶片速度和透平的允许金属温度。其设定原则为高叶片速度将减轻叶片的气动载荷，增加级效率，低金属温度需要高的冷却比例，见表 2-5。

表 2-5　透平参数选取

组别	叶片平均速度 /（m/s）	透平静叶最高金属温度 /℃	透平动叶片最高金属温度 /℃
A	400	900	850
B	450	850	800

图 2-28 为不同组合情况下燃气轮机热效率与转速的关系，可以看出，燃气轮机的转速应该比 3 000r/min 高很多，至少应该为 5 000r/min。其原因分析如下，转速变低将导致透平的半径变大且流道高度变小。以上曲线只计算到 5 500r/min，主要是由于高转速时导致叶片高度太大。

燃气轮机设计需要将 AN^2 限制在一定范围内，叶片设计的难度随着 AN^2 的增加（主要是叶片的应力和振动的原因）而增加。对于一个给定流量的燃气轮机，流道面积的变化量较小，所以机械性问题主要受转速的影响。在初始设计阶段，透平机械性限制的转速主要在 5 500～6 000r/min 之间，更高转速时机械性极限将影响透平效率。

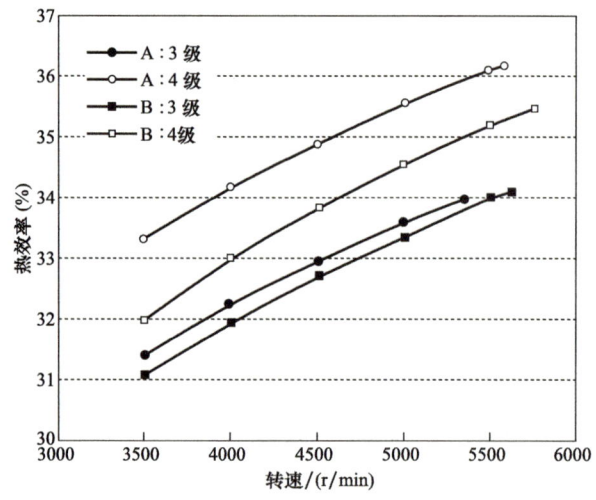

图 2-28　不同组合情况下燃气轮机热效率与转速的关系

为验证透平接受的转速是否同样适用于压气机，本节针对压气机的一维尺寸进行分析。图 2-29 对比了不同转速下压气机的子午流道。需要说明的是，各个转速下的速度三角形保持一致，这样才便于比较。压气机流道设计准则为进出口需要合适的轮毂比（H/T），H 为轮毂直径，T 为叶轮与直径。一般情况下压气机进口的 H/T 应高于 0.5，出口的 H/T 应低于 0.9。基于此准则，理想的转速应该为 5 500r/min，但是在 5 500～6 000r/min 转速范围内设计更高效率的压气机是可能的。若转速低于 5 000r/min，则压气机的效率以及喘振裕度将极大地受到影响。

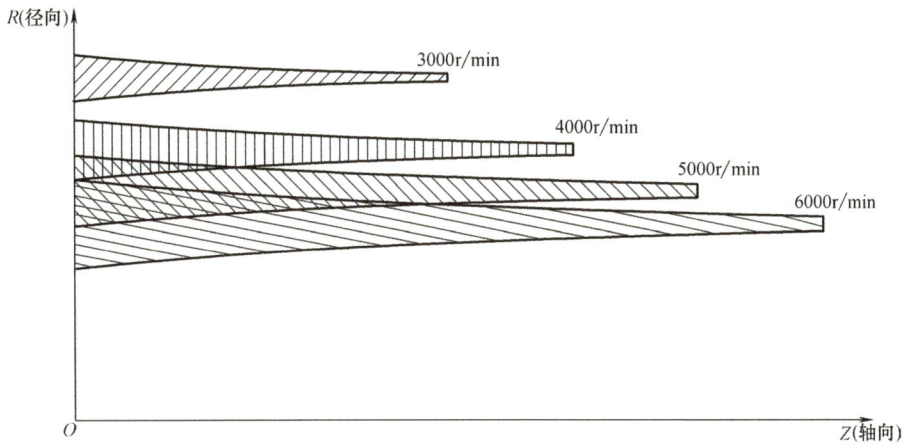

图 2-29 不同转速下的压气机子午流道

3. 总体性能分析

前已述及气动载荷分布、叶片速度和末级 AN^2 三个参数及其影响关系,本节的总体性能分析需要的初始参数见表 2-6 和表 2-7。需要说明的是,由于绝热效率随压比的变化较为明显,压气机效率最好采用多变效率,利用设计程序计算压比从 14 变化到 22,多变效率只减少 0.2%。

表 2-6 初始设计参数选取

透平技术参数	工业燃气轮机范围	初始概念设计
静叶片最高金属温度 /℃	850～900[①]	875
透平动叶片最高金属温度 /℃	800～850[①]	825
叶片平均速度 /（m/s）	357～459	425
平均气动载荷系数	1～2	1.25
末级 $AN^2 \times 10^6 /m^2 \cdot (r/min)^2$	30～57[②]	45

① 中小型燃气轮机适用于较高的温度,大型燃气轮机适用于较低的温度。
② 当值小于 40 时为双轴设计。

表 2-7 初始参数设置

设计程序给定参数	值
压气机效率	90.3% 多变[①]
透平效率	经验计算

(续)

设计程序给定参数	值
透平叶顶间隙 /mm	2[②]
冷却抽气位置	压气机扩压器出口

[①] 绝热效率86%（压气机压比为18）。
[②] 大型燃气轮机的典型值。

在功率为50MW的前提下，压比和燃烧室出口温度对热效率的影响如图2-30所示，透平级数对热效率的影响只针对固定温度。该计算结果与对工业燃气轮机的调查结果相吻合，即压比对热效率的影响非常明显，但是当压比超过18后影响不明显，燃烧室出口温度的影响较小。因此，推荐1 600K的燃烧室出口温度作为初始设计温度，此时燃气轮机热效率为33.3%。

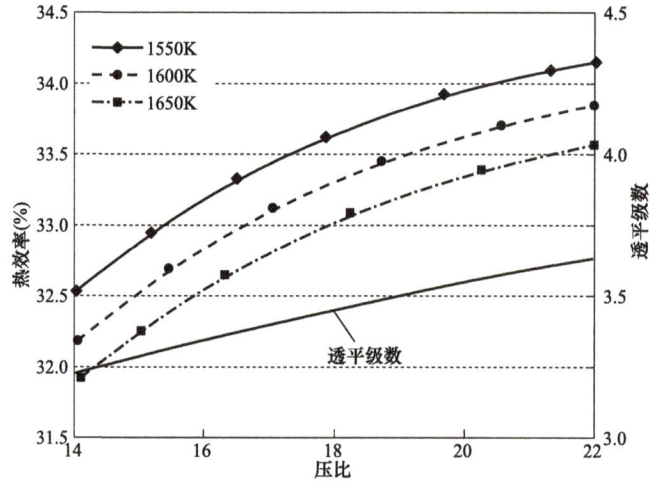

图2-30　不同压比下的燃气轮机热效率与燃烧室出口温度的关系

值得注意的是，33.3%的热效率显著低于典型工业燃气轮机的效率值。其差距由如下特征参数决定：透平叶顶间隙、压气机和透平效率、透平平均气动载荷系数、透平最高金属温度以及冷却低压透平部件的抽气位置。

如图2-31所示，2mm的透平叶顶间隙将极大影响第一级透平的效率。实际上第一级的运行间隙比2mm小很多，而末级的间隙值与2mm接近，因此应设置较小的叶顶间隙数值。图2-32揭示了压气机和透平效率变化对整机效率的影响，不过在进行初始设计时应该假设原型机不会获得高于基础效率的值，以保证燃气轮机仍有可提升的空间。首台燃气轮机设计不应该设置较高的压气机效率，而应该更多地关注如何保证压气机正常起动并运行到设计转速和压比。

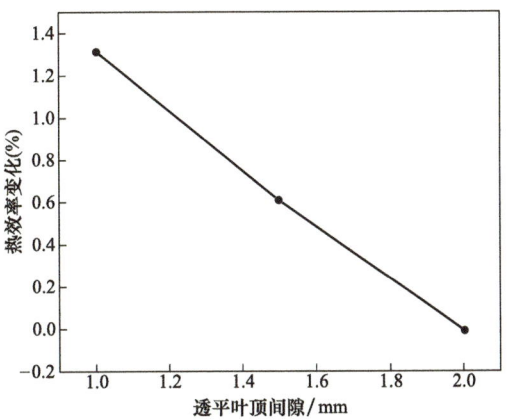

图 2-31 透平叶顶间隙与热效率变化的关系

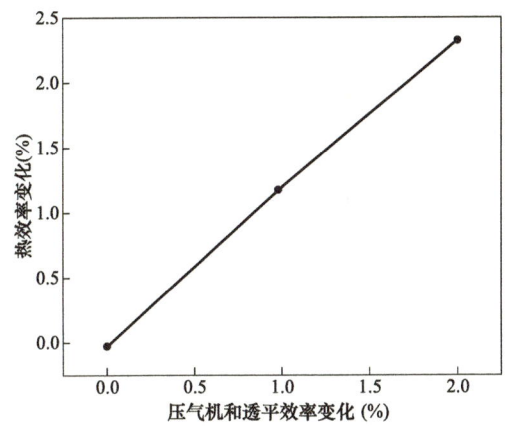

图 2-32 压气机和透平效率变化与整机效率变化的关系

透平平均气动载荷系数的下降对效率产生有利的影响，其原因有两方面：①减小气动载荷系数（不小于 1）会导致级效率增加；②减小第一级的载荷系数将减小第一级叶顶间隙对总损失的影响。平均载荷系数的减小意味着第一级动叶片载荷的减少，因为末级的最佳载荷是 1。图 2-33 给出了透平级平均载荷系数对热效率变化的影响，如果没有其他变化，需要通过增加级数来保持做功量不变，透平级数需要通过调整叶片速度来接近整数值。图 2-34 给出了透平叶片金属温度变化对热效率变化的影响。

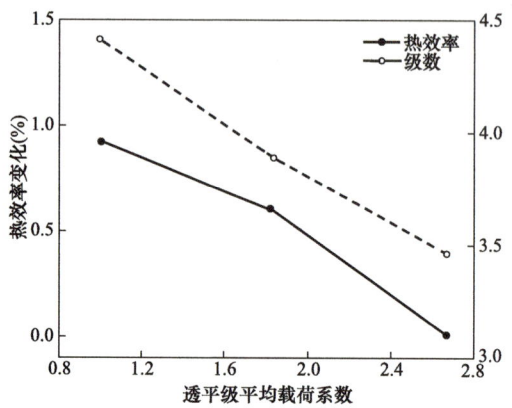

图 2-33　透平级平均载荷系数与热效率变化的关系

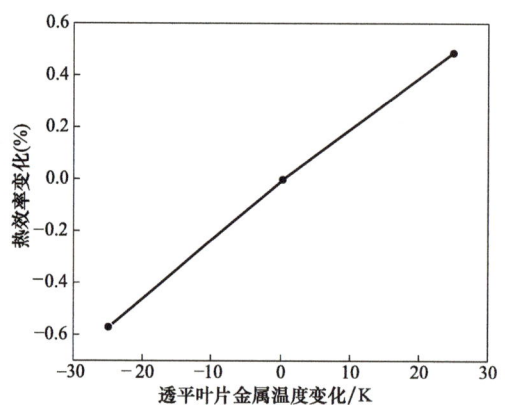

图 2-34　透平叶片金属温度变化与热效率变化的关系

对于大多数的燃气轮机，通常整机的冷却气体都从压气机出口抽取（气体静压最高）。对于更先进的燃气轮机，则从压气机低压部分抽取气体去冷却透平的低压部件，这主要从两方面考虑：首先冷却气体的温度较低，所以需要较少的冷却气量；其次是从压气机的上游抽取意味着压缩耗功较少。对于目前的设计方案，透平第一级（包括静叶和动叶片）的冷却气体都是由压气机的出口来提供。现在假设第二级及剩下级由压气机的上游点来提供，此处假设抽气口位于总温升的百分比位置，图 2-35 给出了抽气位置对总效率的影响。在未开展详细设计和试验之前，确定最低（足够的压力）的抽气点是非常困难的，通常认为此点在 28%～90% 温升处。

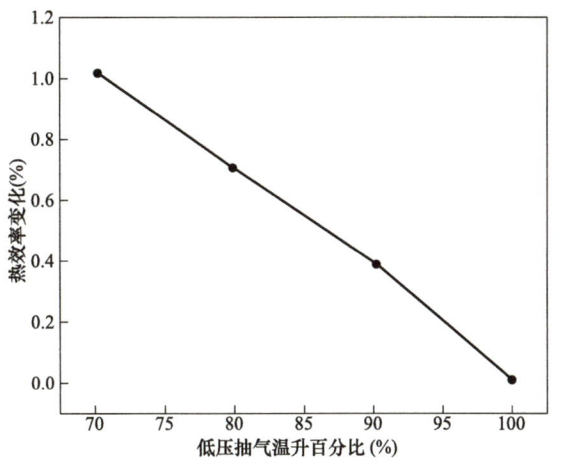

图 2-35 低压抽气温升百分比与热效率变化的关系

通过上述计算过程可以得到目标循环参数选取，G50 初始设计值与成熟机组参数值的对比见表 2-8，G50 初始设计与成熟机组在相同条件下的性能对比见表 2-9。

表 2-8　G50 初始设计值与成熟机组参数值的对比

技术参数	初始值	成熟机组的值
透平静叶片最高金属温度 /℃	900	
透平动叶片最高金属温度 /℃	850	
压气机多变效率（%）	90.30	91.80
透平效率补偿（%）	0	1.50
透平叶顶间隙 /mm	1.5	1
透平平均载荷系数	约 1.12	—
低压冷却抽气位置（%）	90	80

表 2-9　G50 初始设计与成熟机组在相同条件下的性能对比

技术参数	初始设计	成熟机组
流量 /（kg/s）	130	149
压比	18	18
转速 /（r/min）	5 860	5 520
燃烧室出口温度 /K	1 600	1 600
透平级数	4	4
功率 /MW	43	50

2.5 燃气轮机联合循环

联合循环是由两种以上工质组成的联合工作的热力循环系统，且在工质间存在能量交换，以追求更高性能。通常由燃气轮机、换热器、蒸汽发生器、锅炉、汽轮机或其他热机、化工设备等组成联合循环，可以把燃气轮机和蒸汽轮机结合起来，利用燃气轮机的排气热量加热蒸汽轮机循环系统中的液态水，产生高温、高压水蒸气，进入蒸汽轮机中做功，将能源从高品位到中低品位被逐级利用，以提高能源利用率。

2.5.1 燃气 - 蒸汽联合循环

燃气–蒸汽联合循环按照燃气与蒸汽的组合主要分为余热锅炉型和排气补燃型两种方案。

1. 余热锅炉型联合循环

余热锅炉型联合循环的典型布置方案如图 2-36 所示。燃气在燃气轮机中膨胀做功后被引至余热锅炉中，利用余热与锅炉中的水换热产生水蒸气用于汽轮机做功，其系统温熵图如图 2-37 所示。按照温熵图中的上下位置，燃气轮机循环常称为顶循环，蒸汽轮机循环常称为底循环。余热锅炉型联合循环的蒸汽产生完全依靠燃气轮机排气，所以蒸汽温度和蒸汽量都受到排气温度的限制，这就大大制约了蒸汽轮机的功率，后者的功率一般只有前者的一半甚至更小。因此，余热锅炉型联合循环中往往将燃气轮机循环作为主循环，而将蒸汽轮机循环作为辅循环。同时，燃气轮机的温比也成为整个循环的温比，提高燃气轮机的温比不仅能提高燃气轮机的循环效率，更能影响蒸汽参数，从而提高整个联合循环的效率。

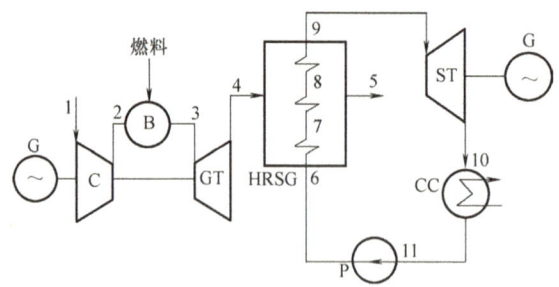

图 2-36 余热锅炉型机组布置方案

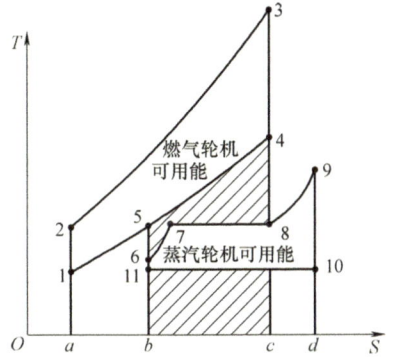

图 2-37 余热锅炉型联合循环 T-S 图

2. 排气补燃型联合循环

基于余热锅炉型联合循环，排气补燃型联合循环通过在余热锅炉内补充燃料来提高蒸汽参数，通过增加蒸汽量来增加蒸汽轮机功率。从布置方案上看，排气补燃型联合循环与图 2-36 基本一致。排气补燃型联合循环的优点：①蒸汽轮机功率高，可以达到燃气轮机的 5 倍以上，循环以蒸汽轮机为主；②蒸汽轮机运行不受燃气轮机限制，甚至在燃气轮机停机时仍可运行；③补燃燃料为煤，价格低廉。相应地，由于补充燃煤，排气补燃型联合循环的缺点则是能源利用程度低，联合循环的效率低，污染略高。因此，排气补燃型联合循环主要用在改建、扩建蒸汽轮机电站。

燃气-蒸汽联合循环电厂的特点可以归纳为：①采用朗肯循环与布雷顿循环的联合循环；②以燃气轮机作为主机工作，占总发电量的 2/3；③热效率高并取决于燃气轮机进口温度；④燃气轮机部件寿命短，需要定期维修和更换；⑤燃气轮机使用化石燃料，包括天然气、煤气、石油、煤等，发电设备因燃料的不同而不同；⑥环保方面需要采用低 NO_x 燃烧器和脱硝装置；⑦大功率化和高效率化成为联合循环的发展趋势。

2.5.2 整体煤气化联合循环

将煤气化后作为燃气轮机燃料，其排气余热作为蒸汽轮机循环热源组成的循环称为整体煤气化联合循环（Integrated Gasification Combined Circle，IGCC），实现了能量的梯级利用，从而提高了整个发电系统的效率，能够较好地解决我国能源资源条件下常规火电站的污染问题。

整体煤气化联合循环的布置如图 2-38 所示，其中气化、除尘脱硫过程属于气化岛，而燃气轮机、蒸汽轮机等发电装置属于动力岛。IGCC 的主要优点：①粉尘、NO_x、SO_x 的排放量小，能满足严格的环境要求；②供电效率高，能达到 42%～45%，还有进一步提升空间，也有利于减少 CO_2 的排放；③副产品如熔渣和飞灰可作为建筑水泥材料，脱硫后可制得单质硫或硫酸，对环境无害，可实现零排放；④煤种适应性强；⑤合成煤气，也可制取甲醇、汽油、尿素等，使煤得以综合利用。

该联合循环的主要缺点是当前技术尚未成熟，正在投运的几台 IGCC 机组效率不高，可靠性不佳，运行及投资费用较高，机组容量较小。

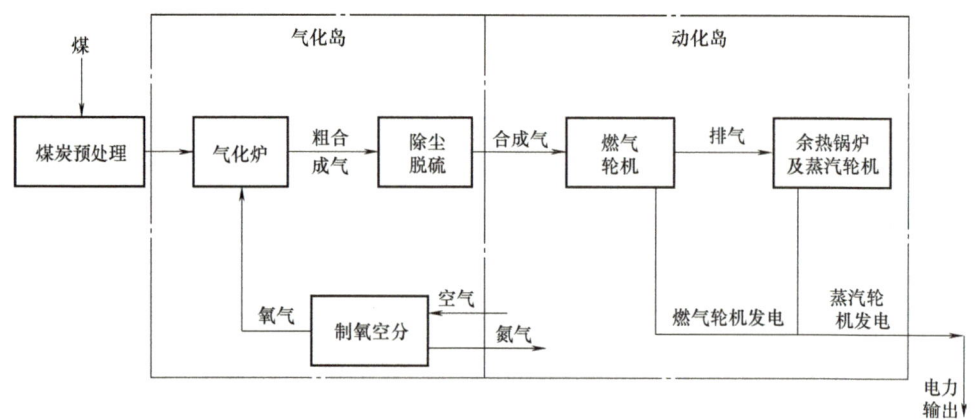

图 2-38　整体煤气化联合循环的布置示意图

第 3 章

压气机

3.1 压气机的主要功能

压气机是消耗轴功使气体压缩以升高其压力的旋转机械，是燃气轮机的关键核心部件之一。图 3-1 所示为 G50 压气机三维示意图。

a) G50　　　　　　　　　　　　　　b) 压气机

图 3-1　G50 压气机三维示意图

按空气流动形式可将压气机分为轴流压气机、离心压气机和斜流压气机。其中，轴流压气机在燃气轮机，特别是重型燃气轮机中应用非常广泛。

轴流压气机在一定的转速下，一定流量的空气经过进口导流叶片得到一定的速度分布，并在转子中通过叶片施加轮周功，使总压、总温、静压和绝对速度增加；增压的空气在随后的静子中进一步将动能转化为压力能，同时产生后面转子或压气机出口所需要的静压提升和速度分布。因此，压气机的一排转子和其后的一排静子被称为压气机级，是压气机的基本工作单元。将多个压气机级同轴串联形成多级压气机，通过多级增压，使空气压力达到燃气轮机热力循环所要求的水平。随着空气被压缩，其密度不断提高，这时必须减小压气机环形流道面积以适应空气的容积减小。因此，随着增压的进行，子午流道几何结构尺寸将明显缩小。空气压缩性越强，流道收缩得越快；当空气接近于不可压时，流道面积减小幅度缓慢，甚至不再减小。

3.2 压气机气动设计概述

3.2.1 压气机气动设计的基本流程

气动设计是压气机设计的开端,气动设计的优劣直接决定压气机研发的成败。经过几十年的发展,压气机气动设计方法已经从简单的二维设计发展到目前的以三维 CFD(计算流体力学)为基础的多级三维定常/非定常设计。

当前压气机设计的流程一般可分为热力方案设计、叶型设计和三维精细优化设计三个阶段。作为压气机气动设计的第一步,热力方案设计分为一维热力设计和通流设计,其主要工作是根据总体设计要求,确定压气机级数以及各级的无量纲设计参数,以之为基础,生成子午流道布局,获得各级平均截面的速度三角形以及参数沿叶高的分布等。由于子午流道的布局等关键特征在热力方案设计阶段就基本确定,在叶型设计和三维精细优化设计中往往只进行细微的调整,因此,热力方案设计在很大程度上决定了整个压气机的特征,对压气机最终性能具有重要的影响。叶型设计以构建满足热力方案设计意图的几何实体为目标,为后续三维性能分析、精细化设计及结构、强度等分析提供几何载体,是高性能压气机设计流程中不可缺少的关键步骤。而考虑到压气机内部气体流动非常复杂,在叶型设计的基础上,基于高精度分析手段开展精细设计优化是提高压气机性能的有效途径。不过,需要强调的是由于 CFD 技术的不确定性,在当前的轴流压气机设计中,速度三角形和叶型的初始设计仍然要依靠传统的通流计算和叶片造型方法,在此基础上辅以 CFD 数值模拟技术,进行必要的设计调整与优化。CFD 技术目前还不能替代试验研究及试验验证,通常需要使用试验结果来校验 CFD 计算的结果。

3.2.2 影响级压比的主要因素

决定轴流压气机级压比的因素众多,其中包括最重要的气动负荷系数,也包括叶尖切线速度、叶片的几何特征参数等,各转速下的喘振裕度以及效率指标也是制约各级压比的重要因素。一旦确定压气机各级的加功量和效率,即可确定各级的压比。在轴流压气机的方案设计阶段,级压比的确定需要进行大量的理论分析、数值验算和优化,还需要结合大量的试验研究,以及借鉴以往成功的设计案例和设计经验。对于压气机的压比,主要有三大影响因素。

(1)叶尖切线速度 在轴流压气机发展初期,由于对跨声速压气机级内流动规律的认识不足,转子叶尖的马赫数往往被限制在 1.0 左右,叶尖切线速度控制在 300m/s,甚至更低。直到 20 世纪 70 年代,逐步明确了超声速来流叶栅的损失机制，以 MIT、DLR、NASA 为代表的研究机构终于将轴流压气机带入了"跨声速"时代，激波增压使得单级压比大幅度提高。

选用较高的叶尖切线速度对单级压比的提高是有利的，但是切线速度的提高主要受两个因素的制约：首先是材料强度的制约，叶片离心力与切线速度的二次方成正比，同时会导致转子轮盘重量的增加，提升叶尖切线速度需要增大叶片的强度，而要提高叶片的强度必然会导致转子轮盘质量的增加。其次是转子叶尖马赫数的制约，随着跨声速压气机转子叶尖马赫数不断提高，槽道激波显著增强，这将导致级效率的下降。

（2）负荷水平　　在切线速度已经确定的情况下，压气机增压比的大小取决于负荷系数。在多级压气机中，各级负荷系数的选择与其所在的位置有关。从轴流压气机过去几十年的发展历程来看，每一次为提高级负荷做出的尝试都是非常谨慎的，在其他设计参数保持不变的情况下，如何合理地组织流场，在满足效率指标的前提下，突破级负荷水平的限制，一直是压气机领域关注的重点。

确定压气机负荷水平最基础的依据是叶型的负荷水平限制。人们通过大量的叶栅试验以及边界层理论分析，逐步总结出评价叶型负荷水平的无量纲参数——扩散因子，也称为 D 因子。二维的叶栅设计理论认为：吸力面的边界层分离直接限制了增压比的进一步提高，最初定义的 D 因子就是用来评价吸力面扩压段逆压梯度的物理量，其具体表达式为

$$D_{\mathrm{loc}} = \frac{v_{\max} - v_2}{v_{\max}} \quad (3-1)$$

式中，v_2 为叶栅出口的气流速度；$v_{\max}$ 为叶栅吸力面的峰值速度。局部 D 因子表达式能够较好地反映吸力面边界层的减速扩压过程，因此可以较好地与边界层的增厚关联。这一关于扩散因子的公式由于涉及通道中间的峰值速度而难以直接使用，经过一些简化推导可以得出一个仅仅基于叶栅进出口参数的扩散因子公式

$$D_{\mathrm{f}} = \left(1 - \frac{v_2}{v_1}\right) + \left(\frac{\Delta v_\theta}{2\sigma v_1}\right) \quad (3-2)$$

式中，Δv_θ 为进口速度 v_1 和出口速度 v_2 在切向的速度差；σ 为稠度。第一部分代表气流在叶栅中的减速扩压；第二部分代表气流在叶栅中的折转，其中稠度的出现是因为气流在通道中折转会产生周向的压力梯度，稠度的减小将导致叶栅通道

内周向压力梯度的增加，从而导致叶栅负荷的增加。

（3）节弦比　压气机叶片的节弦比会显著影响压气机的工作范围，因而在保证工作范围的前提下，选用合适的节弦比可以有效地提高压气机的单级压比。20 世纪 50 年代，压气机节弦比通常选在 2.0～4.0 之间。压气机节弦比几十年来总的变化趋势是不断降低的，目前叶片的节弦比已经下降到了 1 左右。节弦比的缩小可以有效增大压气机的工况范围，也会使得压气机受到其他因素的制约：首先，小节弦比会导致通道内二次流的增强，使得端壁区的效率下降；此外，节弦比的降低会导致压气机轴向长度的增加，对减重不利。

上面讨论了压气机级压比的三个最大的影响因素——叶片切线速度、负荷水平和节弦比，压气机最终的级压比确定还要考虑一系列的其他影响因素，包括前面提到的效率指标，设计的压气机级在多级压气机中所在的位置，压气机工作裕度的约束，进出口轮毂比和叶片径向间隙大小，以及所采用的叶型和叶片三维气动造型的设计水平等。

3.2.3　基元叶型

压气机叶型设计以构建满足一维/准三维方案设计意图的几何实体为目标，是压气机研发中非常关键的环节。考虑到直接进行三维造型难以总结提炼参数、设计变量多、调整困难，压气机叶型设计是逐步进行的，基本过程如下：

1）根据准三维分析结果，沿叶高方向选择一系列对气动性能影响大的基元二维截面。

2）根据气动参数选择已有的叶型，或利用定制的参数化方法设计二维基元截面型线。

3）按一定的规律径向积叠所设计的基元截面。

4）生成三维叶片型面。

二维基元叶型是压气机叶型设计的基础。在最开始设计压气机叶型时，其设计理论是机翼的升力理论，叶片的叶型设计采用了经过修改的翼型。目前，常用的经典叶型有 NACA-65 系列、C 系列和双圆弧（DCA）等叶型。

1）NACA-65 系列。该系列叶型是由低阻力飞机翼型发展起来的，其通过中弧线和厚度分布的选择，使得从前缘到尾缘处的载荷保持均匀，即静压沿弦长在很大一部分区域内保持基本一致，使得层流的区域扩大。NACA-65 中的 6 表示系列，而 5 表示层流区域占到整个弦长的 50%。虽然 NACA-65 系列叶型被大量地用于压气机的设计，但它显然并不完全适合叶栅的流动情况。因此，为了满足叶栅的设计要求,需要采用特殊的中弧线和厚度分布。

2)C 系列叶型。C 系列叶型最早是由 Power Jets 公司在 20 世纪 40 年代整理得到的。C4 叶型的前缘比较钝,结构比较坚固,但不适用于高来流马赫数情况。C 系列叶型的中弧线一般采用圆弧或者抛物线,弯角和最大挠度的位置由具体设计给定。厚度分布按照中弧线给定,厚度与当地中弧线方向垂直,相对厚度按照与中弧线的比例进行缩放。

3)可控扩散叶型。可控扩散叶型(CDA 叶型)也称为定制速度叶型(PVD 叶型)。随着对压气机内部流动认识的加深,特别是计算技术的发展,在压气机设计中越来越感觉到没有必要一定按系列叶型(标准叶型)来设计叶片,中弧线和厚度分布完全可以采用任意的形式以使速度(或者马赫数、压力)达到预期的分布规律,这种叶型设计方法广义上讲应称为定制叶型设计方法。

为了减小高亚声速来流翼型的阻力,在飞机机翼翼型的设计中,发展了超临界叶型,实现了翼型吸力面虽然有局部超声速区,但没有激波存在,而通过控制吸力面的表面等熵马赫数分布又实现了在设计点及其附近吸力面分界层不发生分离。如图 3-2 所示,流体在吸力面前缘附近加速,使得边界层保持层流状态,最高马赫数不超过 1.3,然后流体迅速减速,边界层发生转捩;流体减速过程先快后慢,这样的压力分布形式有利于减缓边界层的增厚。在压力面,速度尽量不变,目的同样是尽可能保持层流状态。

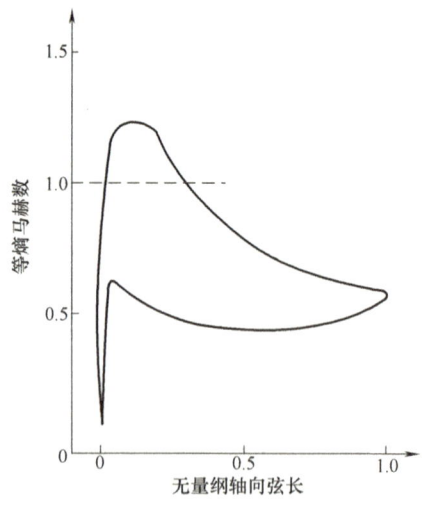

图 3-2　可控扩散叶型表面设计马赫数分布示意图

在相同的速度下，层流边界层的损失要远低于湍流边界层。为了得到最大范围内的层流边界层，超临界叶型早期设计中曾追求在吸力面吸力峰前有一段速度近似恒定的高速区，但试验表明在跨声速条件下这样并不理想。超临界叶型的形状比较特别，其弯角主要集中在前部，尾缘区域是一个平直区域。对于上文所述的 C 系列、NACA-65 系列和双圆弧这几种叶型叶栅，当具有相同负荷时，超临界叶型叶栅的稠度只有 0.83，而其他叶型叶栅的稠度均为 1.0，这是超临界叶型的损失较其他叶型小的一个重要原因。

4）超声叶型。在 20 世纪 50 年代，为了提高轴流压气机的负荷，开始尝试跨声压气机的研制，但当时叶型依然选择的是传统系列叶型。到了 20 世纪 60 年代，跨声叶栅的设计准则被总结出来。随着对跨声叶栅内部流动规律认识的深入，人们清楚地意识到利用传统叶型不可能设计出成功的跨声压气机，并发展出了新的叶型设计方法。在传统系列叶型中，双圆弧叶型在高速条件下的特性最好，但在超声速来流条件下，双圆弧叶型性能恶化。

为了避免超声速来流在叶栅喉道前进一步加速，一种自然的做法是将叶型的吸力面前段设计成直线，由于超声叶型弯角很小，所以叶型的压力面也可以设计成直线，只在吸力面后部用一段曲线过渡，这也是气流折转最大的地方。

基于同样的原理，改进双圆弧叶型的一种有效方法就是将其双圆弧中弧线改为多圆弧，这样就可以很好地控制叶型前段和后段的转角分配，从而减少叶栅喉道前的气流折转，减小叶型表面上的最大马赫数，降低激波强度，进而降低总压损失。

为了适应更高的来流 Ma 数，例如 Ma 超过 1.6，人们又发展和研究了预压缩叶型，即为了降低波前马赫数，一种可行的做法是将叶栅喉道前的入口段吸力面型线做成凹曲线，使得超声速来流在喉道前能够被压缩，从而能够降低其马赫数。

3.3 压气机特性

3.3.1 特性的产生

一台压气机在一定条件下测得的转速、流量、压比和效率等参数，只能反映这台压气机在特定进气情况下所具有的物理特性，只有通过折合关系式得到的折合转速和折合流量，结合测得的压比、效率，才能得到通用特性。压气机通用特性一般包含 5 个重要性能参数，即折合转速、折合流量、压比、效率和喘振裕度。通常折合转速和折合流量为自变量，另外三个为因变量，因变量与自变量的关系构成了压气机的性能特性。图 3-3 所示为典型压气机试验系统，由进气过滤器、流量管、进气道、压气机、排气管和排气节流阀等组成。

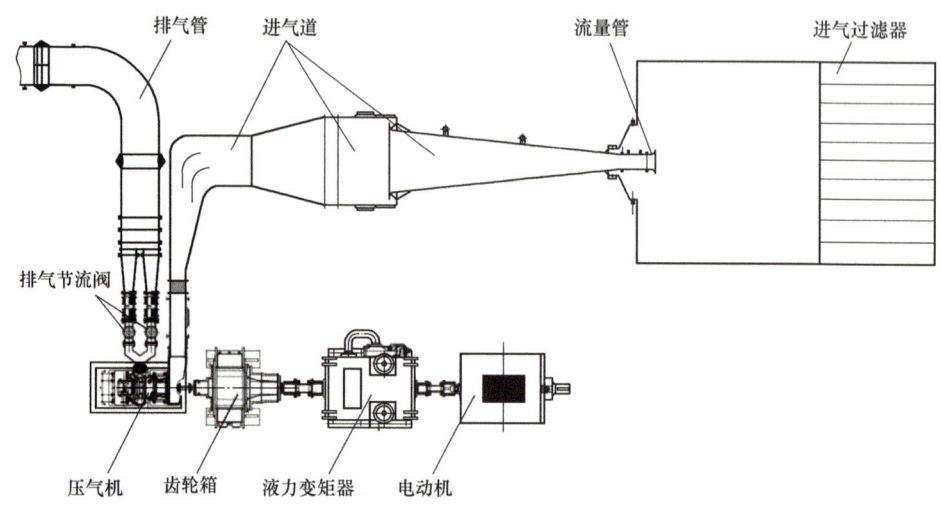

图 3-3　典型压气机试验系统图

首先考虑在转速不变的情况下仅改变流量造成的压气机运行变化。通常通过调节排气节流阀喉道的截面面积来改变其通过流量

$$G = \mu K \frac{p_e^*}{\sqrt{T_e^*}} A_e q(Ma_e) \quad (3-3)$$

式中，μ 为流量系数，是实际气流与理想气流通过喉道的流量比；K 为常数，由气体比热比和气体常数决定；p_e^* 由克服排气损失和压降达到环境压力 p_a 与压气机出口总压 p_2^* 匹配后共同决定；T_e^* 由实现 p_2^* 所需轮缘功的压气机出口总温 T_2^* 决定；A_e 为排气面积；$q(Ma_e)$ 为流量函数随出口马赫数的变化。质量流量 G 则决定着压气机的通过流量。该式很难直观地看出压气机通过流量与排气面积 A_e、排气压力 p_e^* 的关系。为此，基于可压流 Bernoulli 方程式，在定常无黏情况下存在如下公式：

$$\frac{v_a^2 - v_e^2}{2} + \int_0^a \frac{1}{\rho} \mathrm{d}p = 0 \quad (3-4)$$

显然，环境速度 $v_a=0$。若假设排气平均密度为 ρ_m，则结合流量方程式，得到

$$p_e - p_a = \frac{G^2}{2\rho_m A_e^2} \quad (3-5)$$

于是，p_e 与 G^2 成正比，并与 A_e^2 成反比，产生了如图 3-4 所示的排气节流阀特性。实际情况将由阀门工作特性决定，但总的趋势是当排气面积 A_e 减小时，形成流量 G 减小的 p_e-G 二次曲线特性，并与压气机特性匹配形成共同工作点。

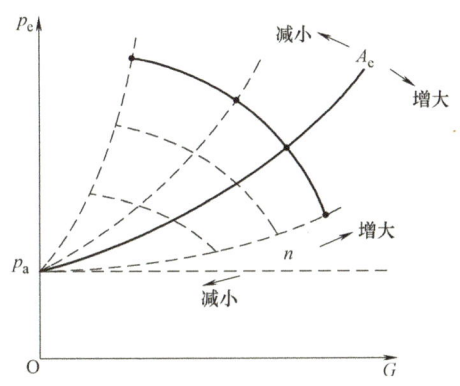

图 3-4 理想情况下的排气节流阀特性

转速 n 一定，假设排气面积调节过程中压气机轴功恒定，那么，如式（3-6）所示，扣除机械损失、轮阻损失和泄漏损失后就是轮缘功。转速不变时，机械损失和轮阻损失基本不变，但泄漏损失与流量成正比，因此轮缘功体现出随流量增加而减小的线性趋势。而在压气机进出口绝对速度相等时，轮缘功 l_u 与流阻损失功 l_f 的差值即为压缩功：

$$\int_1^2 \frac{1}{\rho}dp = l_u - l_f \quad (3-6)$$

这样流阻损失功 l_f 随流量的变化特性将最终影响压气机压比和效率特性。而流阻损失功一般由叶片摩擦损失、尾迹损失及二次流损失等组成，从轮缘功中扣除这些损失功后即得到压气机级的压缩功。当然，实际情况与轴功不变的假设有所不同。当压气机几何尺寸确定后，流阻损失功随流量的变化即确定，轴功将随流量的变化而变化。级性能特性曲线的产生如图 3-5 所示。

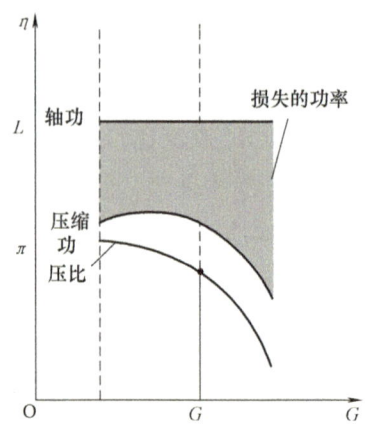

图 3-5　级性能特性曲线的产生

压气机级特性与排气节流特性存在一个交点，在这个交点上，两条曲线具有相同的排气压力 p_e 和流量 G，而排气压力 p_e 结合排气马赫数形成的排气总压 p_e^*，就是压气机出口总压 p_2^* 克服排气管总压损失的结果。当改变转速 n 时，则存在不同转速下压气机压比 – 流量特性与排气节流特性的匹配。当因变量以压比、效率表示，自变量以折合流量 G_{cor}、折合转速 n_{cor} 表示时，就得到了压气机通用特性。

3.3.2　特性上的关键状态

包含压气机的压缩系统往往存在三个关键的工作状态，即峰值效率状态、堵塞状态和喘振状态（或失速状态）。

（1）峰值效率状态　对压气机应用而言，在峰值效率点附近工作显得十分重要，这不但最大程度地利用了压气机的能量转换能力，同时也因为流阻损失功 l_f 最小而保证压气机具有最长的使用寿命。由于不同转速下的峰值效率不等，因此，将不同转速的峰值效率点连接就形成了峰值效率包线。在最为理想的情况下，压气机最为频繁的工作状态应当在峰值效率包线的最高点位置，这一目标需要通过对压气机的选型、设计以及调节来实现。而在更为理想的情况下，压缩系统的其他工况也始终工作在峰值效率包线相近点上，这就需要通过对叶片的调节来实现。

（2）设计状态　对于重型燃气轮机而言，使用状态点相对较少，因此，可以将设计点与设计转速峰值效率点重合进行压气机设计，同时保证超过设计转速时仍具有足够的工作范围。选择设计点的原则是保证全转速工作范围内压气机的运行稳定高效。

（3）堵塞状态　这里所谓的堵塞就是流道的喉道截面的马赫数达到1.0。若堵塞发生在排气节流过程中，则有

$$G_{\max} = \mu K \frac{p_e^*}{\sqrt{T_e^*}} A_e \tag{3-7}$$

式中，p_e^*、T_e^* 分别由压气机排气总压 p_2^*、总温 T_2^* 决定，因此不同转速下，压缩系统的最大流量 $G_{\max}$ 不但与排气面 A_e 相关，同时与压气机特性相关。一定转速下，当 A_e 的增加量小于 p_e^* 的减少量时，系统容易进入排气堵塞，使流量达到最大值 $G_{\max}$，反之则不易进入排气堵塞。

对于没有排气阀门的压气机，显然在转速增加过程中，压气机工作在堵点工作线上。这时，堵塞状态由压气机自身流动决定，存在某一气动喉道截面的流量函数 $q(Ma)=1.0$，是压气机某等转速特性的最大流量状态，这时，叶片具有强烈的压力面分离而导致气动喉道截面相对或绝对马赫数达到 1.0。

跨声压气机和多级压气机更易进入堵塞状态，前者是因为叶片来流马赫数过高，易产生流道局部截面的相对或绝对马赫数大于 1.0 的情况；后者情况更复杂。

总体而言，堵塞取决于系统某区域的临界，会发生在压气机内部或排气节流区域。任意位置发生堵塞均会限制一定转速下系统流量的进一步增加，但堵塞工况不会产生强烈的气动失稳。当堵塞发生在压气机内部时，必然伴随着固定区域的严重分离，在此状态长时间工作会使叶片发生疲劳损伤，从而缩短叶片寿命。

（4）喘振和失速状态　压气机在某一转速下存在稳定工作的最小流量 $G_{\min}$，若进一步减小流量将发生喘振或失速。喘振和失速的区别在于：喘振状态下压气机将失去稳定工作的能力，而失速状态则不一定失去稳定工作能力。

对于一个简单压气机系统，在一定转速下随着排气面积的减小，压气机出口截面静压 p_2 上升，在达到最大值后开始减小，压气机特性曲线如图 3-6 中实线所示（虚线为排气阀特性曲线）。假设压气机出口静压 p_2 和排气静压 p_e 均匀且相等。如果压气机工作状态点为 m，在进气压力 p_0 瞬时变化、压气机叶片振动等因素的扰动下使得工作状态点偏离 m 点时，无论流量在瞬时是增加还是减小，都会产生压力梯度的变化来对抗流量的变化，从而使得任何扰动终将稳定于系统的平衡点状态 m 点。

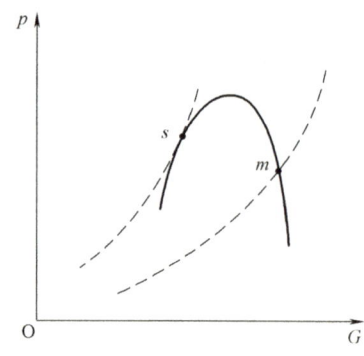

图 3-6　压气机系统匹配特性

但如果压气机的工作状态位于图 3-6 中的状态点 s，当扰动使得状态点的流量发生变化时，后续产生的压力变化反而会放大流量的变化，这时，系统不能稳定在状态点 s，会产生所谓的静不稳定现象，不稳定现象体现为压气机失速。

系统失速后，压气机（非失速）特性就结束了，即图 3-6 中状态点 s 以下的特性线实际上是并不存在的，而是沿排气阀特性线跳入到了失速特性线中。

从稳定性角度讲，压气机失速特性是稳定的，即叶片通道内部存在严重而稳定的分离流动。随排气面积进一步减小，流量减小，压气机出口静压或静压比还有所提高，直至流量为零。显然，压气机随流量减小最终变成没有流量通过的搅拌机。在这种状态下叶片肯定无法承受强烈分离流动所具有的气动激振力而发生损伤。

由此可见，同一转速下，压气机存在两条稳定工作特性曲线，一条是压气机特性，一条是压气机失速特性。当压气机叶片从根部到尖部的展向均进入失速时，两条曲线是分开的，产生存在失速迟滞的突变型失速。当失速仅发生在叶片展向的部分区域时，两条曲线会合并，这时，产生了不存在失速迟滞的渐进型失速，因此，渐进型失速不存在系统失稳过程，压气机可以在全流量范围内稳定工作。但这种状态的后果是叶片会在不知不觉的失速特性中长期工作而造成疲劳损伤。

压气机-排气节流阀压缩系统在理想假设情况下不发生喘振，实际系统中，渐进型失速一般不会诱发喘振。随流量减小，压缩功特性曲线不存在排气压力极大值的压气机，不会因为失速而导致喘振的发生。

喘振一旦发生，流量将迅速从 G_m 减小为管道平均意义上的零流量，即压气机失去稳定工作能力。流量减小的方式会遵循压气机内部整体逆向流动的瞬态阻力及节流阀压缩系统的喘点特性，与阀门特性无关，但这并不重要，重要的是流量减小为零后，气罐释压，压气机将按照排气阀特性迅速增压，流量增加。如果不增加排气节流面积，压气机将由特性曲线再次进入喘点，再次发生喘振。

有了喘振的概念，就可以分清喘振和失速的差异。喘振一定与系统相关，失速不一定与系统相关。对于突变型失速，由于其最高静压升处在压气机特性的最小流量处，因此，这类压气机失速在满足压缩系统喘振条件时将直接导致喘振。对于渐进型失速，如果存在静压升峰值，那么在系统具备喘振条件时也会导致喘振；如果不存在静压升峰值，那么在系统中就不会导致喘振。压缩系统如果不满足喘振的条件，任何失速都不会导致喘振。

3.4 压气机气动设计示例

本节将以东方汽轮机有限公司的 G50 燃气轮机压气机为例，介绍压气机气动设计的过程。

3.4.1 压气机一维设计

压气机的气动设计总是从一维设计开始的，其主要任务是确立压气机合理的一维气动布局，也就是确定压气机各级中径处的速度三角形和基本的几何尺寸。压气机的一维设计通常是在一些给定条件下进行的，这些限定条件包括转速、进口条件、流量、压比、级数、效率等。同时，需要选定设计变量，并对每一级规定这些变量的值，给定不同的值就意味着不同的设计结果，这一过程就是"设计"。作为示例，可以选取这样一组参数作为设计变量：流量系数、载荷系数、平均半径、堵塞系数、进口气流角。有了限定条件和设计变量这些已知参数，就可以计算出各级中径处的气流参数、各级进口的径向尺寸，以及各级中径处的速度三角形。图 3-7 展示了速度三角形与流量系数和载荷系数之间的密切关系。其中，流量系数定义为

$$\phi = \frac{v_a}{u} \tag{3-8}$$

载荷系数定义为

$$\psi = \frac{\Delta H}{u^2} \tag{3-9}$$

式中，v_a 为气流轴向速度；ΔH 为基元级的总焓升；u 为基元级叶片线速度。

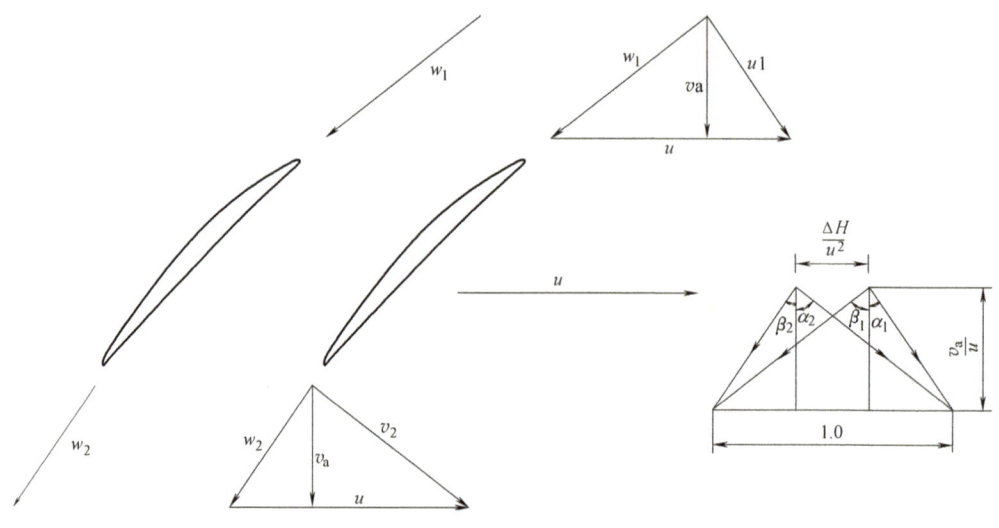

图 3-7 基元级速度三角形

图中 w_1、w_2 是动叶进出口相对速度；α_1、α_2 分别是静叶进、出口角度。

在一维设计过程中，对于压气机负荷水平的评价和控制至关重要，甚至在很大程度上决定了压气机设计的成败。在 G50 压气机的设计过程中，以 Smith 图来分析和评价各级流量系数与载荷系数选择的合理性。Smith 图是以二维不可压缩气流的 50% 反力度级为基础，在等 D-H 数条件下绘制的一系列流量系数 – 载荷系数曲线。将一维设计的流量系数和载荷系数值绘制在 Smith 图上，就可以大致判断该压气机的负荷水平。该方法非常方便且直观。图 3-8 展示了 G50 压气机各级的流量系数和载荷系数的分布，很显然其靠近 D-H 数等于 0.8 的那条曲线，可以

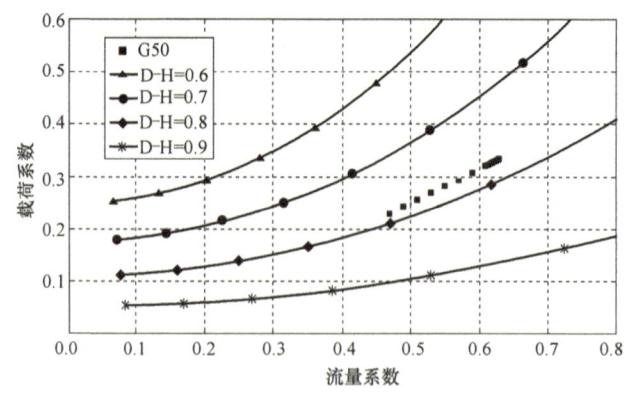

图 3-8 流量系数和载荷系数的分布（Smith 图）

大致判断 G50 压气机的 D-H 数应在 0.75～0.8 之间，而一般轴流压气机中径处 D-H 数的典型值在 0.75 附近。因此，G50 压气机负荷水平的控制相对保守，处于合理区间。

进一步通过经验公式，如 Carter 公式，或者设计者个人的经验，可以确定各排叶片的节弦比（稠度的倒数）。图 3-9 展示了采用 Carter 公式估计出的 G50 压气机各级动、静叶的节弦比。

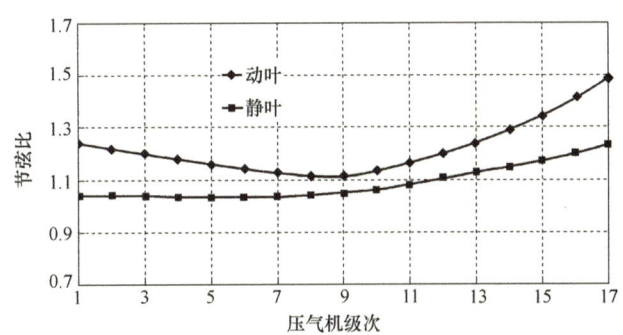

图 3-9　G50 压气机各级动、静叶的节弦比

再选取合适的展弦比，基本就确定了各排叶片的弦长及叶片数。现代压气机展弦比的典型取值为 1～2.5，通常后面级倾向于降低展弦比，以增加高转速下的喘振裕度。

结合之前已经确定的各级进口尺寸，再经过一些简单的计算和假设就可以大致确定通流几何，图 3-10 所示为 G50 压气机的通流几何。

图 3-10　G50 压气机的通流几何

3.4.2　压气机二维设计

一维设计确定了压气机中径截面的气动参数，而压气机从叶根到叶顶截面的流动情况与中径处不同，组织压气机内其他截面的气流流动是二维设计阶段需要

完成的任务。二维设计也称为通流设计，一般是指运用流线曲率法确定各排叶片沿径向各截面的进出口速度三角形及其他气流参数。

运用流线曲率法，可以求解得到每一排叶片沿径向的气流参数分布，包括各截面的速度三角形，以及叶片进出口几何角。根据设计计算结果可以直观地判断设计的压比、流量以及效率等是否达到设计目标。如果设计点的性能达到设计目标，就可以进一步对设计转速的特性进行分析计算，评估压气机设计转速的喘振裕度。对于燃气轮机压气机而言，工作裕度一般需要达到15%。下一步可以计算分析压气机非设计转速的特性，因为压气机在低转速容易发生失速，这对于燃气轮机的起停机运行是不利的，因此分析和评估压气机非设计转速特性也是非常重要的。当然，这些设计和分析工作都是运用流线曲率法来完成的。

图 3-11 所示为 G50 压气机二维分析的压比特性，图 3-12 所示为 G50 压气机二维分析的效率特性。图 3-11 表明，G50 压气机的特性已经完全覆盖了燃气轮机共同工作线，符合设计要求。

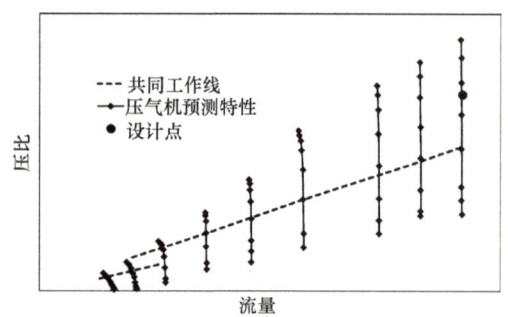

图 3-11　G50 压气机二维分析的压比特性

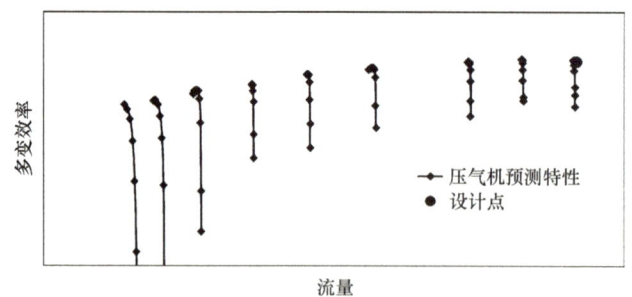

图 3-12　G50 压气机二维分析的效率特性

3.4.3 压气机叶型设计

二维设计解决了压气机内部气流流动的问题，也就是规定了压气机各排叶片进出口的气流状态。气流只要按照上述规定流动，到达压气机出口时就能达到要求的压力、温度和流量。但气流是不会自动执行上述过程的，要使压气机内部气流按照设计者的意图流动，则需要借助一个"工具"——叶片，而且只有设计出恰当的叶片几何型线，气流才会在经过一排叶片后以较低的损失达到设计者要求的流动状态。

G50 压气机各排叶片全部采用多圆弧叶型（MCA）。该叶型设计灵活，通过调整叶型的相关几何参数可以满足从亚声流动到超跨声流动等不同工况的设计要求。图 3-13 展示了 G50 压气机的首级叶型设计示例。如果把各截面的叶型积叠起来，就形成一片完整的压气机三维叶片。至此，压气机气动方案的详细设计基本结束，下一步需要对压气机的特性进行仔细的评价。

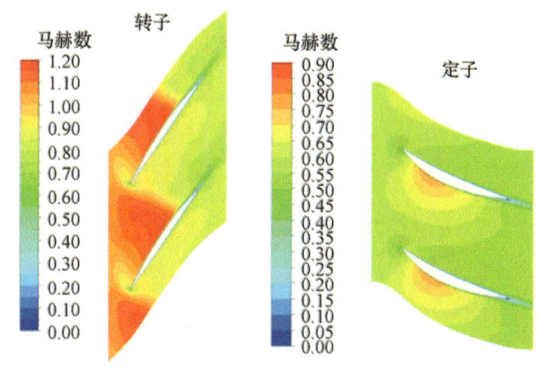

图 3-13　G50 压气机的首级叶型设计示例

3.4.4 压气机三维 CFD 分析

压气机一维、二维设计分别是沿轴向和径向开展气动载荷设计的过程，而叶型设计则是在 S1 流面上，可以认为是沿周向的设计。无论是一维、二维还是叶型设计，都是在单个维度上展开的。而事实上压气机内部气流是复杂的三维流动，各截面气流因掺混作用而相互影响。压气机的实际特性与流线曲率法的二维分析结果可能存在显著偏差，因此需要对压气机的特性做进一步的评估。在 CFD 技术成熟之前，唯一的评估手段就是试验。现在基于复杂湍流模型的全三维 CFD 技术已广泛应用于各行各业的流动分析，也包括压气机的特性评估，其结果虽不能代替试验结果，但必须承认 CFD 技术是目前最接近试验的评估手段。

G50 压气机采用 ANSYS CFX 软件进行三维 CFD 分析，图 3-14 展示了该压气机后半段试验件的三维 CFD 模型，图 3-15 和图 3-16 则显示了其 CFD 计算结果与试验结果的总体性能对比。总体而言，数值分析的结果与试验结果是非常接近的，展示了当前 CFD 分析技术对于压气机特性评估的巨大潜力。

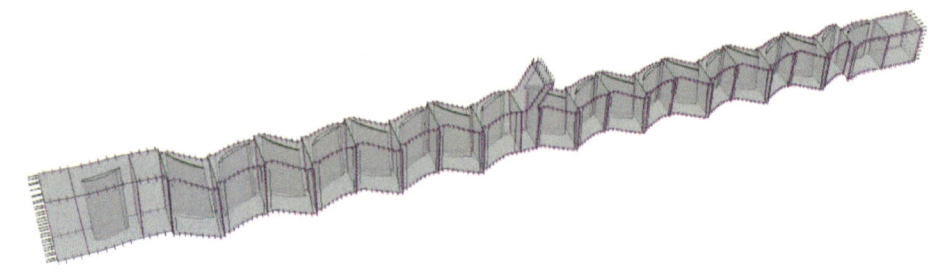

图 3-14　G50 压气机后半段试验件的三维 CFD 模型

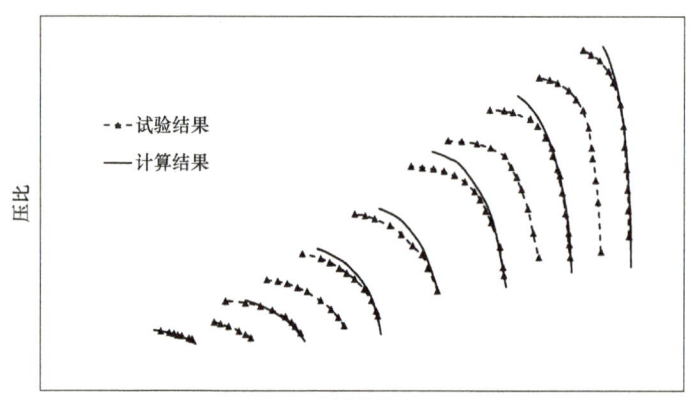

图 3-15　G50 压气机后半段试验件压比特性

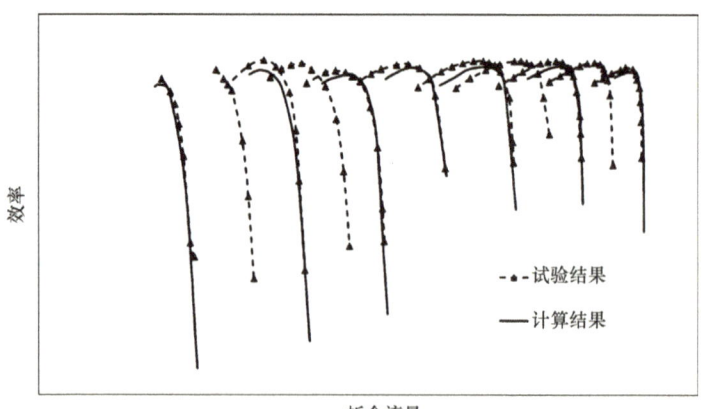

图 3-16　G50 压气机后半段试验件效率特性

3.4.5 压气机的喘振特性

借助于 CFD 技术，现在已经可以比较准确地计算出压气机的运行特性，甚至于计算得出的压气机喘振边界也与实测的边界线高度一致，如图 3-16 所示，尽管预测的具体喘振点与试验结果还存在一定偏差。一旦压气机进入喘振工况，CFD 技术的预测就不再可靠，其根本原因在于喘振现象是一种极不稳定的深度变工况。因此，通过试验获得喘振特性可能是唯一的手段。

图 3-17 是 G50 压气机后半段试验件在 90% 转速条件下的实测喘振过程。图 3-17 显示，随着背压阀的逐渐关闭，压气机从压比较低的工况点 A 沿正常的运行特性线逐步升压比至喘振临界点 B。随着背压阀的进一步关闭，压气机突然进入喘振工况，压比和流量都迅速下降，并呈现出周期性振荡的特点。当压气机运行工况降至点 C 时，流量和压比开始回升至工况点 D，然后又下降至工况点 E，随着流量和压比的再次恢复，压气机运行至工况点 F，随后又再次下降至工况点 G，如此往复振荡。

喘振发生后，控制系统检测到了喘振信号，并启动了退喘程序。防喘阀在压气机运行至工况点 G 后的某一时刻被打开，随后工况恢复至 H 点，回到正常状态。可见压气机的退喘具有明显的迟滞效应，退喘过程不能沿着原来的喘振发生路径恢复到临界工况点 B，而是恢复到正常运行特性线上的某一工况点 H，具体位置与防喘阀的特性有关。

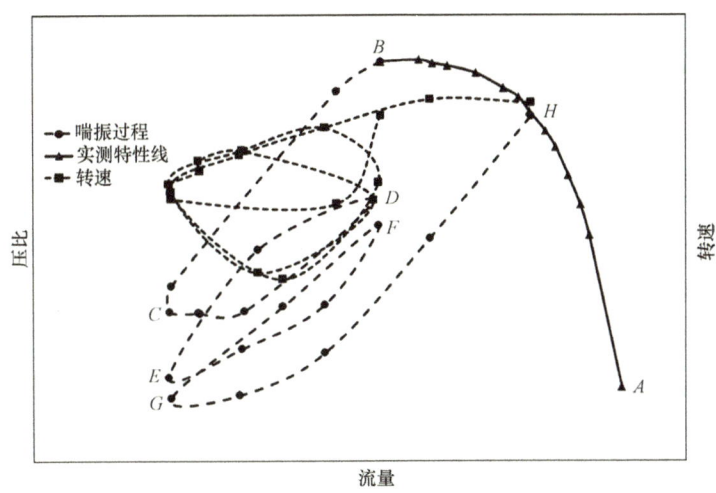

图 3-17 G50 压气机后半段试验件在 90% 转速条件下的实测喘振过程

事实上，从点 B 到点 C，再到点 D，直至点 H 的整个过程是非常复杂的，并不是图 3-17 中展示的那般干净利落。图中的喘振过程是基于 20Hz 采样数据得到的，实际数据量非常庞大，为了便于展示，大量中间过程的数据点都取消了，仅保留了几个关键工况点。图 3-17 还展示了喘振期间压气机转速的振荡变化过程，变化幅度大约为 2%，表明喘振过程中转速也受到了影响，但其变化幅度远不及流量和压比变化那么剧烈。由此可见，由于喘振的极端非稳定性，事实上喘振过程十分复杂。

3.5　压气机叶片强度振动设计概述

压气机通常由多级叶片和轮盘等结构组成，叶片在工作时承受离心力、气流力、气流激振等多种负荷及其耦合作用，随着燃气轮机性能的不断提高，压气机叶片的负荷越来越大，强度振动问题日益突出，严重影响压气机的工作可靠性。对压气机叶片强度和振动进行研究，是保证叶片安全性的基础。本节从叶片的结构、强度振动等方面进行简要介绍。

3.5.1　压气机静叶片和动叶片结构

压气机叶片可分为静叶片（简称"静叶"）和动叶片（简称"叶片"）。静叶是非旋转部件，通常安装在气缸上，由于不同制造厂商的习惯与技术特点，压气机静叶一般有以下 3 种装配方式：悬臂式静叶、内外环装配式静叶环、内外环焊接式静叶环。

内外环装配式静叶环是较为常用的一种装配方式，能够有效增加静叶约束，提高静叶抵御振动的能力。图 3-18 所示为 G50 燃气轮机装配式压气机静叶环。静叶根部位加工成 T 形止口，与内环装配，通过轴向和径向的紧定螺钉限制静叶与内环之间的相对位移，内环整圈可分割成上下半段或多段，内环内径表面可加工出气封齿。静叶环沿周向装入气缸或静叶持环的槽道内，在水平中分面位置采用止动螺钉限制静叶环周向位移。

叶片直接关系压气机的性能和效率，工作时承受自身旋转的离心力，同时还需要考虑气流力载荷，所以需要有较好的强度和振动性能，避免发生共振。目前的压气机叶片多为自由叶片，单只叶片一般由叶身和叶根组成（图 3-19）。叶身型线较薄，并且沿着叶高方向采用扭转积叠以满足气动性能要求；叶根的结构由强度、制造安装工艺和转子结构决定。单齿燕尾形叶根是常用类型，具有结构简单、加工方便、可靠性高的优点。

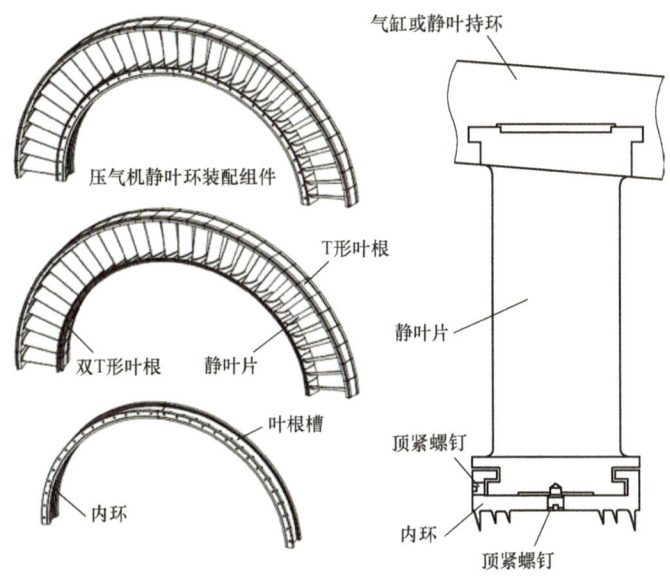

图 3-18　G50 燃气轮机装配式压气机静叶环

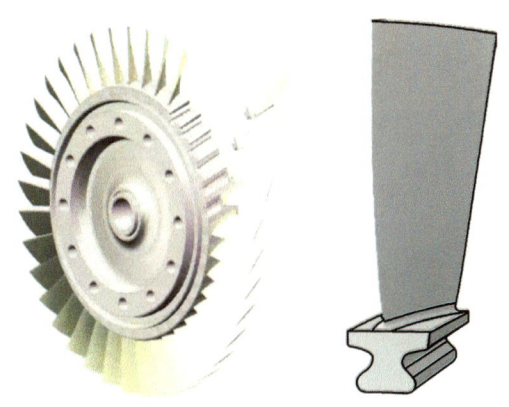

图 3-19　G50 燃气轮机压气机叶片

3.5.2　叶片强度分析

由于压气机静叶工作时主要承受气流作用力，而叶片需要承受离心力和气流力等载荷的耦合作用，受力情况复杂，因此下面主要对压气机叶片的强度问题进行分析。叶片主要承受的载荷包括：

1）叶片旋转产生的离心力。

2）对气流做功产生的气流作用力。

3）结构或制造安装偏差导致的气流激励载荷。

4）运行环境的热负荷。

在以上多种载荷共同作用下叶片的应力状态十分复杂，下面对典型叶片结构应力计算方法进行介绍。

（1）燕尾形叶根和轮缘的名义应力　压气机叶片叶型比较薄，离心力相对透平叶片小，叶身部分的离心拉应力和气流弯应力计算可以参看第5章透平叶片的相关内容。对于叶片采用的一对单齿燕尾形叶根（图3-20），根部的重心与叶根截面中心线重合，其有利于叶根受力均匀，并且叶根最小截面的抗弯截面系数较大，气流弯应力比较小，燕尾形叶根形状决定了剪切面厚度较大，抗弯截面系数较高，通常剪切应力和弯曲应力裕度足够，所以下面以叶片离心力引起叶根的挤压应力和轮缘的拉应力为例说明名义应力的计算。忽略接触表面上的摩擦力，叶片总离心力 F_b 可以分解为两个大小相等的作用在轮盘槽侧面上的正压力

$$F_N = \frac{F_b}{2\sin\frac{\alpha}{2}} \quad (3\text{-}10)$$

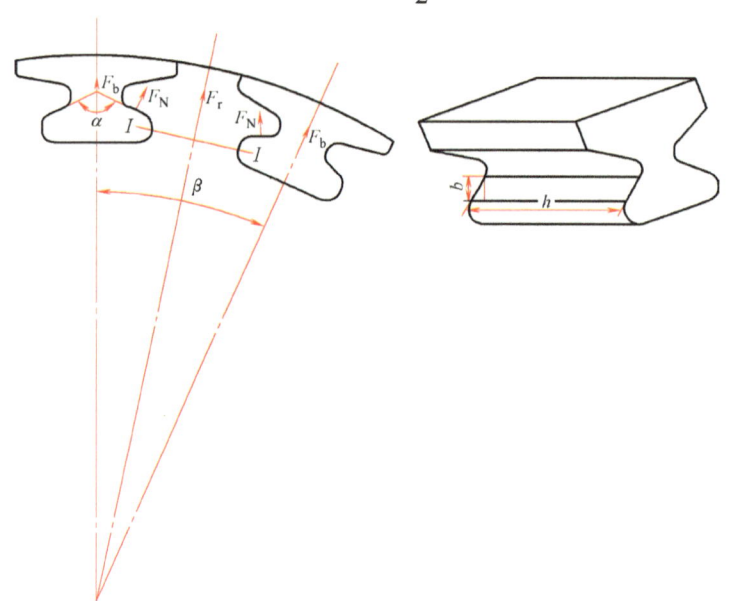

图 3-20　压气机叶片叶根示意图

正压力在叶根各轮盘榫槽接触面上产生的挤压应力为

$$\sigma_{ec} = \frac{F_N}{hb} = \frac{F_b}{2hb\sin\frac{\alpha}{2}} \quad (3\text{-}11)$$

式中，α 为叶根工作面顶角；h、b 分别为燕尾形叶根与轮槽接触面的长度、宽度。

除了验算叶根接触面上的应力外，还需校验相邻轮槽间轮盘凸缘的危险截面（如图 3-20 所示 $I-I$ 截面）上的平均应力，包括截面上的拉应力、剪切应力和弯曲应力，下面以拉应力为例进行说明。轮槽接触面上受到的正压力 F_N 与轮缘本身的离心力 F_r 会在轮缘 $I-I$ 截面产生拉应力

$$\sigma_{lr} = \frac{2F_N \sin\left(\dfrac{\alpha+\beta}{2}\right) + F_r}{A_B} \tag{3-12}$$

式中，A_B 为轮缘危险截面面积；β 为相邻叶片扇区夹角。

（2）叶片强度的三维有限元分析　有限元方法是进行叶片强度分析的有力数值工具，早期受限于计算条件，常采用梁单元和板壳单元构建叶片的有限元分析模型，但这些单元模型无法反映叶片结构细节，难以精确分析叶片的真实应力状况。随着计算能力的提高，目前广泛采用三维有限单元方法建立考虑细微结构的叶片数值分析模型，通过静力学分析得到叶片局部应力和变形情况。由于叶片结构复杂，网格剖分复杂并且数据规模大，因此计算量也较大。为了提高分析的效率，通常对叶片不同部位采用不同的单元类型进行离散，如叶身和叶根部分采用八节点实体单元，其有利于生成规则的有限单元，而在叶身与叶根连接部位，几何形状变化大，一般采用十节点四面体单元进行网格划分，可以提高有限元模型生成效率。图 3-21 所示为压气机叶片有限元网格。

a）叶片叶轮总体网格

b）叶根轮缘局部网格

图 3-21　压气机叶片有限元网格

1）变形及应力分析。压气机叶片叶型比较薄，柔性相对来说较大，在线弹性范围内外载荷下的变形也较大。由于叶片位移量的增加可改变原始叶片的几何关系，使叶片的应力重新分布，因此，对压气机叶片进行应力和变形分析时必须考虑几何非线性大变形，以获得更为精准的分析结果，但同时求解代价也成倍增加。如果在分析问题的过程中确定大变形影响不显著，就可以选择小变形分析，以提高问题的求解效率。图3-22所示为压气机叶片变形及总位移，图3-23所示为压气机叶片应力。

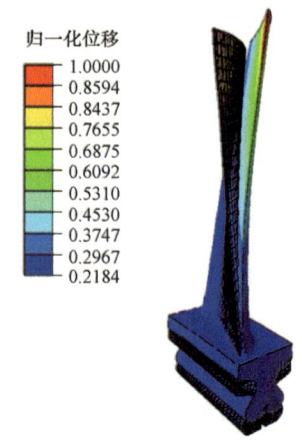

图3-22　压气机叶片变形及总位移

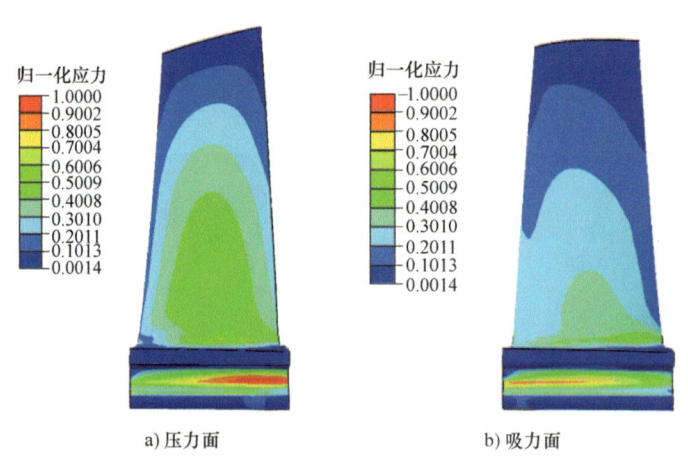

a) 压力面　　　　　　　　b) 吸力面

图3-23　压气机叶片应力

2）叶根轮槽接触。压气机叶片的叶根与轮槽之间通过承载面的接触、挤压来传递力，从而承担叶片的离心力和气动力，是典型的接触问题。

目前，有限元方法已经成为解决接触问题的有效手段，适用于各种形状、材料和载荷的接触分析。通过建立叶片和轮缘的三维有限元模型，可以对叶片的叶根和轮缘接触状态进行分析，图 3-24 给出了叶根和轮缘的接触压力。

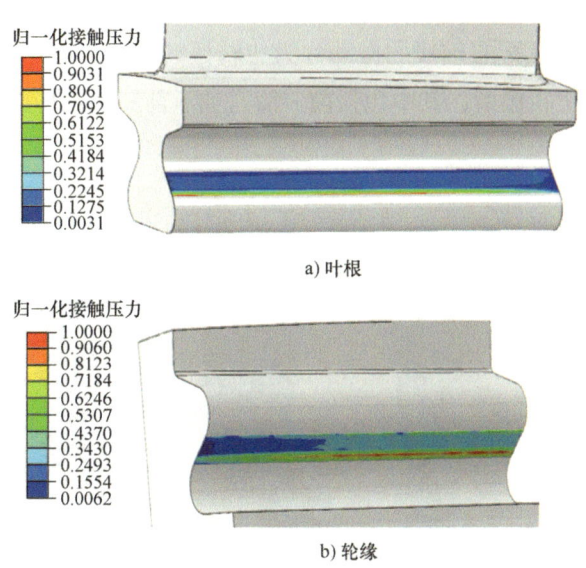

图 3-24　叶根和轮缘的接触压力

3.5.3　叶片振动分析

振动疲劳是导致叶片损坏的重要原因，叶片振动的基本参数有固有频率、振型、振幅和动应力等。根据有无外界激励可分为自由振动和受迫振动。

自由振动是指振动物体在无外界激励作用下发生的振动，其频率由系统的刚度和质量特性决定，因而也称为固有频率。以单自由度弹簧质点系统为例，自由振动的圆频率为

$$\omega_n = \sqrt{k/m} \qquad (3\text{-}13)$$

式中，k 为刚度；m 为质量。

受迫振动是叶片在周期性交变激励作用下所产生的振动形式，其振动频率和激振力频率相同。激振力通常来自于静叶尾迹、动静干涉、进气和排气等结构导致的非均匀流场等。

同时，压气机叶片还可能产生自激振动，叶片颤振就是一种自激振动，是

非定常气流力和力矩对系统输入的能量大于系统自身阻尼耗散的能量时而产生的振动。

（1）叶片振动形态　压气机叶片的基本振动包括弯曲振动和扭转振动。一般绕截面最小惯性轴和最大惯性轴的弯曲振动分别称为切向振动和轴向振动，沿叶片长度方向围绕截面形心轴线的振动称为扭转振动。图3-25给出了某压气机叶片典型的弯曲和扭转振型，其中包括前三阶弯曲、前三阶扭转以及沿弦长方向的局部弯曲振型。

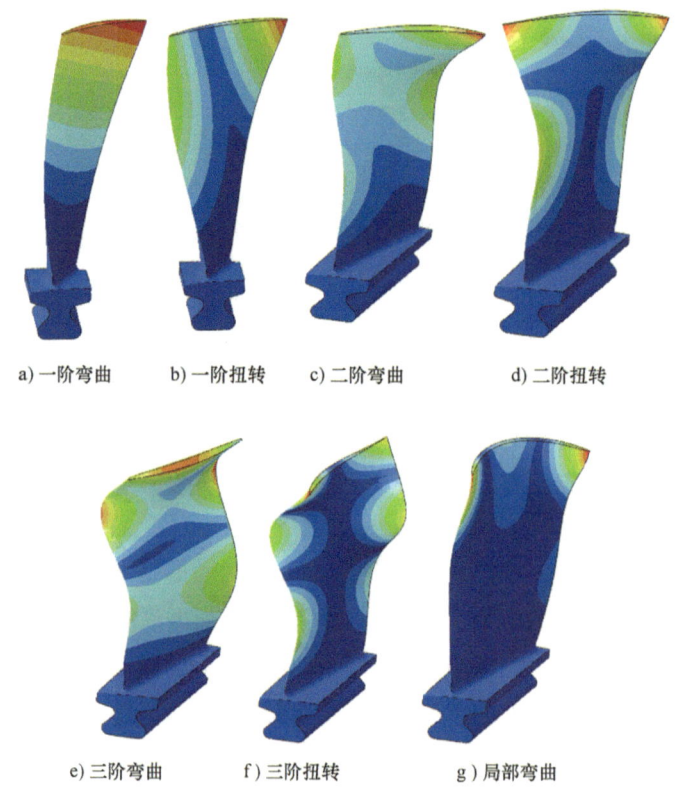

a）一阶弯曲　　b）一阶扭转　　c）二阶弯曲　　d）二阶扭转

e）三阶弯曲　　f）三阶扭转　　g）局部弯曲

图3-25　某压气机叶片典型的弯曲和扭转振型

（2）叶片振动安全校核　为避免叶片由于振动疲劳所导致的损坏，设计时需要调整叶片频率，以避开激振力频率，并且考虑到叶片共振点附近的振幅仍然很大，叶片频率存在一定的分散度以及压气机转速存在一定的波动，所以叶片频率与转速的倍数要避开一定的范围。基于已有经验，不同叶片结构和振型的避开

率存在差异。对于压气机叶片一般考虑低频激振力影响,与主要振型的频率避开率要求如下:

$$\Delta f = \left| \frac{Kn_s - f_d}{Kn_s} \right| \times 100\% \qquad (3-14)$$

式中,f_d 为叶片运行动频;n_s 工作转速;K 为激振力阶次,$K=2,3,4,\cdots$。

随着激振力阶次的升高,叶片振动的危险性减小。实际的运行经验表明,频率避开率可参照表 3-1 数据选取。

表 3-1 频率避开率

K 值	2	3	4	5	6
Δf(%)	±12	±7	±5	±4	±3

(3)叶片振动的三维有限元分析　三维有限元方法是分析叶片振动特性的重要手段,压气机叶片通常都是自由叶片,所以可以构建单只叶片和对应轮盘的单扇区模型进行计算。图 3-26 所示为 G50 燃气轮机压气机第 1 级叶片和轮盘的整圈模型及振动分析的单扇区模型以及有限元网格。有限元网格模型对轮盘结构做了合理的简化。

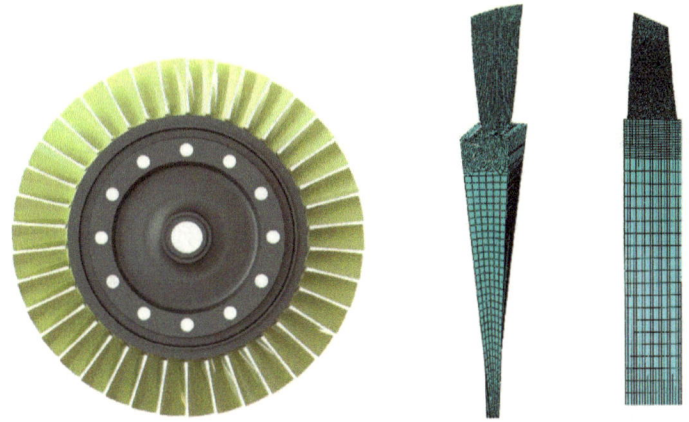

图 3-26　G50 燃气轮机压气机第 1 级整圈及单扇区模型以及有限元网格

压气机叶片一般设计为调频叶片,需要叶片的主要振型和激振力频率满足一定的避开率。图 3-27 所示为 G50 燃气轮机压气机第 1 级叶片的坎贝尔图。

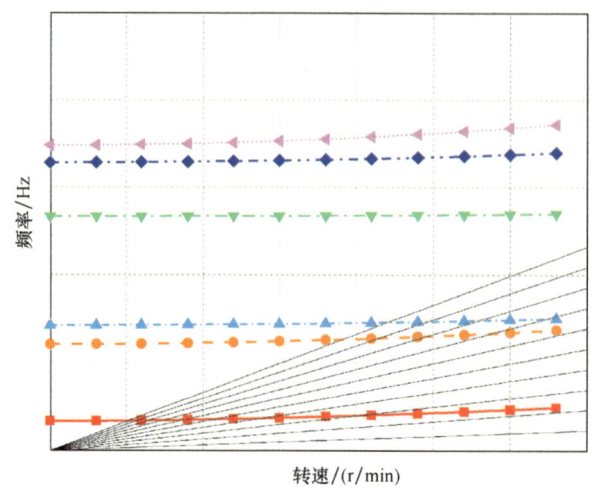

图 3-27　G50 燃气轮机压气机第 1 级叶片的坎贝尔图

3.5.4　叶片颤振分析

（1）经典的颤振分析评判　压气机叶片由于壁薄且宽度较大，在通流气流力作用下容易发生颤振。颤振是一种典型的自激振动，振动时叶片系统能量输入（气流激励）大于能量耗散（阻尼为零或负数），可用"参数判据法"来判断是否会发生颤振，折合频率可以表示为

$$\lambda = \frac{2\pi f b}{W} \quad (3-15)$$

式中，b 为特征截面弦长；W 为特征截面进气边气流相对速度；f 为叶片固有振动频率。叶片各截面上的 b 及 W 存在差异，一般以 80% 叶高截面为判断标准。

折合频率越高越能抑制颤振发生，一般认为在下列折合频率下将不会形成颤振：一阶弯曲 > 0.35，一阶扭转 > 1.6。一般通过改变气流激励、增加系统阻尼与改变叶型参数可抑制颤振发生。

（2）流固耦合颤振分析　叶片颤振是流体和结构相互作用下发生的气弹失稳现象，属于流体诱发的自激振动，对其研究必然涉及流体和结构动力学两个方面。具体分析时需要在每个物理时间步内，联立求解流体动力学方程和叶片振动方程，但对计算资源消耗巨大，难以广泛应用于工程实际中。能量法是研究颤振的主要方法之一，即通过分析叶片及流场之间的能量传递来判断气弹稳定性：一个振动周期内，当叶片向气流传递能量时，叶片振动将衰减；反之，如果振荡叶片从气流中吸收能量，叶片振动随时间越来越大，结构可能失稳。常用累积功的概念来判断叶片的颤振特性，当累积功大于零时，表示气流对叶片做正功，叶片振动受到激励，将发生颤振；反之，叶片振动受到阻滞，振动会衰减。

图 3-28 给出了整圈压气机叶片模型和计算网格示意，图 3-29 是分析获得的 3 个时刻（0、$T/3$、$2T/3$，T 为振动周期）压气机叶片通流压力分布，图 3-30 是气动阻尼随计算时间的变化，图中气动阻尼为正，表明不会发生颤振。

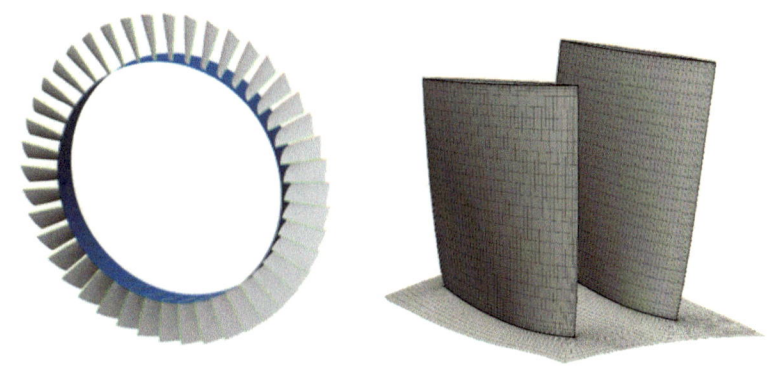

图 3-28　整圈压气机叶片模型和计算网格示意

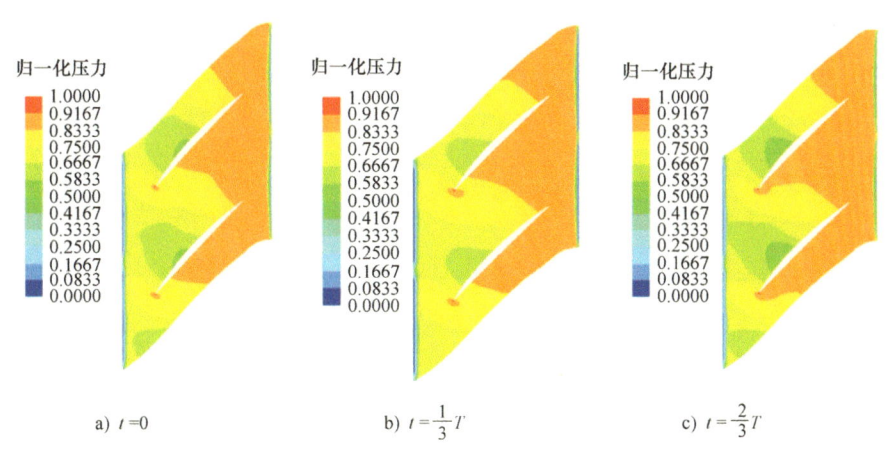

a) $t=0$　　　　b) $t=\frac{1}{3}T$　　　　c) $t=\frac{2}{3}T$

图 3-29　3 个时刻压气机叶片通流压力分布

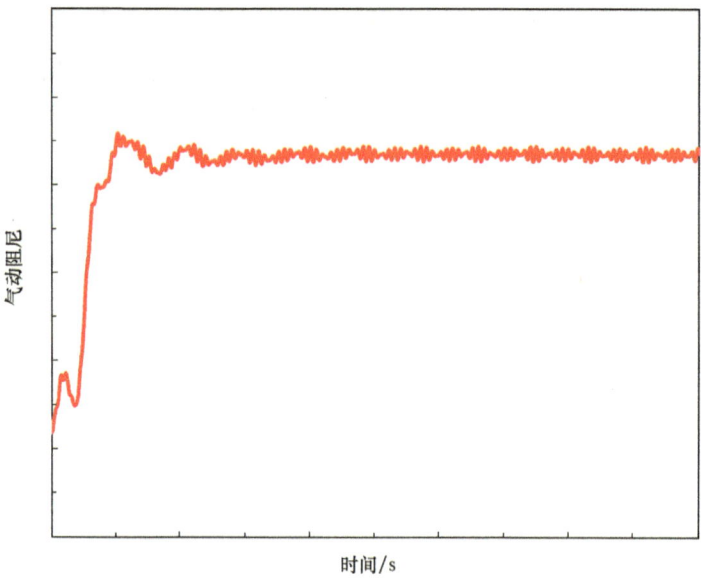

图 3-30　气动阻尼随计算时间的变化

第 4 章

燃烧室

4.1 燃烧室的基本工作原理与结构

4.1.1 燃烧室的基本工作原理

燃烧室是燃气轮机的动力发源地,是燃气轮机的三大核心部件之一。燃气轮机相比蒸汽轮机的一个重要特性在于,蒸汽轮机需要通过传热由外部(锅炉)供给热量,而燃气轮机则通过直接在内部进行化学反应(燃烧过程)获取热量。在机组结构布置方面,燃烧室位于压气机之后、透平之前,如图4-1所示。燃烧室在气动方面与压气机、透平有紧密联系,但在机械功方面无功的传递,因而相对比较独立。

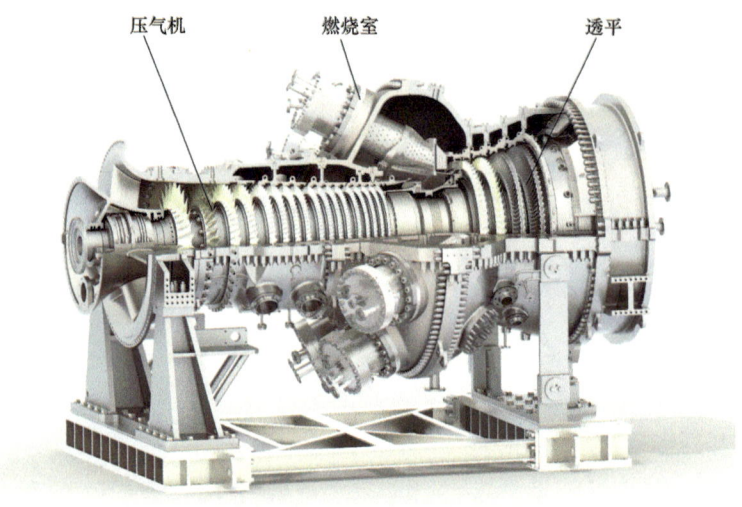

图 4-1 燃烧室位置示意图

在常规的等压加热燃烧室中,燃烧室的作用是完成燃料和空气的等压加热过程,将燃料的化学能转化为热能,产生高温高压燃气供给透平。从设计角度讲,透平前的温度越高,燃气轮机效率越高、功率越大。在燃烧效率、污染物排放、稳定性要求等一系列的限制条件范围内,燃烧室必须要能够产生透平进口所需要的进口温度,同时维持工质的压力损失小。由于在目前的材料和冷却技术下,透平叶片难以承受常见的碳氢或氢混燃料燃烧后产生的高温,因此,常规的燃烧室在工作时,通常需要将燃烧产物与压气机送来的另一部分空气进行均匀掺混,使其温度降低到透平进口的初温水平。

在实际运行过程中,燃气轮机通过改变燃料量来适应输出功率需求的变化,即通过改变向系统供入的热量来改变机组发出的功率,因此,燃烧室是燃气轮机的关键调节部件,在机组输出功率变化过程中应能够高效而可靠地工作。

此外,燃气轮机机组的排放水平完全取决于燃烧室的性能,因此,燃烧室的设计还需要考虑控制污染物排放,使机组排放满足要求。

4.1.2 燃烧室的结构

图 4-2 给出了传统燃气轮机燃烧室的基本结构。通常,燃烧室由空气套筒、扩压器、燃料喷嘴、火焰稳定装置、火焰筒(火焰管)和尾筒等主要部件构成。

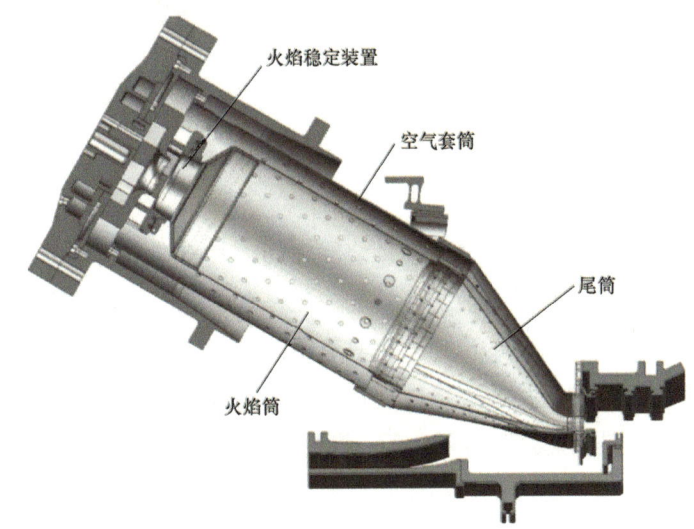

图 4-2 燃烧室的基本结构

不同燃烧室类型的选择和布局由机组的类型决定,但是通常受可用空间大小影响,燃烧室在布置上应尽可能高效地利用空间。在大的航空发动机中,燃烧室通常采用直流式,空气沿着燃烧室的轴线方向流动。对于小的航空发动机,逆流式环形燃烧室可提供更紧凑的结构型式。逆流式分管型燃烧室是固定式燃气轮机中常见的型式。在液体燃料燃烧室中,燃料喷注进入燃烧室所采取的方式为良好的雾化,可以通过液体燃料自身的高压将燃料由小孔喷入,或采用高速的压缩空气将燃料破碎成液滴。

1. 外壳

燃烧室的外壳通常由钢板焊接或铸造而成，是燃烧室的主要承力部件，包括燃料喷嘴、火焰筒等在内的所有燃烧室部件都安装在外壳内部。外壳和火焰筒之间形成的环形空间，对燃烧室性能有很重要的影响。此外，燃烧室外壳在设计时还需要考虑外壳及其支撑的热胀冷缩。燃烧室外壳如图4-3所示。

图4-3　燃烧室外壳

2. 扩压器

扩压器位于压气机出口和燃烧室燃烧段之间，其前端与压气机的外壳通过螺栓连接，后端紧贴在燃烧段上。扩压器的内径是渐扩的，形状像颠倒的漏斗，如图4-4所示。通常，压气机的出口气流具有很高的速度，其动压头可达到总压的10%，扩压器的主要作用是在燃烧过程开始前，通过渐扩通道的扩压作用使气流速度降低，以利于其后燃烧过程的进行；同时，扩压器将大部分动压转化为静压，降低燃烧室压损，因而机组的最高压力点出现在扩压器出口。

图4-4　扩压器的结构

在给定的出口和进口面积比下,扩压器的长度对其性能有重要影响。如果扩压器过长,则由于摩擦的作用会使压力损失增大;如果过短,则逆压的流动过程又会造成气流的脱离使压力损失大大增加。

3. 火焰筒

火焰筒也称为火焰管,它是燃烧室最主要的部件,如图4-5所示。根据采用的燃烧室类型不同,一个燃烧室可以具有一个或多个火焰筒。通常,火焰筒由耐热合金通过金属加工和焊接而成,外形呈圆筒形状,总长与直径之比为1~3。一般情况下,火焰筒的各段采用径向定位套筒进行定位,使其在外壳中能够同心膨胀。火焰筒把进入燃烧室的空气分为"一次空气"和"二次空气"。"一次空气"是供应到燃烧区中为保证燃料完全燃烧所需的空气,而燃烧以外的所有空气均为"二次空气"。"二次空气"通过火焰筒与外壳之间的环形空间(空气套筒),进入到燃烧区后部一定深度,具有限制回流区大小及掺混的作用。在流经火焰筒时,"二次空气"还会形成冷却气膜,从而对火焰筒壁面进行保护。

图4-5 燃烧室火焰筒

4. 尾筒

尾筒将火焰筒与透平进口相连,也称作过渡段或燃气收集器。尾筒在形状上需要完成截面形状的变化,将火焰筒出口的圆形截面过渡到透平进口的扇形截面,如图4-6所示。尾筒的主要作用是对高温燃气进行导流,设计指标是保证热燃气无流动分离并均匀地进入到透平,一般通过控制上下素线、纵截面尺寸和横截面尺寸来控制曲面变化。此外,为了满足透平进口的轴向速度要求,尾筒的截面积均有一定程度的收敛。

图4-6所示为某燃烧室尾筒三维结构和喷涂示温漆实物图。

图 4-6　某燃烧室尾筒三维结构和喷涂示温漆实物图

5. 燃料喷嘴

燃料喷嘴的作用是将燃料供应系统供给的燃料按所需的流量、均匀度和方向喷射到燃烧区中，使其与"一次空气"均匀混合并燃烧。

根据燃料的种类以及燃烧室的不同要求，可采用不同型式的喷嘴。燃用液体燃料时，燃料喷嘴还需要将供入燃烧室的液体燃料进行破碎，即雾化过程。根据燃烧室的类型不同，每个燃烧室中可布置一个或多个燃料喷嘴。燃料喷嘴如图 4-7 所示。

图 4-7　燃料喷嘴

6. 火焰稳定装置

火焰稳定装置位于燃烧室的前端，大都呈环状围绕燃料喷嘴安装。

火焰稳定装置的作用是降低燃烧区的局部流速并产生回流区，使得燃料与空气更好地接触并使得火焰稳定。图 4-8 所示的空气旋流器是一种典型的叶片式火焰稳定装置，旋流叶片相对于火焰筒中心轴有一定的偏角，目的是使气流获得一定的切向分速度。

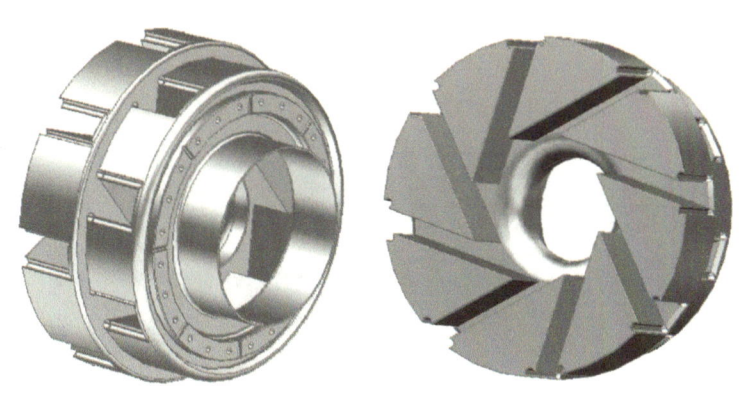

图 4-8　火焰稳定装置

7. 点火装置

燃气轮机起动时，需要点火装置对燃料进行点火。通常，燃气轮机首先要利用外部驱动达到一定的转速，当压气机能够向燃烧室提供压缩空气时，由点火装置将燃烧室中的可燃混合物加热到着火温度而点燃，该局部的高温区随后点燃整个燃烧室的主燃料炬。当主燃烧区的燃烧过程能够稳定进行时，表示点火成功，点火设备停止工作。

点火过程可通过电火花、炽热体或小火炬来完成。不同的燃烧室点火装置的数量也不尽相同。分管型和环管型燃烧室需要通过联焰管进行火焰的传递，点火器仅安装在个别火焰筒中，如图 4-9 所示。

8. 其他设备

为便于使用与维修，燃烧室中通常还必须有观察孔、火焰探测器和熄火保护装置等其他设备。火焰探测器如图 4-10 所示。

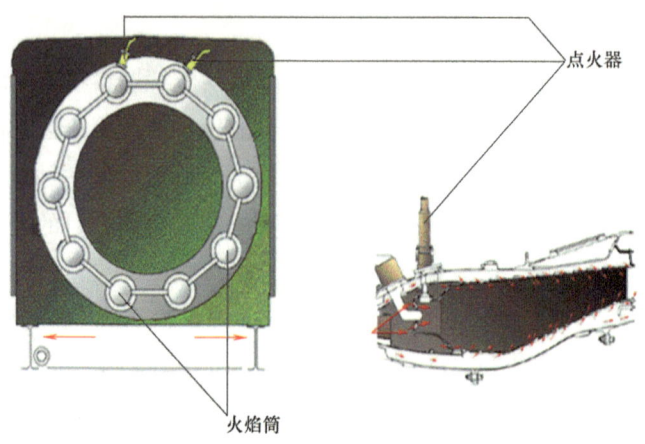

图 4-9 需要联焰管传递火焰的点火器安装示意

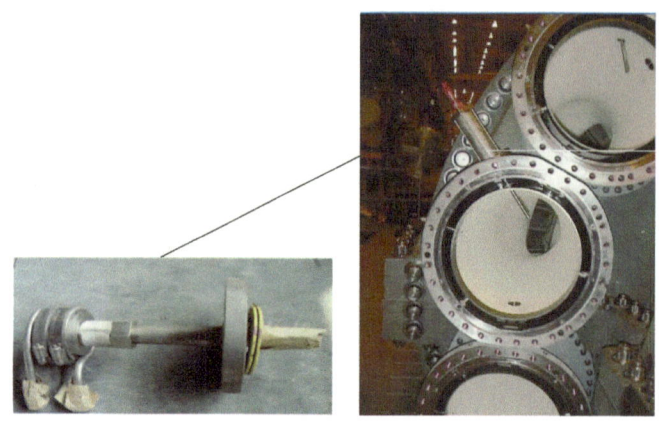

图 4-10 火焰探测器

4.1.3　燃烧室的类型

燃烧室按照布置方式的不同,大体上可以分为圆筒型、分管型、环形和环管型四种类型。

1. 圆筒型燃烧室

圆筒型燃烧室由同心装配的圆筒状外壳和火焰筒构成,多用于燃用重柴油的固定式机组中。通常每台机组布置有 1～2 个燃烧室,可横卧或直立于机组的上方、侧面,多采用逆流方式。图 4-11 给出了使用圆筒型燃烧室的燃气轮机示意图。

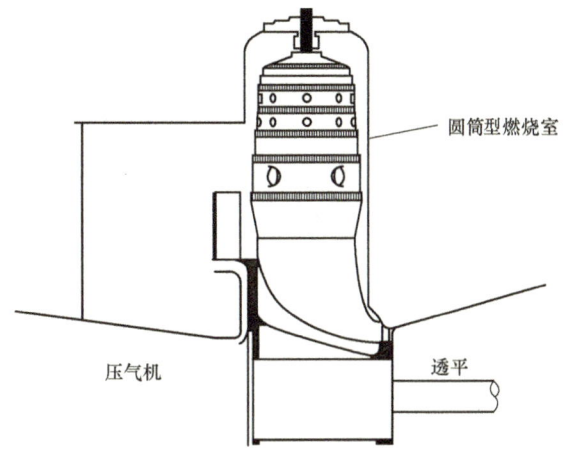

图 4-11　使用圆筒型燃烧室的燃气轮机示意图

圆筒型燃烧室主要具有以下优点：

1）结构简单，全部气流流过一个或两个独立于压气机 – 透平轴系之外的燃烧室，因而适用于对空间尺寸要求不严的场合。

2）燃烧空间大，因而可以具有较高的燃烧效率和燃烧稳定性。

3）该类型燃烧室通过内外管套分别与透平进气蜗壳和压气机出口蜗壳相连接，装拆维修方便。

圆筒型燃烧室的主要缺点有：

1）热强度低，空间利用率差。

2）单个火焰筒的尺寸较大，测试时所需的风源大，因而燃烧室全尺寸全参数的试验难度大，且调试困难。

2. 分管型燃烧室

分管型燃烧室如图 4-12 所示，它由多个单独的管形燃烧室构成，它们均匀地布置在压气机 – 透平连接轴的周围，一般每台机组布置有 6 ~ 18 个，每个燃烧室的结构如图 4-13 所示。各燃烧室都具有单独的外壳、燃料喷嘴和火焰筒，点火器仅安装在个别燃烧室中，其他未安装点火设备的火焰筒通过联焰管由其他火焰筒点燃。

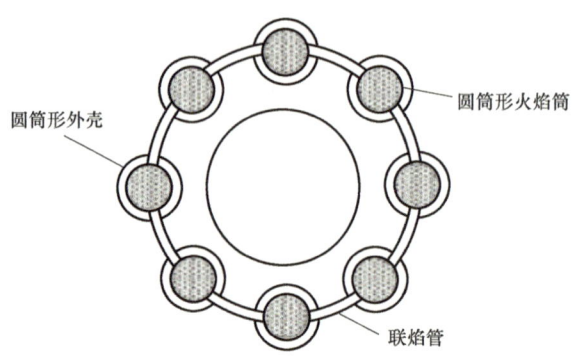

图 4-12　分管型燃烧室

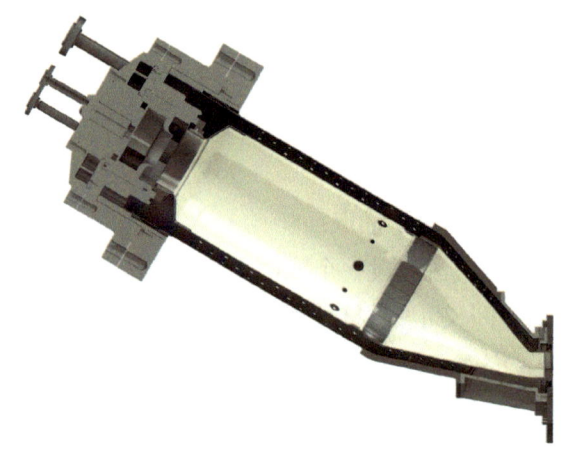

图 4-13　分管型燃烧室单管剖面

分管型燃烧室的主要优点有：

1）比圆筒型燃烧室的结构紧凑，具有更高的空间利用率。

2）各燃烧室相对独立，调试所需风源小，易于调试，便于开展全尺寸试验。

3）制造安装相对容易，便于维修。

4）燃烧过程较易组织。

分管型燃烧室的主要缺点有：

1）几何结构复杂，重量较重。

2）需冷却保护的火焰筒数目多，流动损失大。

3）机组起动点火时，需要通过联焰管的传焰作用进行其他未安装点火器的火焰筒的点火，对制造工艺有较高要求。

出口温度场不均匀程度大。

3. 环形燃烧室

环形燃烧室由环形外壳和安装于其内的环形火焰筒构成，如图4-14所示。

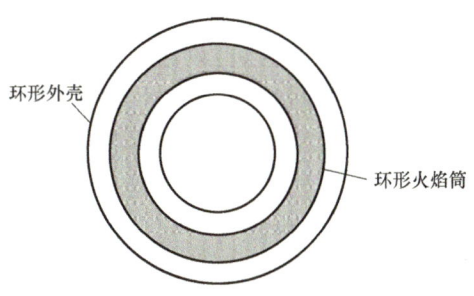

图4-14　环形燃烧室

环形燃烧室的主要优点有：

1）空间利用充分，结构紧凑。

2）需要冷却保护的火焰筒面积小。

3）结构、型线简单，流动损失小。

4）燃烧强度高，重量轻。

环形燃烧室的主要缺点有：

1）调试时所需风源大，难以开展全尺寸、全参数的试验。

2）由于整个火焰筒的空间完全连通，因而燃料与空气的匹配难度大，需精心组织燃烧过程。

4. 环管型燃烧室

环管型燃烧室如图4-15所示，其外壳与环形燃烧室相同，环形腔内布置有

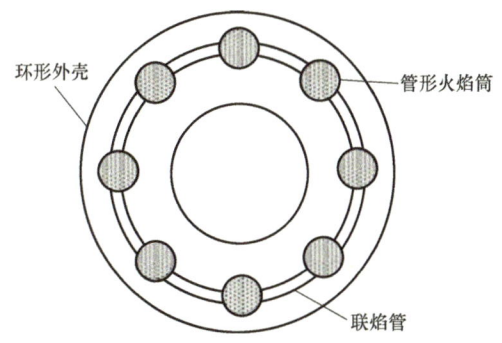

图4-15　环管型燃烧室

若干管形火焰筒，一般为 6 ～ 18 个。环管型燃烧室的优缺点介于环形燃烧室和分管型燃烧室之间。

按照气流流过燃烧室的流动路径，可将燃烧室分为顺流式和逆流式两种。

1）顺流式：空气自燃烧室前端流入，后端流出。

2）逆流式：空气自燃烧室后端环形空间流入，至另一端后转折 180° 后由后端流出。

4.2 燃烧室设计概述

燃烧室的关键设计要求包括：

1）点火范围宽。

2）机组在各种负荷条件下都能够稳定运行，无回火、热声振荡等问题。

3）出口温度分布质量佳，满足透平动、静叶片的要求。

4）满足流场组织外，压力损失应尽量小，以提高整体效率。

5）排放低，特别是 NO_x 和 CO 必须要满足环保要求。

6）寿命长，冷却设计和结构设计均应满足机械应力要求。

7）易维修、成本低。

目前，燃气轮机燃烧室的设计和制造都是针对以上的性能要求而进行的。在燃气轮机发展的早期，由于设计者缺乏燃气轮机燃烧室的设计知识和经验，因而第一代燃气轮机燃烧室具有多种结构型式和燃料供应方式。随着燃气轮机的发展，燃烧室在设计方面也形成一些通用的设计理念，到 1950 年左右，许多传统燃烧室所具有的基本特性已被严格确定。

从 20 世纪 50 年代起，燃烧室技术的发展是通过渐进且连续的方式进行的，而并非突跃式的发展，因而许多机组的燃烧室在尺寸和一般外形上十分相似。这种密切相关性是由于燃烧室的基本形体主要由其长度和头部面积所严格规定，而长度和头部面积则由机组的其他部件所限制形成的。同时，燃烧室均广泛使用扩压器来降低压力损失，使用火焰筒来提供大范围空气燃料比条件下的可靠运行。在过去的半个世纪，燃烧室压力由 5 个大气压提高到 50 个大气压（1atm=101.325kPa），入口空气温度由 450K 提高到 900K，出口温度由 1 100K 提高到 1 900K。尽管这些改变都不断地提高了燃烧室运行条件的苛刻性，同时压气机出口速度的不断增加也导致了燃烧室运行条件更加恶劣，但是今天的燃烧室仍然具有接近 100% 的燃烧效率，且污染物排放也大大降低。此外，火焰筒的寿命由仅几百小时增加到上万小时。

在燃烧室的设计过程中，尽管很多难题已经得以克服，但是仍然有许多问题需要解决，需要有新的概念和技术来进一步降低污染物排放。此外，燃烧室的发展还需要满足许多工业机组对多燃料的需求，满足社会发展对氢能等新能源的需求。燃烧室中另一个重要的问题是声学共振，当燃烧不稳定性与燃烧室声学相耦合时会发生热声振荡现象，这一问题是贫燃料预混燃烧室发展的一个关键问题。

很显然，燃烧室的发展应该与其他关键机组部件的改进维持一致。燃烧室尺寸及重量的降低对航空发动机十分重要，而对于透平入口则需要提供越来越高的温度。同时，更高的可靠性、更持久的寿命和更低的制造维护成本在未来会越来越重要。为了迎接这一挑战，研究者一直致力于新的设计理念、新的材料技术以及新的制造方法等的研究。

4.2.1 燃烧室概念设计

传统方法下，无论是初始设计还是改型设计，都需要大量的试验研究，极为耗时且成本高，因而需要一种方法能够替代燃烧室的前期试验研究。燃烧室概念设计即是这样一种方法，依靠它即可获得大方案选型、流量分配、压力损失和污染物排放量级等关键参数。概念设计已成为现代燃气轮机燃烧室系统设计不可或缺的一部分。

燃烧室设计耦合了流体力学、传热学和燃烧学等多学科知识。一般地，初始设计较依赖于试验数据和经验关系式，即必须由经验丰富的燃烧工程师来进行，即便如此，设计过程也非常耗时。基于此，一些主要的燃气轮机制造商开始着手进行通用一维设计工具的开发，以提高设计效率。

一维分析方法在针对复杂的燃烧室形体时很难实现。一维网络元方法能够有效地用于复杂的形体，而且同样快速。网络元方法由一系列独立的子流动联系在一起，各过程可通过节点联系起来，从而对总体的结构特性进行预测。在各单元的流动中，可采用半经验关系式，在节点内求解总的控制方程，包括连续方程和压降方程。同时在这种方法中，还可以考虑导热、对流和辐射。

基于经验的分析模型在使用上仍然存在局限性，不能预测局部热斑、出口温度分布、燃烧室内的流动现象、贫预混火焰的稳定性和点火特性等。随着CFD技术逐渐地成熟，可以可靠、精确地预测系统的流动过程，关注的主要问题放在如何使CFD在设计过程中足够快速地反映设计的变化。基于CFD的参数化设计方法是当前各大公司燃烧室设计中广泛采用的方法。

4.2.2 燃烧室关键部件气动设计

1. 扩压器

扩压器的作用是将压气机出口高速气流的动压转化为静压,否则,会形成高的总压损失,导致效率显著下降。扩压器应该允许压气机出口气流的高马赫数流动,与此同时,在扩压时应有以下的设计要求:

1)扩压损失小,压力损失不超过压气机出口气流总压的2%。
2)长度短、结构简单。可以使用环形分流片等特殊结构来缩短长度。
3)无流动分离(短突扩区除外)。
4)流动均匀,包括周向和径向的均匀性。
5)对压气机出口气流条件的变化不敏感。

目前,对燃气轮机燃烧室扩压器尚无性能图表可用,文献中性能图表主要针对边界层类型的入口流动,与实际燃烧室扩压器中由压气机产生的流动特性是极为不同的。众所周知,燃烧室进口气流为非对称分布且有速度峰值。此外,火焰筒的形状尺寸及扩压器和火焰筒的相对位置对扩压性能影响很大。因此,设计者必须对扩压器进行模型试验。目前,CFD在扩压性能预测上的精度水平已完全满足工程需求,因而采用较多。

通常,衡量扩压器性能主要有以下几个参数:

静压升为

$$p_2 - p_1 = p_1(1 - 1/AR^2) - \Delta p_{diff} \quad (4-1)$$

式中,p_1 和 p_2 分别为扩压器进口静压和出口静压;$p_1 = \rho_1 u_1^2/2$,为扩压器进口动压,ρ_1 和 u_1 分别为进口气体密度和速度;AR 为扩压器的进出口面积比;Δp_{diff} 为扩压器中的总压损失。

压力恢复系数为

$$\Phi = \frac{p_2 - p_1}{q_1} \quad (4-2)$$

扩压效率为

$$\eta = \frac{\Phi}{1 - 1/AR^2} \quad (4-3)$$

通常,扩压效率取 0.5~0.9。

影响扩压器性能的主要因素有:扩压器进口的径向速度分布情况,进口气流的马赫数、雷诺数以及流动的湍流特性。

常见的扩压器有突扩型和气动型两种。前者包含一个短的传统扩压器，在其中空气速度降低到约为入口值的一半。在出口处，空气被"突扩"，将空气分隔为进入到内外环形空间及拱顶的空气。突扩型扩压器结构简单，具有较高的扩压效率和几何适应性，允许进口速度畸变，制造时允许相对较大的尺寸公差。

气动扩压器相对较长，以尽可能获得动压的最大恢复。扩压器的第一部分在压气机出口附近，其目的是降低速度，通常在达到管前端前可降低速度35%。随后，气流分别进入三个不同的扩压通道，其中两个通道将空气供入到火焰筒环形套筒的内部和外部，比例大致相当。中心扩压器通道将剩余的空气供入燃烧室的拱顶区域，为雾化和拱顶的冷却提供空气。气动扩压器内外通道的压力损失较小，但是中间气流的压力损失通常较高，制造精度对气动扩压器的性能有较大影响。

突扩型和气动型扩压器在实际中都有广泛应用。突扩型扩压器由于其对入口速度分布变化和尺寸有更大的容许性，因而目前得到了更多的使用。

2. 旋流器

旋流器是一种火焰稳定装置，大量用于各类型燃气轮机燃烧室中。

经过旋流器的流量可由式（4-4）获得

$$\dot{m}_{sw} = \left\{ \frac{2\rho_2 \Delta p_{sw}}{K_{sw}[(\sec\theta / A_{sw})^2 - 1/A_L^2]} \right\}^{0.5} \quad (4-4)$$

式中，Δp_{sw} 为旋流器的压力损失，其值可取与火焰筒的压降相同，即 $(3\% \sim 4\%) p_2$，p_2 为出口压力；K_{sw} 为系数，对直叶片取1.3，弯叶片取1.15；ρ_2 为出口气体密度；A_L 为火焰筒截面积；A_{sw} 为旋流器的有效通流面积，即旋流器减掉叶片所占面积后的面积，可用式（4-5）计算

$$A_{sw} = \frac{\pi}{4}(D_{sw}^2 - D_{hub}^2) - 0.5 n_v t_v (D_{sw} - D_{hub}) \quad (4-5)$$

式中，D_{hub} 和 D_{sw} 分别为旋流器的轮毂直径和外直径；n_v 和 t_v 分别为旋流器的叶片数和厚度。

旋流器的叶片角 θ 决定了旋流强度的大小，通常取值为 $30° \sim 60°$。对于直叶片，旋流器进出口叶片角相等，均为 θ；对于弯叶片，进口叶片角为 $0°$，出口叶片角为 θ。旋流器叶片一般为铸造件或机制件，其厚度 t_v 为 $0.7 \sim 1.5$mm。旋流器叶片数 n_v 为 $8 \sim 16$ 片，满足不透光原则，即由前向后看，不能见到光，

且满足下面关系

$$\frac{\pi D_{sw}}{n_v} \leqslant W_{sw} \tan\theta \qquad (4-6)$$

式中，W_{sw} 为旋流器的宽度。

旋流数是反映旋流器旋流强度大小的重要指标，其定义为

$$S_N = \frac{2}{3}\frac{1-(D_{hub}/D_{sw})^3}{1-(D_{hub}/D_{sw})^2}\tan\theta \qquad (4-7)$$

通常，$S_N \leqslant 0.4$ 时为弱旋流，气流通过旋流器后不会出现回流区；$0.4 < S_N \leqslant 0.6$ 时为中等旋流，此时的流线会出现扩散，但不一定能够产生回流区；$S_N > 0.6$ 时为强旋流，有回流区出现；当旋流数进一步增大时，旋流强度增大，当 $S_N > 1.2$ 时，出现非常强的旋流，且出现涡脱离的概率增大。

在设计旋流器时，若希望增强回流，则可以采取增大叶片的出口角，增加叶片数目，或降低旋流器叶片高度与弦长的比值，以及由直叶片改为弯叶片等措施。回流区的大小、强弱必须综合考虑整个燃烧区的空气动力学特性。过大的旋流会引发PVC（进动涡心），可能触发振荡燃烧。

在旋流器叶片型式的选择上，可选择直叶片和弯叶片。总体上，弯叶片的气动性能优于直叶片，可产生更高的旋流和径向速度分量。直叶片的优点在于加工方便，可以进行铸造抛光或者采用数控铣，而弯叶片旋流器则不能采用数控铣。由于直叶片容易引起气流脱离，因而会产生较大的压力损失。旋流器采用直叶片时，当弦长与间距的比值较小时，容易产生流动的分离。直叶片出口速度曲线更加平缓，可趋向于产生更加稳定的燃烧。当旋流器空气用于雾化时，应采用弯叶片，因为直叶片后的尾迹会影响雾化质量。

3. 火焰筒

燃烧室的设计需要在火焰筒内获得良好的混合，使整个燃烧室内的燃烧流动是稳定的，这就要求火焰筒长度小且燃烧室具有较低的压力损失。

对于直流燃烧室，燃烧室横截面积 A_{ref} 的最优值由燃烧室总压损和热负荷决定。通常情况下，由燃烧所确定的燃烧室横截面积很小，产生的压力损失难以接受。由总压损给出的横截面积 A_{ref} 为

$$A_{ref} = \left[\frac{R}{2}\left(\frac{\dot{m}_2 T_2^{0.5}}{p_2}\right)^2 \frac{\Delta p_B}{q_{ref}}\left(\frac{\Delta p_B}{p_2}\right)^{-1}\right]^{0.5} \qquad (4-8)$$

式中，R 为气体常数；$\dot{m}_2$、T_2、p_2 分别为燃烧室进口空气的质量流量、总温和总压；Δp_B 为燃烧室总压损；q_{ref} 为燃烧室进口的动压。

燃烧室横截面积确定后，需综合多种因素来确定火焰筒尺寸。火焰筒横截面积大会使得火焰筒内的气流速度低、停留时间长，从而有利于点火、火焰稳定和燃烧效率的提高。在给定的燃烧室横截面积下，火焰筒直径的增加势必使得外壳和火焰筒之间的环形空间面积下降，从而使环形空间中气流速度提高、静压下降，并因此使沿火焰筒的冷却孔和稀释孔的压降下降。若要提高燃烧产物和进入火焰筒中空气的射流混合，则必须要有足够的穿透和湍流强度。

火焰筒的压力损失系数通常由火焰筒总的有效孔面积所决定

$$\frac{\Delta p_L}{p_2} = \frac{R}{2}\left(\frac{\dot{m}_2 T_2^{0.5}}{A_{h,eff} p_2}\right)^2 \tag{4-9}$$

式中，p_L 为火焰筒总压损；$A_{h,eff}$ 为火焰筒总的有效孔面积。

$$A_{h,eff} = \frac{A_{ref}}{(\Delta p_{3-4}/q_{ref} - \Delta p_{diff}/q_{ref})^{0.5}} \tag{4-10}$$

火焰筒的有效流动面积可由下面的表达式计算

$$A_{h,eff} = \sum_{i=1}^{n} C_{D,i} A_{h,i} \tag{4-11}$$

式中，$C_{D,i}$ 为第 i 个孔的流量系数，分别对圆形、椭圆形等孔进行取值；$A_{h,i}$ 为第 i 个孔的有效流动面积；n 为总孔数。

4. 稀释孔

稀释孔的设计准则是基于孔数、尺寸和距离来获得最优的穿透与混合。若孔数多，孔径小，则稀释空气的穿透力将不足，过热的燃烧核心可穿过稀释区域；若孔数少，孔径大，则穿透力过大，混合不均匀。稀释孔的设计有两种方法：一种是 Cranfield 方法：该方法强调孔尺寸的重要性；另一种为 NASA（美国航空航天局）采用的方法，该方法强调孔间距的重要性。

稀释孔的设计需要选择合适的射流深度 Y_{max}，以保证燃烧室出口温度场满足设计要求。实际设计过程中，Y_{max} 一般取火焰筒直径的 0.25～0.4。某燃烧室采用下式进行稀释孔的设计

$$Y_{max} = 1.25 d_j J^{0.5} \dot{m}/(\dot{m}_g + \dot{m}_j) \tag{4-12}$$

式中，下标 j 为射流流体参数，下标 g 为主流流体参数；d 为有效直径；m 为流量；J 表示射流流体与主流流体的动量比；m 上所带"·"表示为质量流量。

4.2.3 燃烧室冷却设计

在燃气轮机燃烧系统的热管理中，常采用全覆盖或发散冷却。燃烧室环境具有高度湍流自由流条件和相对较大的湍流长度。这种湍流流场主要由贫燃燃烧系统的上游喷嘴产生。在富燃燃烧系统中，通过增加稀释口，湍流流场会进一步增强。现有证据表明，高能涡流与注入的冷却气体有强烈的相互作用，并可能对气膜冷却性能产生重要影响。若要获得紧凑的低排放燃烧系统，则可降低比燃料消耗，同时减少用于壁面冷却的空气量。

目前 H 级燃气轮机的透平进气温度达 1500℃以上。贫燃料预混的燃烧方式需要更多的空气进行燃烧，因而减少了可用于冷却的空气量；同时，随着压比的不断增加，压气机的出口温度也在升高，使得空气的冷却能力大大下降。常规空冷方式难以满足燃烧室壁面温度要求，需要研究和发展更为先进的高效复合冷却技术、高效的冷却结构与方法，提高燃烧室冷却效率；同时发展先进高效复合冷却结构及其与燃烧室壁面结构一体化设计新方法，满足燃烧室冷却及安全运行的要求。

目前，国外主要燃气轮机制造商的 F 级重型燃气轮机的燃烧室，其壁面的冷却主要采用空气冷却，冷却方式有常规的缝式气膜冷却、冲击和气膜冷却、多孔冷却、冲击及多孔冷却以及热障涂层等。在 G/H 级燃气轮机中，三菱公司的 H 级燃气轮机的火焰筒和过渡段采用了蒸汽冷却的方式，其燃烧室的火焰筒和过渡段采用了双层壁的结构，壁间设置翅片冷却通道。三菱公司的 J 级燃气轮机采用环形燃烧室结构，火焰筒采用了蒸汽冷却的方式。通用公司的 H 级燃气轮机燃烧室的冷却方式与其 F 级相同，仍然采用空气冷却，其中，火焰筒冷却方式为 TBC（热障涂层）+ 冲击 + 缝隙气膜冷却，过渡段为冲击冷却。西门子的 H 级燃气轮机燃烧室火焰筒内壁铺设陶瓷隔热瓦，过渡段采用喷涂陶瓷的金属瓦块结构，冷却形式均为空气缝隙气膜冷却。总体上看，复合冷却技术是国外先进燃气轮机燃烧室冷却的关键技术，新型高效复合冷却技术领域的研究进展，极大地促进了国外燃气轮机低排放燃烧室的发展。

4.3 高效低污染燃烧技术

早期燃烧室的大多数燃烧器都是基于扩散方式开发的，在扩散火焰中，不管总的化学当量比如何，总是存在接近化学恰当比的燃烧区域，因此，扩散燃烧的主要缺点是主燃区的高温排放，在天然气燃烧中产生的 NO_x 大于 70ppm，而对于液体燃料则大于 100ppm。

为了降低传统扩散火焰燃烧器中的 NO_x 生成量，应对燃气轮机发展更严苛的要求（更高压比、更高透平初温等带来的更高 NO_x 排放），各燃气轮机制造商不断进行高效低污染燃烧技术的研发。

4.3.1 贫预混燃烧

通常，由于要在 NO_x 的生成量和 CO/UHC（未燃碳氢化合物）的生成量之间进行权衡考虑，因此难以在维持高燃烧效率的同时减少 NO_x 排放。近些年，在燃气轮机中广泛采用预混的燃烧方式，其可以将 NO_x 排放水平降低到 10ppm 以下。除了改变火焰类型外，还有一些方法，例如湿扩散燃烧、烟气再循环（FGR）和选择性催化还原（SCR）等其他一些降低 NO_x 排放的方法。在湿式燃烧中，燃料喷嘴附近安放有蒸汽喷嘴， NO_x 排放水平由蒸汽量控制。但是，由于相应的大量 CO 排放会使蒸汽流量的增加受到限制。此外，制备纯蒸汽会增加运行成本。如今，由于耗水量和效率降低的缺点，很少采用湿式燃烧。燃烧后处理（例如 SCR）是将 NO_x 化合物转化为氮或从烟道气中吸收氮的化合物，其安装起来相对便宜，但是无法达到现代燃气轮机燃烧器具有的 NO_x 去除水平。

对于重型发电用燃气轮机而言，NO_x 排放是最受关注的问题。早期，扩散燃烧是燃烧室主要采用的方式，通过向燃烧室喷入水或蒸汽来降低 NO_x 排放。近些年来，随着环保要求的不断提高，世界各国对污染排放物均提出了更加严格的限制，传统的喷水或喷蒸汽降低 NO_x 的方法已经不能满足燃气轮机的排放要求。20 世纪 90 年代，燃气轮机燃烧室逐渐从扩散燃烧方式转变为贫燃料预混燃烧，并出现了不再喷水或喷蒸汽的干式低 NO_x（DLN）现代燃烧室。目前，贫预混燃烧技术几乎被所有的燃气轮机制造商所采用。DLN 燃烧技术通过将过量的空气与燃料在燃烧前进行掺混，形成均匀的贫燃料预混气，以保证燃烧过程的均匀进行，保证在燃烧区内不会形成局部的高温点，从而降低 NO_x 的生成。

贫预混燃烧的主燃区温度范围只有 1 670～1 900K，难以满足目前 J 级燃气轮机的工作条件。此外，当燃料转向氢气［或转向加氢燃料，例如 IGCC（整体煤化联合循环发电系统）工厂中使用的煤合成气］时，由于存在更大的可燃性限值和相对于天然气而言较低的氢气着火温度，使预混成为一种非常困难的方法，因为氢气在典型的燃气轮机工作条件下与空气混合时几乎可以以任何比例迅速反应。目前使用的 IGCC 燃烧室处理的是 H_2 体积含量为 25%~40% 的 CO-H_2 混合物，采用扩散燃烧方式。在这些燃烧室中广泛使用大量蒸汽或氮气稀释来控制 NO_x。在扩散燃烧室中，化学当量火焰温度（SFT）代表实际火焰温度，与 NO_x 生成速率紧密相关。

在此前提下，包括贫预混低旋流燃烧技术、烟气再循环燃烧技术、催化燃烧技术燃料再热式燃烧技术等在内的先进低 NO_x 燃烧技术被诸多厂家逐渐采用。

4.3.2 催化燃烧

催化燃烧通常被称为超低排放的未来技术，它只是对 DLE（干式低排放）原理的一种强化，它可以使用更贫的预混比，而不再受火焰稳定性限制。需要考虑更多的是催化燃烧的成本、持久性和安全性问题。

催化燃烧是一种在更低的贫燃料当量比条件下，采用催化剂在流动预混的燃料-空气混合物中引发和促进化学反应的燃烧过程，该过程比均相燃烧更容易，这样燃烧可以在燃料-空气混合物的正常贫燃烧极限的当量比以下进行。在这种较低的温度下燃烧，会显著降低热力型 NO_x 的产生。

催化燃烧的原理为：燃料被喷射到反应堆的上游，汽化并与进气混合。然后，燃料-空气混合物流入催化剂床或反应器，该床或反应器由几个阶段组成，每个阶段均由不同种类的催化剂组成。在第一阶段中，需要使用在低温下具有活性的催化剂，而为了良好的催化效率需要后续阶段。在催化剂床的下游，通常需要有一个温度较高的化学反应区，以将气体温度提高到所需的透平入口值，并将 CO 和 UHC 的浓度降低到可接受的水平。

自 1975 年以来，人们就已经认识到催化反应器具有极低的污染物排放潜能，但是燃气轮机燃烧室中的恶劣环境及其广泛的运行条件带来了巨大的问题，很难设计出一种催化剂，该催化剂能在低的压气机出口温度下（点火和低负荷运行时）触发燃料-空气混合物的反应。此外，燃烧室出口温度通常为 1 450~1 900K，远高于大多数催化剂基材的稳定性极限。即使是能够承受较高燃烧温度的陶瓷，在机组的瞬态时刻也容易遭受热冲击被破坏。催化剂基材的长期耐用性以及长达数千小时的持续高催化活性的问题，成为用于燃气轮机的可行催化燃烧室发展的重大障碍。

4.3.3 RQL 燃烧

富燃快混贫燃（RQL）的概念是在 1980 年提出的，旨在降低 NO_x 的排放。在 RQL 燃烧室中，燃烧过程由富燃料主燃区开始，由于低温和氧气浓度的综合作用，NO_x 的生成速度较低。随后，掺混冷却所需的空气与主燃区的气流均匀且瞬时地混合，同时将气体温度降低到透平进口所要求的温度，最终实现了低 NO_x 的目标。

RQL 燃烧的原理为：在当量比为 1.2～1.6 的富燃料主燃区开始燃烧，主燃区的富燃料条件产生了高浓度的高能氢和碳氢基元组分，使燃烧过程得以稳定进行。此外，由于温度和含氧的中间组分含量相对较低，因而氮氧化物的产生大大降低。除了降低热力 NO_x 之外，这种最初的富燃料燃烧过程还可以将大部分燃料固定氮（FBN）转化为无反应活性的 N_2，从而防止 FBN 生成 NO_x。富燃料燃烧阶段在燃烧含氨（NH_3）的低热值（LHV）燃料时，还可以大大降低 NH_3 转化为 NO_x 的过程。

为了保证 RQL 燃烧方式的实现，富燃料和贫燃料燃烧过程的当量比是重点考虑的问题，且需要极快的冷却速度，使燃烧状态可以迅速地从浓变稀，以保证避开高 NO_x 的生成路径。

此外，如果贫燃区的温度太高，则热力 NO_x 的产生变得过多。同时，温度还必须足够高，以使得 CO、UHC 和烟灰进行充分的氧化。因此，为保证所有的排放要求，贫燃区的当量比至关重要。通常，贫燃料的当量比在 0.5～0.7 之间，在满足燃烧和火焰筒冷却的要求之后，所有剩余的空气都用作稀释空气，以调整出口温度分布，以最大限度地延长机组的使用寿命。

到目前为止，有关 RQL 燃烧技术的大部分研究已证实其具有超低 NO_x 排放和防止 FBN 向 NO_x 转化的特性。当使用低热值燃料时，也可以大大降低 NH3 转化为 NO_x 的进程。与常规燃烧室相比，RQL 燃烧室具有固有的更好的点火性能和贫燃料吹熄性能。与分级燃烧室相比，RQL 燃烧室需要的燃料喷嘴更少。RQL 方法的发展受到阻碍的主要原因是烟灰的形成及富燃料燃烧产物和空气之间的不完全混合。RQL 方法的缺点是增加了硬件和系统的复杂性。目前，RQL 在重型燃气轮机上的应用还未见报道。

4.3.4　变几何燃烧室

理想的变几何系统是在最大功率条件下在燃烧火焰筒的上游端吸入大量空气，以降低主燃区温度并提供足够的气膜冷却空气的系统。随着机组功率降低，更多的空气被转移到稀释区，以将主燃区的温度保持在低排放区段内。空气分配可通过可变面积旋流器来实现，控制流入燃烧区的空气量，或进入稀释区的空气量。

变几何系统的缺点是复杂的控制和反馈机制，这些机制往往会增加成本和重量，并降低可靠性。变几何结构可能会出现燃烧室出口气体温度分布的均匀性问题，尤其是在允许火焰筒压降变化很大的情况下。变几何结构燃烧室的发展可以实现同时减少所有主要污染物种类而不牺牲其他燃烧性能。此外，由于燃烧温度永远不会低于1670K左右的某个最小值，故化学反应速率始终相对较高，这使得燃烧区可以做得更小，因此在减小燃烧室尺寸和重量方面具有优势。对于航空应用而言，变几何系统还可能具有较宽的稳定性极限和提升空中再点火性能。

目前，在某些大型工业发动机中使用了变几何结构燃烧室，但是由于尺寸和成本的限制以及对运行可靠性的关注，该技术在中小型燃气轮机中的成功应用很少。

4.3.5 分级燃烧

分级燃烧技术包括空气分级和燃料分级两种。前述的RQL可看作是一种空气分级的燃烧室，本节主要讨论燃料分级。燃料分级可细分为轴向分级、径向分级和散点分级。分级可解释为：在燃烧室中，布置多支或者多组具有不同当量比区间的燃烧器，根据温升来抑制污染物生成量，将各支/组燃烧器组合投入运行（通过打开和关闭某一路燃料阀门，即顺序进行）；各支/组燃烧器在一个较为狭窄的范围内调节燃料供应量，维持不同释热率及污染物排放量的火焰。

在前述变几何燃烧室中，随着机组功率的变化，通过将空气从一个区域切换到另一个区域，从而将燃烧温度控制在很窄的范围内。与变几何燃烧室相比，分级燃烧室内的空气流分配保持不变，而将燃料流从一个区域切换到另一个区域，以保持恒定的燃烧温度。一种简单的燃料分级方法是"选择性燃料喷射"，即散点分级。使用这种方法，在起动和低负荷工况下，仅将燃料供应给选定的喷嘴组，只有在高于空载的功率设置下，才可使用全部的燃料喷嘴。这种调节方法的目的是在低负荷运行时提高当量比，从而提高局部燃烧区的温度。这种燃料分级燃烧方法现已普遍使用，不仅可以减少CO和UHC的排放，而且可以将贫燃料极限扩展到较低的当量比。

散点分级的主要缺点是在各个燃烧区的边缘区域发生的化学反应的"冷却"，从而降低了燃烧效率，并增加了CO和UHC的排放。此外，周向不均匀的出口温度分布导致透平效率的降低。

轴向和径向燃料分级不是在单个燃烧区内实现所有性能目标，而是使用两个或多个区域，每个区域都经过专门设计以对燃烧性能的某些方面进行优化。典型的分级燃烧室具有低负荷第一主燃烧区（值班级），该区域可以保证提供低负荷条件下所需的温升，该区域的当量比约为 0.8，可实现较高的燃烧效率，并减少 CO 和 UHC 的排放。在较高的负荷下，其主要作用是充当第二主燃烧区的值班热源，第二燃烧区中为完全预混的燃料 - 空气混合物。在最大负荷条件下运行时，两个区域的当量比维持在 0.6 附近，以最大限度地减少 NO_x 和烟灰排放。

对分级燃烧来说，一个重要的选择是分级燃烧是以串联还是并行的方式进行。并行的方法通常称为径向分级，其主要优点是可以在与常规燃烧室大致相同的总长度内实现所有燃烧性能目标，包括低排放。从降低机组重量和减少转子动力学问题的角度来看，这种短长度的特性也极具优势。

相对于径向分级来说，轴向分级具有一些优点：①由于主燃烧级位于值班级的下游，因此可以快速可靠地点燃主燃烧级；②即使当量比很低时，从值班级进入主燃烧区的热气流也可保证主燃烧级具有高的燃烧效率。

轴向分级的主要缺点是级的串联布置会增加燃烧室的长度，与常规燃烧室相比，需要冷却的火焰筒表面积更大。此外，用于两个燃烧级的燃料喷嘴需要单独的进给臂，该进给臂会对燃烧器壳体进行两次单独的穿透。

4.3.6 柔和燃烧

柔和燃烧也称为无焰燃烧，当反应物超过自燃温度并夹带足够的惰性燃烧产物以降低最终反应温度时，就定义为无焰燃烧。这项技术的本质是燃料在包含大量惰性（废气）气体和一些氧气的环境中被氧化。在无焰燃烧中，燃料的氧化反应在非常高的温度下进行，同时供入的氧气很少。无焰燃烧不出现可见的火焰，化学反应区非常分散，得到几乎均匀的热量释放和平滑的温度曲线，从而可获得更高效的燃烧过程并减少排放。

概括地说，无焰燃烧的主要特征是：高温（通常大于 1 000℃）下燃烧产物的再循环；降低了反应物中的氧气浓度；低的 Damköhler 数（定义为湍流时间尺度与化学反应时间尺度的比）；绝热火焰温度低；降低了最高温度；高度透明的火焰；热声振荡不严重，且可控；NO_x 和 CO 排放低。

4.3.7 驻涡燃烧

驻涡燃烧（Trapped Vortex Combustion，TVC）是用于降低污染物排放和压降的一种有效方法，它基于腔稳定概念，以高速混合热燃烧产物和反应物为基础。TVC 的研究自 20 世纪 90 年代开始，早期主要集中在液体燃料发动机燃烧器的应用。

驻涡技术用于燃气轮机燃烧器有几个优点：

1）可以燃烧中低发热量的各种燃料。

2）支持高速喷射，可在高过量空气预混状态下运行，从而避免回火。

3）无须稀释或燃烧后处理，NO_x 排放量极低。

4）可燃极限大，且火焰稳定性好。

驻涡燃烧通过再循环区的回流来提供连续点火源，从而提高火焰稳定性，回流区将热燃烧产物与进入的燃料和空气混合物进行混合。由于部分燃料的燃烧过程在再循环区内发生，因此可以实现无火焰燃烧，同时被困的湍流涡流可以显著降低燃烧室的压降。除此之外，如果将燃料同时注入腔体和主气流中，TVC 还能充当分级燃烧器。通常，分级燃烧系统具有实现降低 NO_x 排放 10%～40% 的潜力。当所有的燃料都喷入型腔时，TVC 也可以作为 RQL 燃烧器运行。

4.3.8 增压燃烧

现有的燃气轮机循环燃烧室中的燃烧过程为等压燃烧。在燃气轮机的发展初期，曾出现过等容燃烧方式，然而，在燃气轮机中等容燃烧过程的实现具有较大困难。等容燃烧过程中燃烧室压力提升，相对于等压燃烧可获得更高的平均加热温度。近年来，大量学者开展了旋转爆轰的研究，从概念上讲属于等容燃烧的范畴。

目前，旋转爆轰增压燃烧室的研究大多处于概念验证阶段，即如何产生持续的爆轰，并证实压力增加。由于爆轰波非稳态的本质特征，其对燃烧稳定性、压气机和透平的影响以及对污染物排放的影响还需要深入研究。

4.3.9 高效低污染燃烧技术的应用

各主流燃气轮机制造商分别在自己的不同产品中应用了高效低污染燃烧技术，以满足环境与客户的严苛要求，主要应用机组介绍如下。

通用公司的 9H 和 7H 机组分别采用 14 个和 12 个环管型燃烧室。7HA.01/9HA.01 机组和 7HA.02 机组/9HA.02 机组在燃烧方面进行了改进，将早期 DLN 2.6+ 燃烧系统中使用的四元回路结构设计为直接将燃料注入燃烧反应区。这种新的轴向燃料分级系统（AFS）可降低 NO_x 排放并改善调节范围、降低热负荷，同时结合先进的材料和涂层，以提供最先进的耐用性；在 30%～100% 的负荷下，可以低于 25ppm/15ppm 的 NO_x/CO 排放运行；通过降低燃烧温度或加入废气选择性催化还原（SCR），可以确保 7HA/9HA 机组的排放更低。

通用公司 2017 年及以后交付的 9HA.01 和 9HA.02 燃气轮机在 AFS 之外还改进了预混燃料喷嘴。燃料喷嘴由细小的管状阵列所取代，这些管状掺混器可实现更高的掺混效率，能在较高的燃烧温度下降低 NO_x 的排放。

西门子公司 50Hz 版本的 HL 型燃烧室为 16 个环管型结构。HL 型燃气轮机透平进气温度比 H 级提高约 100℃。在燃烧系统和燃烧器型式方面，HL 型燃气轮机的燃烧系统也进行了升级，由平面燃烧系统（PCS）升级为先进的高效燃烧系统（ACE），也采用了更精细、燃烧效果更佳的阵列燃烧器布置。H 级燃气轮机燃烧室的每个管式燃烧单元中布置有 8 个预混燃烧器，而 HL 型增加至 25 个。西门子的 ACE 还包括全氧混合、缩短过渡段、降低燃烧气体停留时间等特征。

三菱公司的 J 系列燃气轮机的燃烧室采用蒸汽冷却，JAC 系列燃气轮机采用增强的空气冷却系统，不仅提高了运行性能，而且提高了透平进口温度。通过采用这种增强的空气冷却系统，即使在透平入口温度为 1 650℃的情况下，也可以实现燃气轮机的空气冷却，从而可提高整体发电效率和整个工厂的可操作性。

在增强型空气冷却系统中，从压气机出口（燃烧室壳体）抽取的空气由增强型空气冷却器冷却，由增强型冷却空气为压气机加压，用于冷却燃烧室，然后返回到壳体。图 4-16 给出了增强型空气冷却系统的示意图。增强型空气冷却系统通过在底部循环侧回收增强型空气冷却器的废热，以提高系统的效率；通过优化燃烧室的冷却结构，其冷却性能可以达到或超过蒸汽冷却系统；与蒸汽冷却系统相比，其可以缩短整个燃气轮机机组的起动时间。

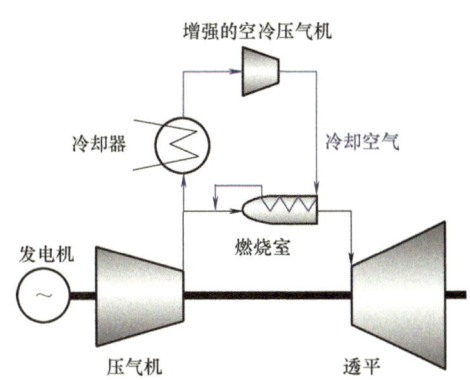

图 4-16 增强型空气冷却系统示意图

灵活性是未来以天然气为燃料的电力装置的关键，由于可再生能源的应用越来越广泛，对燃气轮机可靠、灵活的需求也不断增加。因此，能够在低负荷到满负荷整个区间高效运行且排放较低将是对燃气轮机燃烧室的一大考验与要求。

第 5 章

透 平

5.1 透平的基本原理及功能

5.1.1 燃气轮机透平的基本概念

透平是燃气轮机的核心部件之一，是通过旋转的方式将高温高压燃气的热能转变为机械功的原动机。图5-1所示为G50燃气轮机及透平第一级静叶三维示意图。透平这一重型精密旋转机械具有极高的科技含量，在高温高压下工作，具有高转速、高精度、涉及学科广等特点。

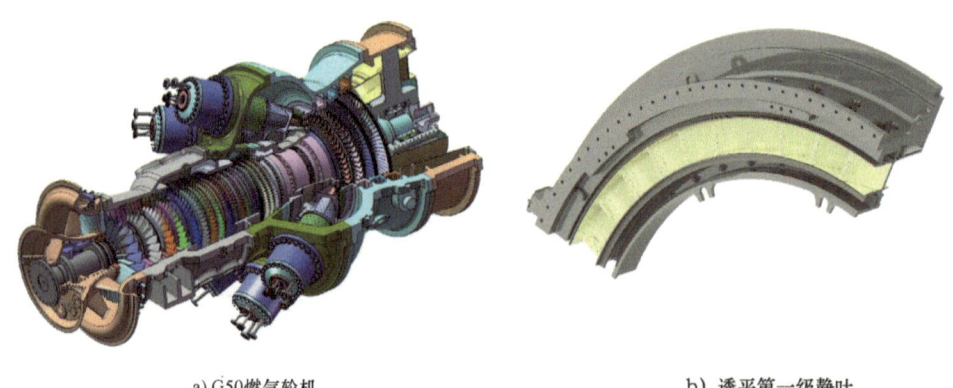

a) G50 燃气轮机　　　　　　　　　　b) 透平第一级静叶

图 5-1　G50 燃气轮机及透平第一级静叶三维示意图

燃气轮机透平由旋转运动的转子部件和固定不动的静子部件组成。其中，静子部分中参与热-功转换的主要是静叶片；转子部分中参与热-功转换的主要是动叶片。一排静叶片和一排动叶片构成一级，也就形成了燃气轮机透平热-功转换的基本单元。在燃气轮机中，静叶片的主要作用有两个：一是通过其构成的通道，将高温高压燃气的热能转化为动能；二是控制高速气流的方向，从而使得气流流动速度的方向和大小满足下游动叶片的要求。动叶片则是通过旋转的方式将动能和部分热能转换成机械功并输出。

燃气轮机透平的分类方式很多。如果按照气流的流动方向，透平可以大致分为径流式和轴流式两类。其中，轴流式透平的通道内主流的方向与转轴基本一致，一般流量和功率较大，通常适用于大型和中型燃气轮机；径流式透平，即通道内气体流动方向主要沿径向，一般流量较小、结构紧凑，适用于各种紧凑动力系统。此外，根据透平其他不同的特点，还可以将透平分为单级透平与多级透平、单轴透平与多轴透平、反力式透平与冲击式透平、亚声速透平与跨声速透平等。

5.1.2 用于描述透平气动热力过程的基本方程

燃气轮机透平工作环境严苛，内部流动由全三维 Navier–Stokes 方程控制。Navier–Stokes 方程非常复杂，为了理解透平内部流动的主要特征，描述透平气动热力过程，需要对方程进行简化。简化基本假设如下：

1）透平通流部分的流动是定常的，即在流动过程中，空间任何一点的气体参数不随时间而变化。

2）透平通流部分的流动是一维的，即气流参数仅有沿轴向的变化，在径向、周向是不变的，这样可以用平均参数代替整个计算截面。

3）透平通流部分的流动是绝热的，即忽略透平与外界的热交换。

4）在计算过程中，忽略黏性力在"当地"的影响，但要考虑其"历史"的影响。即"当地"的状态先通过等熵过程获得，再考虑损失的影响进行修正。

通过以上假设，可以获得描述透平内部气动热力过程的连续方程、能量方程和动量方程。其中，燃气轮机透平中任意两个截面（分别记为截面 1 和截面 2）之间的连续方程为

$$\dot{m}_1 = \dot{m}_2 \tag{5-1}$$

式中，$\dot{m}$ 为流量。

燃气流经透平发生能量交换，这里定义单位质量气体输出轮周功为 L_u，对外界释放热量为 q_e，则气体在燃气轮机透平中热焓形式的能量方程可以写为

$$-L_u - q_e = h_2 - h_1 + \frac{C_2^2 - C_1^2}{2} = h_2^* - h_1^* \tag{5-2}$$

式中，静焓 $h=c_pT$；总焓 $h^*=c_pT^*$；C 为速度。式（5-2）是能量方程在绝对坐标系的表述。对于透平静叶内部的流动，轮缘功为 0，并根据绝热假设，则式（5-2）简化为

$$h_2^* = h_1^* \tag{5-3}$$

即气流在流经静叶通道时总焓保持不变。而对于转动的动叶片而言，在动坐标系下轮周功为 0，但是由于动坐标系为非惯性系，需要考虑惯性力的做功。离心力对单位质量气体作用为

$$L_{c1} = \int_1^2 -\omega^2 r \mathrm{d}s = \frac{U_2^2 - U_1^2}{2} \quad (5\text{-}4)$$

式中，ω 为透平旋转速度；$U=\omega r$ 是透平半径 r 处的圆周速度；s 为从截面 1 到截面 2 的位移量。能量方程可以写为

$$\frac{U_2^2 - U_1^2}{2} = h_2 - h_1 + \frac{w_2^2 - w_1^2}{2} \quad (5\text{-}5)$$

式中，w_1、w_2 分别为截面 1、截面 2 的相对速度。

引入转焓的概念

$$I = h + \frac{w^2}{2} - \frac{U^2}{2} \quad (5\text{-}6)$$

式（5-5）可改写为

$$I_2 = I_1 \quad (5\text{-}7)$$

即在动坐标系下，透平动叶片通道中各截面的转焓保持不变。将动量矩定理应用于透平动叶片中就可以得到透平级的动量矩方程

$$M = \dot{m}(C_{2u}r_2 - C_{1u}r_1) \quad (5\text{-}8)$$

式中，M 为叶片作用于气体的力矩；C_{2u}、C_{1u} 和 r_2、r_1 分别为截面 2、截面 1 的周向速度和半径。则单位质量气体对外输出的轮周功 L_u 可以表示为

$$L_u = \frac{-M\omega}{\dot{m}} = \omega(C_{1u}r_1 - C_{2u}r_2) \quad (5\text{-}9)$$

如果透平动叶片进出口半径相同，则可简化为

$$L_u = \omega r(C_{1u} - C_{2u}) = U\Delta C_u \quad (5\text{-}10)$$

5.1.3　透平级的速度三角形

由于用焓熵图无法直接完成透平气动热力过程，需要针对燃气轮机透平级工作的特点，引入速度三角形。在动叶栅进口，存在三个速度，即绝对气流速度 c_1、圆周速度 u_1 和相对气流速度 w_1。这三个速度数学上应该满足矢量相加原则，即

$$c_1 = w_1 + u_1 \quad (5\text{-}11)$$

将式（5-11）用图形表示出来就是一个三角形，称为动叶片的进口速度三角形。在动叶栅出口，同样存在绝对气流速度 c_2、圆周速度 u_2 和相对气流速

度 w_2，这三个速度也都是矢量并满足矢量相加原则，即

$$c_2 = w_2 + u_2 \tag{5-12}$$

将式（5-12）用图形表示出来也是一个三角形，称为动叶片的出口速度三角形。将进、出口速度三角形绘制在一起，就构成了级的速度三角形（图5-2）。

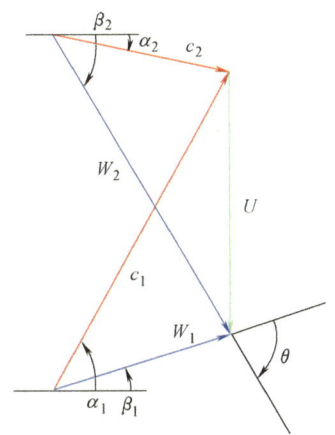

图 5-2　透平级速度三角形

注：β_1 为相对进口气流角，α_1 为绝对进口气流角；β_2 为相对出口气流角，α_2 为绝对出口气流角；θ 为气流偏转角；U 为圆周速度。

速度三角形是分析透平级热-功转换的重要工具。速度三角形的形状决定了气流在透平级中的流动和热-功转换的基本特征，如膨胀程度及其分配、气流转角等，这也从根本上决定了透平的气动效率水平。在焓降一定时，为了确定速度三角形的大小和形状，需引入载荷系数 H_T、流量系数 φ、反力度 Ω 等具有明确物理意义的无量纲参数。

载荷系数定义为透平级平均直径处的轮周功与圆周速度二次方之比，见式（5-13）。该参数表征了透平负荷的相对大小，较大的载荷系数意味着在轴向速度一定的条件下气流偏转更大，这将引起较强的端区二次流，带来更大的端区次流损失。另一方面载荷系数过小，则意味透平径向尺寸过大或者透平级数过多。

$$H_T = \frac{L_u}{U^2} \approx \frac{\Delta C_u}{U} \tag{5-13}$$

流量系数的定义见式（5-14），是轴向速度与圆周速度之比。该参数用于表

征叶栅流通能力的大小。当流量等参数一定时，较大的流量系数表明轴向流动速度较大，需要的流道面积小，叶片高度降低，使端区流动所占区域的比重增大，二次流影响严重；另一方面，流量系数过小则意味着叶片的高度相对增大，可能带来强度方面的问题。

$$\varphi = \frac{C_a}{U} \quad (5\text{-}14)$$

反力度的定义为流经转子的等熵焓降与透平级总的等熵焓降之比，由式（5-15）给出。从反力度的定义可以看出，反力度表征的是气流在动叶片中的焓降占透平级总焓降的比例。较大的反力度意味着动叶片焓降大，可能使转子叶尖泄漏损失增大，同时会增大转子的轴向力；而过小的反力度则容易导致动叶片通道根部流动组织困难，严重时会使透平根部进入类似"压气机"状态。由于气体在透平级内的膨胀加速有利于抑制通道内分离的出现和二次流的发展，因此，合理的反力度取值对于降低透平的气动损失具有重要意义。

$$\Omega = \frac{h_1 - h_{2s}}{h_0 - h_{2s}} \quad (5\text{-}15)$$

式中，h_{2s} 为出口的等熵焓值。

5.1.4 损失及效率的定义

流动损失和气动效率是衡量透平气动性能的核心参数，本节分叶栅和无冷却透平部件两个部分进行讨论。

（1）叶栅的损失及效率　作为透平级的基本组成部分，叶栅流动损失直接影响透平部件的气动性能。通常用总压恢复系数 σ 和总压损失系数 ζ 来衡量气流流经叶栅的损失，定义为

$$\sigma = \frac{p_1^*}{p_0^*} \quad (5\text{-}16)$$

$$\zeta = \frac{p_0^* - p_1^*}{p_1^* - p_1} \quad (5\text{-}17)$$

这两个参数计算简单、物理意义明确。一般除了总压损失，还可以用动能损失来衡量叶栅的气动性能，据此定义的叶栅能量损失系数 ζ_{cascade} 如下

$$\zeta_{\text{cascade}} = \frac{h_1 - h_{1,\text{is}}}{h_0^* - h_{1,\text{is}}} \quad (5\text{-}18)$$

式中，分子表征了透平叶栅出口理想动能和实际动能之差，而分母则是出口的理想动能。

上述两种叶栅损失评价方法的定义和讨论是在惯性系下进行的。如果直接将上述各损失系数中的总参数替换为相对总参数，即可直接应用于转子叶栅中。不过这种做法，在转子进出口圆周速度不相同时将带来误差。这是因为 $p_{0w}^* - p_{1w}^*$ 项不仅包含流经叶栅的总压损失，还包含离心力所做的功，在这种情况下，总压恢复系数 σ 和总压损失系数 ζ 就不能直接应用，其分子应修改为 $p_{1w,is}^* - p_{1w}^*$，其中 $p_{1w,is}^*$ 是出口理想相对总压，该项才能真正表征相对总压的损失大小。而能量损失系数的分子中并没有涉及总参数的计算，但分母中的总压参数也应替换为理想的相对总参数，以使 $\zeta_{cascade}$ 的物理意义明确。

从能量利用率的角度还可以引出透平叶栅效率 $\eta_{cascade}$，其定义为透平叶栅出口的实际动能与理想动能之比，即

$$\eta_{cascade} = \frac{C_1^2}{C_{1,is}^2} = \frac{h_0^* - h_1}{h_0^* - h_{1,si}} \tag{5-19}$$

可以看到，叶栅效率 $\eta_{cascade}$ 与叶栅能量损失系数 $\zeta_{cascade}$ 存在如下关系

$$\eta_{cascade} = 1 - \zeta_{cascade} \tag{5-20}$$

此外，还可以定义速度损失系数 $\zeta_{cascade}$，即

$$\zeta_{cascade} = \frac{C_1}{C_{1,is}} = \sqrt{\eta_{cascade}} \tag{5-21}$$

与前文提到的各损失系数类似，上述两个参数在应用于转子叶栅时，同样需要将进口的总参数替换为出口理想的相对总参数。

（2）无冷却透平的效率　根据不同的需求和目标，透平级的气动效率也有多种衡量方式，常用的透平级气动效率包括等熵滞止效率 η、有效效率 η_u、绝热效率 η_{ad} 等。

等熵滞止效率 η 也称为总对总效率，定义为气流流经透平的轮周功 L_u 与流经透平气体的等熵滞止焓降之比

$$\eta = \frac{L_u}{h_0^* - h_{2,si}^*} \tag{5-22}$$

式中，轮周功可以用气体的实际焓降来表征，则等熵滞止效率 η 可以表示为

$$\eta = \frac{h_0^* - h_2^*}{h_0^* - h_{2,is}^*} \quad (5-23)$$

在这种定义方式中，认为透平级出口的余速所对应的动能可以在后面透平级或者部件中得到应用，即不计余速损失，所以，等熵滞止效率 η 应用于多级透平的前面级是比较合理的。

在燃气轮机透平末级，排气的余速动能将不会得到利用，所以应该看作是能量损失。这种情况下使用有效效率 η_u 是较为合适的。有效效率也称为轮周效率，定义为透平级轮周功 L_u 与流经透平气体所释放的能量，即从进口总压 p_0^* 膨胀到出口静压 p_2 的等熵焓降之比

$$\eta_u = \frac{h_0^* - h_2^*}{h_0^* - h_{2,is}^*} \quad (5-24)$$

可以看到，由于有效效率 η_u 将余速动能视为损失，因此对于同一个透平级，有效效率 η_u 总是小于等熵滞止效率 η。

与上述两种效率不同，透平级的绝热效率 η_{ad} 不涉及来流的动能和余速的动能问题，仅关注透平级内部的静参数变化情况，定义为透平级的实际焓降与等熵焓降之比

$$\eta_{ad} = \frac{h_0 - h_2}{h_0 - h_{2,is}} \quad (5-25)$$

采用这种方式定义的绝热效率 η_{ad} 也称为静静效率。在透平级进、出口速度一样的情况下，透平的绝热效率 η_{ad} 与等熵滞止效率 η 相等，而多级透平一般能近似满足这一条件。因此，为方便起见，在多级透平中可以采用 η_{ad} 来代替 η。

5.2 透平气动设计概述

5.2.1 透平气动设计流程

气动设计是透平设计的开端，气动设计的优劣直接影响燃气轮机的气动性能和安全可靠性。由于透平内部流动复杂，直接开展三维设计是难以应用于工程实际的。图 5-3 给出了典型的透平气动设计流程，一般可分为初始方案设计、通流方案设计和叶型设计。

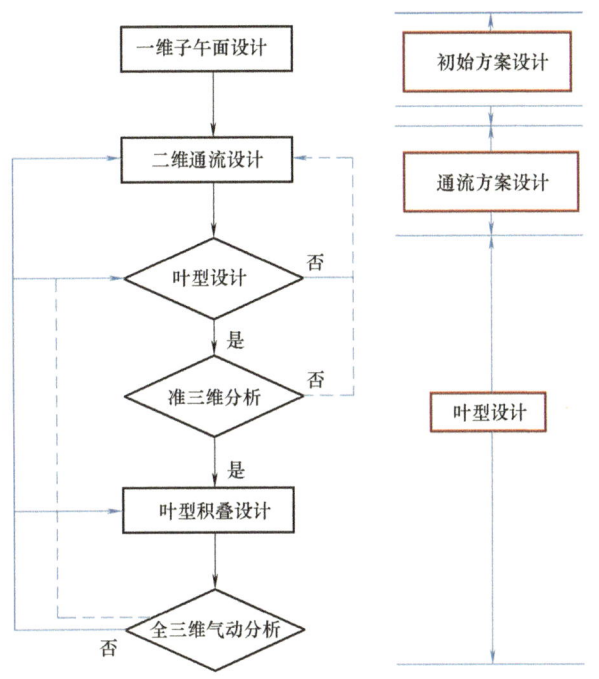

图 5-3 典型的透平气动设计流程图

5.2.2 初始方案设计

一般来讲,透平气动设计的第一步是一维方案设计。一维方案设计的主要工作是明确透平级数以及透平各级的无量纲设计参数,以之为基础,生成透平子午流道布局以及获得各级平均截面的速度三角形等参数。由于子午流道的布局等关键特征在一维方案设计阶段就基本确定,在后续通流方案设计和叶型设计中往往只进行细微的调整,因此一维方案设计在很大程度上决定了整个透平的特征,对透平最终性能具有重要的影响,需要引起足够的重视。

(1)一维设计空间上参数的选取 一维气动方案设计的主要任务是达到设计点的性能要求和确定满足条件的子午流道、透平级数以及各级的速度三角形等关键参数。考虑到在确定透平功分配的前提下,各级透平速度三角形由载荷系数、流量系数、反力度等无量纲参数确定,因此载荷系数、流量系数、反力度等无量纲参数的选取至关重要。

经典的 Smith 图(图 5-4)即是基于经验关联,描述了反力度 $\Omega=0.5$ 的情况下,载荷系数、流量系数对透平部件效率的影响,是透平一维方案设计参数选取的重要参考依据。实际上,这三个无量纲参数对透平级的影响是多方面的,不仅影响透平级气动性能，而且影响透平部件的尺寸、结构和强度等。

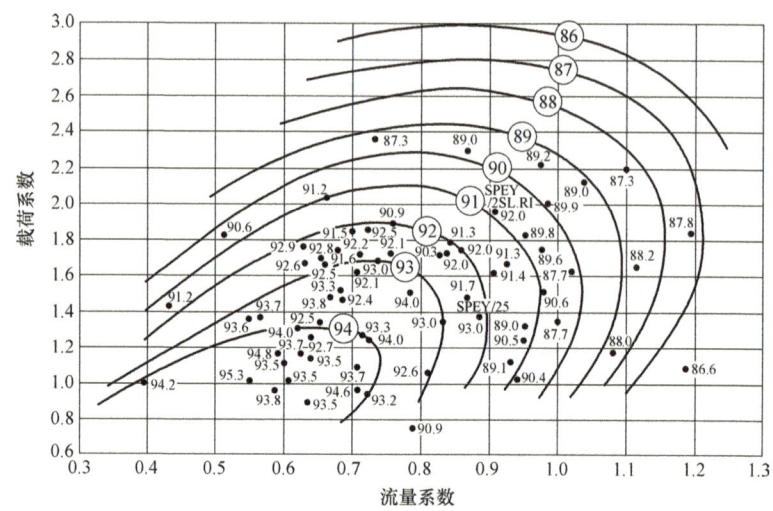

图 5-4　经典 Smith 图——透平效率随载荷系数和流量系数的变化

需要特别关注的是，Smith 图是基于 20 世纪 60 年代透平的设计水平归纳总结出来的经验关联，随着透平设计技术的发展和设计要求的变化，Smith 图需进行相应的修正。

（2）气动损失模型　需要指出的是，一维设计的可靠性取决于一维性能分析的准确性。考虑到气体流经透平时会产生流动损失，准确的损失预估是精确的一维性能分析的前提。考虑到影响透平损失的因素非常多，因此对透平内部流动损失机理的认识、损失模型的建立和应用等一直处于不断发展与完善之中，是透平气动研究的重要课题。

早期的透平叶栅损失研究主要以平面叶栅试验和叶片气动试验研究为主，然后对试验结果进行总结归纳，并基于叶栅流动的基本规律，以求准确地评估气体流经涡轮叶栅时产生的损失。

20 世纪 50 年代，Ainley 等人将透平内部流动损失源分为叶型损失、二次流损失和叶顶泄漏损失等，并一直试图实现对每一种损失源的预测。之后，各国研究人员对透平机械损失进行了广泛的研究。随着试验技术和数值模拟技术的进步，人们对透平内部流动认识更为深刻。特别是 1993 年 Denton 教授的相关工作为后续研究奠定了坚实的基础。

需要指出的是，目前有多种损失模型，这些模型各有特色，其适用的范围和精度也不尽相同，使用时需特别关注。随着透平设计参数范围的变化，损失模型也需要不断发展完善，改进已有损失模型乃至建立全新的损失模型是建设下一代透平设计体系的重要研究内容。

5.2.3 通流方案设计

在完成一维方案设计并获得透平各级的无量纲设计参数、子午流道初步布局以及各级平均截面的速度三角形等参数之后，为进一步提高气动性能，需开展子午面方案设计，以获得关键参数沿叶高的分布。作为透平气动设计非常关键的一步，子午面方案设计在很大程度上决定了透平级内参数沿叶高分布的特征，对透平最终性能具有重要的影响。

通流方案设计需考虑气流参数沿径向的变化，因此，引入定常流动、绝热及轴对称假设等对 Navier-Stokes 方程进行简化，可以得到如下的气流径向平衡方程：

$$-\frac{1}{\rho}\frac{\partial p}{\partial r} = -\frac{c_u^2}{r} + \frac{\mathrm{d}c_r}{\mathrm{d}t} \qquad (5-26)$$

式中，左式为气流压力沿径向的变化率；右式第一项为周向分速度产生的离心力；右式第二项为径向加速度产生的惯性力。

利用流线曲率法等方法求解连续方程、径向平衡方程和能量方程，即可获得气流参数沿径向的分布。

5.2.4 叶型设计

叶型设计是以构建满足一维和子午面方案设计意图的几何实体为目标，为后续精细化设计及结构、强度、换热、冷却等分析提供几何载体，是高性能透平设计必不可少的关键步骤。当前叶型设计通常基于定制的参数化方法展开，参数化方法的优劣直接决定了设计空间，对设计结果具有重要的影响。

考虑到直接进行三维造型难以总结提炼参数、设计变量多、调整困难，当前广泛应用的透平叶栅参数化方法是以二维叶栅型线参数化为基础的，基本过程如下：

1）沿叶高方向选择对气动性能影响大的一系列基元二维截面。

2）根据定制的参数化方法开展二维截面的参数化造型，生成基元二维截面型线。

3）按一定的规律径向积叠所选择的基元截面。

4）生成三维叶片型面。

（1）基元二维截面造型　在基元二维截面参数化造型方面，几何参数造型方法以及圆弧曲线、样条曲线、高次曲线、Bezier 曲线、非均匀 B 样条曲线等曲线造型技术被应用于涡轮叶型参数化过程。其中，往往利用几何参数造型方法决定叶型的布局，利用圆弧曲线、样条曲线、高次曲线、Bezier 曲线、非均匀 B 样条曲线等生成叶栅型线。在二维叶栅型线造型方法中，传统的圆弧法在连接点处的光滑度较低，难以满足气动连续性的要求，且不具备微调能力，型线修改困难。为了改善这种状况，综合利用 Bezier 曲线和 B 样条曲线造型的优点，进行基元叶型设计获得了广泛的重视。

（2）叶片三维积叠　在基元叶型参数化方法趋于成熟的基础上，高性能透平叶栅参数化造型技术研究的重点在于研究涡轮内部流动机理，拓展设计空间，减少流动损失，特别是叶片三维积叠获得了广泛的关注。

叶片弯的基本思想是王仲奇院士等人在 20 世纪 60 年代初提出的。采用叶片弯的基本出发点是通过叶片周向弯曲或倾斜，使得叶片表面与气流的作用力在径向的分力不等于零，从而控制压强沿叶高的分布，进而减小径向二次流损失和叶尖泄漏损失。叶片掠源于外流的高速翼型，掠在外流中的成功应用使得人们将其用到透平的叶片造型中。

在透平叶片设计技术不断发展的过程中，为了减少流动损失，广泛采用了复合倾斜、叶片端弯以及前后掠等三维造型技术，这为透平三维设计和优化提供了更多的自由度，提高了透平的效率。弯曲叶片及其积叠线如图 5-5 所示。

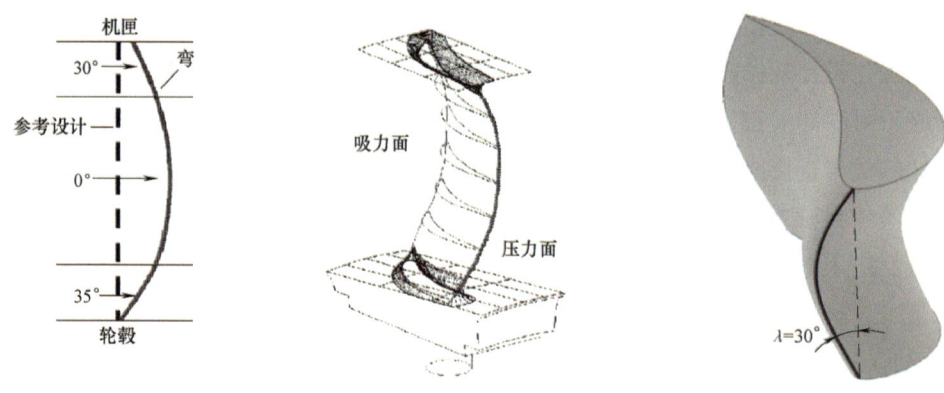

图 5-5　弯曲叶片及其积叠线示意图

在完成叶片型线设计后，基于高精度分析手段开展精细设计是进一步提高透平性能的有效途径。目前，利用 CFD 技术进行三维性能精细分析，并根据分析的结果指导叶型的迭代设计已在透平设计中获得了广泛的重视。当然，三维数值分析技术的精度也受到众多因素的影响,需经过详细的验证方可应用于设计体系中。

5.3 透平气动设计示例

本节将以东方汽轮机有限公司的 G50 燃气轮机透平为例,展示透平气动设计的过程。

5.3.1 透平一维设计

透平的气动设计是从一维设计开始的。在一维设计过程中,对于透平负荷水平的设计控制至关重要。对于燃气轮机透平来说,一般会将前面的重点冷却级设计的载荷系数大一些,无冷却级载荷设计得相对小一些。在 G50 燃气轮机透平的设计过程中,以 Smith 图来分析和评价各级流量系数与载荷系数选择的合理性。图 5-6 所示的 Smith 图是以二维不可压缩气流的 50% 反力度级为基础绘制的一系列流量系数 – 载荷系数曲线。将一维设计的流量系数和载荷系数值绘制在 Smith 图上,就可以大致判断该透平的负荷水平,该方法非常方便且直观。

图 5-6 展示了 G50 透平各级的流量系数和载荷系数的分布,很显然第 1 级载荷系数最大,最后一级载荷系数接近 1,其他级载荷系数在这个区间,流量系数在 0.4～0.7 之间,具有最佳效率,因此 G50 透平负荷水平的控制相对保守,处于合理区间。

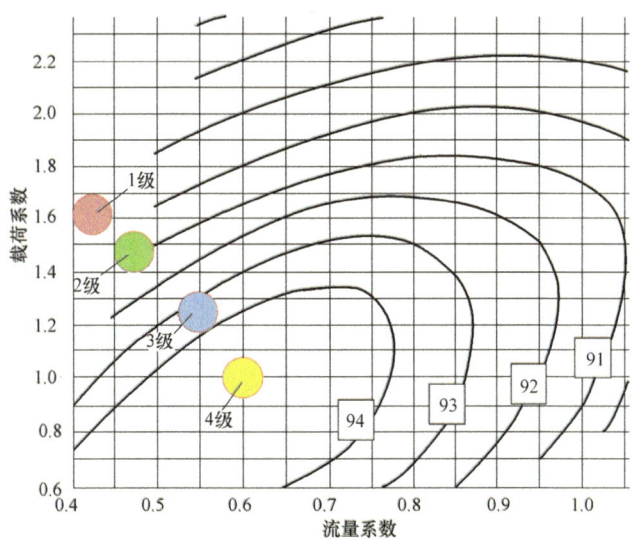

图 5-6 流量系数与载荷系数的分布

图 5-7 展示了 G50 透平每列叶片的进出口压力，从这个图也可以清晰地看出透平第 1 级的压降最大，末级压降最小，这与透平级载荷系数分布相匹配。

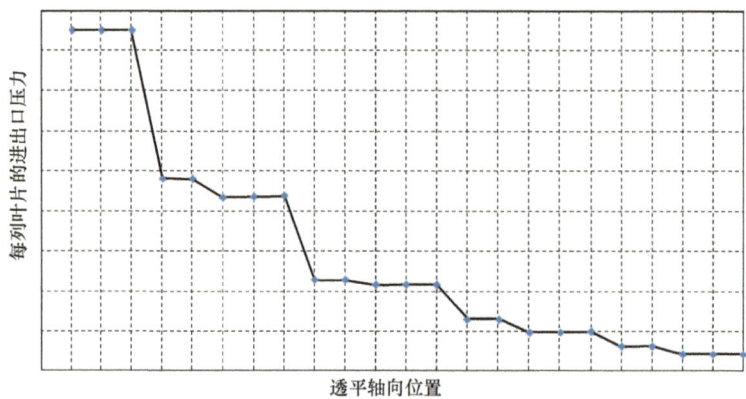

图 5-7　G50 透平每列叶片的进出口压力

进一步通过经验公式，或者设计者个人的经验，可以确定各排叶片的节弦比。燃气轮机透平一般使用叶片负荷系数公式来计算

$$Z = 2\frac{s}{c_x}\cos^2\beta_2(\tan\beta_2 - \tan\beta_1)$$

根据设计经验选取合适的节弦比，基本就确定了各排叶片的弦长及叶片数，再结合之前已经确定的各级进口尺寸，经过一些简单的计算和假设就可以大致确定通流几何，图 5-8 所示为 G50 透平的一维通流几何。

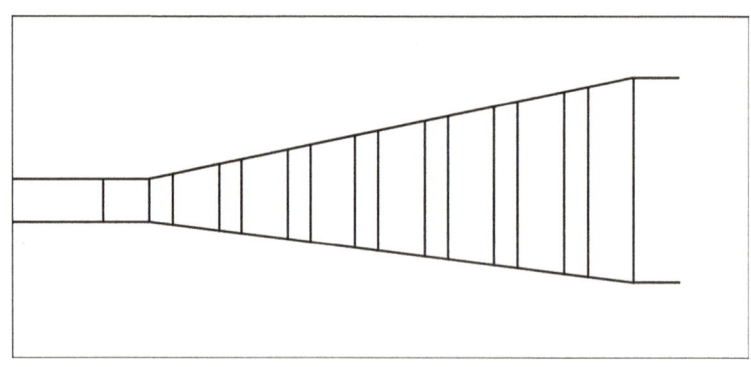

图 5-8　G50 透平的一维通流几何

5.3.2 透平二维设计

一维设计确定了透平中径截面的气动参数,而透平从叶根到叶顶截面的流动情况与中径处不同,设计控制透平内其他截面的气流流动是二维设计阶段需要完成的任务。二维设计也称为通流设计,一般是指运用流线曲率法确定各排叶片沿径向各截面的进出口速度三角形及其他气流参数。运用流线曲率法,可以求解得到每一排叶片沿径向的气流参数分布,包括各截面的速度三角形,以及叶片进出口几何角。G50 透平的特性曲线及二维通流几何分别如图 5-9 及 5-10 所示。根据设计计算结果可以直观地判断透平设计的功率、流量以及效率等是否达到设计目标。

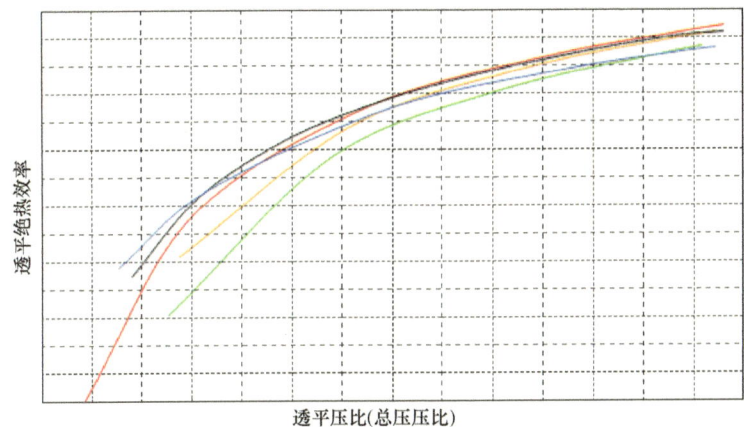

图 5-9 G50 透平的特性曲线

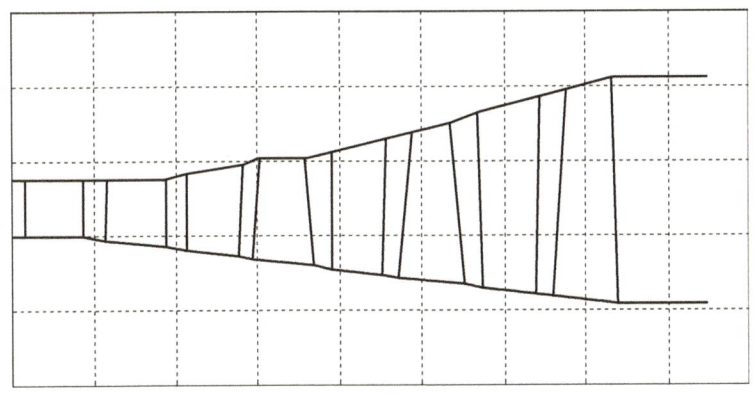

图 5-10 G50 透平的二维通流几何

5.3.3 透平叶型设计

二维设计解决了透平内部气流流动的问题，也就是规定了透平各排叶片进出口的气流状态。气流只要按照上述规定流动，到达出口时就能达到需要的功率、效率和流量。但气流是不会自动执行上述过程的，要使透平内部气流按照设计者的意图流动，则需要通过叶片，而且只有设计出恰当的叶片几何形状，气流才会在经过一排叶片后以较低的损失达到设计者要求的流动状态。图 5-11 给出了 50MW 燃气轮机透平典型的叶型。一般燃气轮机透平都采用 CDA 叶型，前面重点冷却级由于尾缘厚度较大，一般马赫数都在 1 以内，对于后面级无冷却叶片，一般将马赫数控制在 1.3 以内。

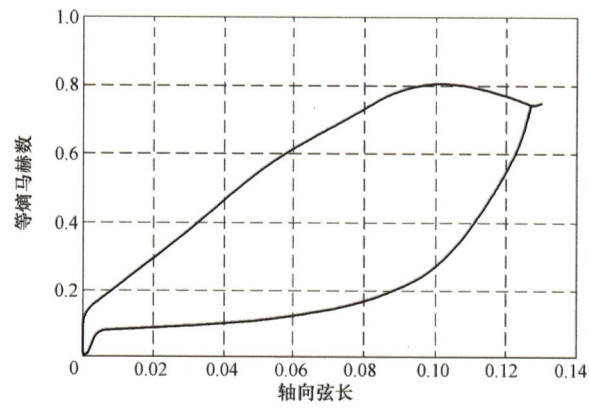

图 5-11　叶型表面等熵马赫数分布

5.3.4 透平三维 CFD 分析

透平一维、二维设计分别是沿轴向和径向开展气动载荷设计的过程，而叶型设计则是在 S1 流面上，可以认为是沿周向的设计。无论是一维、二维还是叶型设计，都是在单个维度上展开的。而事实上透平内部气流是复杂的三维流动，各截面气流因掺混作用而相互影响。透平的实际特性与流线曲率法的二维分析结果可能存在显著偏差，因此需要对透平的特性做进一步的评估。在 CFD 技术成熟之前，唯一的评估手段就是试验。现在基于复杂湍流模型的全三维 CFD 技术已广泛应用于各行各业的流动分析，也包括燃气轮机透平的特性评估。

G50 燃气轮机透平采用 ANSYS CFX 软件进行三维 CFD 分析，图 5-12 展示了燃气轮机透平整机三维 CFD 模型，图 5-13 则显示了透平马赫数分布。总体而言，透平所有叶片前缘都没有发生流动分离，各列叶片最大马赫数都位于叶片喉部区域。

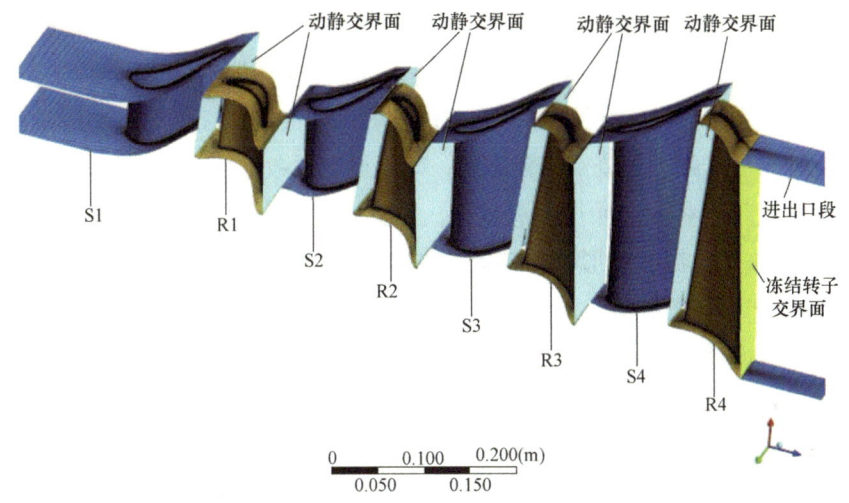

图 5-12 透平整机三维 CFD 模型

图 5-13 透平马赫数分布

5.4 透平叶片冷却

透平静叶和叶片承受着极高的热负荷且分布不均匀，过去 30 年，透平进口燃气温度提高了 450K，其中 70% 是依靠有效的冷却技术。由此可见，发展更高效的热端部件冷却结构和冷却方式是提高透平进口温度的重要手段。下面对透平叶片冷却进行简要介绍。

5.4.1 内部冷却

（1）前缘　燃气轮机透平叶片长期工作在高温环境，对于静叶前缘，特别是第一级静叶前缘，直接受高温燃气的冲刷，承受的热负荷极高。因此，往往利用具有强换热性能的射流冲击来冷却叶片前缘。

射流冲击冷却的主要原理为：首先，利用孔或缝隙将一股或多股射流喷射出来，在剪切涡的作用下，射流卷吸周围流体向下游流动，形成自由射流区；然后，在壁面的阻碍作用下，射流速度快速下降直到达到滞止状态，形成滞止区；最终，在壁面上产生四散的射流，形成壁面射流区，从而实现壁面的冷却。

通过国内外众多学者的研究发现，影响射流冲击冷却性能的主要因素有：

1）射流雷诺数：射流雷诺数越大，靶面换热系数越大，冷却效果越好。

2）射流几何参数：冲击距离越大，射流速度越小，滞止区努塞尔数越小，换热效果越差；射流孔的形状和布置方式以及靶面曲率都会改变流动结构，因而对换热性能产生显著影响。

3）通道内横流：上游的射流孔冲击后腔体中产生的横流会使下游射流冲击发生偏斜，从而降低冷却性能。

4）旋转效应：旋转产生的离心力、哥氏力和浮升力，直接影响射流腔内的二次流结构、湍动能以及壁面剪切应力等流动参数，进而影响冷却效果。

（2）中弦　对于透平叶片中弦区域，往往采用具有扰流结构的内部蛇形通道进行冷却，冷却通道中存在旋转效应、转弯效应和扰流流动，流动传热机理较为复杂。影响内部通道冷却性能的主要因素有：

1）通道形状：受实际叶型的影响，叶片内部冷却通道往往具有变截面的特点，从而破坏对称的流场结构，对传热性能产生影响。

2）转弯区域结构：弯头区域的结构将会直接影响弯头级前后区域的角落涡、回流区、离心力引起的二次流等流动结构，从而影响传热分布和阻力系数。

3）气膜抽吸：采用气膜冷却时，周期性布置的气膜孔会改变其周围的流场结构，起到扰流作用，并增强内部冷却的换热效果。

4）旋转效应：旋转的内在力会使通道内产生新的二次流，破坏主流的对称分布，使得内部的流动结构更加复杂，从而改变传热规律，主要受旋转速度、旋转偏角和通道放置角等参数的影响。

（3）尾缘　透平叶片尾缘具有厚度小和热响应快的特点，在运行时容易出现热疲劳和应力集中。由于尾缘吸力面在喉部后方，无法采用气膜冷却方式，因此，只能采用在空间狭窄的尾缘内部布置冷却结构的方式进行防护，同时为了保障结构强度，通常采用肋片、柱肋或多排冲击的冷却形式。尾缘内部冷却一般存在以下几种方式：

1）肋片扰流：其主要原理是通过边界层分离再附提高主流的湍流度，关键参数包括肋片的阻塞比、密度和形状等。

2）柱肋扰流：柱肋可以产生尾流、马蹄涡、边界层分离等扰动，同时增大了传热面积，从而强化了换热能力，关键参数包括柱肋的形状、排列方式、间距和高径比等。

3）阻塞块冲击冷却：与柱肋冷却相比，该方法的传热系数更大，但压力损失也相应增加，经常与其他冷却方式混合使用。

5.4.2 气膜冷却

（1）叶身　在叶身开设气膜孔实现气膜冷却是叶片最重要的冷却方式之一。该冷却方式的流动结构十分复杂，主流和次流之间存在多种涡系结构，传热和掺混程度剧烈，吹风比、密度比、动量比以及壁面曲率、气膜孔孔形等众多因素均与冷却效果密切相关。此外，在透平实际运行中，隔热材料喷涂、积灰等也会对流动结构和冷气流量造成影响，其作用机理更为复杂。特别地，对于第一级静叶而言，还承受着来自燃烧室出口高温主流的来流湍流度、温度不均匀性和高温热斑等恶劣环境。因此，气膜在叶片表面的均匀性和向下游的延伸性是决定其冷却效率的关键。

（2）尾缘劈缝　当燃气轮机透平的主流温度过高时，一般采用尾缘劈缝冷却的方式对较薄的叶片尾缘区域进行冷却，以维持其力学特性。理想情况下，覆盖在尾缘表面的冷却气膜将高温主流与叶片金属阻隔；实际情况中，高温主流会和冷气湍流掺混，甚至将冷气卷起，造成表面附近的流体升温，从而降低冷却效率。对比传统叶片的尾缘结构，劈缝结构具有更大的流量系数、相近的压力损失、更高的气动性能和更均匀的尾缘温度分布等特点，从而大幅度提高叶片尾缘抵抗热－机械疲劳与蠕变的能力。尾缘设计的关键参数主要有通道尺寸、尾缘厚度、冷却结构、平面粗糙度和唇厚等。

（3）端壁　叶栅端壁需要承受高温燃气的直接冲刷，通常采用气膜冷却的方式对端壁进行冷却，冷气通过离散布置在端壁的气膜孔流出后附着在端壁表面形成气膜，从而阻挡热流侵袭。通入的冷气与主流的漩涡相互作用，产生繁杂的三维涡系结构和强烈的二次流作用，从而导致该区域的流－固耦合换热特性十分复杂。决定壁面冷却特性的主要因素包括进口压力、边界层状态、温度分布和近端壁流动等。

（4）叶顶　由于叶顶间隙的存在，叶顶区域会产生从压力面流向吸力面的泄漏流，一方面，泄漏流减少了做功的流体，并造成二次流损失，导致透平效率降低；另一方面，高温泄漏流冲刷叶顶，同时分别给压力面和吸力面带来汇流特性和源流特性，使叶片表面的传热系数增大，威胁叶片的安全性。因此，通常在叶顶区域和压力面侧布置冷却孔进行气膜冷却。此外，叶顶气膜冷却特性与叶顶形状息息相关，常用的凹槽形叶顶可以降低泄漏损失，改善气膜覆盖效果，提升冷却效率。

5.4.3 典型叶片冷却结构

图 5-14 展示了现代燃气轮机透平第一级静叶的典型冷却结构。可以看出，静叶的内部典型冷却结构一般为前缘冲击冷却、中弦冲击冷却及尾缘部分的肋柱扰流冷却，外部冷却一般为叶片前缘喷雾冷却、压力面及吸力面气膜冷却和尾缘槽冷却。

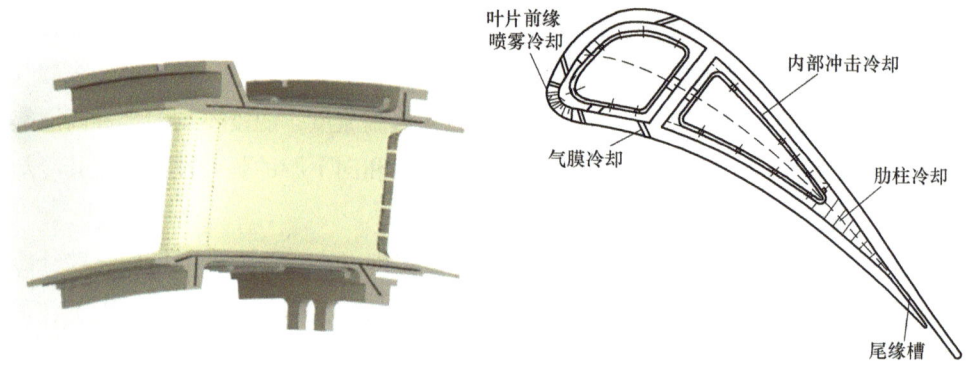

图 5-14　燃气轮机透平第一级静叶的典型冷却结构

图 5-15 给出了现代燃气轮机透平第一级叶片的典型冷却结构。从图 5-15 可

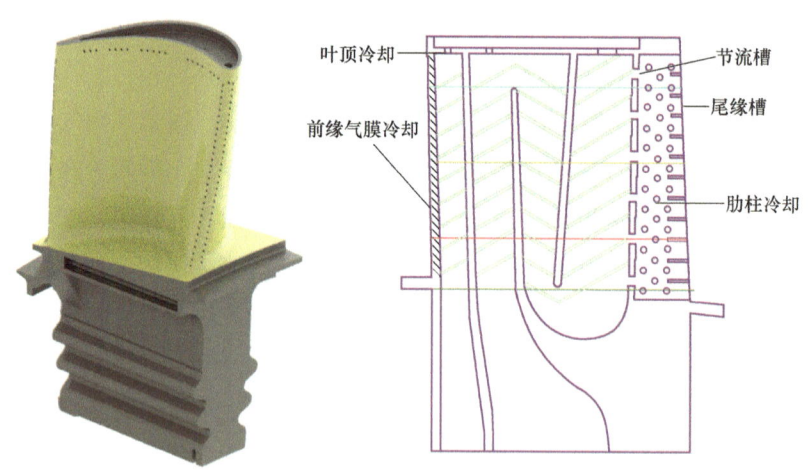

图 5-15　燃气轮机透平第一级叶片的典型冷却结构

以看出，动叶片的内部典型冷却结构一般为带肋通道冷却及肋柱冷却，外部冷却一般为叶片前缘气膜冷却、叶顶冷却及尾缘槽冷却。

5.5 透平叶片强度振动设计概述

透平叶片长期服役于高参数工况，承受大离心力、温度载荷和气动载荷。相比于压气机叶片，一方面，由于透平叶片比较厚实，叶身、叶根、围带等结构会产生更大的离心力；另一方面，叶片环境温度更高，H级燃气轮机透平入口温度最高已经达到1600℃，由于燃气轮机起停速度很快，容易造成叶片中温度不均匀，从而产生很大的热应力。下面首先介绍透平叶片和轮盘的结构特征，接着对其强度振动分析方法进行简介，并对叶片干摩擦阻尼、叶片-轮盘耦合振动等进行说明，最后介绍叶片的高温蠕变和低周疲劳寿命分析。

5.5.1 叶片和轮盘的结构

燃气轮机通常有3~4个透平级，每级包含静叶片（简称"静叶"）和动叶片（简称"叶片"）。高温透平叶片具有热障涂层和复杂冷却结构，是决定燃气轮机寿命的关键部件。

图 5-16 所示为 G50 燃气轮机透平静叶，其外围带通过持环和气缸连接，内围带与气封圈相连。图 5-17 所示为 G50 燃气轮机透平高压级和低压级叶片，主要由叶片型线、叶片平台和叶根组成。叶片型线主要考虑气动性能要求；叶片平台用于将高温气体与叶根底部隔绝，由于叶根和轮槽应力较高，这样就可避免叶

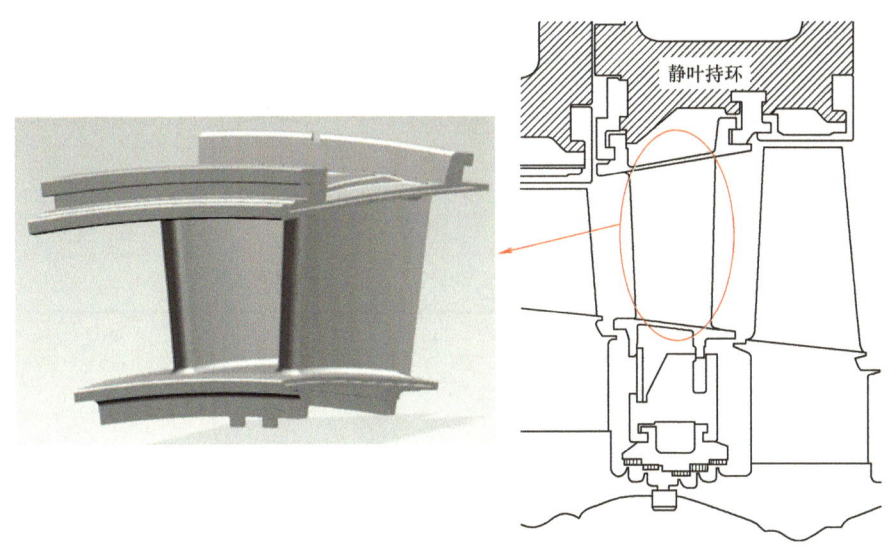

图 5-16　G50 燃气轮机透平静叶

根和轮槽因金属温度过高导致强度不足失效；叶根用于固定叶片，由于透平叶片载荷大，采用强度性能好的枞树形叶根结构，轴向安装。叶根和轮缘配合面近似等强度设计，承载能力强，但加工精度较高。

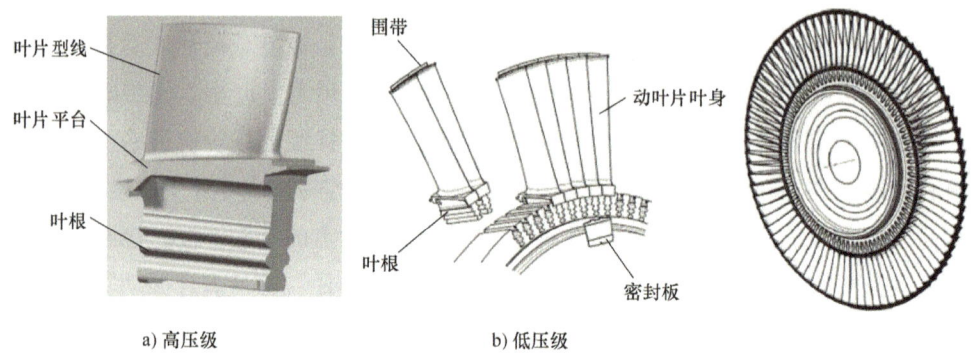

图 5-17　G50 燃气轮机透平高压级和低压级叶片

高压级采用自由叶片，可使其安装与拆卸方便；低压级采用自带冠整体围带结构，可有效提高叶片振动安全性。同时在叶片变形影响下，围带为了抵抗变形，不可避免地会产生反向弯矩，从而降低气流力对叶片作用的弯矩，减小叶片中产生的弯应力。在叶根处还有阻尼元件，如图 5-18 所示的缘板阻尼结构，用来调节叶片振动频率和密封冷却空气。阻尼元件有圆形、棱柱形等形式。

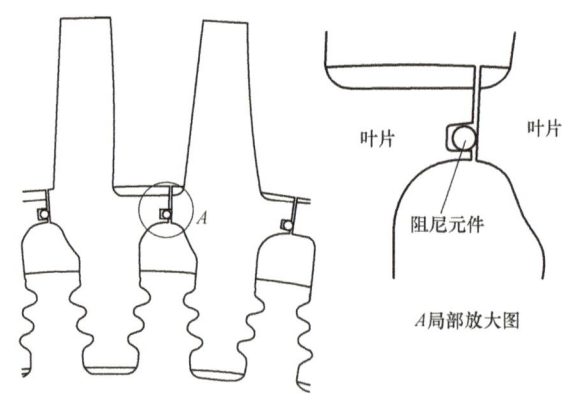

图 5-18　透平叶片阻尼元件

5.5.2　叶片强度分析

（1）名义应力

1）离心拉应力。叶片离心力载荷将在各个截面产生拉应力，任一截面的名义拉应力等于该截面以上部分的离心力与该截面面积之比。如图 5-19a 所示，对于等截面叶片，离心力从叶顶至叶根部分逐渐增大，显而易见底部截面离心拉应力最大。

$$\sigma_{c0} = \rho A_0 l \omega^2 R_m / A_0 = \rho l \omega^2 R_m \quad (5\text{-}27)$$

式中，ρ 为叶片材料密度；A_0 为叶型截面面积；l 为叶片高度；ω 为旋转角速度；R_m 为叶片平均半径。

由式（5-27）可以看出，等截面叶片拉应力与角速度的二次方、叶高和叶片平均半径成正比，而与截面面积无关。

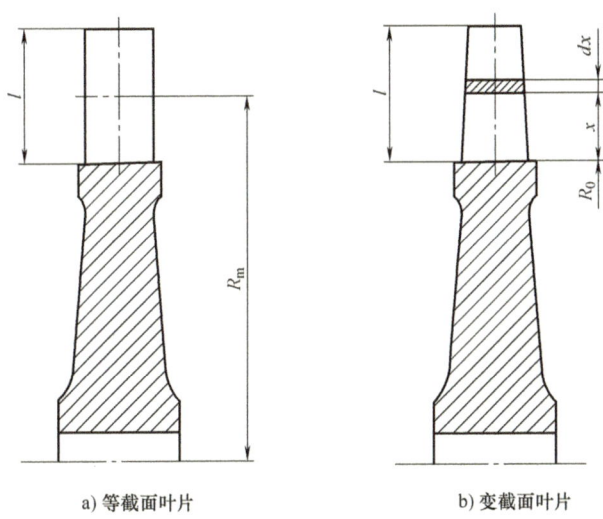

a) 等截面叶片　　　b) 变截面叶片

图 5-19　离心拉应力计算图

考虑气动效率和强度性能，现代透平多采用变截面叶片（图 5-19b）设计。因此，截面离心拉应力还与叶片高度以及截面面积沿叶高的变化规律有关。距叶根平面 x 处截面以上部分离心力为

$$F_{cx} = \rho \omega^2 \int_x^l A(x)(R_0 + x) dx \quad (5\text{-}28)$$

式中，ρ 为叶片材料密度；$A(x)$ 为叶高 x 处截面面积；R_0 为叶片底部截面半径；l 为叶片高度；ω 为旋转角速度。

该截面的离心拉应力为

$$\sigma_{cx} = \rho \omega^2 \int_x^l A(x)(R_0 + x) dx / A(x) \quad (5\text{-}29)$$

底部截面的离心拉应力为

$$\sigma_{c0} = \rho\omega^2 \int_0^l A(x)(R_0 + x)dx / A(0) \qquad (5\text{-}30)$$

以上变截面叶片的离心拉应力可以采用数值积分的方法进行计算。

2）气流弯应力。当气流流过叶片通道时，无论是轴向或周向，气流速度都会发生变化，从而引起气流的动量变化；此外，气流在叶片前后的进出口截面的压力也不相等，叶片上会受到由于压差导致的气流力作用。图 5-20 中描述了叶片截面的几何特性及受力状况，Ⅰ-Ⅰ为最小主惯性矩轴，Ⅱ-Ⅱ为最大主惯性矩轴，$e_{1\text{-}5}$ 为最小和最大主惯性矩轴到叶型出气边、进气边和背部的最大距离，即叶型上气流弯应力危险点的距离。

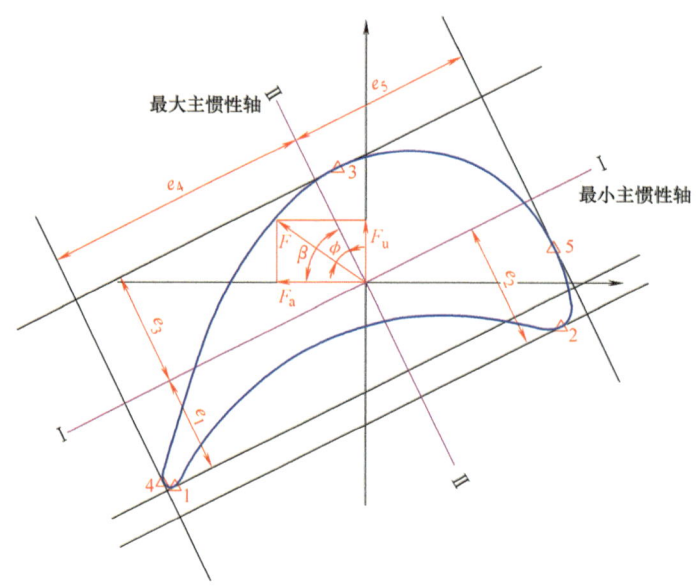

图 5-20　透平叶片截面特性及承受的气流力

合成气流力 F 可以分解为周向分量 F_u 和轴向分量 F_a，合成气流力为

$$F = \sqrt{F_u^2 + F_a^2} \qquad (5\text{-}31)$$

实际作用在叶片上的气流力是分布载荷，计算时通常简化认为气流力沿叶高均匀分布，将叶片当作叶根固定、叶型部分承受均布载荷的悬臂梁来研究，如图 5-21 所示。

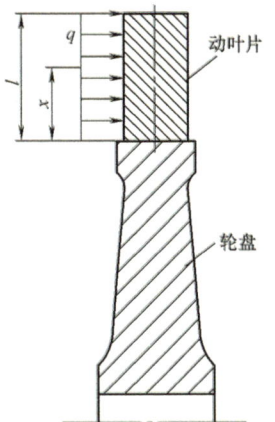

图 5-21　透平叶片承受的均布气流力

可以看出，底部截面弯矩最大。在底部截面，对最小主惯性矩轴 Ⅰ－Ⅰ 和最大主惯性矩轴 Ⅱ－Ⅱ 的弯矩分别为

$$M_1 = \frac{Fl}{2}\cos(\phi), \quad M_2 = \frac{Fl}{2}\sin(\phi) \tag{5-32}$$

ϕ 为合力 F 的方向与最大主惯性矩轴的 Ⅱ－Ⅱ 夹角，$\phi = \beta - \arctan\left(\dfrac{F_u}{F_a}\right)$。

弯矩 M_1 和 M_2 在叶片底部截面对进气边产生的弯应力为

$$\sigma_{\text{进}} = \frac{M_1}{W_{\text{Ⅰ-Ⅰ-进}}} + \frac{M_2}{W_{\text{Ⅱ-Ⅱ-进}}} = \frac{M_1 e_2}{I_{\text{Ⅰ-Ⅰ}}} + \frac{M_2 e_5}{I_{\text{Ⅱ-Ⅱ}}} \tag{5-33}$$

弯矩 M_1 和 M_2 在叶片底部截面对出气边产生的弯应力为

$$\sigma_{\text{出}} = \frac{M_1}{W_{\text{Ⅰ-Ⅰ-出}}} - \frac{M_2}{W_{\text{Ⅱ-Ⅱ-出}}} = \frac{M_1 e_1}{I_{\text{Ⅰ-Ⅰ}}} - \frac{M_2 e_4}{I_{\text{Ⅱ-Ⅱ}}} \tag{5-34}$$

弯矩 M_1 和 M_2 在叶片底部截面对背弧侧产生的弯应力为

$$\sigma_{\text{背}} = -\frac{M_1}{W_{\text{Ⅰ-Ⅰ-背}}} = -\frac{M_1 e_3}{I_{\text{Ⅰ-Ⅰ}}} \tag{5-35}$$

式中，$W_{\text{Ⅰ-Ⅰ-进}}$ 为进气边对 Ⅰ－Ⅰ 的抗弯截面系数；$W_{\text{Ⅱ-Ⅱ-进}}$ 为进气边对 Ⅱ－Ⅱ 截面的抗弯截面系数；$W_{\text{Ⅰ-Ⅰ-出}}$ 为出气边对 Ⅰ－Ⅰ 的抗弯截面系数；$W_{\text{Ⅱ-Ⅱ-出}}$ 为出气边对 Ⅱ－Ⅱ 的抗弯截面系数，$W_{\text{Ⅰ-Ⅰ-背}}$ 为叶片背弧对 Ⅰ－Ⅰ 的抗弯截面系数。

上面各式中正号表示拉应力，负号表示压应力。随着 F_u 和 F_a 幅值的不同，需要判断 M_2 的方向并对式（5-33）和式（5-34）做出正负号的更改。

3）围带外伸端弯应力。一般透平末两级叶片顶部具有阻尼围带，工程设计中为了计算方便，常对围带做简化分析，围带外伸端的离心力为

$$F_w = \rho A_w L_w \omega^2 R_w \tag{5-36}$$

式中，ρ 为叶片材料密度；A_w 为围带横截面面积；L_w 为围带外伸端长度；ω 为旋转角速度；R_w 为围带重心半径。

围带外伸端的弯应力为

$$\sigma_w = \frac{\rho A_w L_w^2 \omega^2 R_w}{2 W_w} \tag{5-37}$$

式中，W_w 为围带外伸端截面的抗弯截面系数。

4）叶根和轮缘的强度计算。由于透平叶片离心力较大，通常采用枞树形叶根和轮缘。透平叶片的叶根和轮缘各齿的刚性不同，加工和装配也会存在一定误差，使工作条件下叶根和轮缘各齿的受力状态十分复杂，但在加工精度高、装配质量好的条件下，可以认为各齿受力相对均匀。如果加工因素或载荷原因引起受力不均，局部接触应力进入屈服状态时，各对齿的应力会重新分配为趋于均匀。

图 5-22 所示为枞树形叶根应力计算示意图，一般用于校核叶根各截面的拉应力、齿的弯曲应力和剪切应力以及齿面的挤压应力。下面以拉应力为例进行说明。

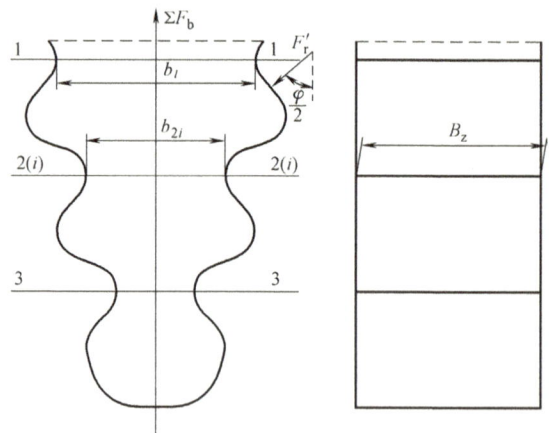

图 5-22　枞树形叶根应力计算示意图

以 $\sum F_\mathrm{b}$ 表示整个叶片的离心力，$\sum F_\mathrm{b}=F_\mathrm{p}+F_\mathrm{z}+F_\mathrm{t}$。其中第一项 F_p 为叶身、围带部分的离心力，第二项 F_z 为叶身根部到图 5-22 中某截面之间部分的离心力，第三项 F_t 为该截面以下叶根部分离心力。下面给出叶根体第 i 截面的拉伸应力

$$\sigma_{\mathrm{t}(i)}=\frac{\dfrac{N-(i-1)}{N}\sum F_\mathrm{b}-\sum_{i}^{N} C_{\mathrm{t}(i)}}{B_\mathrm{z} b_i} \qquad (5\text{-}38)$$

式中，N 为齿的对数；$\sum F_\mathrm{b}$ 为整个叶片的离心力；b_i 为计算截面的宽度；B_z 为计算截面的厚度；$\sum_{i}^{N} C_{\mathrm{t}(i)}$ 为计算截面以下叶根部分的离心力。

根据齿接触面上法向力相等的条件，以及叶根和轮缘的几何关系，可得到轮缘各计算截面上的载荷，从而得到对应的拉应力，图 5-23 所示为枞树形轮缘应力计算示意图，轮缘各计算截面的拉应力为

$$\sigma_{\mathrm{m}(i)}=\frac{2iF_\mathrm{r}\cos\left(\dfrac{\varphi-\gamma}{2}\right)+\sum_{k=0}^{i-1} F_{\mathrm{s}(i)}}{B_\mathrm{z} d_i} \qquad (5\text{-}39)$$

式中，F_r 为叶根作用在轮缘齿上的作用力；φ 为轮缘对齿的接触面作用力夹角；γ 为叶片栅角；B_z 和 d_i 分别为计算截面的厚度和宽度；$\sum_{k=0}^{i-1} F_{\mathrm{s}(i)}$ 为第 i 个截面以上的离心力。

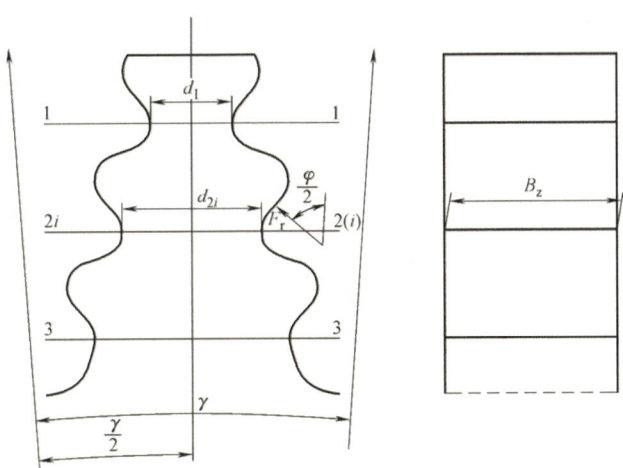

图 5-23　枞树形轮缘应力计算示意图

相比于叶根，轮缘若发生破坏更为危险，出现断裂时转子不平衡量更大，可

能会造成更大的事故,因此,通常要求轮缘的安全系数大于叶根。

(2)叶片强度三维有限元分析 根据透平叶片的特性,采用三维有限元方法对叶片的接触特性以及热应力进行分析是保证叶片安全性的重要手段。

1)叶片接触分析。透平叶片主要有两个部位存在接触:①叶根轮缘之间的接触,可以参见第3章压气机叶片;②具有阻尼围带的透平叶片工作时,由于叶片的扭转恢复会使相邻叶片围带之间接触,从而形成整圈叶片,提高叶片的刚性和减振性能,下面对透平叶片围带接触分析进行介绍。

初始装配时相邻叶片围带之间存在一定的间隙,叶顶呈自由状态。随着机组起动,叶片在离心力作用下扭转恢复角沿叶高方向不断增大,当转速升至一定数值后,相邻叶片的围带发生接触。随着转速进一步提升,相邻叶片围带接触面贴合得越来越紧密,使围带的接触区域和最大接触压力值不断增加。围带的三维有限元接触分析可以为叶片设计提供围带变形、应力、接触状态的重要参数,同时也可以为叶片振动分析中阻尼器的动力学特性提供基础数据。图5-24展示了燃气轮机透平叶片围带接触面的接触压力分布。

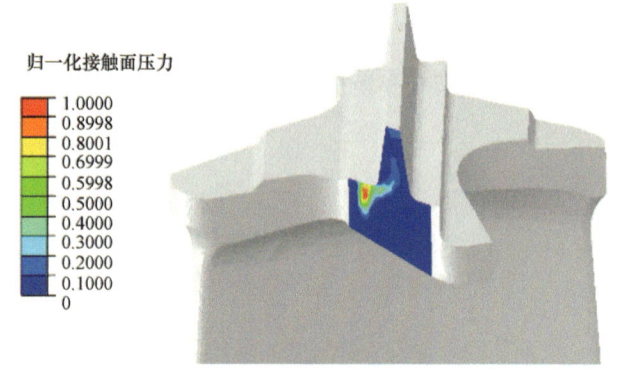

图 5-24 透平叶片围带接触面的接触压力分布

2)热应力分析。透平叶片在温度变化时,由于结构热变形受限而产生的应力通常称为热应力。提高燃气初温是发展高效燃气轮机的重要手段,受材料使用温度限制,自20世纪60年代起,逐渐引入热负荷控制方法,包括高温热障涂层、冷却系统等。冷却方法的引入使得叶片可以承受由于自身温度场不均匀导致的温度载荷,同时,由于燃气轮机起动频繁,运行灵活,设计精良的燃气轮机能够在5～10min内从冷态起动到满负荷运行,这使得热应力问题更为突出。

随着有限元分析技术的发展，基于热流固耦合的透平叶片热应力分析方法得到了广泛应用。目前主要采用气热耦合与共轭传热技术建立透平叶片的热流固耦合分析模型。图5-25所示为G50燃气轮机透平叶片的温度场和应力场，温度比较高的区域主要出现在叶片前缘、叶顶前缘和尾缘区域。叶片总体应力水平不高，只在叶身底部圆角和叶顶很小区域具有应力集中。对于具有冷却通道的透平空心叶片，内部冷却空气的作用将使叶片温度场分布十分复杂。图5-26所示为G50燃气轮机透平叶片3个叶高截面的温度场和热应力场，图5-27展示了G50燃气轮机透平第1级叶片某区域随时间变化的瞬态应力。

由于燃气轮机工况变化大，起动频繁，透平叶片会受到交变热载荷反复作用，若热应力过大，局部将出现塑性变形，并可能萌生裂纹，从而影响叶片使用寿命，将对机组的安全性与经济性产生不利的影响。通过分析透平叶片的热应力，调整几何结构限制其峰值热应力能够降低叶片产生裂纹的概率，提高叶片使用的安全性。

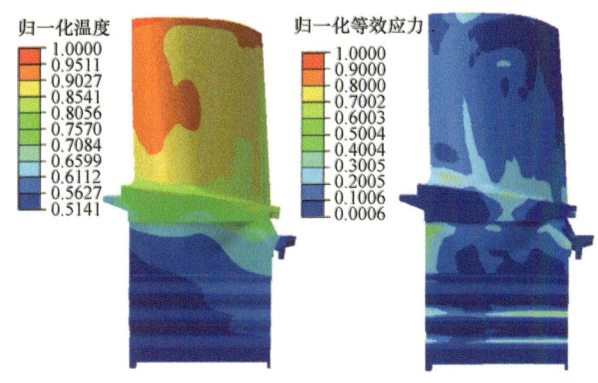

图5-25　G50燃气轮机透平叶片的温度场和应力场

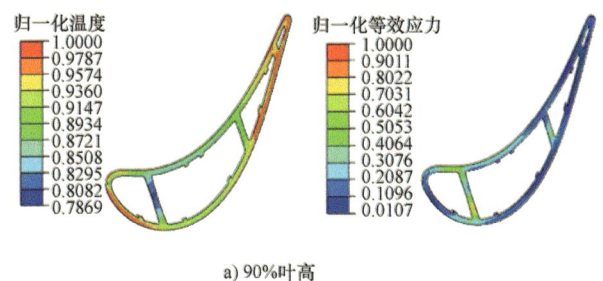

a) 90%叶高

图5-26　G50燃气轮机透平叶片3个叶高截面温度场和热应力场

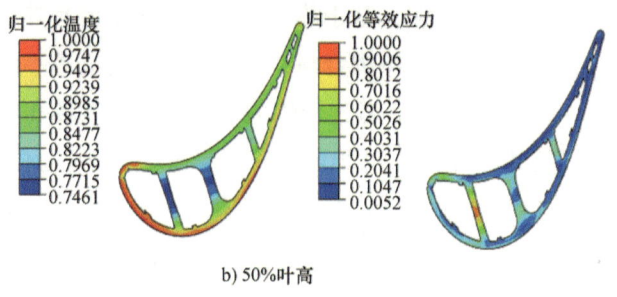

b) 50%叶高

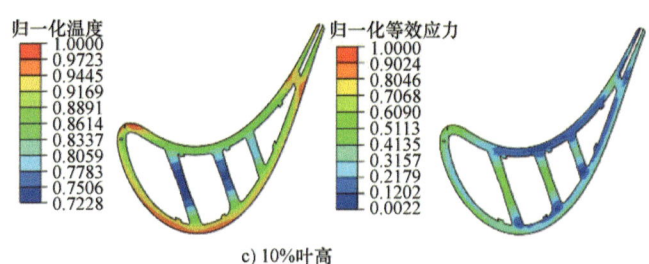

c) 10%叶高

图 5-26　G50 燃气轮机透平叶片 3 个叶高截面温度场和热应力场（续）

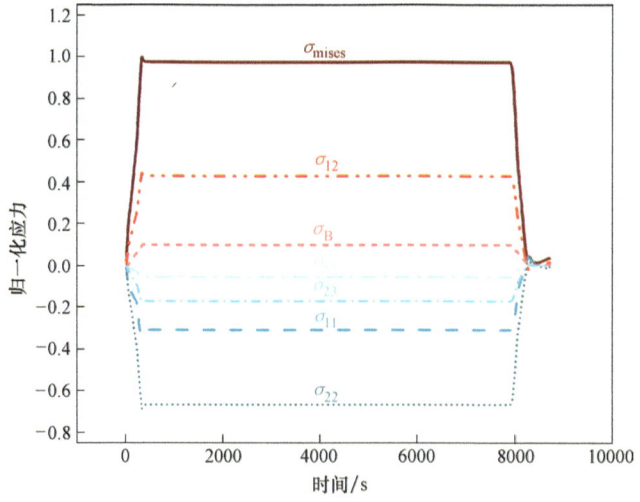

图 5-27　G50 燃气轮机透平第 1 级叶片某区域随时间变化的瞬态应力

5.5.3 叶片振动分析

透平叶片包括自由叶片和具有阻尼围带叶片两种。对于没有阻尼围带的自由叶片，可以参照第 3 章压气机叶片的振动特性分析和安全性评估方法。下面重点介绍具有阻尼围带叶片的振动特性分析。

（1）阻尼叶片基本概念　燃气轮机工作时，相邻叶片围带在离心力引起的扭转恢复作用下相互接触，叶片振动导致围带之间相对运动，围带之间的干摩擦将耗散振动能量，起到减振的作用；同时，围带增加了叶片刚度，提高了叶片组固有频率，增加了抵抗变形能力。

相邻叶片围带之间的干摩擦接触模型是分析透平叶片振动特性的基础，由于干摩擦现象所固有的复杂非线性特性，几乎不可能采用一种通用的数学模型来表征其物理特性。对接触面间摩擦特性的研究最早可以追溯到 16 世纪，随后库仑在此基础上，提出了描述摩擦现象的库仑摩擦定律。这一摩擦模型属于宏观滑移模型，在宏观滑移模型中，整个接触面可以当成一个点来看待，摩擦接触面的状态只有不发生滑移和全部发生滑移两种状态，即接触面要么处于弹性变形阶段，要么全发生滑动。虽然宏观滑移模型具有简单和计算量小等优点，但也存在一些不足之处，当接触面正压力较大且相对运动位移较小时，接触状况非常复杂，接触面间应力和应变不再均匀分布，此时采用宏观滑移模型中的刚体假设（即单点接触）与实际情况会存在较大区别。目前，与宏观滑移模型相对应的是微动滑移模型，其考虑了接触面间的局部特性，认为接触面间是多点接触，且在接触面发生全部滑移前，存在部分滑移和部分黏滞共存的状态，该模型更加精确，可以考虑实际接触面间部分滑移现象对摩擦阻尼特性的影响。

在透平阻尼叶片振动的早期研究中，常采用单自由度质量 – 弹簧 – 阻尼模型，该模型概念清晰，求解方便，便于进行理论分析，多用于对比分析不同摩擦接触模型和振动响应求解方法，但仅限于分析干摩擦接触面间的一维相对运动。实际叶片振动形态非常复杂，不仅有弯曲和扭转振动，还存在多种振动的耦合形式。由于叶片三维结构复杂，为获得叶片振动状态的细节，有必要建立叶片 – 轮盘的三维有限元模型对其耦合振动特性进行分析，阻尼围带之间通过弹簧阻尼单元建立连接关系，并且根据叶片围带之间的接触状态确定接触面之间的刚度和阻尼。

（2）透平叶片振动安全性评估　透平叶片可以通过阻尼围带形成整圈叶片，目前公认的成圈叶片危险振动为"三重点"共振，其充分条件为

$$\begin{cases} \dfrac{f_{dm}}{n_s} = K \\ K = iZ_b \pm m \end{cases} \quad (5\text{-}40)$$

式中，f_{dm} 为节径数为 m 时叶片的动频；K 为谐波数；Z_b 为动叶片数量；n_s 为转动频率；$i=0，1，2，\cdots$。

一般要求节径数直至 6 的前 3 阶频率"三重点"共振都要避开，避开率最小裕量是 -6%～3% 的额定工作转速。激振力阶次越高，叶片共振振幅越小，振动危险性也越小，从而频率避开率的最小裕量也就越小。

（3）透平叶片三维有限元振动分析示例　图 5-28 所示为 G50 燃气轮机透平第 4 级具有阻尼围带叶片 - 轮盘耦合振动分析模型，选取 1/Z（Z= 单级叶片总只数）包括叶片和轮盘的扇区，建立三维有限元循环对称模型。图 5-29 所示为叶片 - 轮盘耦合节径振动。

图 5-28　G50 燃气轮机透平第 4 级具有阻尼围带叶片 - 轮盘耦合振动分析模型

图 5-30 给出了 G50 燃气轮机透平第 4 级叶片 safe 图，可以看出，一阶频率位于 4 节径与 5 节径激励频率之间，但是具有足够的避开裕度，工作状态下不会发生共振。

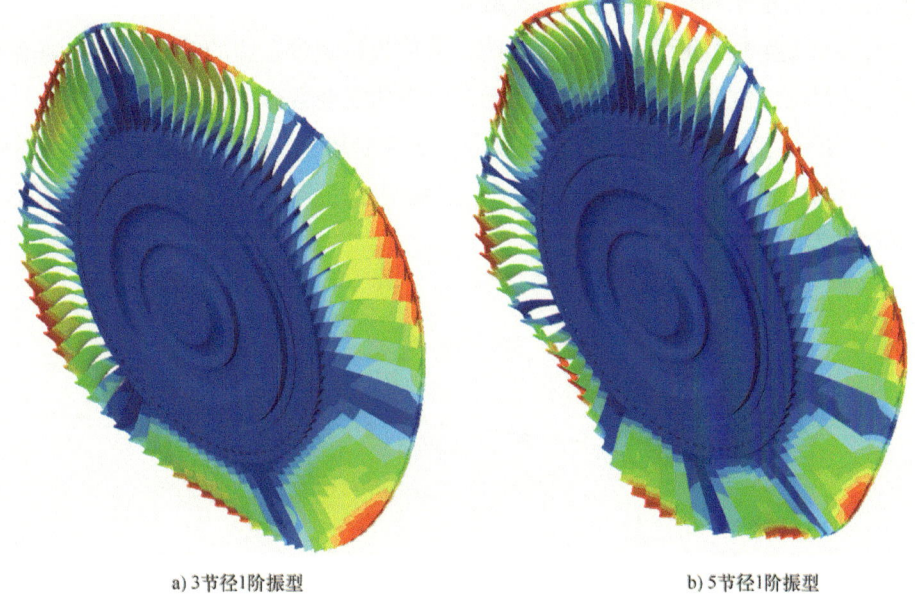

图 5-29 叶片-轮盘耦合节径振动 3 节径阶振型和 5 节径阶振型

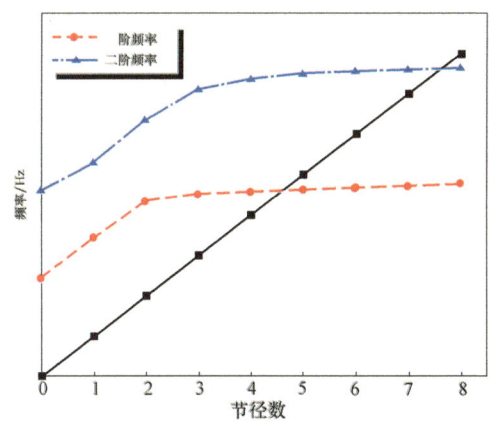

图 5-30 G50 燃气轮机透平第 4 级叶片 safe 图

5.5.4 叶片蠕变分析

透平叶片在高温环境服役过程中，持续受到离心力和气流力的作用，其塑性变形将随着服役时间逐渐累积，这种现象称之为透平叶片的蠕变。蠕变与应力水平和服役环境温度密切相关。通常在温度 $0.3T_m$（T_m 为材料熔点）以上，蠕变就

147

会发生，应力水平和环境温度越高，蠕变越明显。蠕变将会导致透平叶片塑性变形过大甚至发生蠕变断裂，在断裂之前，若伸长量超过预留的叶顶间隙，则高速旋转的叶片与气缸碰磨，将严重危及燃气轮机的安全运行。

典型的蠕变曲线（图5-31）可以分为3个阶段：①蠕变不稳定阶段，图中$A \sim B$；②蠕变稳定阶段，图中$B \sim C$；③蠕变加速阶段，也称为蠕变破坏阶段，图中$C \sim D$。

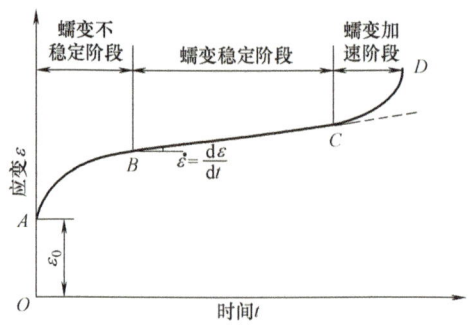

图 5-31　蠕变曲线

随着先进燃气轮机透平入口温度越来越高，服役时间越来越长，蠕变断裂已成为燃气轮机高温部件主要失效模式之一。一般要求服役周期内叶片蠕变伸长量低于叶顶间隙，以防止碰磨；同时要求服役寿命内的蠕变应变在一定范围内，以防止蠕变断裂。图5-32展示了G50燃气轮机第1级叶片在设计负荷下连续运行24000h后的等效蠕变应变，可以看出叶片的绝大部分区域应变很小。

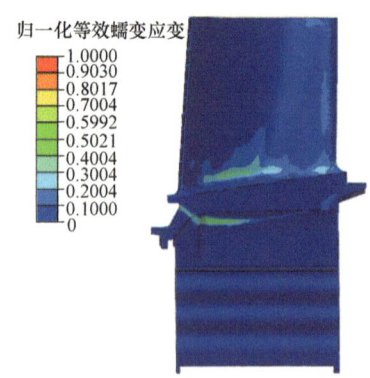

图 5-32　G50燃气轮机第1级叶片在设计负荷下连续运行24000h后的等效蠕变应变

5.5.5 叶片低周疲劳寿命分析

影响透平叶片低周疲劳寿命的主要因素是燃气轮机起停过程中叶片载荷循环所导致的应力/应变变化幅值。根据设定的燃气轮机运行曲线,获得透平叶片瞬态热边界条件,求得瞬态热应力/热应变是分析叶片低周疲劳寿命的基础。通常透平叶片热应力较大,局部区域热应力甚至超过材料屈服强度,无限寿命设计理念已不再适用,在透平叶片设计中常采用应变-寿命模型进行低周疲劳计算。

首先基于如图 5-33 所示的材料应力-应变曲线,计算得到透平叶片在运行过程各时刻的应变分量,图 5-34 展示了 G50 燃气轮机透平第 1 级叶片某时刻的等效塑性应变,可见存在两处塑性应变急剧增大的局部区域。

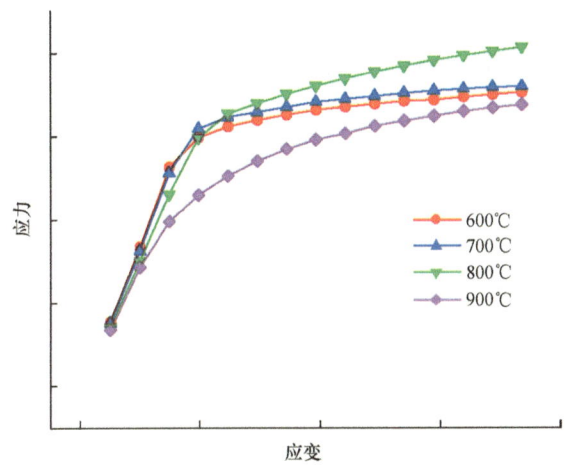

图 5-33 透平叶片材料的应力-应变曲线

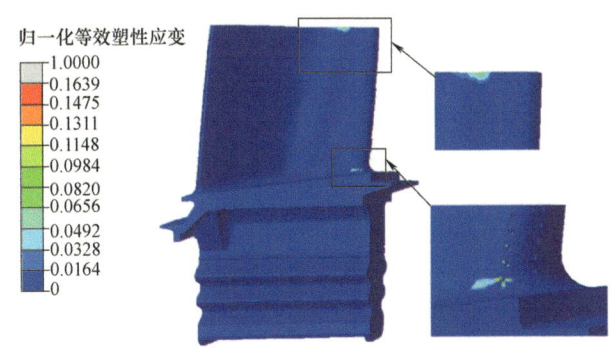

图 5-34 G50 燃气轮机透平第 1 级叶片某时刻的等效塑性应变

通过透平叶片运行中各个时刻的应变就可以获得应变幅值，图5-35所示为应变分量 ε_{ij}^t 在运行过程中的变化曲线以及应变分量幅值 $\Delta\varepsilon_{ij}^t$ 的定义。由于大多数材料的 $\Delta\varepsilon^t$-N_f 数据是根据试样单向应力状态试验获得的，而透平叶片处于多向应力状态，可以按式（5-41）~式（5-43）获得等效应变幅值。

$$\Delta\varepsilon^t = \frac{\sqrt{2}}{3}\sqrt{(\Delta\varepsilon_{11}^t - \Delta\varepsilon_{22}^t)^2 + (\Delta\varepsilon_{22}^t - \Delta\varepsilon_{33}^t)^2 + (\Delta\varepsilon_{33}^t - \Delta\varepsilon_{11}^t)^2 + \frac{3}{2}(\Delta\varepsilon_{12}^{t\,2} + \Delta\varepsilon_{13}^{t\,2} + \Delta\varepsilon_{23}^{t\,2})}$$
(5-41)

$$\Delta\varepsilon_{ij}^t = \varepsilon_{ij(\max)}^t - \varepsilon_{ij(\min)}^t \quad （考虑正负号） \tag{5-42}$$

$$\varepsilon_{ij}^t = \varepsilon_{ij}^e + \varepsilon_{ij}^p \tag{5-43}$$

式中，下标11、22、33等表示应变分量；上标 t 表示总应变；上标 e 表示弹性应变；上标 p 表示塑性应变。

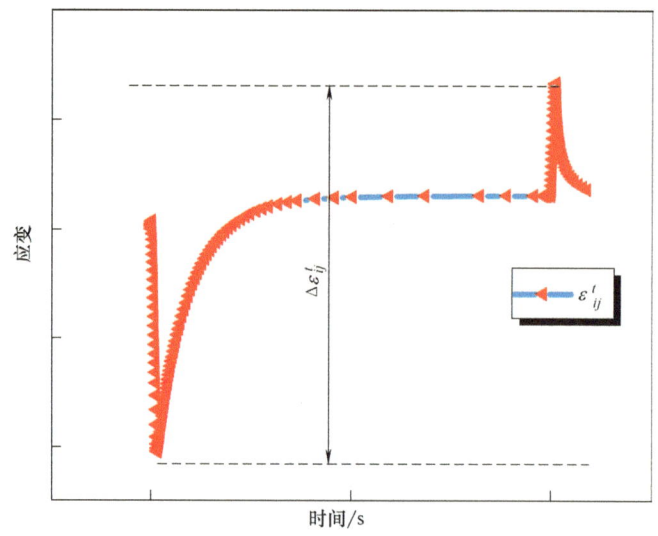

图5-35　燃气轮机透平第1级动叶瞬态应变分量变化曲线

将等效应变 $\Delta\varepsilon^t$ 代入 Coffin-Manson 方程

$$\frac{\Delta\varepsilon^t}{2} = \frac{\Delta\varepsilon^e}{2} + \frac{\Delta\varepsilon^p}{2} = \frac{\sigma_f' - \sigma_m}{E}(2N_f)^b + \varepsilon_f'(2N_f)^c \tag{5-44}$$

即可求得叶片各区域低周疲劳寿命。

图5-36为G50燃气轮机透平第1级叶片各应变分量 ε_{ij}^t 在运行过程中的变化

曲线，分析得到 G50 燃气轮机透平第 1 级动叶片低周疲劳寿命大于 5 000 次。

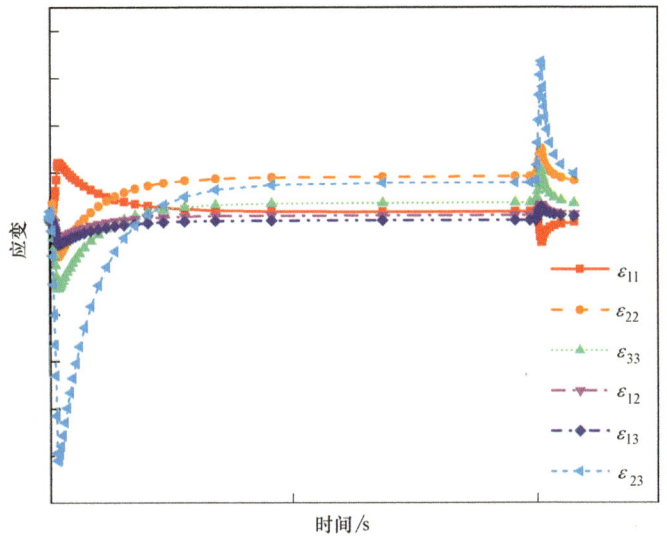

图 5-36　G50 燃气轮机透平第 1 级叶片某点应变变化曲线

第 6 章

转　子

6.1 燃气轮机转子类型及结构

转子是燃气轮机的重要旋转部件，工作环境复杂，不仅承受转子自身的机械载荷（离心力、叶片载荷等），在稳态和瞬态工况下的温度载荷也不容忽略。此外，转子还需保证额定转矩输出以及故障状况下（两相短路等）的安全裕度。转子破坏一般会引起严重的机组事故甚至机毁人亡，实际运行过程中应尽量避免。因此，需要根据燃气轮机转子结构特点，进行结构强度分析和动力学设计。

和常规的整锻和套装转子（整体式转子）不同，燃气轮机广泛采用拉杆组合式转子，如图 6-1 所示。各级轮盘通过拉杆预紧连接成为一个整体，这种组合式结构是满足和适应燃气轮机发展趋势的产物。与传统整体式转子相比，组合式转子具有两个显著优点：大刚度质量比和灵活结构设计。大刚度质量比能够保证满足动力输出前提下具有相对小的质量，在动力设备上具有明显的优势。灵活结构设计一方面允许采用先进的 CAE 技术实现结构应力优化，另一方面满足复杂冷却通道布置，同时也方便装配和检修。根据拉杆或螺栓布置方式，主要可分为周向拉杆组合式转子和中心拉杆组合式转子两种结构。周向拉杆组合式转子主要用于日本三菱公司和美国通用公司的燃气轮机，中心拉杆组合式转子主要用于德国西门子公司的燃气轮机。根据轮盘传扭（即传递转矩）方式，可分为平面摩擦传扭和端面齿传扭，在额定预紧力下的端面齿传扭更加可靠，在大转矩组件上广泛使用（如透平轮盘连接和传扭），但加工相对烦琐复杂。

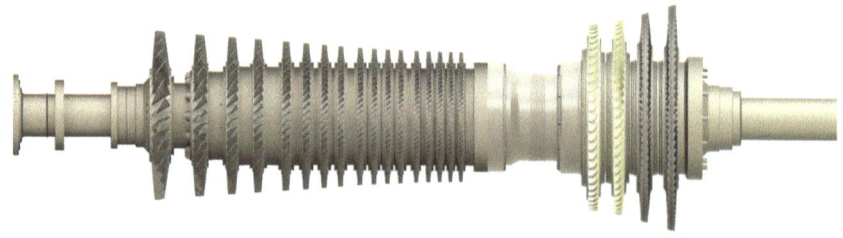

图 6-1　东方汽轮机有限公司 G50 燃气轮机转子结构示意图

6.1.1 中心拉杆组合式转子（西门子 V94.3A 和 SGT5-8000H）

西门子公司燃气轮机采用中心拉杆和全转子 Hirth 齿盘结构，以下简要介绍 V94.3A（SGT5-4000F）和 SGT5-8000H 燃气轮机转子。其中 SGT5-4000F 的转子由支承在轴承上的前后轴段、压气机轮盘（15 级）、扭力盘（3 级）和透平轮盘（4 级）组成，整个转子由中心拉杆预紧连接，即中心拉杆穿过各级轮盘和前后轴头通过螺纹连接，拉杆孔尺寸需要综合考虑轮盘强度和冷却空气通道确定，此外轴向位置设计阻尼元件，以抑制拉杆振动和调节频率。各级轮盘之间通过端面齿（hirth teeth）定位和传扭。相比平面摩擦传扭，端面齿传扭具有自定心和传扭可靠等优点，但加工相对复杂。与周向拉杆结构相比，中心拉杆结构温度低，离心力载荷和热载荷相对较小，但承受轴向预紧力大。冷却空气通过端面齿间隙和内部中空通道进入透平盘腔，在冷态起动工况下转子盘腔换热更加迅速，从而有效降低轮盘热应力。SGT5-8000H 转子的压气机由 F 级的 15 级减少为 13 级，第一级压气机和前轴头为一个整体，H 级整体设计结合了西门子公司 F 级燃气轮机转子和 Westinghouse 转子结构特点，采用中心拉杆和 Hirth 齿连接结构，压气机和透平连接采用扭力盘结构。

6.1.2 周向拉杆组合式转子（东汽 G50）

东汽 G50 燃气轮机拉杆转子结构如图 6-1 所示，转子总长约 5.8m，各级轮盘止口位置采用过盈配合。由压气机轮盘（17 级）、透平轮盘（4 级）、连接轴（2 级）和前后轴段（支承在轴承上）组成，其中压气机各级轮盘通过平面摩擦传递转矩，透平各级轮盘通过弧形端面齿传递转矩，透平末级轮盘和后端轴通过平面摩擦传递转矩。压气机和透平的各级轮盘通过 12 个沿圆周方向均布的拉杆压紧成为一个整体，压气机轮盘组件和透平轮盘组件通过中间轴连接在一起。转子前后分别通过滑动轴承支承在进气缸和排气缸上。整机的推力轴承与进气侧支持轴承设计为结构紧凑的组合轴承，其既减小了转子跨距，也减小了转子的外伸端长度及质量，可提高转子的动力学性能。

具有传扭和自动定心作用的圆弧端面齿的结构如图 6-2 所示，其加工利用成形砂轮或齿盘，在专用磨齿机床上加工得到要求的齿形齿面。砂轮或刀盘是根据圆弧端面齿的齿形参数制作的，加工时端面齿环（轮盘）固定不动，砂轮或刀盘圆周移动，一次在端面齿环上加工出两个槽。对于凸齿的加工，砂轮（刀具）内弧面的两个地方分别加工出凸齿的两个面，刀具运转一周即可加工出凸齿。凹齿的加工方法与凸齿类似，其主要加工面为刀具的外弧面。

G50 燃气轮机转子采用冷端驱动，即在压气机一侧驱动发电机等负载，也是联合循环机组中燃气轮机结构布置的主要形式。这样布置的优点是燃气轮机透平侧排气可通过简单的排气缸直接进入余热回收系统,但这也使得燃气轮机中间轴和压气机转子的转矩远大于热端驱动的转子,即透平输出轴拖动负载,具体如图 6-3 所示,所以转子设计时应注意保证转子有足够的传扭能力。

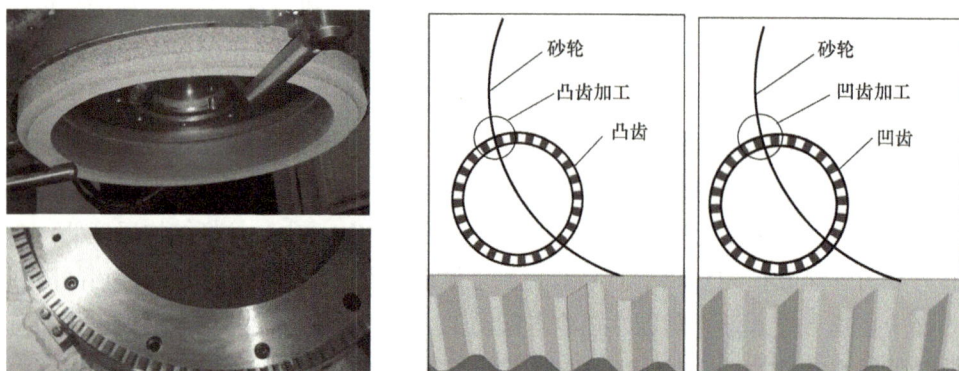

图 6-2　G50 燃气轮机转子弧形端面齿

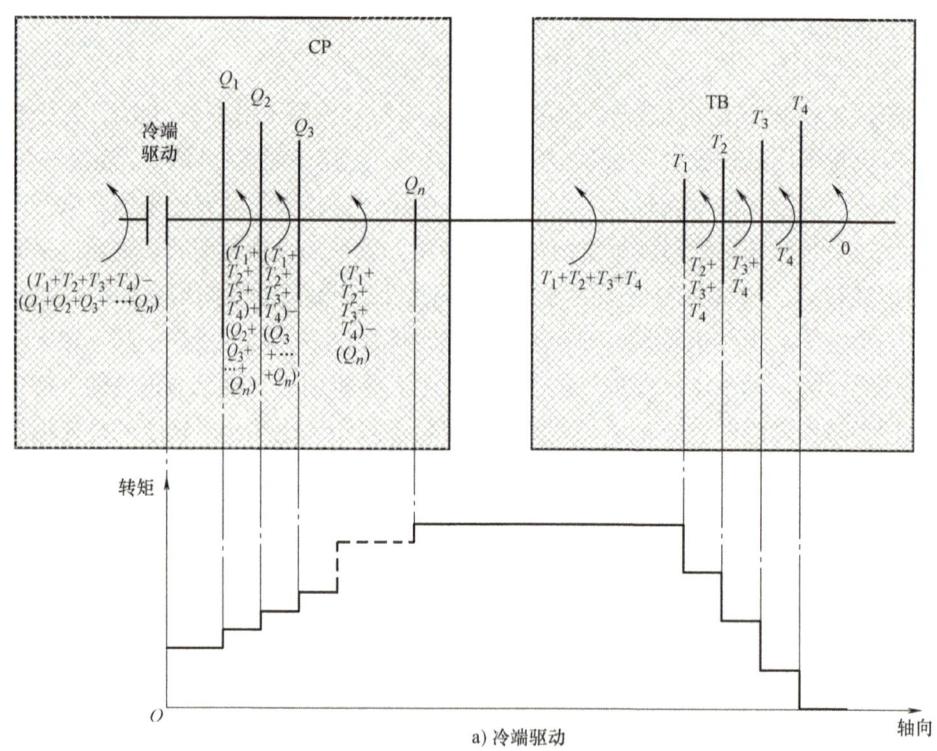

a) 冷端驱动

图 6-3　燃气机机冷端驱动和热端驱动转子各轴向位置转矩比较

(CP—压气机、TB—透平　Q_i—第 i 级压气机的气动转矩　T_i—第 i 级透平的气动转矩)

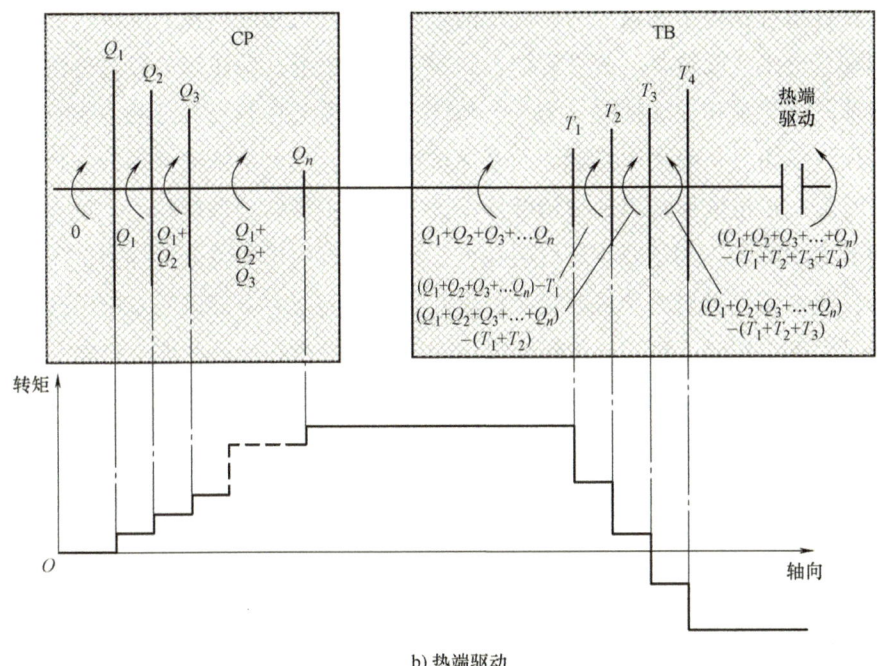

b) 热端驱动

图 6-3 燃气机机冷端驱动和热端驱动转子各轴向位置转矩比较（续）

（CP—压气机、TB—透平 Q_i—第 i 级压气机的气动转矩 T_i—第 i 级透平的气动转矩）

6.1.3 周向拉杆组合式转子（三菱 M701F）

三菱 M701F 燃气轮机转子也是一种典型的周向拉杆结构，压气机和透平部分均由周向均布的拉杆预紧连接，压气机部分采用平面摩擦传递转矩，因此在轮盘之间沿径向布置有若干骑缝销钉，以保证传扭可靠，透平部分采用弧形端面齿传递转矩，以保证可靠传扭和精确定位。

目前，拉杆组合式转子为重型燃气轮机转子的首选形式，东汽 G50 燃气轮机转子与其他典型机组的拉杆组合式转子的基本结构比较见表 6-1。

表 6-1 G50 转子与典型商业燃气轮机转子结构对比

厂商/机型	压气机拉杆	压气机传扭	透平拉杆	透平传扭
通用 /9FA	周向长拉杆	摩擦面传扭	周向短拉杆	摩擦面传扭
西门子 /V94.3	中心长拉杆	端面齿传扭	中心长拉杆	端面齿传扭
三菱日立 /M701F	周向长拉杆	摩擦面传扭	周向长拉杆	端面齿传扭
东汽 / G50	周向长拉杆	摩擦面传扭	周向长拉杆	端面齿传扭

拉杆组合式转子轮盘分为压气机前端轴、压气机各级轮盘、压气机和透平侧中间轴、透平各级轮盘、透平后端轴。对于压气机前几级轮缘外径过低的转子，可将前几级轮盘和前端轴设计为一个整体，这样便于在较高的节圆上布置周向拉杆。压气机轮盘一般采用接触环面摩擦传扭结构，其对中依靠合理的止口设计保证，其瞬态传扭依靠转矩销或销螺栓保证（一般用喷砂处理接触面，可至少提高传扭能力70%）。为了减小压气机拉杆螺母段拉杆由于轮盘变形导致的附加弯曲应力，应在压气机最前和最后级次采用双接触环面或者全部采用双接触环面。透平转子由于工作温度高、传递转矩大，为了保证轮盘在运行中能良好对中，建议采用具有自动定心功能的端面齿结构。为了减小轮盘的中心应力，在结构允许条件下，应尽量采用实心结构。

中心拉杆组合式转子和周向拉杆组合式转子的主要特性比较见表6-2。

表6-2 中心拉杆组合式转子和周向拉杆组合式转子的主要特性比较

项目	中心拉杆组合式转子	周向拉杆组合式转子
对初始偏摆影响	通过端面齿可自动定心，只有一个拉杆，不存在预紧力分布不均的情况	周向拉杆必须均匀预紧，否则会有较大的初始偏摆（弯曲），所以装配过程需严格控制各个拉杆的伸长量，并在转子装配完成后测跳动，若不满足设计值（中间轴段要求为小于0.05mm）需要通过解开中间轴后修配接触面进行返修
拉杆是否传递转矩	中心拉杆不传递转矩，转矩全部通过端面齿传递	周向拉杆不传递转矩，转矩通过接触面摩擦力和转矩销或端面齿传递
轮盘间的变形不协调	需要综合考虑离心力和热变形导致的轮盘间的变形不协调，其对周向拉杆组合式转子的影响更大	
拉杆的交变应力（高周疲劳）	只有自身重力导致的交变应力	包括自身重力导致的交变应力和转子整体弯曲变形导致的交变应力
拉杆临界转速	中心拉杆沿轴向布置阻尼环元件，和中空轮盘内孔连接，以考虑拉杆-轮盘耦合振动特性	周向拉杆在离心力作用下和轮盘孔接触，减小拉杆弯曲应力以及变形
拉杆温度	低	较高
拉杆预紧力	低，约$0.45S_y$（S_y材料屈服强度值），预紧应力小于$0.5S_y$	高，预紧应力为$0.5\sim0.7S_y$

6.2 燃气轮机转子结构强度设计概述

转子工作状况复杂，在不同工况下承受热应力、机械载荷和气动载荷等，同时由于应力集中易产生裂纹萌生，对转子安全运行产生影响。随着燃气轮机技术的快速发展，其单机功率及入口燃气温度不断提高，对燃气轮机安全性和可靠性的要求也越来越高。高温高压高转速的运行条件，起动、停机和变负荷中温度的变化以及蠕变-疲劳交互作用都可能会导致燃气轮机部件断裂失效。

根据蒸汽-燃气联合循环机组的运行模式，燃气轮机运行模式通常可分为基本负荷和调峰负荷。调峰负荷允许机组多次起停，每次运行时间短，因此在燃气轮机转子强度分析中主要考虑起停机热负荷（瞬态温度场）。基本负荷即机组稳定运行，起停次数少，强度分析中主要考虑离心力载荷和热载荷下的蠕变作用。根据应力产生机理可分为一次应力和二次应力，一次应力指满足静力平衡方程产生的内力，如机械载荷引起的应力。二次应力即满足变形约束条件产生的应力，如轮盘在不同工作状态下的温度应力。燃气轮机转子轮盘的应力可分解为轮盘离心应力、叶轮外载荷（轮缘叶片离心力）和温度应力。

燃气轮机在不同工况下（冷态起动、停机等），转子都要受交变热应力的影响。经过多次起停过程，转子表面就可能在应力幅值变化较大的点处出现疲劳裂纹，且该裂纹随着起停次数的增加将不断扩展，直至转子断裂。燃气轮机转子所受的拉压交变应力的特点是周期长、频率低、疲劳裂纹萌生的循环次数少，因而称为低周疲劳。

燃气轮机转子由各级轮盘组成，因此转子的强度设计首先是轮盘的强度分析和应力校核。其次，需要对转子进行不同起动工况下的强度应力分析和寿命计算。对于复杂结构轮盘通常采用有限元方法进行分析。对于热弹分析通常采用二维轴对称模型即可，如果要考虑非对称结构，例如拉杆孔和端面齿，需要三维有限元模型。分析需要给定结构边界条件（叶片载荷、预紧力）和热边界条件。

6.2.1 等厚度轮盘应力分析

为得到轮盘应力理论公式，引入以下简化假设：

1) 轮盘形状和载荷为轴对称，因此轮盘应力和应变也是轴对称的。
2) 轮盘厚度比叶轮直径小得多，因此轮盘应力沿厚度方向均匀分布。
3) 轴向载荷忽略不计，因此轮盘应力状态为平面应力状态。

在以上假设的前提下，可得到平面应力的静力平衡方程，分别是轮盘半径和厚度的函数，如果轮盘厚度随半径的变化关系未知，一般只能得到数值解。因此，进一步简化叶轮型线为等厚度轮盘，可得到应力的理论解。如果仅考虑离心力载荷，空心等厚度轮盘的径向应力和切向应力公式可表示为

$$\sigma_r = \Omega^2 \rho \frac{3+v}{8} \left[r_a^2 + r_i^2 - \left(\frac{r_a^2 r_i^2}{r^2} \right) - r^2 \right] \quad (6-1)$$

$$\sigma_\varphi = \Omega^2 \rho \left\{ \frac{3+v}{8} \left[r_a^2 + r_i^2 + \left(\frac{r_a^2 r_i^2}{r^2} \right) \right] - \frac{1+3v}{8} r^2 \right\} \quad (6-2)$$

式中，Ω 为轮盘转速（rad/s）；ρ 为轮盘密度（kg/m³）；v 为泊松比；r_a 和 r_i 分别为等厚度轮盘的外半径和内半径（m）。

绘制不同内径的等厚度轮盘比应力（径向应力和切向应力与实心轮盘圆心处应力之比）曲线如图6-4所示，可以看到，切向应力随半径的增加逐渐减小，径向应力先增加后减小，空心轮盘内孔处应力是实心轮盘的2倍多。因此，对于中心拉杆转子，应重视轮盘内孔强度的校核。

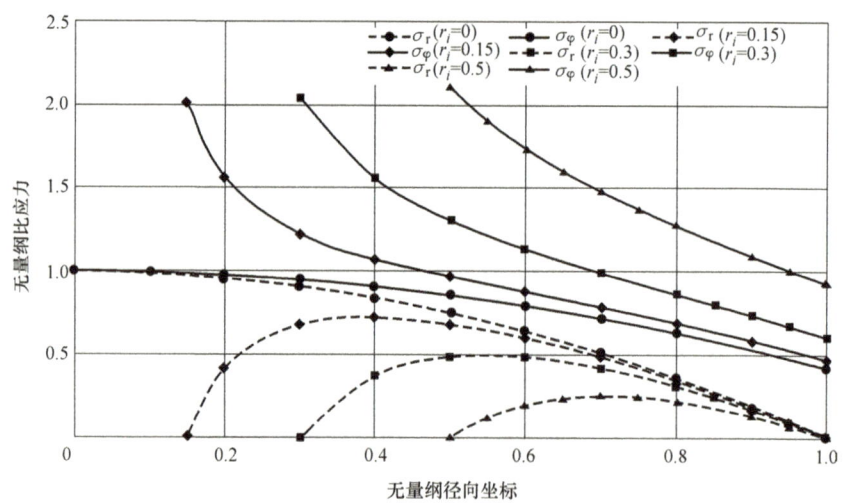

图6-4 不同内径的等厚度轮盘无量纲切向应力和径向应力变化曲线

对应任意型线的轴对称轮盘应力，无法得到理论解，此外，实际轮盘温度分布十分复杂，因此实际中通常采用有限元方法进行计算。

6.2.2 燃气轮机转子轮盘应力二维有限元分析和校核

燃气轮机转子二维应力分析可以快速对转子轮盘的强度进行评估。其中拉杆螺栓、拉杆孔所在部位、叶根/轮缘所在部位为非轴对称结构，为了提高轮盘应

力的计算精度,可将其处理为无切向应力的平面应力单元。燃气轮机轮盘二维应力分析的模型的边界条件和单元选择如图 6-5 所示,主要考虑转子离心力和叶片离心力(作为均布力加载),轮盘单侧采用轴向约束。

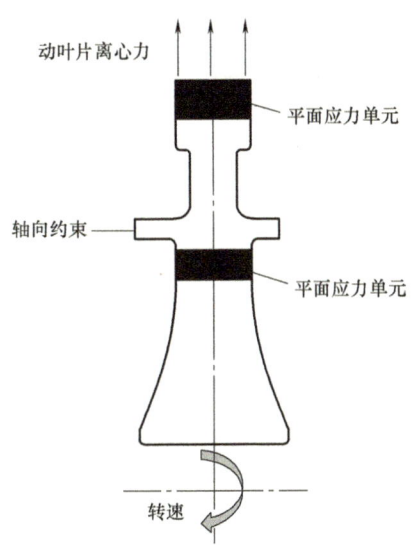

图 6-5 轮盘二维应力分析的模型的边界条件设置

某燃气轮机压气机某级轮盘二维应力计算的有限元模型和计算结果及校核如图 6-6 所示。轮盘二维应力计算的主要目的是快速评估轮盘的平均应力是否满足设计要求,所以一般沿径向依次建立应力提取路径,获得不同径向位置轮盘的平

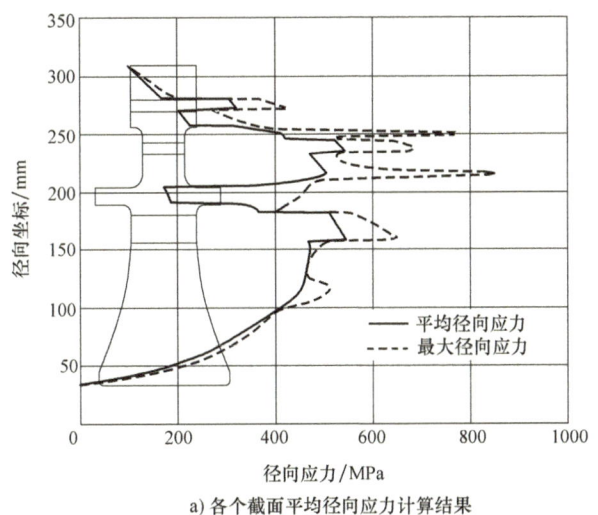

a) 各个截面平均径向应力计算结果

图 6-6 燃机转子典型轮盘二维应力计算

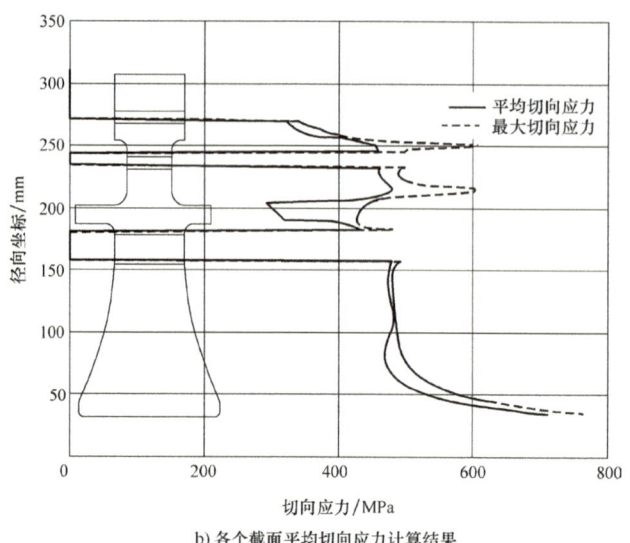

b）各个截面平均切向应力计算结果

图 6-6　燃气轮机转子典型轮盘二维应力计算（续）

均径向应力和切向应力，同时得到整个截面的平均切向应力。二维应力分析展示了对称结构的应力分布和在结构突变处的应力集中，非对称结构（拉杆孔等）应力分布需要采用三维有限元模型进行分析。

6.2.3　燃气轮机转子轮盘应力三维有限元分析和校核

燃气轮机转子三维应力有限元分析的主要内容是转子各个瞬态运行工况（冷态起动、热态起动及停机等）的温度场及应力场，从而依据瞬态温度场和应力场计算轮盘、拉杆、螺母等所有部件局部等效应变及其低周疲劳寿命。

根据如图 6-7 所示燃气轮机的运行曲线，该起停机曲线为 300s 内燃机由零

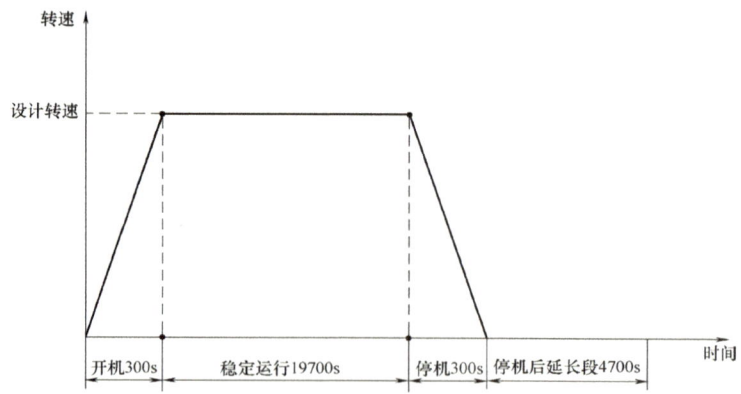

图 6-7　计算中采用的机组运行曲线

转速零负荷升高到满转速满负荷，停机工况同样为300s内燃机由满转速满负荷降至零转速零负荷。很显然，该起停曲线是非常苛刻的，但对于强度分析来说，是偏于保守的。

如图6-8所示，温度从内径至外径逐渐增加，在拉杆孔位置和内径处有明显的应力集中。瞬态过程轮盘低周疲劳寿命校核符合要求。

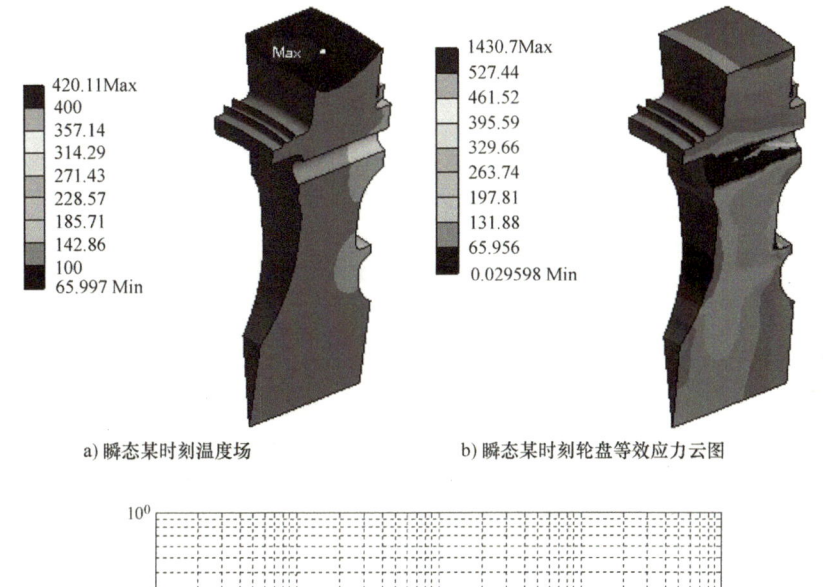

a) 瞬态某时刻温度场　　　　b) 瞬态某时刻轮盘等效应力云图

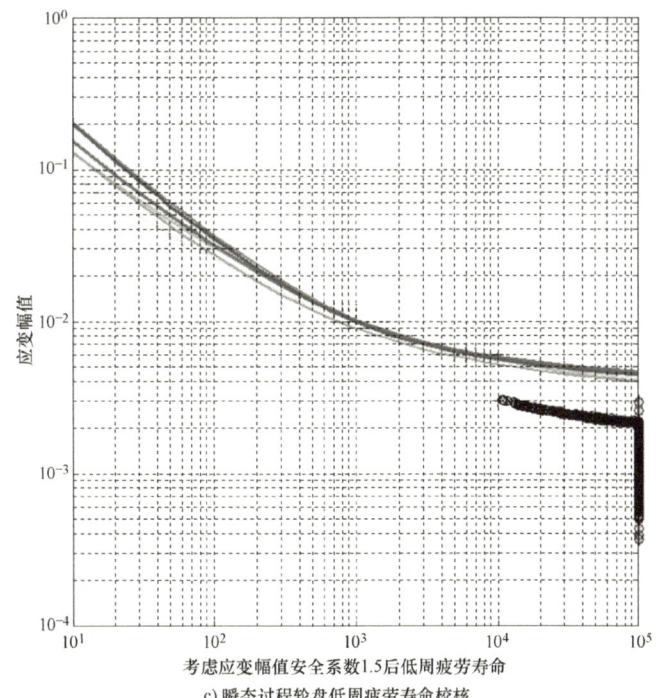

c) 瞬态过程轮盘低周疲劳寿命校核

图6-8　燃气轮机转子典型轮盘三维应力和低周疲劳寿命校核

6.2.4 燃气轮机转子强度校核方法

燃气轮机转子强度校核的基本思路是对应力进行分类（表 6-3），分为一次总体膜应力 P_m、一次局部膜应力 P_L、一次弯曲应力 P_b、二次应力 P_s 和峰值应力 P_p，并分别对上述分类的应力及其组合进行校核，典型的校核方法见表 6-4。

表 6-3 应力分类定义

序号	名称	定义
1	一次总体膜应力 P_m	机械载荷引起，无自限性，在结构中的分布不会因为屈服而引起载荷再分布，作用于所有失效形式，是最危险的 例如轮盘整个截面的平均切向应力 $\bar{\sigma}_t$
2	一次局部膜应力 P_L	机械载荷引起，仅存在于元件局部地区的薄膜应力。局部一次薄膜应力虽然划分为一次应力，但是无自限性的特征对它并不全部适用，它只是以局部地区的薄膜应力来界定，即它收容了应力分类中某些不太好划分的薄膜应力 例如轮盘离心力作用下的径向、切向和拉杆孔半径处的径向应力 σ_r、σ_t、σ_{rig}
3	一次弯曲应力 P_b	满足静力平衡载荷所引起的弯曲应力
4	二次应力 P_s	约束引起的应力。其基本特征是具有自限性，即局部屈服和小变形量可以满足这种应力的条件，一次性施加这种应力是不会导致失效的 典型的实例是总体热应力和总体结构不连续处的弯曲应力
5	峰值应力 P_p	结构不连续或热应力影响而引起的附加应力增量。无显著变形，导致疲劳裂纹和脆性断裂

表 6-4 燃气轮机转子强度校核方法

限制项	限制值
一次总体膜应力 P_m 限制	$P_m \leqslant S_m^{①}$ 或 $S_t^{②}$
一次整体（局部）膜应力 P_m（P_L）+ 一次弯曲应力 P_b 限制	$P_m(P_L) + P_b \leqslant 1.25 S_m$ 或 $1.25 S_t$

（续）

限制项	限制值
弹性应力界限 $S_E^{③}$	$P_m(P_L)+P_b+P_s \leqslant S_E$

① S_m 为以屈服强度 S_y 为评价准则的许用应力，$S_m=S_y/n_1$，n_1 为安全系数。
② S_t 为以持久强度为评价准则的许用应力，$S_t=S_t/n_2$，n_2 为安全系数。
③ S_E 为以屈服强度为评价准则的许用应力，$S_E=n_3S_y$，n_3 为安全系数。

6.3 转子动力学设计概述

转子动力学设计是旋转机械振动和安全运行的重要基础研究。常规转子动力学分析包括转子临界转速、不平衡响应、Q 因子计算及转子稳定性分析等。转子动力学特性不仅和转子本体刚度、阻尼特性密不可分，而且和支承结构紧密相关。不同支承刚度下的转子，其固有频率和振型不同。根据支承刚度和转子本体刚度的相对大小，可分别定义刚性转子和柔性转子，大多数高速透平机械为柔性转子，即运行转速覆盖一阶或多阶临界转速。在转子动力学设计中需要考虑避开率和过临界阻尼特性（Q 因子）。一般而言，转子在可靠连接下的结构阻尼较小，需要外界提供阻尼以保证转子运行平稳性，例如在发电用转子结构中广泛采用油膜轴承，航空发动机中采用挤压油膜阻尼器等。

根据转子动力学分析流程，首先对转子和支承进行建模。最简单的转子模型即无质量弹性轴单盘转子模型，又称 Jeffcott 转子或 Laval 转子，可等效为单自由度弹簧质量模型，虽然目前的转子结构和支承结构比 Jeffcott 转子复杂得多，但一些基本原理和概念，仍能通过简化的单盘转子得到清晰诠释，例如固有频率和自动定心等。

大型转子和轴系广泛采用有限元法进行建模，即将连续的转子结构在轴向进行分段，分别得到多轴段的刚度矩阵和质量矩阵。在线性转子动力学分析中，支承采用线性化的刚度阻尼系数表征。然后对轴段的刚度矩阵和质量矩阵进行组装，并集成对应节点的轴承刚度和阻尼矩阵，得到整个系统的质量矩阵和刚度矩阵。根据达朗贝尔原理，不考虑陀螺效应，可列出惯性坐标系下的转子动力学运动方程：

$$M\ddot{q}+C\dot{q}+Kq=F(t) \tag{6-3}$$

式中，M、C、K 分别为转子－轴承系统的质量矩阵、阻尼矩阵和刚度矩阵；$F(t)$ 为激振力；q 为转子振动响应。

如果公式（6-3）左侧参数和时间无关，转子临界转速和不平衡响应即转换为线性方程的特征值和响应分析，目前大型商业软件或自主开发软件均能准确求解。如果考虑转子非对称特征，即公式（6-3）左侧参数是时变的，求解变得相对复杂，此时采用旋转坐标系描述转子动力学方程可能更加简单。

转子临界转速通过坎贝尔图描述，绘制转子的激振力频率和固有频率重合点，可得到转子临界转速。此外，考虑轴承阻尼特性进行特征值分析，可得到模态阻尼比，用以评价转子系统线性稳定性。

不平衡响应主要评估转子在不平衡载荷激励下的振动特性，通过假设的不平衡分布，计算转子和轴承在不同转速下的响应，分析转子振动安全性和平稳性。一般的振动响应可分为时域分析和频域分析方法，时域求解比较耗时，多用于分析非线性振动响应。

随着高温、高转速透平机械的发展，转子动力学不仅需要考虑常规的线性分析，还需要考虑转子－轴承非线性耦合特性以及温度对转子动力学特性的影响。例如：油膜涡动和油膜振荡引起的振动和噪声问题；燃气轮机轮盘在不同起动工况下的温度分布，不仅影响转子应力分布，而且影响拉杆预紧力，进而对转子整体动力学特性产生影响。以下将简要介绍燃气轮机拉杆转子动力特性分析流程。

拉杆转子刚度准确模化是动力学分析的基础。和传统整锻式转子不同，燃气轮机大都采用拉杆组合式转子，考虑到冷却空气布置和整体刚度特性，不仅几何结构十分复杂，而且具有众多非连续接触界面。燃气轮机转子动力学设计需要考虑非连续结构引起的复杂动力学特性以及故障状况下的转子结构完整性。主要包括以下四部分：

1）拉杆组合式转子本体结构复杂，其由多级轮盘通过拉杆预紧连接，转子的刚度与预紧力的设置有关，建立准确的拉杆转子刚度模型是进行动力学分析的基础。

2）燃气轮机转子通过支持轴承安装在气缸上，因此需要考虑气缸的刚度对转子－支承系统动力学特性的影响。

3）燃气轮机转子的透平叶片工作环境恶劣，需要分析叶片断裂事故对燃气轮机转子的冲击，以评估对转子和轴承安全性的影响。

4）燃气轮机轴系，特别是带有复杂齿轮结构的轴系，需要对整个轴系的扭振特性进行建模和分析，以避免运行中发生危及轴系安全的扭振。

燃气轮机转子动力学设计的主要流程如图6-9所示。

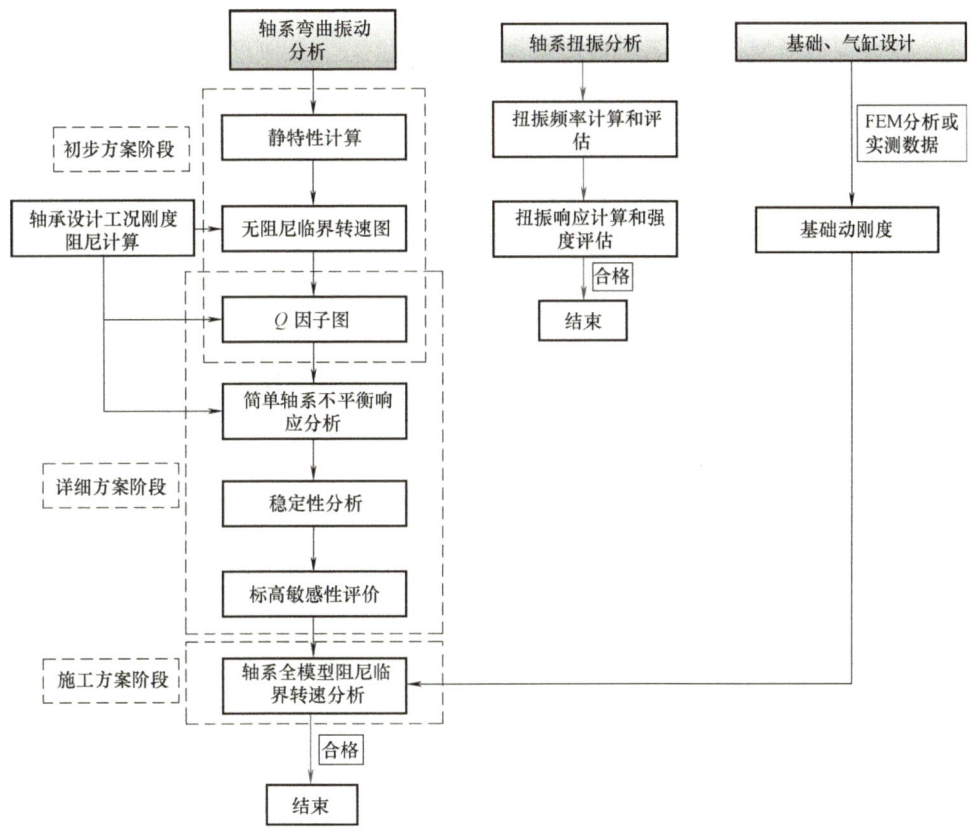

图 6-9 燃气轮机转子动力学设计的主要流程

6.3.1 拉杆组合式转子动力学模型

若要准确地分析燃气轮机转子系统的动力学特性，则应根据所分析的力学问题，建立能反映实际转子系统结构和工作情况的动力学模型，即转子系统的模化。典型的转子系统从结构上包括转子本体（轴、轮盘、叶片、叶轮、联轴器、齿轮系统等旋转部件）和支承结构（气缸、轴承座、底座、轴承、阻尼器、气封等）。

轴承、气封等一般具有非线性的特性，在线性转子动力学中将其模化为线性的刚度和阻尼参数。而轴承座、底座等模化为具有等效刚度、阻尼和质量的单元，或采用三维有限元模型模化，以更准确地考虑其与转子的耦合。

转子本体最基本的两种离散模型为集总参数模型和分布参数模型，而对离散转子系统模型分析的常见方法有传递矩阵法和直接刚度法。

集总参数模型将转子各轴段质量等效在节点上。直接刚度法需要以矩阵的形式写出等于转子系统自由度阶数的方程，典型的应用为有限元模型。从低维到高维有基于梁单元的一维集总参数模型和连续质量模型、轴对称谐波单元有限元模型、周期对称单元有限元模型和实体单元有限元模型。工程中应用最广的是集总参数模型、基于Timoshenko梁理论的梁单元模型和轴对称谐波单元有限元模型。由于Timoshenko梁单元模型精度高，常用于模化弹性轴段，而轮盘叶片等结构模化为附加的质量和转动惯量，这种基于Timoshenko梁单元的转子模型在工程中得到了广泛应用。但是，Timoshenko梁单元不能精确模化截面直径沿轴向变化的轴段（如截面突变的阶梯轴段、锥形轴段等）和空心薄壁轴段，因为这些轴段不满足Timoshenko梁关于截面为平面的假设。工程中可以通过修正截面突变轴段的刚度来提高Timoshenko梁单元的模化精度，最为常用的方法为45°法。对于采用梁单元或集总参数模型模化转子本体，转子直径突变轴段的刚度可通过45°法（图6-10）或变形能模化法（表6-5）进行模化。

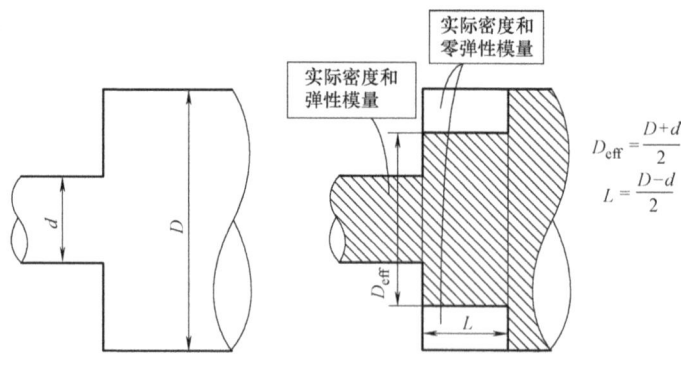

图6-10 直径突变轴段的45°模化方法示意图

表 6-5　直径突变轴段变形能模化法

计算项目	计算方法
等效弯曲刚度直径 $D_{\text{eff\_b}}$	$D_{\text{eff\_b}} = \left(\dfrac{32M^2 L}{\pi E V_b}\right)^{1/4}$ 式中： M——弯矩 L——轴段长度 E——轴段弹性模量 V_b——用三维有限元法计算得到的模化轴段弯曲应变能
等效扭转刚度直径 $D_{\text{eff\_T}}$	$D_{\text{eff\_T}} = \left(\dfrac{16T^2 L}{\pi G V_T}\right)^{1/4}$ 式中： T——转矩 G——轴段切变模量 V_T——用三维有限元法计算得到的模化轴段扭转应变能

燃气轮机拉杆组合式转子与一般转子主要的区别是其转子本身由多个轮盘通过拉杆组合成一体，有很多的接触界面，而接触界面的刚度又与安装的预紧力有关。不论采用一维或三维单元模化燃气轮机拉杆组合式转子，最为关键的是获得接触界面在安装状态下的刚度。

轮盘间接触界面的接触刚度可通过接触理论计算得到，也可以通过转子的自由模态试验进行参数识别。其中通过接触理论计算时，需要测量接触表面的形貌（图 6-11），且计算方法并不统一，计算精度难以评价。在工程实际中，采用燃气轮机转子自由模态试验的参数识别方法更为方便和精确，但缺点是需要在转子完成制造后进行。

图 6-12 所示为东汽 G50 燃气轮机转子自由模态试验现场，测试采用锤击法，试验过程中变换传感器拾振点，通过频谱分析获得转子的各阶振动频率。锤击法使用安装有力传感器的力锤，由力锤提供冲击激励。为了尽量减少起吊绳刚度对模态的影响，应当在水平方向进行敲击和测量。表 6-6 为东汽 G50 燃气轮机转子自由模态试验结果，用于对比的计算模型采用谐波单元模化，轮盘接触界面直接刚性连接（相当于不考虑接触界面刚度的削弱作用，即刚度无穷大），结果表明转子的前 4 阶模态频率和试验值误差仅为 –0.29%～+0.37%，这说明只要拉杆组合式转子的预紧力足够大，可以不考虑拉杆组合式转子接触界面的刚度削弱，其与整体式转子刚度相当。

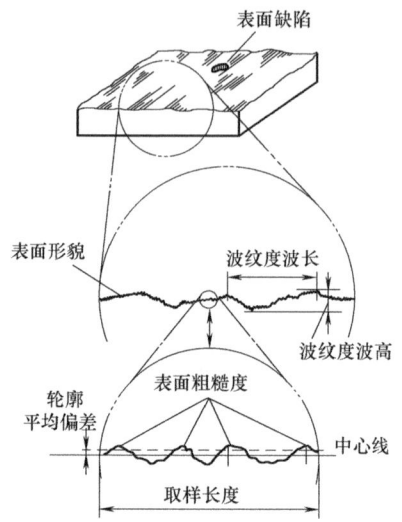

图 6-11 轮盘接触面的典型形貌示意图

图 6-12 东汽 G50 燃气轮机转子自由模态试验现场（压气机侧和透平侧）

表 6-6 东汽 G50 燃气轮机转子自由模态试验结果

阶次	固有频率 /Hz		振型	相对误差
	计算值	实测值		
1 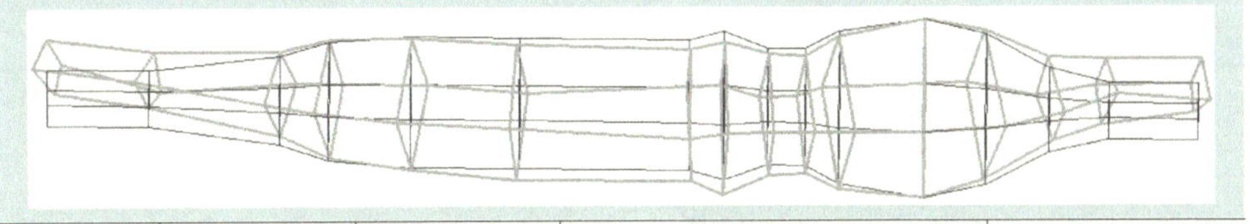	81.2	80.9	水平方向第 1 阶	+0.37%
2 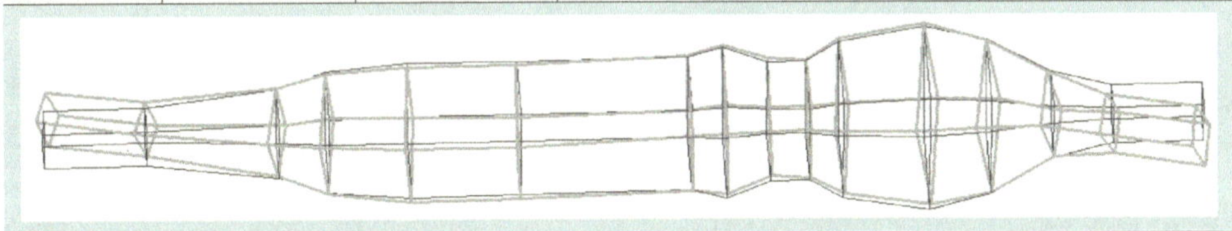	172.3	172.8	水平方向第 2 阶	−0.29%
3 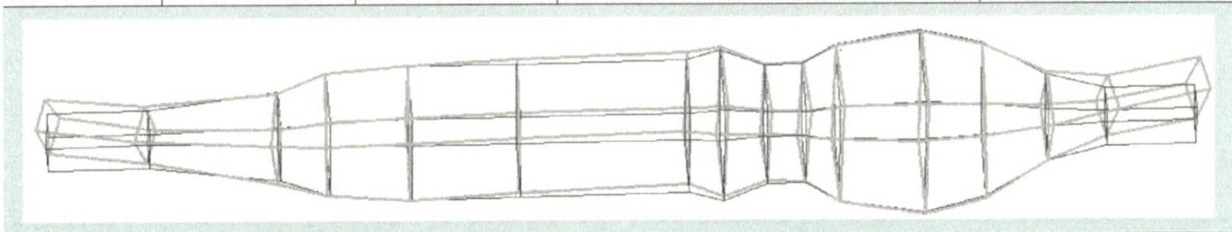	254.9	254.0	水平方向第 3 阶	+0.35%
4 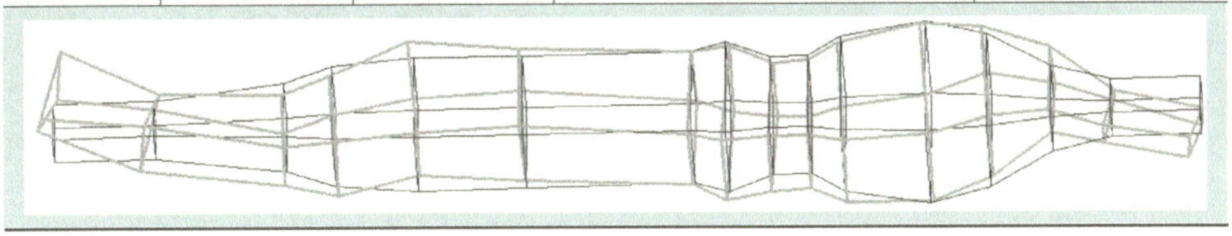	329.4	328.3	水平方向第 4 阶	+0.34%

6.3.2 燃气轮机气缸动刚度计算

燃气轮机的轴承一般支承于燃气轮机的气缸上，气缸通过柔性支承固定于基础上。燃气轮机转子动力学特性的计算需要考虑气缸和基础的动刚度特性。如图 6-13 所示，气缸和基础都可模化为八参数刚度阻尼单元，但工程中为了便于应用，一般可直接将气缸和基础一起建模进行动刚度计算，气缸和基础的动刚度特性可以通过三维有限元模型计算得到（图 6-14）或通过模态试验识别得到。

各种标准中，关于旋转机械基础阻尼比的取值并不相同，见表 6-7，钢筋混凝土基础的阻尼比为 0.02～0.065，钢结构为 0.01～0.02，具体计算时根据机组的实际情况进行取值。

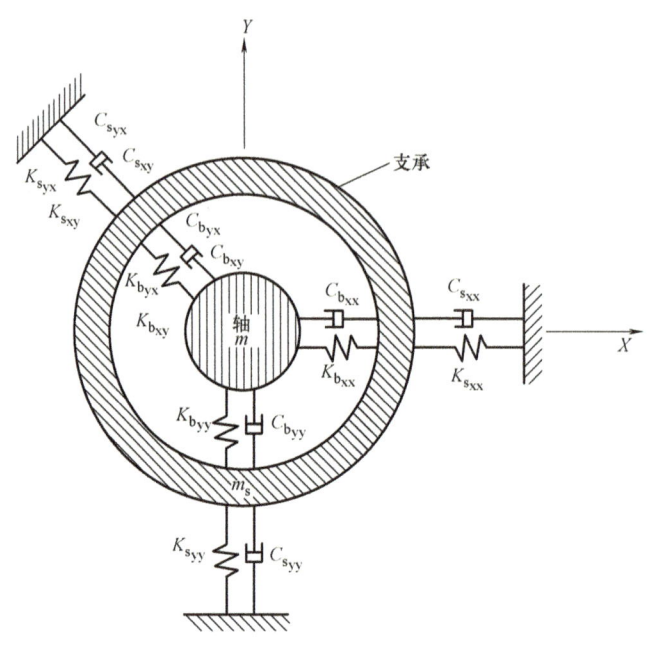

图 6-13　燃气轮机转子 - 支承动力学模型

表 6-7　旋转机械基础核算时阻尼比取值比较

来源	阻尼比取值
德国《动力设备基础设计标准》DIN 4024	整个钢筋混凝土结构或钢结构系统（机器和基础）的阻尼比取为 0.02
美国《大型汽轮发电机基座设计导则》	混凝土结构阻尼比取为 0.02，钢结构取为 0.01
中国《动力机器基础设计标准》GB 50040—2020	钢筋混凝土结构阻尼比取为 0.065（较国外标准偏大）

6.3.3　转子叶片断裂突加不平衡的瞬态响应分析

为了分析燃气轮机转子在叶片突然断裂的事故下，能否保证转子不发生更大破坏进而恶化事故，需要对燃气轮机转子在假设的叶片突然断裂情况下的瞬态响应进行分析。转子计算模型和结果如图 6-15 所示，转子和叶片模型采用梁单元和集总质量模型进行模拟，前、后轴承和支承座采用线性刚度阻尼系数模拟，通过瞬态响应计算可以得到转子各个部位的响应幅值和弯矩，据此可进一步对燃气轮机转子进行强度评估。

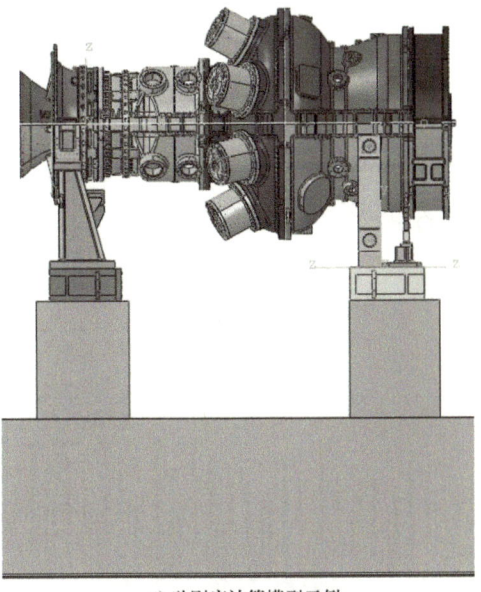

a) 动刚度计算模型示例

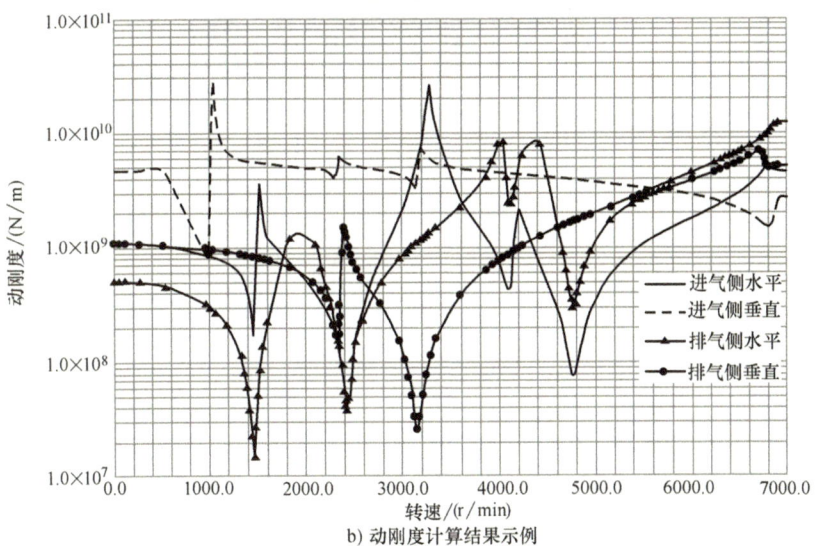

b) 动刚度计算结果示例

图 6-14 燃气轮机气缸和基础动刚度计算示例

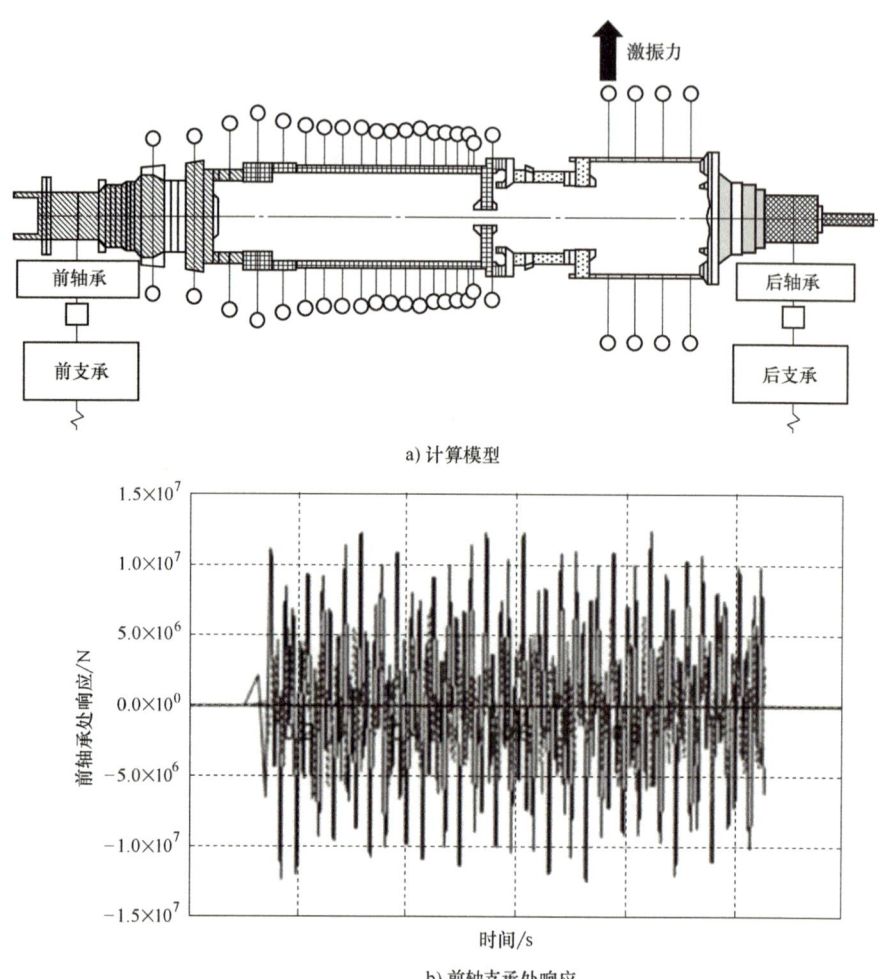

a) 计算模型

b) 前轴支承处响应

图 6-15 燃气轮机转子叶片（透平第 1 级单只叶片）突然断裂情况下的瞬态响应分析示例

6.3.4 燃气轮机轴系扭振特性分析

轴系扭振可由电动机、电网和燃气轮机本身激发，所以需要对轴系的扭振频率和可能的扭振故障进行分析评估，以保证轴系安全。G50 燃气轮机轴系布置简图如图 6-16 所示。

（1）轴系扭振频率计算　燃气轮机发电机组扭振频率计算是分析电网侧和发电侧机械系统相互作用的前提。首先要对轴系进行建模，采用梁单元建模，将轴系沿轴向分段，并将转子等效为一系列阶梯圆轴段，以保证等效前后的三个主要参数相同，即扭转刚度、转动惯量和转子长度。叶片和叶轮等效为附加转动惯

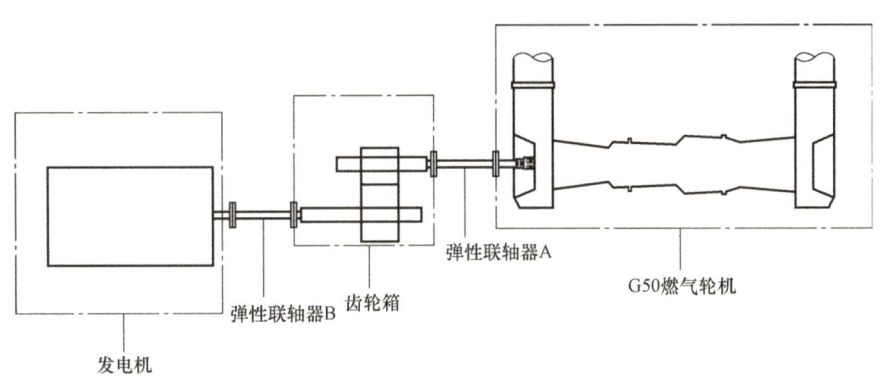

图 6-16 G50 燃气轮机轴系布置简图

量,作用在对应节点。对于齿轮连接的轴系,需要考虑齿轮副的扭转刚度。若齿轮 1 和 2 的法向接触刚度为 k_1 和 k_2,齿轮 1 和 2 的节圆半径为 r_1 和 r_2,齿轮副的等效啮合刚度 $k_e=k_1k_2/(k_1+k_2)$,扭转刚度矩阵为

$$K_g = \begin{bmatrix} k_e r_1^2 & -k_e r_1 r_2 \\ -k_e r_1 r_2 & k_e r_2^2 \end{bmatrix} \qquad (6-4)$$

因此,计算齿轮连接轴系扭转振动时,需要将齿轮副的刚度矩阵和转子扭转刚度组装为一个刚度矩阵,进行扭转特征值分析。

G50 燃气轮机轴系扭振的有限元计算模型如图 6-17 所示,轴系由燃气轮机转子、联轴器、齿轮箱和发电机转子组成,转子部分采用一维梁单元模拟,齿轮箱建模需要考虑齿轮啮合刚度,通过刚度矩阵输入对应参数,联轴器刚度通过弹簧单元模拟,扭振计算结果如图 6-18 所示。

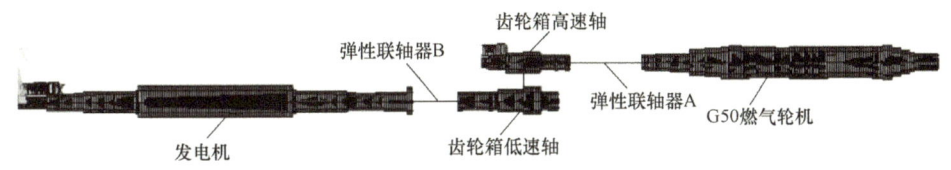

图 6-17 G50 燃气轮机轴系扭振的有限元计算模型

(2)轴系扭振响应计算 燃气轮机轴系的扭振瞬态响应计算应至少包括两相短路工况、三相短路工况和 120°非同期误并列工况等。计算时采用图 6-17 所示模型,在电动机中部分别加载两相短路工况、三相短路工况和 120°非同期误并列工况的转矩激励,通过瞬态计算可得到上述瞬态工况轴系轴颈和联轴器等危险部位的响应转矩,如图 6-19 所示,然后可以根据转矩计算校核轴系轴颈和联轴器部位的瞬态响应应力。

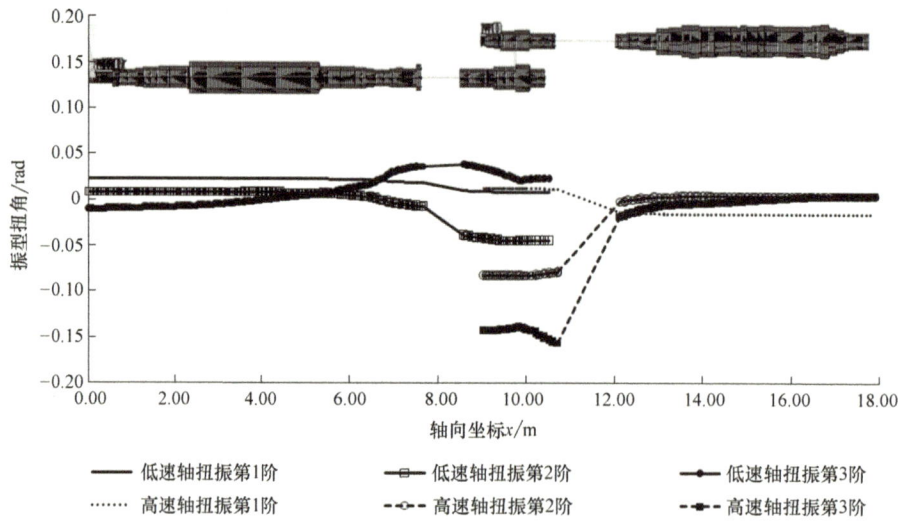

图 6-18 G50 燃气轮机轴系扭振振型

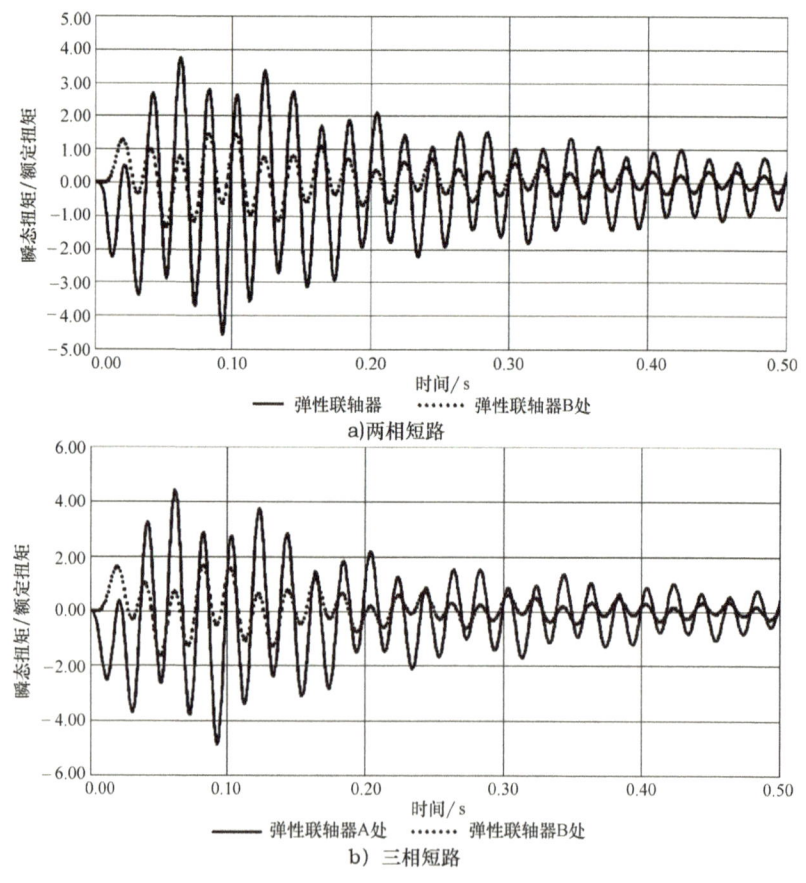

a) 两相短路

b) 三相短路

图 6-19 G50 燃气轮机典型电气故障下的扭振响应

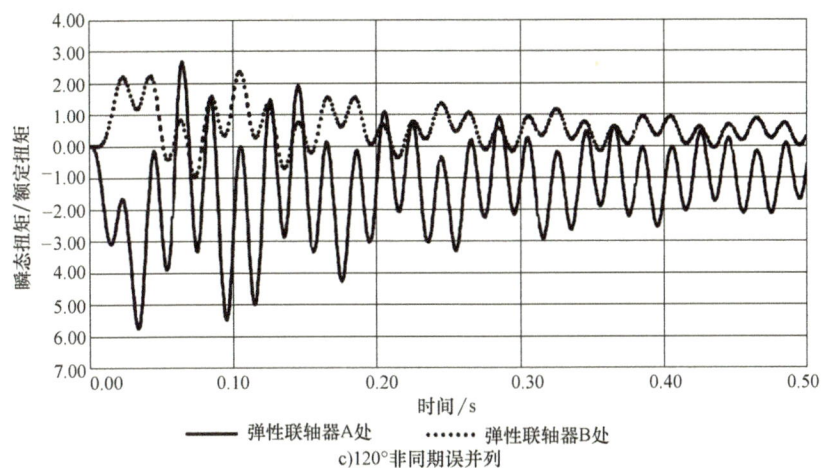

c) 120°非同期误并列

图 6-19 G50 燃气轮机典型电气故障下的扭振响应（续）

6.4 二次空气系统

6.4.1 二次空气系统概述

二次空气系统是除主流燃气外其他所有空气流动相关系统的总称，通常是从压气机的盘腔引出的冷却气体。转子中的一些特定结构是二次空气系统通道的重要组成部分，图 6-20 给出了典型燃气轮机透平动叶片、静叶冷却供气系统示意图。

考虑内部冷却通道布置，相比传统整锻转子和套装式转子，组合式转子轮盘具有明显优势。内部冷却通道使得转子结构紧凑，但管路尺寸、位置以及布置均受到较大限制，并且流动损失大；相比内部冷却方式，外部冷却方式布置限制相对小，但冷却空气横穿主气流流动，会引起一定的热力损失。二次空气系统往往是由大量元件组成的复杂系统，根据流动传热特性，可将元件分为节流孔、封严元件、预旋系统、减涡器和旋转元件等。

二次空气系统的任务是通过流路设置和通流元件的布置将特定压力、温度、流量的空气送到指定位置。设计过程中涉及燃气轮机的所有部件，燃气轮机进气流量及转速、压气机通流参数、燃烧室内气体参数、透平通流参数、各部件的几何结构参数都是二次空气系统设计的依据。需要满足系统各部分的流量、压力、温度设计值，轮盘冷却用气流量、温度，轮缘密封空气用量、压力，高温透平叶片冷却用气压力、温度、流量，轴承与润滑油空气封严隔热所需空气用量、压力、温度，平衡推力所需二次空气压力等。通过不同专业的多次迭代，最终才能获得满足设计要求的二次空气系统。

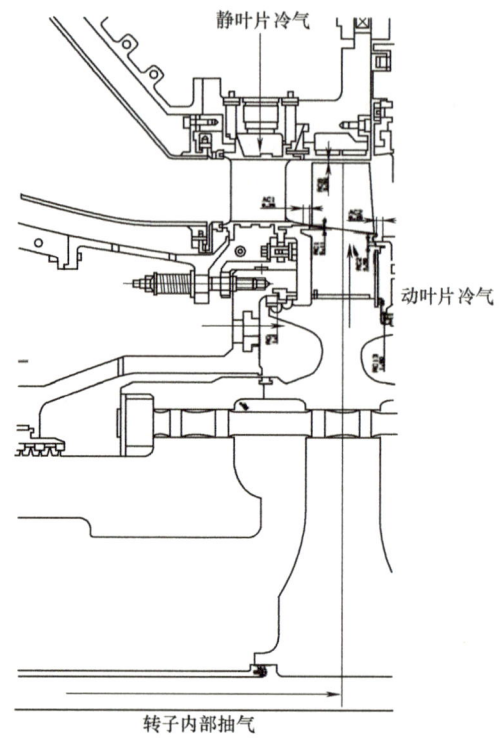

图 6-20 典型燃气轮机透平动叶片、静叶冷却供气系统示意图

6.4.2 二次空气系统的主要功能

二次空气系统的主要功能如下：

（1）冷却热部件及隔热　冷却透平轮盘和动、静叶片，保证材料安全工作的冷却流量。

（2）密封功能　防止高温气体侵入叶根部位和轴承腔室，减小热应力。

（3）平衡轴向推力　调整腔室压力，保证推力轴承满足设计要求。

（4）调节间隙　通过旁路系统控制持环和气缸的间隙，兼顾经济性和安全性。

第 7 章

辅助系统

为了保证燃气轮机的可靠运行，除了压气机、燃烧室和涡轮这三大主体部件外，还需要有支撑这些主体部件正常运转的辅助系统，主要包括燃料供应系统、进排气系统、润滑油系统以及起动与盘车系统等，这些辅助系统也是燃气轮机的重要组成部分。本章结合 G50 等典型燃气轮机机组，对燃气轮机各种辅助系统的功能和结构进行简要介绍，以帮助读者更全面地了解燃气轮机的总体特征。

7.1 燃料供应系统

燃料供应系统是保障燃气轮机安全可靠运行的关键辅助系统，其主要作用是按照燃气轮机运行、起停以及其他各种工况需求，向燃烧室供应符合要求的燃料，并且可以根据系统指令，及时、快速切断燃料供应，为燃气轮机提供安全保护。

燃气轮机可使用气体燃料或液体燃料，对于不同类型的燃料，需要专门的燃料供应系统，下面分别对两类燃料供应系统进行简要介绍。

7.1.1 气体燃料供应系统

用于燃气轮机的气体燃料主要有天然气、煤气以及其他满足热值要求的可燃气体等，可简称为燃气。燃气轮机气体燃料供应系统应具有以下功能：

1）保证供给燃气轮机燃烧室的气体燃料的清洁度。
2）保证向点火器供给所需压力和流量的气体燃料。
3）保证机组停机时能够快速切断燃料供给。
4）保证机组的运行要求，可调节供给燃烧室的气体燃料流量。

为了实现上述功能，气体燃料供应系统通常由压力匹配装置、过滤系统、加热系统、计量系统、调节系统等组成，相应的系统工艺流程如图 7-1 所示。

（1）压力匹配装置　燃气进入燃气轮机电厂的初始压力主要取决于燃料来源，例如，来自工业副产品的燃料气压力通常接近大气压，而采用管道输送的天然气压力可高达 10MPa。因此，为了满足燃烧室对燃气压力的要求，需要燃气压力匹配装置，如压缩机、膨胀机、减压阀等。当燃气初始压力低于燃烧室工作压力时，需要压缩机增压；当燃料气初始压力高于燃烧室工作压力时，可以采用减压阀节流降压，也可以采用膨胀机降压。

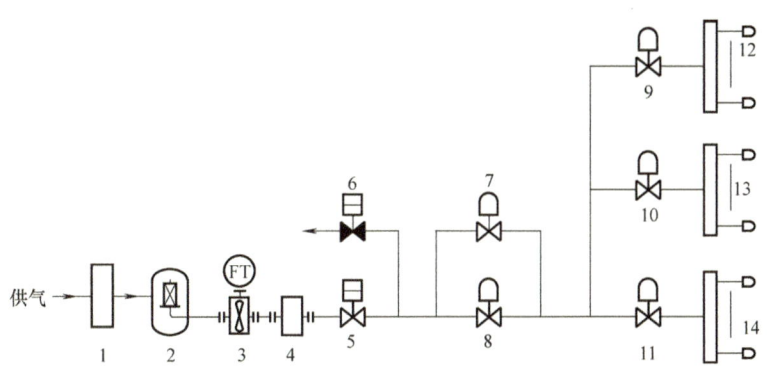

图 7-1　气体燃料供应系统工艺流程

1—压力匹配装置　2—过滤系统　3—计量系统　4—加热系统　5—燃料关断阀
6—燃料排放阀　7，8—压力调节阀　9，10，11—流量调节阀　12，13，14—燃烧器喷嘴

（2）过滤系统　主要包括旋风分离器、过滤器、排污系统以及相应的管道阀门等，用于燃气的净化，保证进入燃烧器的燃料的清洁度。旋风分离器可以去除直径较大的固体颗粒和液滴，减少下游设备的堵塞或冲蚀破坏。过滤器用于滤除直径更小的固体颗粒和液滴，为下游设备提供更好的保护。燃气中的液体杂质可利用分离器或专门排污系统排出。燃气轮机电厂通常将旋风分离器安装在压力匹配装置上游，在前置模块设置一套双联式燃气精过滤器，如图 7-2 所示。

图 7-2　燃气精过滤器

（3）计量系统　主要包括燃气流量计和温度、压力传感器等，测量在管道中实际输送状态下的气体燃料流量，包括瞬时流量和累计流量。燃气流量计的典型结构如图 7-3 所示。其工作原理是：燃气流经流量计时，可带动有特殊型线的

涡轮旋转；流量越大，涡轮的转速越高；标定涡轮转速随燃气流量的变化曲线后，通过测量涡轮转速就可以确定燃气流量。

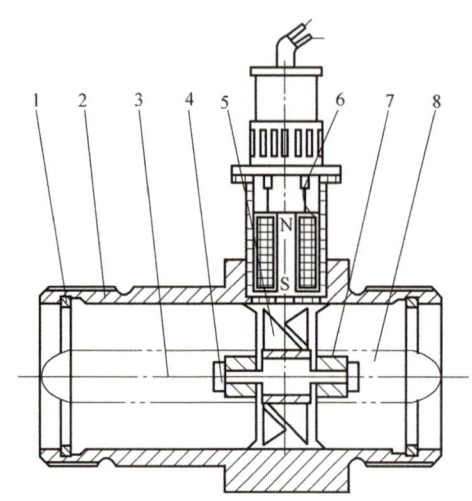

图 7-3　涡轮流量计结构图
1—固定件　2—流量计壳体　3—前导流件　4—止推片
5—涡轮　6—转速信号检测　7—轴承　8—后导流件

（4）加热系统　主要包括加热器、燃气温度控制阀等，用于预热燃气并调控燃气温度。典型燃气温度控制阀结构如图7-4所示，在运行中，根据燃料实际温度值与控制系统燃气温度指令值的差异，调节加热器和旁路的燃气流量比例，实现燃气温度调控。M701F型燃气轮机在前置模块中设置了一套气–水换热器，通过温度控制阀将燃料供气温度控制在200℃；加热器采用串联连接方式，其结构及接口如图7-5所示。

G50燃气轮机在前置模块中不设置加热器，通过在压力匹配装置设置加热或减温设备，将前置模块入口前的燃气温度控制在40℃左右，避免燃气经下游调节后产生凝液。

（5）调节系统　燃气调节系统主要由各种关断阀、控制阀以及相关的管道和仪表组成。

燃气关断阀和排放阀通常采用液（气）压控制开–合的截止阀，由安全油压驱动或压缩空气驱动，反应迅速。当燃气轮机跳闸或停机时，通过关闭关断阀，迅速切断燃气的供应；与此同时，打开排放阀，将系统中残留的燃气排放至室外，保证机组安全。燃气压力调节阀（A&B）用于调整不同工况下流量调节阀前的供气压力。体积小的压力调节阀 B 用于小流量运行工况；体积大的压力调节阀 A 用于更大的流量运行工况。

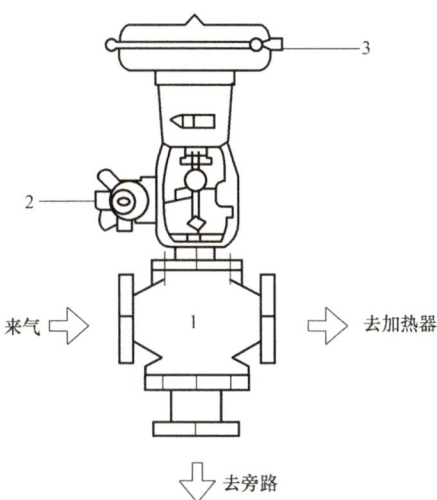

图 7-4 典型燃气温度控制阀结构

1—主阀体　2—气缸　3—远程位置调节器

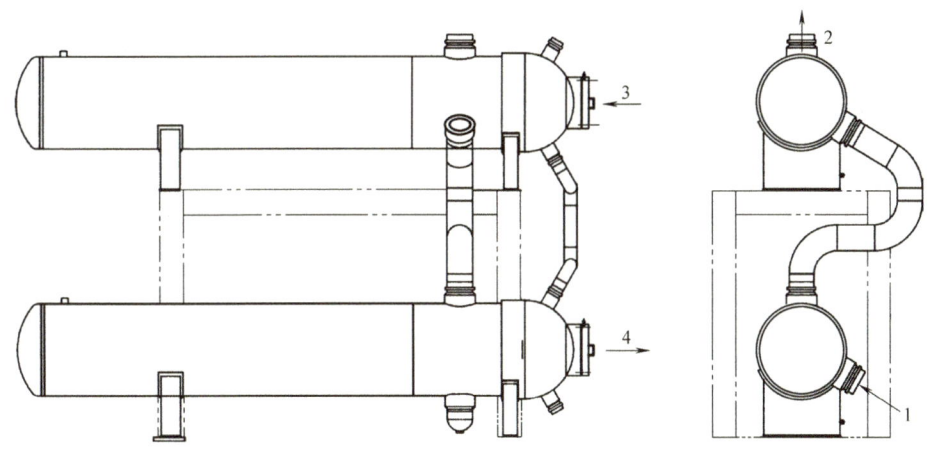

图 7-5 天然气加热器结构及接口

1—天然气入口　2—天然气出口　3—冷却水入口　4—冷却水出口

燃气流量控制阀用于调节进入燃烧室的燃气流量。每台燃气轮机可以配置多套燃气流量控制阀，分别与不同的燃气喷嘴相连，用于控制对应喷嘴的燃气流量。

通过燃气轮机控制系统输出的控制信号调节阀门的开度，以此调整燃气轮机的转速或功率变化。流量控制阀通常与燃气轮机保护系统关联，以便于机组跳闸或停机时能迅速关断燃气。

7.1.2 液体燃料供应系统

燃用重油、渣油、重柴油等液体燃料的燃气轮机，通常配置液-气双燃料系统，典型双燃料供应系统如图7-6所示。其主要设备及功能如下：

（1）主油箱　主油箱通常布置在室外，最好能半埋在地下，这样比较安全，容量应考虑超过24h的用油量。油箱上部有通气弯管，下部有沉淀槽及排污阀，也可用离心分离器分离杂质。贮存重油的油箱还需要配置加热器，根据燃料的黏度将燃油加热到40～80℃，并保持18～20h。沉淀的水分和机械杂质通过排污旋塞定期排出。

（2）计量油箱　计量油箱应有2h以上的容量，采用双油箱并联交替使用，并装有能直接测量燃油流量的仪表。计量油箱宜布置在机组附近的防火墙外或地下，并连接通气及排污管路，对重油而言还应配置加热器。

（3）轻油箱　燃重油的燃气轮机在起动时和停机前都应燃用轻质油5～10min，以利于起动，避免停机时重油在油系统中积塞。其容积应考虑贮存6～8h的燃油量。

（4）燃油泵　燃油泵主要包括油箱间输油用的输油泵和雾化燃油用的6～10MPa高压喷油泵两类，各级油泵均应设计成两套并联。采用电驱动时，两套油泵应由两套独立电源供电。每个油泵的容量应超过燃气轮机最大用油量30%以上，确保泵磨损后仍能供给所需的油量。为了保证机械离心式喷嘴良好的雾化，低负荷时的喷雾压降不低于2MPa。常用油泵型式有螺杆式、齿轮式和栓塞式。

（5）过滤器　过滤器应按粗细分级，每级两个并联，以便能交替使用和清洗。粗滤应能滤除25μm以上的机械杂质。燃油流量分配器前的高压油滤，过滤精度为5μm。

（6）预热器　重油在常温下很黏稠，甚至是固体状态，需要利用燃气、电、蒸汽或润滑油余热将其加热到30℃以上，降低燃油的黏度以便于用泵输送。装在油箱中的预热器能将重油加热到40～80℃，在喷嘴前的重油需加热到80～130℃，以使其黏度小于$(10～20)\times10^{-6}m^2/s$。黏度越大，雾化效果越差。

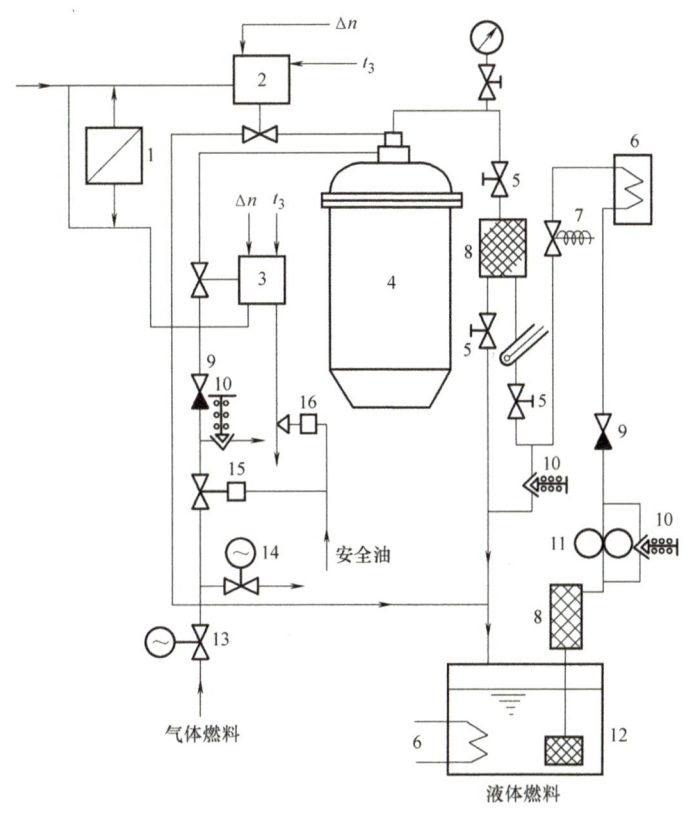

图 7-6 典型双燃料系统简图

1—燃料切换阀 2—燃油控制阀 3—燃气控制阀 4—燃烧室 5—截止阀
6—加热器 7—电磁关断阀 8—滤油器 9—单向阀 10—稳压阀 11—油泵 12—油箱
13—电动截止阀 14—电动放气阀 15—气体燃料关闭阀 16—安全阀

7.2 进、排气系统

压气机进气的清洁程度对燃气轮机工作性能有重要影响。大多数燃气轮机都配置有专门的进气系统来净化空气,防止大颗粒或杂物被吸入而损伤压气机叶片,确保机组在各种温度、湿度和污染环境中的高效可靠运行,降低机组噪声。除此之外,由于环境温度严重影响燃气轮机的功率和效率,进气冷却技术受到越来越多的关注,冷却装置也成为进气系统的重要组成部分。燃气轮机排气系统复杂多样,其主要作用是将高温燃气低压损、安全可靠地引入余热锅炉或其他装置,提高机组的总体效率。本节将结合典型机组的进、排气结构,简要介绍燃气轮机进气系统、进气冷却技术和排气系统的功能及设计思路。

7.2.1 进气系统

燃气轮机进气系统主要由空气滤气器、消声器以及相关辅助结构组成，用于过滤空气中的颗粒物、水滴等杂质，为压气机提供洁净的空气。进气系统的典型结构和实物照片如图7-7、图7-8所示。

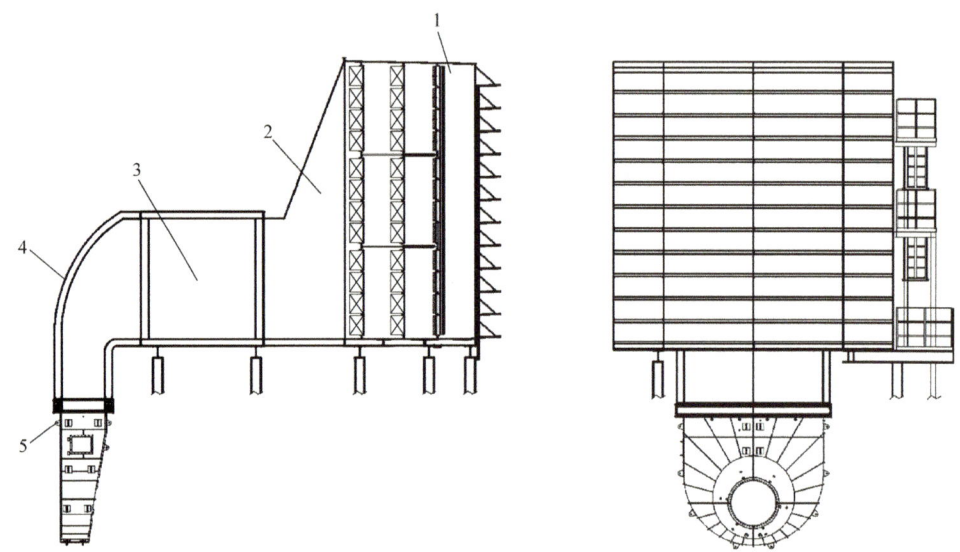

图 7-7　进气系统的典型结构

1—滤气室　2—滤气器　3—消声器　4—连接弯头　5—进气通道

图 7-8　燃气轮机典型进、排气系统设备图

滤气装置是燃气轮机进气系统的核心部件。发生过滤失效时，5～10μm（沙尘）以上颗粒将对叶片表面材料产生不可修复的冲蚀破坏，导致叶片表面质

量下降、叶顶间隙增大、叶片型线被破坏等，严重影响叶片气动性能和安全性；0.1～1μm 的小颗粒将导致压气机叶片积垢、堵塞透平冷却通道，若小颗粒中包含腐蚀性物质时还将对叶片产生腐蚀破坏。

然而，由于进气压损对压气机性能有重要影响，应精心设计燃气轮机进气系统，在满足空气清洁度要求的条件下应尽可能减少进气系统的阻力。

重型燃气轮机的空气过滤装置大多采用多级组合方式，实现不同粒度颗粒的分级过滤，典型配置如图 7-9 所示。第 1 级过滤器主要用于滤除 10μm 以上的颗粒物，包括空气携带的雨、雪等物质；第 2 级过滤器主要用于滤除 2～10μm 的颗粒物，空气湿度高时也可以配置除湿过滤器；第 3 级过滤器主要用于滤除 2μm 以下的微细颗粒。当滤芯压损高于限定值时应及时更换，从机组运行经济性和安全性考虑，应通过滤芯的优化配置来避免精细过滤器的频繁更换。

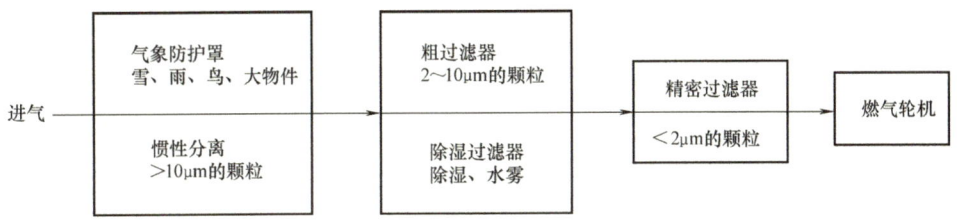

图 7-9 空气过滤系统典型配置

设计过滤系统前，需要首先了解燃气轮机所在区域及其空气质量等情况。典型区域特点如下：

1）当燃气轮机处于海上或近海地区时，过滤系统的选型设计应重点考虑空气中盐分和水分的高效滤除。

2）当燃气轮机处于少雨干旱地区时，过滤系统的选型设计要重点考虑沙尘、飞虫等物质的高效滤除。

3）当燃气轮机处于城市地区时，需要认真调研、分析空气中所含杂质的成分，要特别关注是否含腐蚀性、黏性物质，然后合理选择过滤系统配置方案。

目前，燃气轮机业主越来越多地参与到进气过滤系统的设计选型工作中。用户应该从自身需求出发，合理配置与机组运行环境匹配的进气系统，确保燃气轮机的高效、安全运行。

7.2.2 进气冷却技术

大气温度是影响燃气轮机出力和效率的主要因素。随着大气温度的升高，空气密度变小，从而使进入压气机内的空气质量流量减少，机组的做功能力随之变小。已有研究表明，环境温度每升高1℃，最大可导致燃气轮机额定发电功率下降1%左右。

燃气轮机进气冷却是解决上述问题的最有效方法。通过在燃气轮机进气系统加装冷却装置，降低压气机进气温度，可显著改善燃气轮机的工作性能，特别是夏季工况。以浙江余姚燃气发电有限责任公司的S209FA型燃气发电机组为例，若利用进气冷却装置将燃气轮机进气温度降至15℃时，燃气轮机输出功率为额定出力的101%，较35℃时的输出功率提高了18.8%。

燃气轮机进气冷却的方法多种多样，针对具体机组，需要根据其工作环境、冷源条件、负荷分布和运行成本等进行深入系统的分析、论证，确定最佳的进气冷却方式。一般来说，对于干燥、炎热的地区，可以选择蒸发冷却，通过在进气系统中喷入雾化水滴，将燃气轮机进气温度降低到饱和湿空气温度；对于潮湿、炎热的地区，大多采用在进气系统中安装表面式换热器，利用外部冷源冷却燃气轮机进气。在工业生产中也存在许多冷能，例如管道输送天然气减压产生的冷能、LNG冷能等，在条件允许时可直接对燃气轮机进气进行冷却。

对于燃气-蒸汽联合循环机组，可配置溴化锂吸收式制冷系统，以余热锅炉或乏烟气蒸汽发生器的低品位蒸汽为热源，利用吸收式制冷机产生的冷能对燃气轮机进气进行冷却，典型方案如图7-10所示。

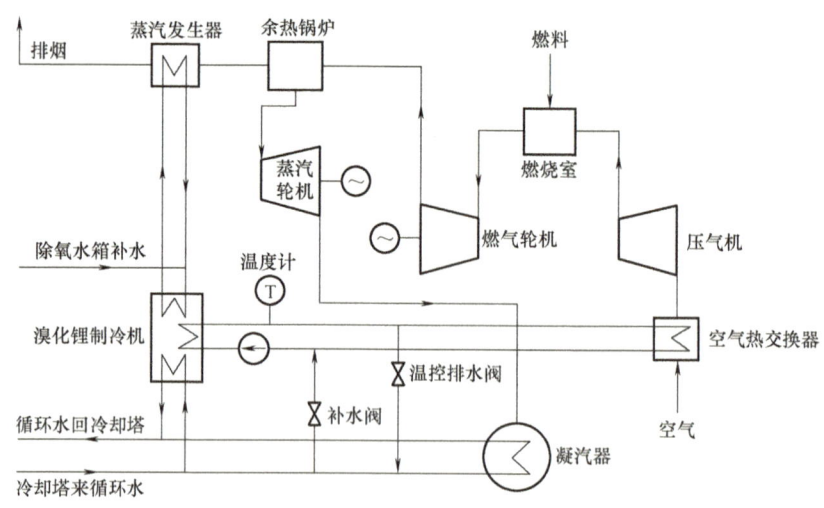

图7-10 联合循环机组进气冷却方案

7.2.3 排气系统

低压损、低噪声、无泄漏、低成本是燃气轮机排气系统优化设计的主要目标。燃气轮机典型排气系统结构如图7-11所示,主要由排气室、膨胀节、扩压段、烟道等组成,必要时还可以设置低频消声器。下面对排气系统各部件的结构和功能进行简要介绍。

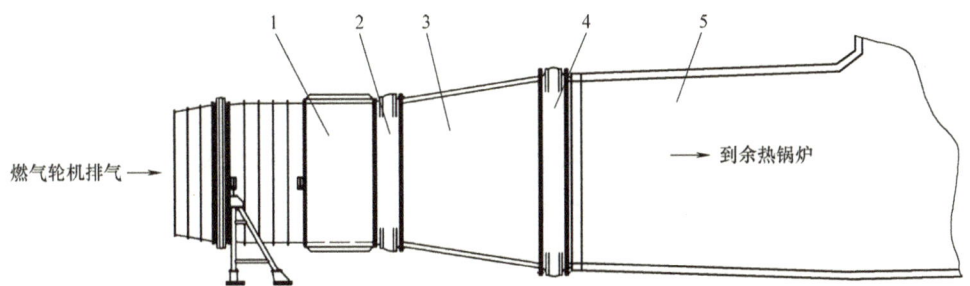

图 7-11 燃气轮机典型排气系统结构
1—排气室 2,4—膨胀节 3—扩压段 5—烟道

(1)排气室 排气室主要用于收集和整流烟气,通过支架安装在燃气轮机排气缸的延伸段上,其出口通常连接金属纤维膨胀节。

(2)膨胀节 燃气轮机的排烟温度可达400～500℃,为了减少或消除热膨胀产生的热应力,需要在排气系统上配置1个或多个膨胀节,通过法兰与其他排气部件连接。膨胀节保温层大多采用分段式,以便于拆除。膨胀节内部配有导流板,以防止遭受燃气流中的流体动态作用力的作用和粉尘的沉降。

(3)扩压段 扩压段的主要作用是回收烟气动能并将其转化为静压能,减少烟气流动压损。扩压段通常位于排气室和消声管道之间,也是排气室过渡到消声器管道的连接件。

(4)消声器 消声器的主要作用是吸收烟气流动产生的低频噪声。燃气-蒸汽联合循环机组通常不需要配置低频消声器,扩压段直接与烟道连接,将燃气轮机乏烟气直接引入余热锅炉,这是因为联合循环的烟道短,并且余热锅炉本身具有消声作用。

(5)烟道 烟道的主要作用是将燃气轮机乏烟气引入余热锅炉或烟囱,要求流动阻力小、密闭性好。

7.3 润滑油系统

润滑油系统的主要作用是向燃气轮机轴承、盘车装置、发电机轴承等需要润滑部件提供油量充足、品质合格、参数适当的润滑油，并以润滑油为换热介质将轴承以及其他部件所产生的热量带走，使其工作在允许的温度范围内，从而防止轴承烧毁、轴颈过热弯曲等故障，以保证机组安全可靠运行。

7.3.1 润滑油系统的组成及流程

典型润滑油系统结构如图 7-12 所示。该系统主要由润滑油箱、交流油泵、直流油泵、油过滤器、冷却器、蓄能器以及相关管道、阀门和热工测量元件等组成，油箱上还需要配置液位计、排油烟装置等辅助设备。

图 7-13 所示为润滑油系统的工艺流程。当机组处于起停、带负荷运行或盘车时，交流润滑油泵将油箱里的润滑油加压后通过润滑油冷却器进行冷却，再经润滑油温度控制阀调节温度，以保证供给的润滑油温度维持在 50℃左右。然后，润滑油进入油过滤器，滤除油中的杂质及油化学反应生成物，防止油品劣化以及元件发生污染、磨损和堵塞。最后，压力和温度合适、清洁的润滑油被送到润滑油供油母管。

两台交流主油泵互为备用，以提高机组运行的安全性和可靠性。直流油泵仅作为应急油泵使用，其出口直接与供油母管相连，不经过润滑油冷却器、油过滤器以及调节、控制阀门。三个油泵出口管线上都安装了压力传感器，实时监测轴承供油压力。当交流油泵出口油压过低时，润滑油系统将自动起动备用交流油泵；如果润滑油压仍然低于最低油压，机组就会紧急跳闸，并起动直流油泵，将润滑油直接引入供油母管，为轴承、盘车提供润滑和保护。

温度控制阀安装在润滑油冷却器和油过滤器之间，通过调控流经冷却器的润滑油流量比例来调节润滑油的温度，当油温和油压达到机组起动要求时，燃气轮机才能起动。

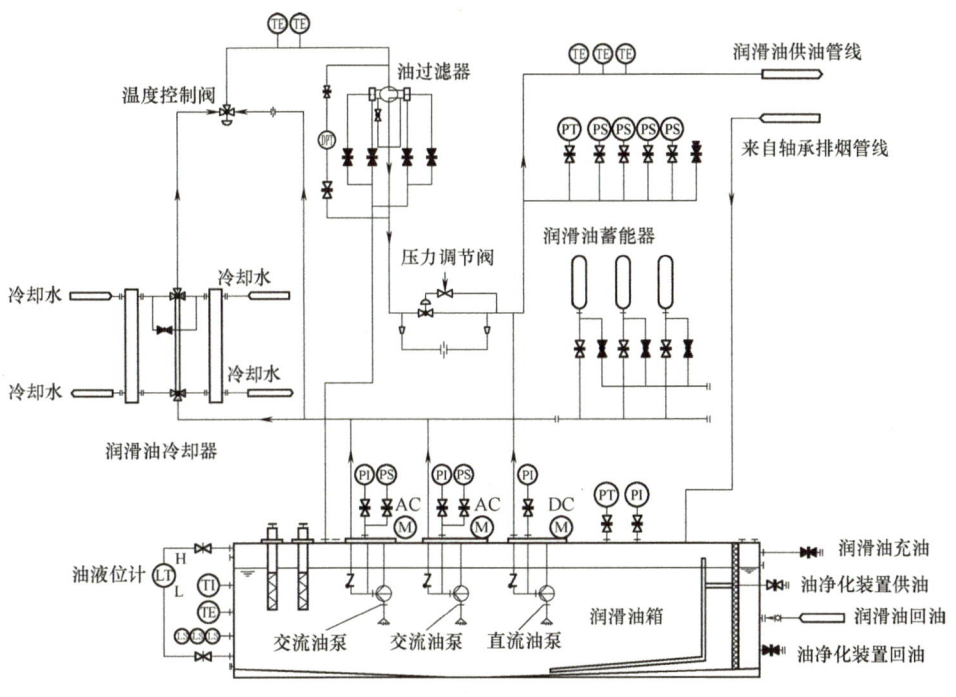

图 7-12 润滑油系统结构

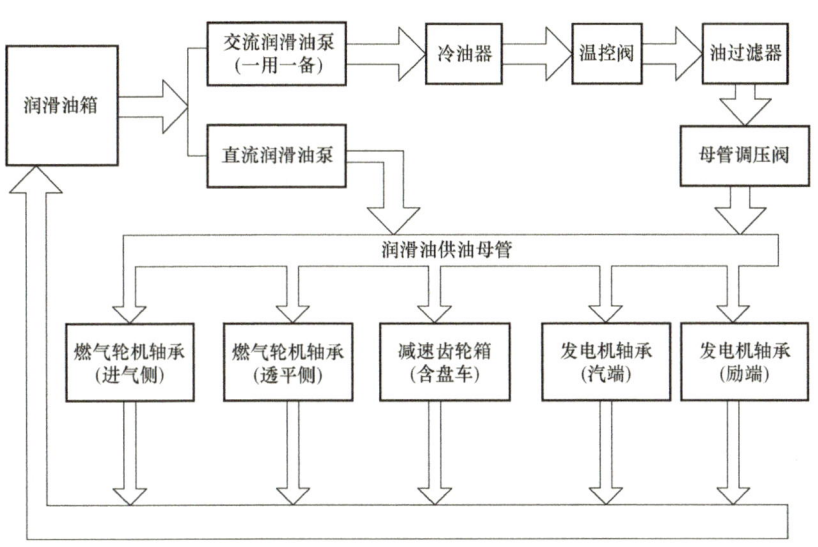

图 7-13 润滑油系统的工艺流程

7.3.2 润滑油系统的主要部件

（1）润滑油箱　润滑油箱的主要作用是贮存润滑油、清除油中的有害物质，如水分、气泡、颗粒物等。为了获得良好的分离效果，油箱容积应足够大，从而降低油流速度，以便于水分、颗粒物沉淀和气泡逸出。

（2）主润滑油泵　主润滑油泵大多采用立式离心泵或容积泵，是机组正常运行时的工作油泵，可由交流电动机驱动，也可由主机通过辅助齿轮驱动。采用主轴驱动润滑油泵的供油方式时，系统中需要配置交流辅助油泵，在主机达到额定转速前，通过交流辅助油泵向系统供油；在主机达到额定转速后，交流辅助油泵停转，通过主轴驱动油泵向系统供油。立式离心泵的设备外形如图7-14所示。

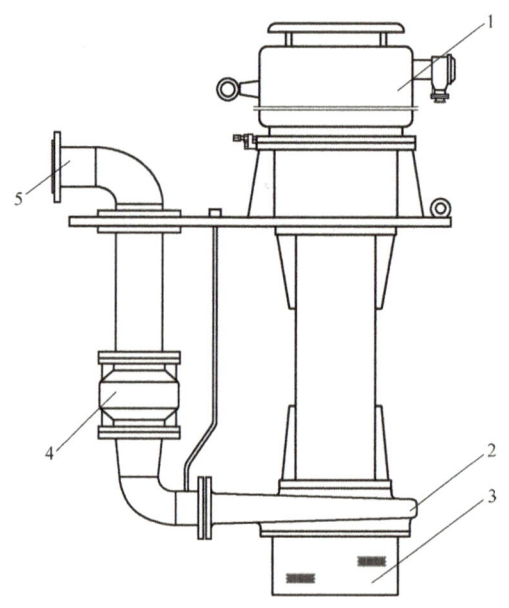

图 7-14　立式离心泵外形图

1—驱动电动机　2—泵体　3—油泵入口过滤网　4—供油单向阀　5—供油接口

（3）直流油泵　直流油泵在主油泵故障或失去交流电源时作为应急油泵而投入使用。由于只在应急状态下工作，故其压力和容量一般选择偏小，泵出口压力略高于润滑油母管压力，润滑油不经冷却器和过滤器，直接进入润滑油母管供给各轴承润滑。

（4）蓄能器　在燃气轮机润滑油系统中配置蓄能器的主要目的是消除油泵

旋转、振动等产生的油压脉动，缓冲油泵切换导致的油压波动，为机组提供压力稳定的润滑油。另外，发生突然断电时，释放蓄能器内的压力能或势能可以在短时间内为轴承提供润滑，保护轴承。

蓄能器类型繁多，不同的液压系统对蓄能器功能要求也不同。按照加载方式，可分为弹簧式、重锤式和囊式。

弹簧式蓄能器是利用弹簧的压缩势能来储存润滑油的压力能，其结构如图7-15a所示。

重锤式蓄能器是利用质量块的重力势能来储存润滑油的压力能，其结构如图7-15b所示。

囊式蓄能器的结构如图7-15c所示，主要由气囊、钢罐等组成。钢罐与润滑油系统相连，气囊内充入氮气。当润滑油系统油压升高时，气囊内氮气被压缩，进入钢罐的润滑油增加；反之，当油压下降时，气囊内氮气膨胀，润滑油回到润滑油系统。

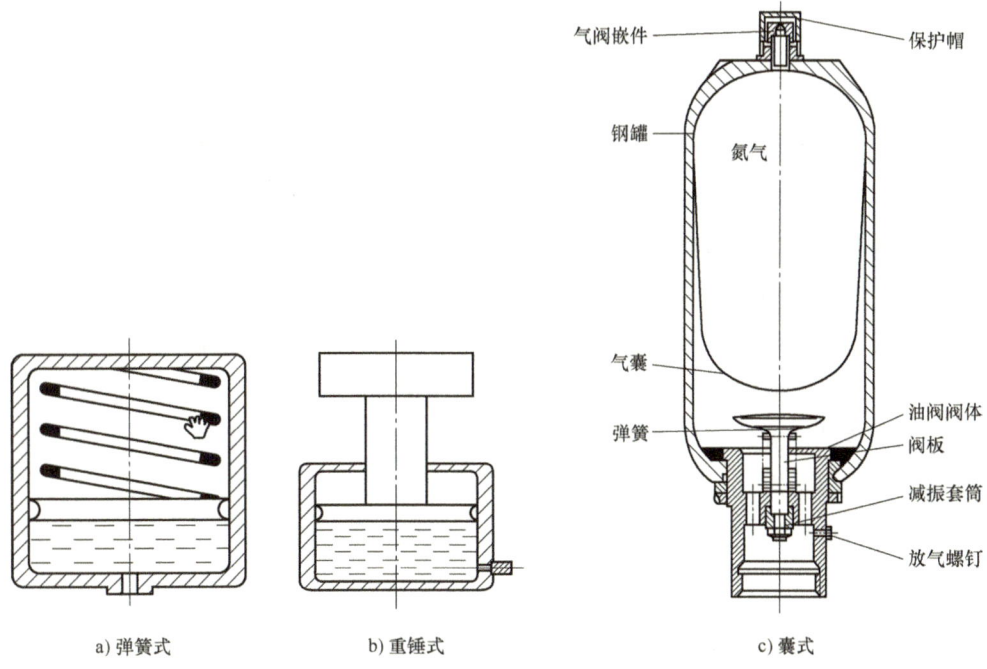

图7-15　蓄能器结构示意图

（5）润滑油冷却器　对于燃气轮机来说，润滑油流过各轴承、齿轮等润滑部件后温度会上升15～35℃，因此必须配置润滑油冷却器，将系统产生的热量带走，使轴承入口油温度恢复到规定值。润滑油冷却器通常按照一用一备方式配置，目前应用较多的有管式冷却器和板式冷却器两种，大多以水为冷却介质。经过冷却后的润滑油温度一般为 35～45℃，轴承排油温度小于 65℃；若采用高温滚动轴承，其进油温度可达 60～80℃，这时往往采用合成润滑油。

管式冷却器可采用立式或卧式结构。图 7-16 展示的是卧式结构的冷却器，冷却水管分布在冷却器壳体内部，冷却水流经换热管内侧，润滑油流经换热管外侧。冷却水由顶部端盖进入冷却器，首先流经冷却器一半换热管，经回水室后流经另一半换热管至出口，带走润滑油系统热量。

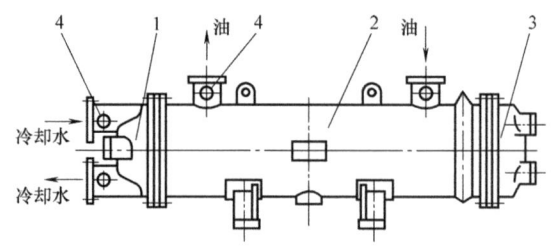

图 7-16 卧式润滑油冷却器结构图

1—进/排水盖 2—壳体 3—回水盖 4—温度计

板式冷却器是由大量带凹槽的不锈钢（或钛合金）板片粘接或钎焊而成，由叠加板片的凹槽形成流体通道。板式冷却器均采用立式安装，以便在检修前能将冷却器内存留的润滑油和冷却水排空。

（6）润滑油温度控制阀 目前，燃气轮机润滑油温度控制有两种方式：一种是通过调节润滑油冷却器的冷却水量；另一种是通过调节润滑油冷却器出口油温控制阀，典型结构如图 7-17 所示，通过改变供油管线上冷、热油的掺混比例，使供油母管的油温达到设定值。由于第二种油温调节方式的响应速度快、控制精度高，被大多数燃气轮机所采用。

（7）润滑油过滤器 为了防止杂质进入润滑油系统，损坏轴承及润滑油部件。在润滑油温度控制阀后通常布置一套双联式过滤器，典型结构如图 7-18 所示，两侧的过滤器可独立使用、自由切换。过滤器上配备有进出口压差传感器，可实时监测滤芯的运行压差。当一侧压差超标时，通过切换阀将油路切换到另一侧。

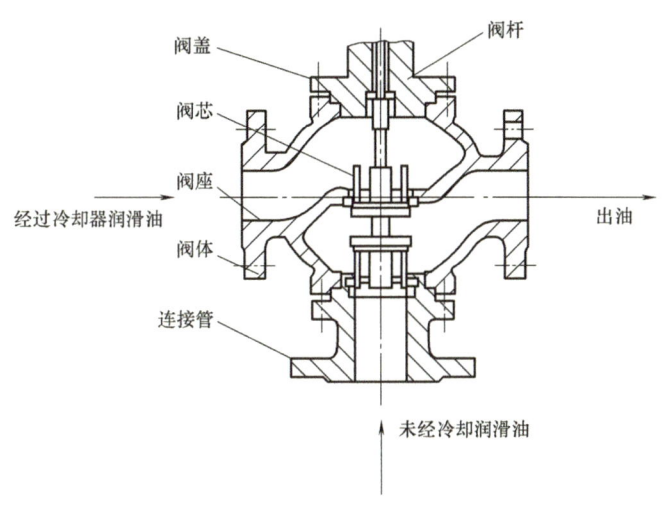

图 7-17 润滑油温度控制阀结构示意图

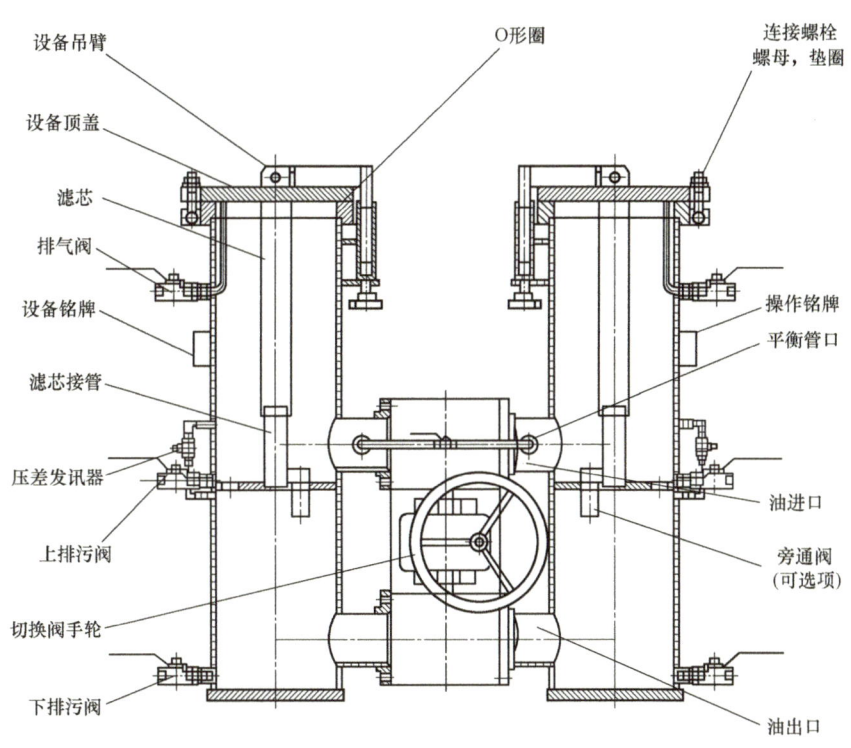

图 7-18 润滑油过滤器

（8）润滑油压力调节阀 经过温度调节和过滤之后的润滑油，在供给各轴承之前需经过一个压力调节阀进行调压，保证润滑油供给压力维持在设定值。在燃气轮机润滑油系统中，通常在润滑油供油管路上安装自力式压力调节阀，确保在供油压力出现波动时，在一定程度上保持轴承供油压力不变。

按照取压方式的不同，自力式压力调节阀可分为自力式减压阀（阀后压力调节）和自力式安全阀（阀前压力调节）。自力式减压阀系统配置方式如图 7-19 所示，自力式安全阀系统配置方式如图 7-20 所示。

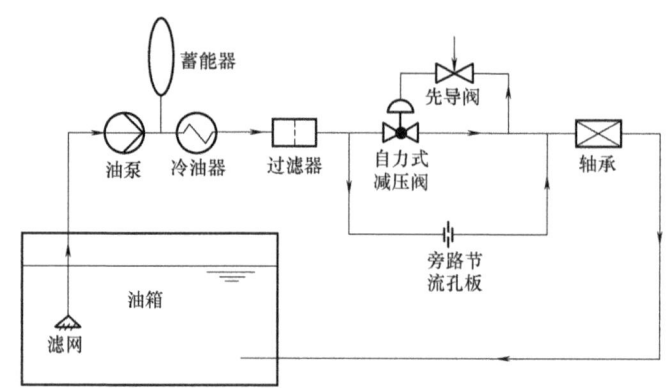

图 7-19　自力式减压阀系统配置方式

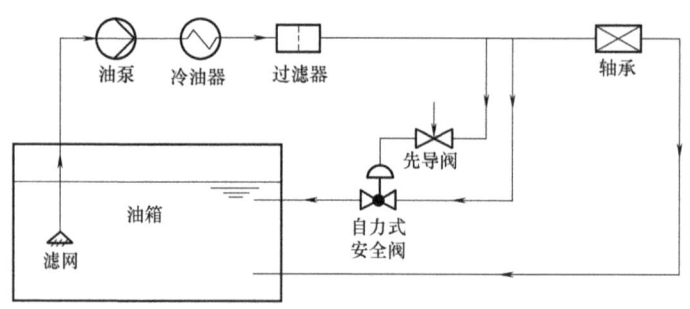

图 7-20　自力式安全阀系统配置方式

自力式压力调节阀无须外来能源，仅依靠介质自身的压力变化，就可以按预先设定压力进行自动调节。自力式减压阀工作原理如图 7-21 所示，阀前压力 p_1 经过阀门的节流后，阀后压力变为 p_2，p_2 经过导压管作用在阀门执行机构的薄膜或活塞上方，产生一个与弹簧力相反的作用力，作用力的大小决定了阀门的开度，从而控制阀后压力。自力式安全阀工作原理与自力式减压阀相似，但作用力方向相反。

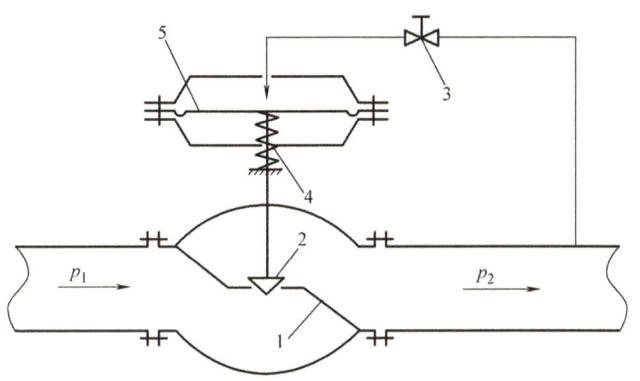

图 7-21　自力式减压阀工作原理

1—阀座　2—阀芯　3—先导阀　4—弹簧　5—薄膜或活塞等

（9）润滑油净化系统　为了保证润滑油品质合格，润滑油系统通常配置有润滑油净化系统，以提高润滑油的清洁度。如图 7-22 所示，润滑油由净化油泵从油箱底部抽出，通过保护过滤器除去油中杂质，再经聚结罐进行水分分离。分离后的油返回油箱，分离后的水积聚在聚结罐底部的储水罐中，可利用电磁阀定期将积水排出。

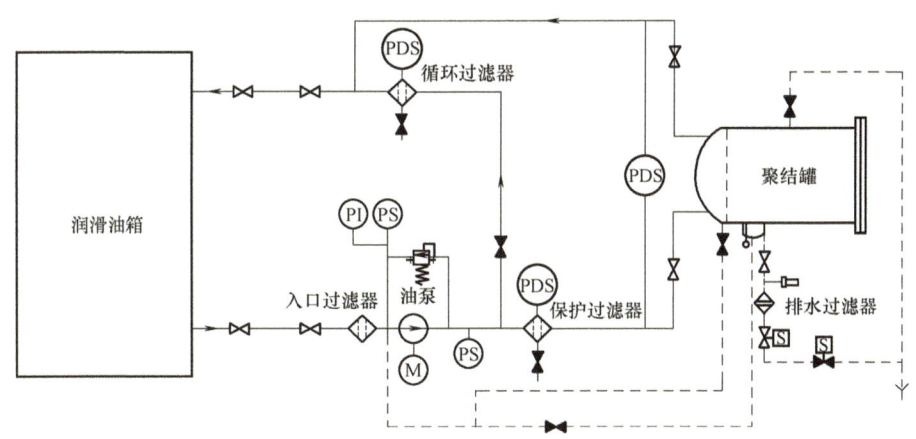

图 7-22　润滑油净化系统图

（10）油烟分离装置　润滑油箱油烟分离器通过抽吸箱体内气体，使油箱、轴承箱形成微负压（通常是 -2.5～2kPa），有利于润滑油的回油。被抽吸的含油雾气体经过装置的聚集分离滤筒后形成油滴，通过管路引回到油箱，气体则排至大气。润滑油油烟分离装置有两台排烟装置，一台作为主排烟装置，另一台备用。由安装在油烟分离器后的电动机驱动离心式风扇。风扇入口上设置有蝶阀，用于将油箱内的真空度调节到符合要求的值。图7-23所示为油烟分离器系统。

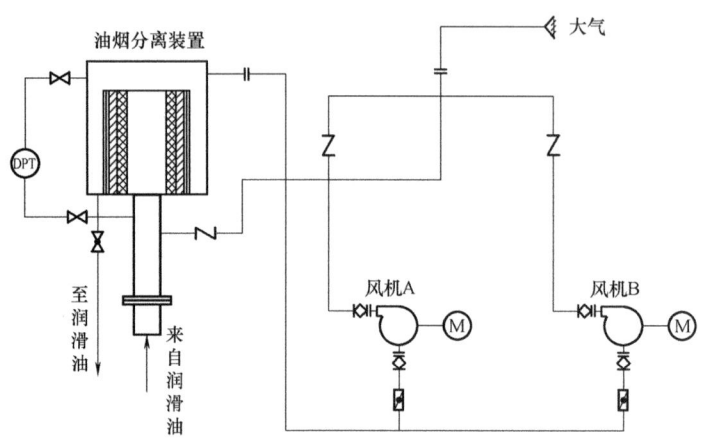

图7-23 油烟分离器系统图

（11）润滑油加热器 对于工作在严寒地区的燃气轮机，由于机组起动前润滑油温度过低、黏度太大，影响润滑油系统的正常运行，需要配置润滑油加热器。浸没式电加热器是燃气轮机润滑油系统最常用的加热器型式，典型结构如图7-24所示。该加热器可根据油温监测结果自动起动和停止，使润滑油温达到机组起动要求。

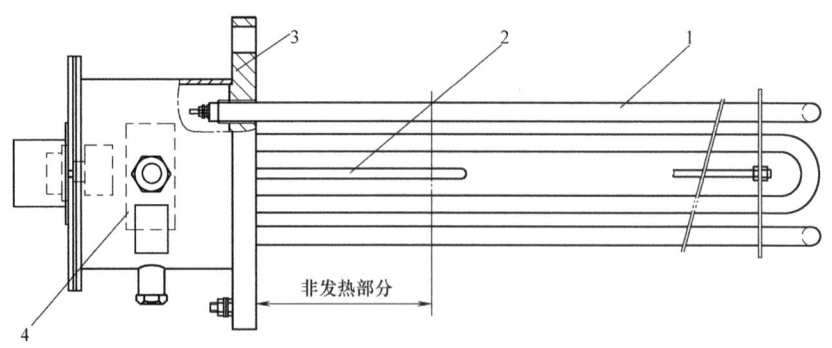

图7-24 电加热器结构外形图

1—电加热管 2—测温套管 3—安装法兰 4—接线盒

7.4 起动与盘车系统

7.4.1 起动机

燃气轮机正常运行时，压气机耗功约占透平总功率的 2/3，其余的 1/3 功率才是燃气轮机的输出功率。然而，在机组起动过程中，因压气机耗功超过透平总功率，必须由燃气轮机外部的动力源（起动机）来驱动转子，直到转速达到燃烧轮机的最小稳定工作转速（又称自持转速），然后才能脱开外部动力源。

起动机是燃气轮机起动的关键设备。对于单轴燃气轮机，起动机功率通常按照 2%～5% 燃气轮机额定功率进行选择，并且要求在开始带动燃气轮机旋转时转矩能达到最大值。当起动机自身转矩性能不佳时，需要用变扭器来改善。燃气轮机常用的起动机有以下几种类型：

（1）电动机 电动机可分为直流电动机和交流电动机。直流电动机起动的优点是升速平稳、转速调节性好，缺点是价格昂贵、功率偏小，所以通常只用于中小型燃气轮机的起动。交流电动机的功率和起动转矩大，与变频器结合后可实现转速的连续调节，通常用于大型燃气轮机的起动。为了降低变频器成本和控制系统的复杂性，许多机组选择用液力变矩器代替变频器实现交流电动机的转速调节。

（2）柴油机 柴油机转矩大、效率高，并且不依赖电网，也是燃气轮机起动机的主要选择之一。在实际工程应用中，通常选择柴油机与液力变矩器组合方案。

对于柴油机或交流电动机等起动机来说，液力变矩器使其与主轴不直接相连，可单独起动，显著改善了起动机的起动和加速性能。

（3）静态频率转换器（SFC）和主发电机 利用 SFC 对发电机定子施加变频交流电，产生旋转磁场，驱动发电机转子旋转，相当于将发电机转换为电动机，用于燃气轮机起动。对于大功率燃气轮机来说，该起动方式具有明显优势，因而得到广泛应用。

（4）单轴联合循环机组汽轮机 对于单轴联合循环机组来说，汽轮机与燃气轮机同轴，若有备用蒸汽源，可以直接利用汽轮机拖动燃气轮机完成机组起动。

G50燃气轮机发电机组为了简化系统配置、减少电厂运维成本，采用静态频率转换器（SFC）和主发电机起动方式，燃气轮机轴系配置如图7-25所示。

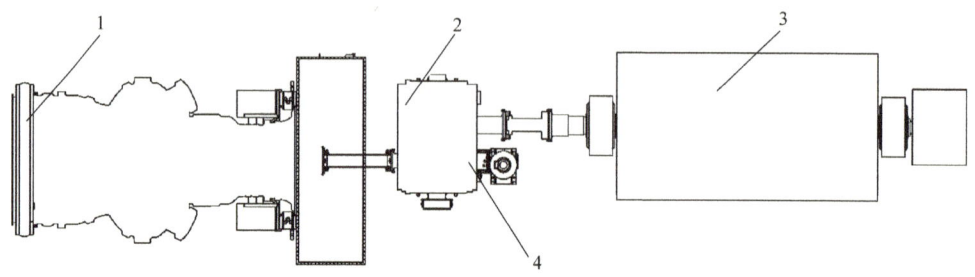

图7-25　G50燃气轮机发电机组轴系配置

1—G50燃气轮机　2—减速箱　3—发电机　4—盘车装置

7.4.2　盘车系统

盘车系统是在燃气轮机非运行状态下驱动转子低速旋转的专用装置。在停机后的一段时间内，机组内部仍然有较高的温度，盘车可避免转子热弯曲以及机组在长时间静止状态下产生大轴下垂。机组起动前，利用盘车可检查是否有动静碰磨、主轴弯曲等故障；另外，在盘车状态下冲转，还可以减少起动力驱，保证机组平稳升速。

G50燃气轮机发电机组采用分轴布置，盘车装置与减速齿轮箱成套供应。该盘车装置为自动啮合、自动脱开型。盘车内设置SSS自动离合器，盘车电动机尾部设置有手动盘车棘轮扳手接口并配置棘轮扳手进行手动盘车。盘车装置的外形如图7-26所示。

盘车装置上设有接近开关和行程开关，接近开关用来监视SSS离合器的接合和脱开情况，行程开关用来监视电动机防护罩闭合或打开的状态。当行程开关闭合时，即盘车电动机防护罩处于闭合状态才可起动电动机。

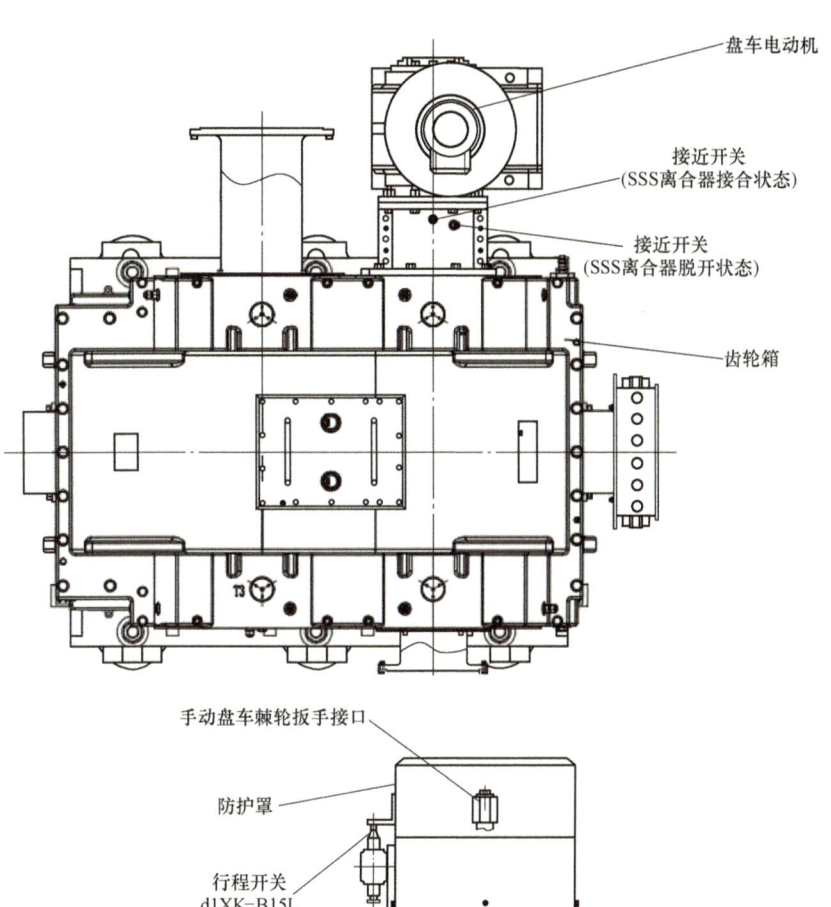

图 7-26 盘车装置外形图

第 8 章

控制与保护系统

燃气轮机自动控制系统，简称燃气轮机控制系统，是由控制器和作为被控对象的燃气轮机本体所组成的有机整体的总称，控制器与被控对象形成闭环回路，如图 8-1 所示。

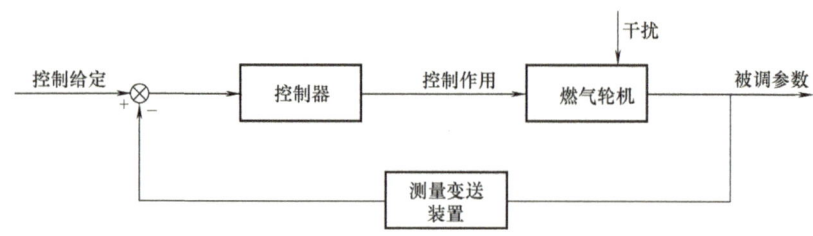

图 8-1　燃气轮机控制系统示意图

按照功能的不同，燃气轮机控制系统包含（主）控制系统、保护系统和程序顺控系统等部分。（主）控制系统用于实现燃气轮机运行过程中各种状态和参数的调节任务，属于闭环控制系统，是燃气轮机控制系统的核心部分；保护系统用于实现燃气轮机在运行过程中可能发生的各种故障的监测、报警和保护任务；程序顺控系统用于联系燃气轮机本体、辅机、辅助系统和自动控制系统各部分之间的协调动作，属于开环控制系统，主要用于实现机组的起动和停机过程。

燃气轮机控制系统的基本任务是保证机组在运行过程中特定参数基本不变（恒值控制）或者按照预先设定的规律或程序变化（程序控制）。通常，燃气轮机在运行过程中将会遇到各种外界扰动，如负载的改变或气压、气温、湿度等环境条件的变化，影响其运行，所以控制系统就需要克服这些外界扰动，以保证机组按照要求安全运行。

8.1　单轴燃气轮机控制系统

8.1.1　单轴燃气轮机控制原理概述

根据燃气轮机的工作原理，从被控对象角度来看，单轴燃气轮机工况的改变是通过控制进入机组的燃料量和空气量来实现的。燃料量的调整通过改变燃料控制阀的开度来实现，空气量的调整通过改变压气机进口导叶（Inlet Guide Vane，IGV）的角度来实现。燃气轮机不同工况对应的调整量是通过机组控制系统来确定的。

如果燃气轮机的压气机进口导叶角度不具备连续可调能力时，机组仅存在燃料量一个可调量，此时只能有一个被控参数（如转速、功率、透平进口温度或压气机出口压力），构成单变量控制方案。反之，若压气机进口导叶角度连续可调，将会增加一个独立可调量，此时可同时控制两个被控参数（如转速和透平排气温度），从而构成双变量控制方案。

对于现代发电用大型燃气轮机来说，其控制系统均采用双变量控制策略，即通过燃料流量和压气机进口度两个可调量对机组进行控制。其中，燃气轮机在实际运行过程中需要控制多个参数，对于每一个被控参数均会形成独立控制回路，使得燃气轮机的燃料流量控制系统包含多个对燃料流量产生影响的控制回路。然而，同一时刻起控制作用的只能是其中一个控制回路，可通过多通道低选方案来实现。压气机进口导叶控制系统主要是通过改变压气机进口导叶的开度来调整进入压气机的空气流量，不仅可以在机组起动和停机过程中防止压气机喘振，而且可以保证透平排气温度在部分负荷下处于合理范围内。

单轴燃气轮机的控制系统一般包括起动升速控制器、转速/功率控制器、排气温度控制器、压比限制控制器、功率限制控制器、压气机进口导叶温度控制器和阀位控制器等回路。燃气轮机控制系统功能示意图如图 8-2 所示。

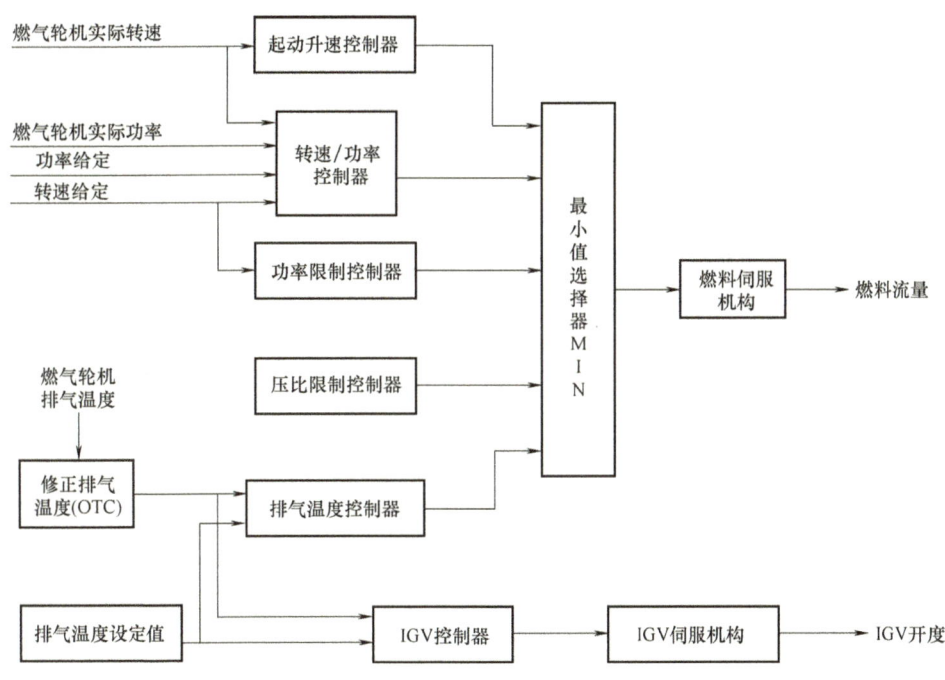

图 8-2　燃气轮机控制系统功能示意图

具体来说，起动升速控制器、转速/功率控制器、排气温度控制器、压比限制控制器和功率限制控制器 5 个控制模块均可实现对机组燃料流量的控制。正常运行期间各控制器均独立运行，并将运算结果输出至最小值选择器进行筛选，选取最小值输出给燃料阀位控制器以改变燃料流量。此时，仅有一个回路处于控制状态，其余回路则处于监控状态，可实现多回路之间的无扰切换。压气机进口导叶开度由 IGV 温度控制器和 IGV 位置控制器进行控制。

燃气轮机机组起动后，起动升速控制器按照预设好的起动加速曲线控制转子加速，同时透平排气温度和转速逐步提升。当机组转速达到额定值时，起动升速控制器退出，而转速/功率控制器投入并切换至转速控制，此时机组空载且稳定在额定转速，具备并网条件准备并网。并网运行时，转速/功率控制器的转速控制退出，切换为功率控制，机组功率不断增加，但初期透平排气温度还达不到机组的温度控制条件。直至机组功率升高到一定程度，透平排气温度达到其温度控制基准时，IGV 开度达到最大值，排气温度控制器起动，此时最小值选择器使得转速/功率控制器退出。受环境温度影响，机组当前工况下功率上限受排气温度控制器限制，不能继续提升负荷。

可见，起动升速控制器主要用于燃气轮机的起动阶段；压比限制控制器和功率限制控制器只有在特殊工况下才会被激活，其中，压比限制控制器用于限制压气机压比以防止喘振，而功率限制控制器用于防止机组输出功率超过最大允许值；转速/功率控制器、排气温度控制器和 IGV 温度控制器等在机组稳态运行时起主导作用。

8.1.2 起动升速控制

燃气轮机起动升速控制用于在燃气轮机起动阶段实现将机组转速从盘车转速按照预先设定的升速率曲线自动提升至额定转速的功能。起动升速控制器功能示意图如图 8-3 所示。

当燃气轮机收到起动命令后，起动升速控制器投入运行，将机组转速从盘车转速逐步升高至其额定转速。在升速初期，因机组的燃烧做功不具备独立驱动机组旋转的能力，将由机组起动用静止变频器（Static Frequency Converter，SFC）拖动，当转速适当升高后，机组紧急切断阀（Emergency Shutoff Valve，ESV）打开，机组点火器点火。此后，机组转子在自身输出功率与静止变频器（SFC）的共同作用下升速，直至达到一定转速后，压气机增压的空气流量和由起动升速控制器给出的燃料流量达到使燃气轮机自身具备独立继续加速转子的能力。此时，静止变频器（SFC）退出工作，机组燃烧做功继续加速转子直至额定空载转速。至此，起动升速控制器退出运行，转速/功率控制器投入并运行于转速控制模式。

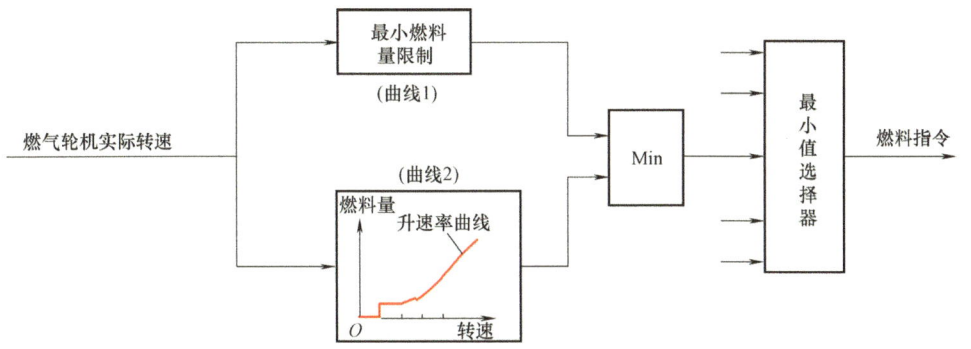

图 8-3　起动升速控制器功能示意图

值得注意的是，起动升速控制器中预设有两条燃料量函数曲线，两条曲线输出的燃料控制量经低值选择器取小后输入燃料控制系统的最小值选择器。其中，曲线 1 为燃气轮机实际转速对应的最小燃料量限制函数，目的在于确保燃气轮机在升速过程的不同阶段输出安全合理的燃料流量指令，以防止燃料过量，保证机组安全。曲线 2 为机组转速对应的燃料输出曲线，该曲线根据转速的不同可划分为不同阶段（一般为四个），每个阶段起动升速控制器使用不同的升速率，这些不同阶段按照转速对应的频率（Hz）来设定。

8.1.3　转速/功率控制

转速/功率控制是燃气轮机控制系统的基本控制模块，属于机组核心控制功能。转速/功率控制器是双变量控制器，其主要功能是同时控制转速和功率稳定在给定值。该控制器在不同运行工况下其功能有所区别，即：在并网前，转速/功率控制器运行于转速控制；在并网后，转速/功率控制器切换为功率控制功能，而其转速控制回路转换为一次调频控制回路，当机组投入一次调频功能时，功率控制与转速控制同时工作，实现一次调频功能。

（1）转速控制　燃气轮机转速控制可分为有差和无差两种控制方式。当燃气轮机并网发电时，因机组转速被电网频率限制在工频附近波动，转速控制器采用有差控制方式，转速采用比例（P）调节；当燃气轮机孤网运行时，转速控制器采用无差控制方式，转速采用比例积分（PI）调节。

无差转速控制系统的控制规律为：只要存在转速偏差，就会按照偏差的极性不断地改变燃料流量以减小该转速偏差，直至消除该偏差，即控制过程结束后转速偏差为零。在机组外界发生扰动后，该转速控制系统能够将机组转速精确控制在给定值。

有差转速控制系统的控制规律为：燃料流量的增加正比于转速差值。当外界发生负荷扰动时，控制系统不能把转速精确控制在给定值，即在控制过程结束后转速偏差不为零。

单轴燃气轮机转速控制系统框图如图8-4所示。由转速传感器测量燃气轮机机组实际转速并反馈至输入端，同给定的转速进行比较，即给定转速与实际转速做差。当转速偏差为负时，应减小燃料流量，从而导致实际的转速降低；反之，当该转速偏差为正时，应增加燃料流量，从而导致机组的实际转速升高。两种情况均会保持转速信号不变。

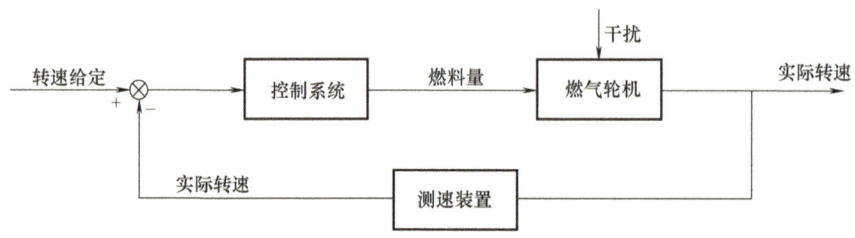

图8-4　单轴燃气轮机转速控制系统框图

（2）功率控制　对于孤网运行的燃气轮机发电机组，为确保孤网频率稳定，机组转速采用PI控制以实现无差调节。在此情况下，机组功率可通过功率-转速静态特性曲线来控制。当需要机组增加功率时，负载力矩增大，此时作用于转子的力矩平衡将被破坏，导致转子减速并产生转速正偏差，通过PI控制器后产生控制作用以开大燃料调节阀来增加燃料流量，使得机组主动力矩与功率均上升；当转子力矩平衡时，转速将不再下降，但仍存在转速正偏差，可使得机组功率继续增加，控制作用在衰减振荡过程中最终使转速无差，同时转子力矩趋于平衡。

燃气轮机发电机组并网运行时，其功率调节即是要在燃气轮机功率-转速静态特性曲线和电网的功率-频率静态特性曲线之间寻找平衡工作点。燃气轮机功率控制系统原则性框图如图8-5所示。该功率控制模式下，机组功率采用无差调节，而转速采用有差调节。此时，燃气轮机发电机组具备串级控制结构，外回路为功率调节回路，采用PI控制器，内回路为转速调节回路，采用P控制器。功率调节外回路生成转速调节内回路的转速给定值,并由转速调节内回路产生燃料流量指令送入最小值选择器。

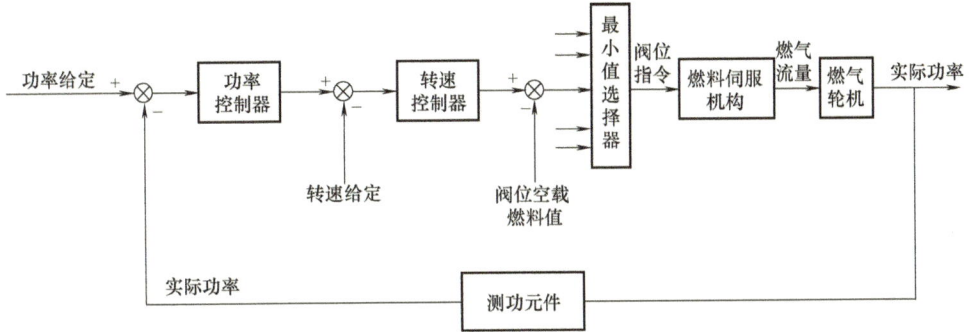

图 8-5 燃气轮机功率控制系统原则性框图

对于燃气轮机来说,其输出功率 N_e 与燃料流量 G_f 之间存在如下近似关系:

$$\frac{N_e}{N_{e,r}} = \frac{G_f - G_{f,0}}{G_{f,r} - G_{f,0}} \quad (8-1)$$

式中,G_f 为机组在输出功率 N_e 下的燃料流量;$N_{e,r}$ 和 $G_{f,r}$ 分别为机组额定工况下的输出功率和燃料流量;$G_{f,0}$ 为机组全速空载下的燃料流量。

采用相对量表示可写为

$$\bar{N}_e = \bar{G}_f - \bar{G}_{f,0} \quad (8-2)$$

因机组转速调节依据燃料流量增加量正比于转速差值的控制规律,故对采用转速有差控制规律的机组有

$$\bar{G}_f - \bar{G}_{f,0} = K(\bar{n}_s - \bar{n}) \quad (8-3)$$

式中,n_s 为转速给定值;n 为实际转速;K 为比例常数。此时有

$$\bar{N}_e = K(\bar{n}_s - \bar{n}) \quad (8-4)$$

或

$$(\bar{n}_s - \bar{n}) + \delta \bar{N}_e = 0 \quad (8-5)$$

式(8-5)给出了燃气轮机的功率与转速之间的对应关系,称为转速有差控制系统的静态特性,也是并网燃气轮机功率调节系统的设计依据。其中,$\delta = 1/K$

称为燃气轮机机组的调速不等率，一般在 3%～6% 之间选取。对于并网运行的多台机组而言，电网负荷变化总量由这些机组共同承担，与机组的调速不等率 δ 成反比，δ 小的机组分担比例大；与机组的额定功率成正比，机组越大则分担越多。

8.1.4 排气温度控制

燃气轮机的透平进口温度过高会严重影响热端部件的寿命，严重时其至可能使得热部件受损，导致机组发生事故，因此必须严格限制透平进口温度（Turbine Inlet Temperature，TIT）。另一方面，燃气轮机热效率与透平进口温度（TIT）密切相关，所以透平进口温度（TIT）不能限制得过低。因此，应合理控制燃气轮机的透平进口温度（TIT）。然而，受限于制造工艺和高温环境，透平进口温度（TIT）不能直接测量，只能通过修正后排气温度（Outlet Temperature Corrected，OTC）间接进行控制，故燃气轮机机组均设置有排气温度控制系统。

燃气轮机排气温度控制也属于燃气轮机控制系统的基本控制模块，其主要作用是限制燃气轮机的排气温度在有效的温度范围内，以确保机组热端部件的温度不至于过高而发生故障或损毁，保障机组安全。燃气轮机排气温度控制功能由 OTC 控制器和压气机进口导叶（IGV）控制器两部分来实现。其中，OTC 控制器用于调节机组燃料流量，IGV 控制器用于调节机组空气流量。虽然 OTC 控制器和 IGV 控制器均以修正后排气温度（OTC）为被控参数，但其运行方式有不同之处。IGV 控制器是在 IGV 角度介于全开和全关之间时起作用，通过改变 IGV 角度来控制部分负荷下的燃气轮机排气温度；OTC 控制器则是在 IGV 全开或全关时起作用，在 IGV 全开时用于限制机组在额定功率下不超温，而在 IGV 全关时用以保证燃气轮机排气温度与联合循环的下位蒸汽朗肯循环的锅炉、汽轮机温度需求相匹配。

本小节仅对 OTC 控制进行详细说明，IGV 控制将在 8.1.7 节进行介绍。

OTC 控制为闭环控制结构，采用 PI 控制器，由排气温度设定值模块和排气温度控制器模块组成，通过改变流入机组的燃料流量实现排气温度控制功能。由于燃气轮机输出功率受透平排气温度影响较大，所以排气温度控制也可以认为是在保证 TIT 低于安全阈值前提下，尽可能提高机组排气温度，有利于在安全运行范围内提高运行经济性。

据前所述，OTC 控制的功能是根据给定的燃气轮机排气温度设定值来避免燃气轮机出现超温，对应于机组的不同运行阶段，OTC 控制所需的燃气轮机排气温度设定值对应不同的设定规则。另外，控制系统需要的排气温度实际值为修正后排气温度（OTC）。

对于 OTC 闭环控制回路的实际值，即修正后排气温度（OTC），其数值是均匀分布在透平排气侧的多个温度传感器测量值取平均值后，经压气机进口温度、大气环境露点温度和燃气轮机转速修正后获取的。具体地，H 级燃气轮机采用透平排气扩散段的温度平均值，而 F 级燃气轮机采用透平排气出口的温度平均值。

对于 OTC 闭环控制回路的给定值，即排气温度设定值，其数值在机组起动和正常运行等不同阶段有着不同的设定规则，通常由过程温度控制回路（TSX）温度、最大限制（TSMAX）温度和压气机入口温度函数设定值（TS）三部分组成。这三部分设定值在机组正常运行期间以取小策略共同起作用，作为 OTC 控制器的给定值，用于控制机组的实时排气温度。

8.1.5 压比限制控制

燃气轮机压比限制控制的作用是防止压气机在运行期间出现喘振现象，以确保机组安全。

根据燃气轮机运行原理，压气机特性线的左侧存在喘振边界线，当压气机的空气流量减小到一定程度而使其运行工况越过喘振边界线（即到达喘振边界线左侧）时，压气机就会进入不稳定的喘振状态，此时压气机空气流量、压比和效率等参数将出现波动，压气机气动性能急剧恶化。所以，燃气轮机在实际运行过程中不仅要能够达到最高的压缩效率，还不能出现喘振现象。通常，有两种方式可以调整压气机压比，一种是通过调整压气机进口导叶（IGV）的角度来改变其空气流量与空气进入压气机第一级的角度，另一种是通过调整机组燃料流量。

为防止压气机喘振，可设置一条压气机非稳定运行的限制线。该线根据压气机喘振边界来设定，并保留一定的喘振裕度。在运行过程中，压气机运行工况一定不能越过该限定线，若机组运行时接近该限定线，则设置的压比限制控制器有如下操作：

1）如果压比靠近限定线的速度较慢，则可将压气机进口导叶（IGV）角度逐步开大。

2）如果压比靠近限定线的速度较快，或压气机进口导叶（IGV）角度已处于最大值，则要适当降低进入机组的燃料流量，以使得压气机排气压力下降。

8.1.6 功率限制控制

燃气轮机功率限制控制的功能是防止机组在运行期间其输出功率不至于超过由机械设计决定的最大允许值，以确保机组安全。

根据燃气轮机工作原理，当环境温度降低时，空气密度会增大，导致燃气轮机压气机的进口空气质量流量增加，燃气轮机功率上升，机组 TIT 降低。若要维持机组的 TIT 恒定，就需要增大机组的燃料供应量，进而会引起机组的输出功率过高，出现功率超限问题。所以，受机组热通道高温零部件材料耐热能力限制和机组旋转部件离心应力限制，机组必须设置功率限制功能。

一般情况下，当燃气轮机机组的功率给定在较高水平时，可导致燃气轮机因外界温度降低（特别是冬季）而工质质量流量迅速升高的现象，此时功率限制控制器可能被激活，以防止燃气轮机过负荷。燃气轮机功率限制控制器是通过前述的最小值选择器被激活，以控制机组燃料流量，直至其他控制器被激活后退出。

图 8-6 所示为燃气轮机功率限制控制功能原理图。燃气轮机极限功率与额定功率的比值和实际功率与额定功率的比值做差，作为燃气轮机极限功率系数。该系数通过一个上下限制模块进行选择，若数值较大时，则限制模块没有输出信号；反之，若数值很小时，则会通过限制模块，激活功率限制控制器。随后，燃气轮机极限功率系数输入比例积分（PI）控制器生成功率限制控制指令，并作用于最小值选择器达到机组控制作用。

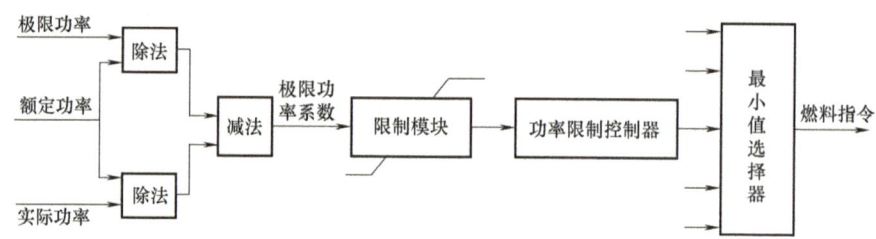

图 8-6 燃气轮机功率限制控制功能原理图

8.1.7 IGV 控制

燃气轮机 IGV 控制通过改变压气机进口导叶（IGV）开度来调整进入压气机的空气流量。对压气机进口导叶（IGV）进行控制有两方面的目标，即防止压气机喘振和控制机组排气温度（即 IGV 温度控制）。

对于压气机防喘振目标，压气机进口导叶（IGV）角度根据机组转速而变化。在燃气轮机起动之前，IGV 角度处于其最小位置；在机组起动后的升速阶段，IGV 角度连续调节，直至机组转速达到其全速，IGV 角度位于其最小全速角位置。根据压气机特性曲线，在折合转速较低时，机组运行点距离压气机喘振边界线较近，压气机容易越线而发生喘振，此时需要减小 IGV 开度以避免压气机发生喘振。在燃气轮机正常停机时，IGV 角度需要迅速关小并保持在其最小位置。此时，燃气轮机排气温度控制由排气温度 OTC 控制完成。

对于透平排气温度控制目标，压气机进口导叶（IGV）角度根据燃气轮机排气温度实测值进行控制。燃气轮机并网后，随着输出功率的逐渐升高，IGV 角度缓慢开大，当机组在额定工况下运行时，IGV 角度应打开到最大位置以确保机组效率。当 IGV 角度处于最小全速角和最大位置角之间时，由燃气轮机排气温度实测值来控制实际 IGV 角度，即 IGV 温度控制。IGV 温度控制通过改变 IGV 角度（即压气机通流面积）来调整流过压气机进入燃烧室的空气流量，导致燃气轮机的空燃比发生变化，从而使得燃气轮机排气温度保持在其设定值上。

IGV 控制主要由 IGV 温度控制模块和 IGV 位置控制模块组成。IGV 温度控制的输出经函数转换得到 IGV 角度输出指令，作为 IGV 位置控制的输入（控制给定），用以作为 IGV 位置控制的依据。

值得注意的是，世界上主流燃气轮机制造商如西门子、通用电气、三菱重工和安萨尔多（合并原阿尔斯通的燃气轮机业务）的燃气轮机控制系统具有类似的控制功能，但在设计理念上有所区别，具体的控制系统实现上存在差异，此处不再赘述。

8.2 单轴燃气轮机程序顺控系统

单轴燃气轮机程序顺控系统也称为顺序控制系统，其功能是根据预先确定的逻辑关系或逻辑条件，在起动与停机过程中顺序性地控制燃气轮机本体、发电机、起动装置和辅机设备。燃气轮机程序顺控系统与其（主）控制系统和保护系统之间紧密配合、相互联系。顺序控制系统发出顺序信号，使机组相关部件按照预设程序进行工作，又根据送来的信号做出动作判断。

燃气轮机的顺序控制系统由多个子控制组（Sub-Group Control，SGC）程序组成，主要包括燃气轮机起停 SGC、燃气轮机天然气系统 SGC、燃气轮机润滑油/盘车系统 SGC、燃气轮机液压间隙优化系统 SGC 和燃气轮机吹扫系统 SGC 等部分。

一般来说，燃气轮机起停 SGC 属于机组主顺序控制 SGC，包含起动 SGC 和停机 SGC。起动 SGC 负责燃气轮机在起动过程中的顺序逻辑控制，经历起动机起动、驱动转子旋转、机组点火、转子加速直至额定转速等过程。停机 SGC 负责燃气轮机从正常运行到停机整个过程的顺序逻辑控制。燃气轮机的起停 SGC 要求尽可能限制燃气轮机热通道部件的低周疲劳，既保证燃气轮机的快速起动、停机又不产生太大的热应力，避免影响机组安全与寿命。

另外，顺序控制系统的执行是靠功能组分级来实现的，按照从上到下顺序可分为机组控制级、功能组控制级和设备组控制级。

8.3 单轴燃气轮机保护系统

8.3.1 单轴燃气轮机保护系统概述

燃气轮机保护系统用于实现对各种运行故障的监测、报警和保护功能，由多个子系统组成。在机组起动/停机和正常运行过程中，当其他系统和部件出现故障或处于非正常运行条件时，各种保护系统将会起作用。若运行条件足以使得保护系统完成动作时，机组将被遮断停机。

燃气轮机保护系统不仅能够对简单遮断信号做出响应，如润滑油压力过低、润滑油母管温度过高等，而且能够对复杂的热工仪表测量数据做出响应，如超速、超温和熄火等。燃气轮机保护系统的遮断动作可采用迅速通过控制系统将燃料流量下降到零的软件侧实现，即通过主保护控制逻辑来起作用（主要方面），也可采用迅速切断燃料进入燃烧室通道的硬件侧来实现，即通过机械系统对燃气轮机的部件直接起作用，这样形成了两个基本独立的通道来切断燃料，以避免控制系统故障而导致保护系统失效的可能性，增加了可靠性。另外，燃气轮机保护系统的大部分警报和所有遮断具有闭锁功能，需要人工复位。

目前燃气轮机保护系统包括的主要子系统有：超速保护系统、超温保护系统、燃烧监测保护系统、热通道温度保护系统、喘振保护系统、振动保护系统、热悬挂监测系统和其他参数的保护与监测等。

8.3.2 超速保护

燃气轮机在很高角速度下旋转，其旋转部件在运行时的应力与转速密切相关。若机组转速升高到超过设计裕量之上的数值时，就可能导致燃气轮机设备的严重损坏。所以，为防止燃气轮机因故障而使转速飞升所引发的设备损害，燃气轮机配置有超速保护系统。超速保护系统用于监测燃气轮机的实际转速，并将其与设计时确定的最高转速给定值进行比较，若实际转速大于给定值，则迅速切断燃料供应以遮断燃气轮机。一般超速遮断限定值为额定转速的110%～112%。

超速保护的实现方式分为硬件保护和软件保护。硬件超速保护是将燃气轮机轴系上测量的三路转速信号送入保护回路，通过三取二逻辑判定，若存在2路或以上的转速信号达到阈值，则直接从保护回路上切断驱动燃料阀的电磁阀电源，不经过任何控制器处理而直接停机；软件超速保护是将转速信号送入保护系统，通过软件系统来判断并实现停机。另外，若燃气轮机燃烧室有火焰，但实际转速小于额定转速的10%，则认为转速信号故障，也应遮断机组。

8.3.3 超温保护

燃气轮机应预防因过热所引起的潜在机组损伤，故机组设置排气超温保护系统，该系统属于一种后备保护系统，仅在机组排气温度控制不起作用时才投入。机组在正常运行时，当燃烧温度达到其限制值时，排气温度控制系统动作来控制进入机组的燃料流量。然而，当出现故障状态时，排气温度和燃料流量均会超过相应限制值。超温保护系统在遮断机组前，均会发出提示运行人员减少机组输出功率的超温警报信号，以防止因保护机组目的而使机组被遮断。若排气温度增加到很高数值时必须无条件遮断机组。

8.3.4 燃烧监测保护

现代燃气轮机均会通过提高透平进口温度的方式来提高机组效率。燃气轮机在高温条件下长时间连续运行，不可避免地会在热端部件上出现难以监测的破裂、损坏等故障。然而，鉴于燃烧室温度和透平进口温度太高，难以实时直接测量，只能通过间接方式来获取，即通过测量透平排气温度来间接判断高温部件的运行状态。

燃烧监测保护系统的主要作用是当监测到机组燃烧恶化时，尽可能降低危险对机组的影响程度。通过对实时监测的透平排气温度和压气机排气温度进行换算来判断燃烧系统的状态，若判断出现异常，则燃烧监测保护系统将会实施报警和保护操作，同时将信号送入机组（主）控制系统。一般情况下，燃气轮机透平进口参数的不均匀将会导致其出口参数的不均匀，这是因为燃气通过透平时是否经过充分混合是判断燃烧系统是否异常的依据。

一般来说，燃烧监测保护系统是通过检查排气热电偶测量温度的分散度来实现机组报警和遮断。若实际排气温度分散度高于允许排气温度分散度，且持续一定时间，则机组遮断；若任何热电偶的测量值所产生的偏差超过所允许偏差值的5倍，则会发出热电偶报警，若持续4s内该条件始终存在，则发出"排气温度热电偶故障"报警，该报警存在且闭锁；若两个热电偶的测量值所产生的偏差超过允许的偏差值，则产生一个延时闭锁报警。

8.3.5 热通道温度保护

热通道温度保护系统主要用于预防透平冷却效果不佳时热通道部件热损伤过大，其运行原则是通过检测透平各级轮间温度来判断冷却效果。不同公司的燃气轮机产品有不同的热通道温度保护设置。

8.3.6 喘振保护

燃气轮机正常运行需要始终监测机组防止其进入喘振状态，且需要极快的速度来测量和实施喘振保护功能。一般燃气轮机喘振保护可通过检测压气机入口高流速位置和低流速位置之间的压差，当该压差很小同时转速达到一定数值时，就会认为有发生喘振的可能性，需立即遮断机组。

8.3.7 振动保护

高速旋转设备在运行时通常会存在一定程度的振动。当燃气轮机高速运行时，若振动过大可能会使旋转部件的叶片断裂或使转子和机壳、动叶片与静叶片之间发生擦碰，进而导致机组事故，所以限制振动幅度是燃气轮机运行时的必要工作，设置振动保护系统是必然的。燃气轮机振动保护系统通过接收安装在燃气轮机和发电机轴承座上的多通道速度型振动传感器输入信号进行运算与判断。

8.3.8 热悬挂监测

燃气轮机设置热悬挂监测以防止该热悬挂现象出现。从燃气轮机允许起动开始，到其达到额定转速 97.5% 为止的整个过程中，必须始终对燃气轮机进行监测以防止进入热悬挂状态。通常使用实时采样的燃气轮机转速和本次起动过程中曾经达到的最高转速进行对比，若差值大于设定的限制值并持续一段时间，则认为机组进入热悬挂状态，并遮断机组。

8.4 单轴燃气轮机停机控制

燃气轮机停机是指燃气轮机发电机组从运行到停机状态的过程，是在一系列顺序控制程序下完成的。通常指发生在并网后带负载阶段的热态停机，根据燃料切断速度不同可分为正常停机和紧急停机。

8.4.1 正常停机

正常停机以预设的顺序步骤执行停机程序，机组通常需要经历降负荷、解列、空载冷却、燃料切断、惰走降速、盘车等过程，可通过就地或远程指令发出停机命令。机组出现某些非紧急故障时由保护系统触发的自动停机也属于正常停机，因为这类自动停机过程也是按同样的顺序步骤完成的。

燃气轮机正常停机操作可通过手动、半自动或自动的方式完成。手动方式要求操作员执行或操作每一个步骤；半自动方式要求操作员执行某几项操作而其余部分自动完成；自动方式仅需操作员发出一条指令即可自动完成全部停机操作。目前一般采用自动停机方式，即仅需通过操作员一次操作或者一个远程控制指令产生的完全由控制系统自动执行停机顺序的方式。

燃气轮机正常停机过程主要分为降负荷、解列、空载冷却、燃料切断及惰走降速、盘车等步骤，正常停机过程中几个重要设备的运行时序如图8-7所示。

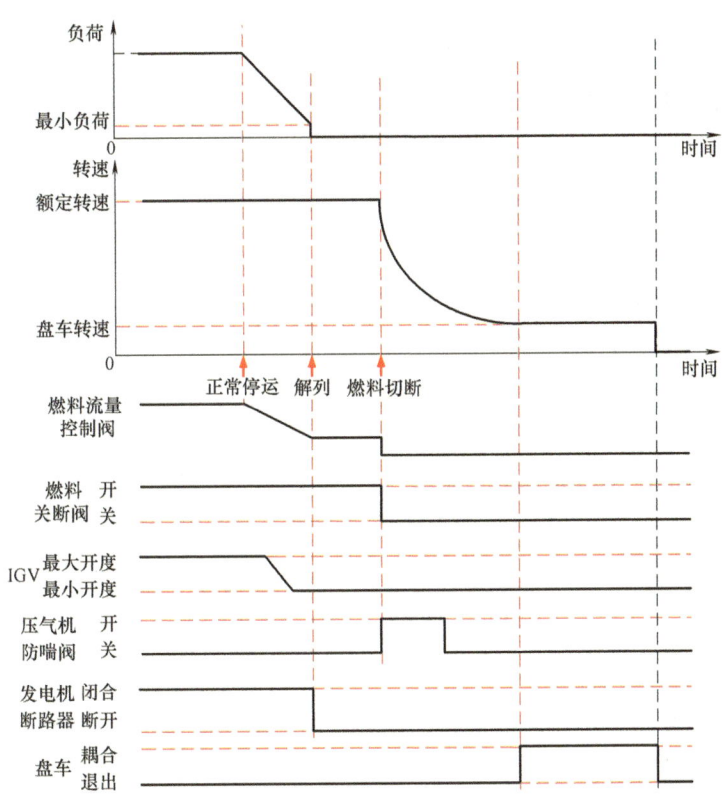

图 8-7　正常停机过程中几个重要设备的运行时序图

（1）降负荷　当机组收到正常停机指令后，将以预设的减载速率将负荷降至最小负荷，最小负荷可以为额定负荷的5%以下。同时，在降负荷过程中，压气机进口导叶（IGV）角度也将自动关小，以减少进入压气机的空气流量。

（2）解列　当负荷降至最小负荷时，发电机出口断路器将自动断开，机组解列。

（3）空载冷却　机组解列后，燃气轮机将保持在额定空载转速下运行若干分钟，对高温部件进行冷却，防止应力过大而使机组产生损坏。

（4）燃料切断及惰走降速　空载冷却过程结束后，燃料管路关断阀关闭，燃料被切断，机组随即惰走降速。燃料切断后压气机防喘放气阀也将自动开启，将大部分压气机排气直接排空，防止燃烧室熄火后大量温度较低的压气机排气进入燃烧室和涡轮等热端部件带来较大的冷冲击，导致裂纹产生而降低热端部件的寿命。当转速降至某一转速后，由于压气机入口空气流量已降低，为保证机组冷却，压气机防喘放气阀自动关闭。

（5）盘车　盘车装置将在转速降至一定值后自动开启，并在机组降至盘车转速后自动耦合，机组将在低转速盘车状态下持续冷却。机组冷却完毕或盘车运行足够时长后，盘车可通过手动或自动的方式退出，盘车退出后其他辅机设备（如润滑油泵、油雾风机、罩壳风机等）也相继退出。机组停机后，运行人员还需对现场的手动设备进行相关操作。

机组投入盘车后，通常需要保持盘车运行一定时长后才允许重新起动，这是因为停机过程中热通道内零部件由于冷却速度不同导致冷却不均匀，部件变形也不一致，若短时间内又起动会造成机组碰磨。盘车退出后，根据停止盘车的时间长短，重新起动前所需的连续盘车小时数通常也不同，停止盘车后机组在较短时间内重新起动时连续盘车小时数可缩短。

燃气轮机在停机后如果需要检修，可采用高盘冷却的方式缩短等待时间，即通过起动装置将燃气轮机加速到高盘转速，增大鼓风空气流量加快机组的冷却。高盘冷却一般需要盘车一段时间后才能执行，以防止因热部件冷却不均、变形不一致导致机组碰磨。

如果燃气轮机需要长时间保持在停机状态，还应对其进行防腐防锈处理，并检查是否存在长期存放的其他隐患。

8.4.2　紧急停机

紧急停机是指燃气轮机在紧急情况下尽可能在短时间内退出运行，包括机组保护系统发出的自动紧急停机和某些紧急情况下的手动紧急停机。紧急停机触发时，燃料立即被切断，同时发电机断路器也立即断开，机组将直接解列并惰走降速至盘车投入。燃气轮机在惰走降速后都需要投入盘车，使机组能够均匀冷却，防止因受热不均发生热弯曲。盘车运行时间应足够长，以使机组得到完全冷却，之后盘车退出,相关辅机设备也相继退出,至此停机过程结束。

燃气轮机在运行过程中发生紧急情况时,由保护系统自动触发或手动按键发出紧急停机指令,直接切断燃料,使机组尽快退出运行。紧急停机的同时,应保证所有上、下游的关联设备也停止运行,避免这些设备继续运行导致危险发生。

紧急停机时,为了让机组能够尽快停机,只有燃料切断及解列和盘车两个步骤,并且 IGV 和压气机防喘放气阀也会立即动作,及时减少压气机排气对热端部件的冷冲击。紧急停机过程中相关重要设备的运行时序如图 8-8 所示。

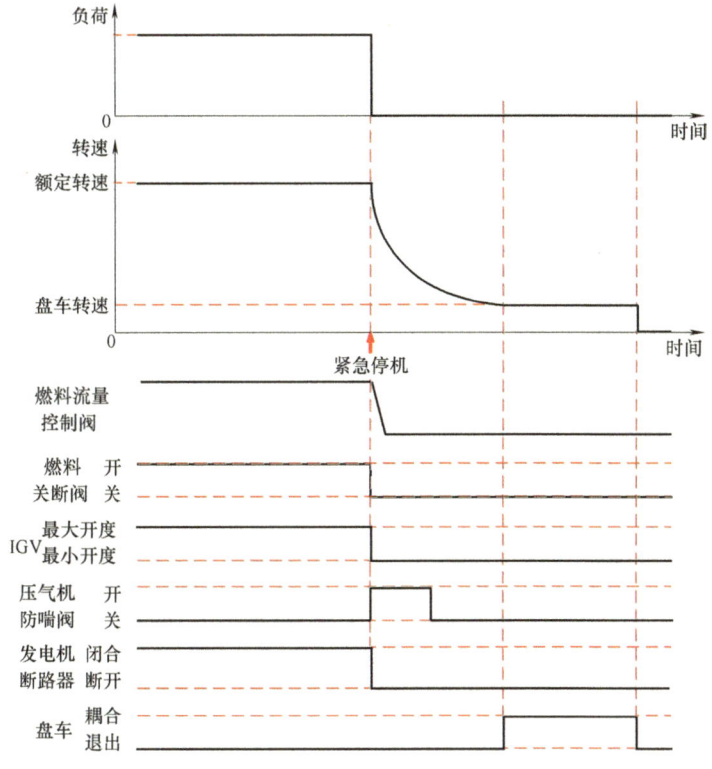

图 8-8　紧急停机过程相关重要设备的运行时序图

（1）燃料切换及解列　紧急停机指令发出后,燃料系统的快速关断阀将立即关闭,从而切断燃料供应,同时发电机出口断路器也会立即断开,机组将直接惰走降速。此外,IGV 会立即关至最小开度,压气机防喘放气阀立即开启,以减少压气机空气流量,避免对热端部件造成较大的冷冲击。转速降至一定值后压气机排气流量已降低,防喘放气阀自动关闭,使机组能够进行合理冷却。

（2）盘车　紧急停机后的盘车运行与正常停机相同,待机组降速至盘车转速后盘车装置自动耦合，盘车运行结束后可手动或自动退出，其他辅机设备也相继退出，紧急停机过程结束。

紧急停机后一般不允许自动重起，必须由操作人员核查并确保导致紧急停机的故障已经消除后方可重新起动运行。

8.5 单轴燃气轮机控制与保护系统示例

8.5.1 燃气轮机控制系统示例

东方电气集团东方汽轮机有限公司基于成熟的集散控制系统（Distributed Control System，DCS）平台，自主开发了适用于G50燃气轮机的控制系统，此控制系统包括顺序控制、燃料控制、辅机控制、防喘控制、温度控制、抽气控制、负荷控制等功能，具有平台先进、可靠性高、维护方便等特点，为国产首台F级燃气轮机顺利运行提供了有力保障，对实现燃气轮机设计与制造自主可控具有重要意义。

1. G50燃气轮机控制系统硬件结构

控制系统硬件采用带有双冗余CPU为核心的DCS系统，各工作站与CPU之间采用双冗余以太网进行连接，在单个CPU或单路网络故障的情况下，系统能够自动切换到无故障的CPU或网络上，以保障控制系统的可靠性。东汽G50燃气轮机控制系统硬件结构如图8-9所示。

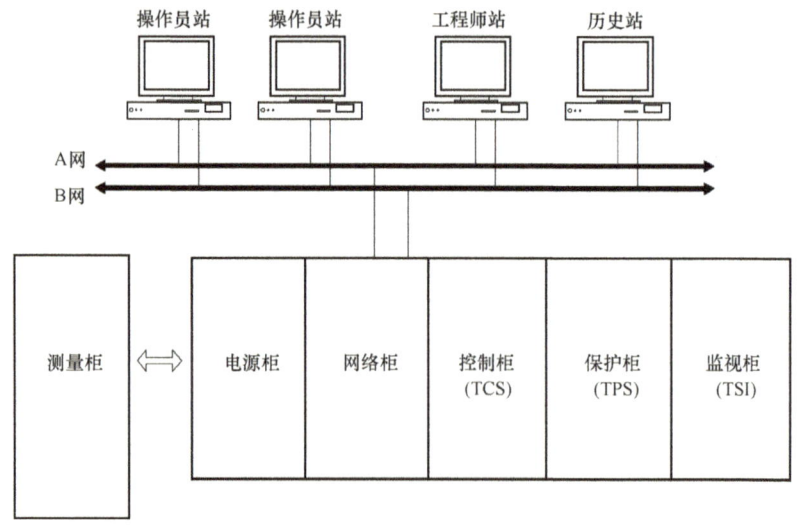

图8-9　G50燃气轮机控制系统硬件结构

操作员站是运行人员对燃气轮机进行操作和监视的计算机系统。在允许的条件下操作人员可对现场油泵、阀门和风机等设备的执行机构进行控制，同时对温度、流量、压力和振动等参数进行监视，以确保燃气轮机的正常运行。操作员站可以操作现场设备，但没有修改控制系统底层参数和逻辑的权限。

工程师站除具有操作员站的所有功能外，还具有系统组态、逻辑制定及人机接口（Human Machine Interface，HMI）设计的功能，在实际工程中，承担了对系统初始设置及底层参数调试的任务。

历史站是保存控制系统运行数据和操作记录的工作站，一般会配备容量较大的存储设备，保存周期至少为一年。需要分析燃气轮机运行情况或在发生事故后分析事故原因时都需要从历史站中导出数据。

控制系统机柜中主要包含控制系统的 CPU 与卡件，CPU 是控制系统进行逻辑运算的核心，运算算法由工程师站配置；卡件提供了与现场设备通信的 IO 接口，卡件根据不同的 IO 接口类型分为 AI、AO、DI、DO、TC 和 RTD 卡件。

测量系统：控制系统虽然已能够保证燃气轮机的顺利运行，并且能在一定程度上通过历史站的数据分析燃气轮机的运行状态，但是也存在其局限性。由于控制系统数据记录频率一般仅为 1s 一次，所以如果要分析变化较快的流体参数，就需要一套独立的测量系统。控制系统会留出与测量系统通信的接口，使得测量系统也能够采集到控制系统的数据，便于后期分析。

2. G50 燃气轮机主控制器

G50 燃气轮机主控制器以最小选择算法作为核心逻辑算法，通过不同的燃料计算模块输出的燃料量都将进入最小选择器。其目的是选出最确保安全的燃料量作为燃气轮机当下唯一的燃料给定值。不同的燃气轮机机组其核心小选逻辑块的输入输出项目是不同的。在研发燃气轮机控制系统时，根据控制系统的总体功能架构，建立输入输出项目，其主要原理如图 8-10 所示。

从图 8-10 可以看出，G50 燃气轮机的主控制器有 7 个燃料输入模块，分别为排气温度限制器、透平入口温度限制器、压气机排气压力限制器、燃气轮机发电功率限制器、燃气轮机转速控制器、燃气轮机功率控制器和燃气轮机起动控制器。最小选择器将从这 7 个燃料输入项目中选取数值最小的参数作为燃气轮机的燃料指令，经过变化率限值模块的处理后输出到燃料分配控制器。要理解主控制器的工作原理，需要对每个燃料输入子控制器的作用和设计理念进行说明。

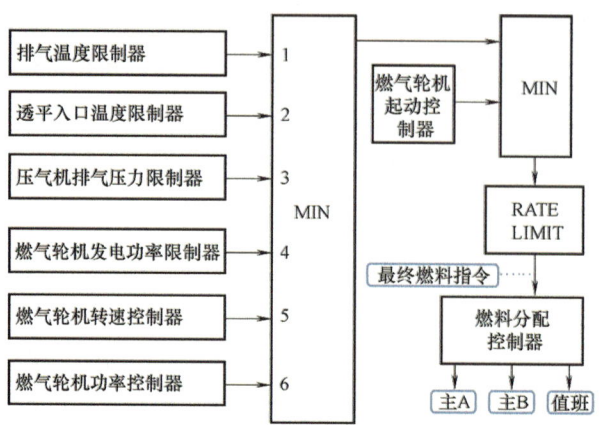

图 8-10　G50 燃气轮机主控制器原理图

排气温度限制器直接限制燃气轮机排气温度。根据燃气轮机高温部件的运行温度限制、排气道的设计耐温限制和联合循环运行时锅炉的进气温度限制得到燃气轮机排气温度的限制函数。通过函数计算出的限制值与燃气轮机实际排气温度进行比较，通常情况下燃气轮机排气温度应小于排气温度限制值，此时温度控制器闭环输出会不断积分达到上限并不被最小选择器选择。

透平入口温度限制器是防止燃气轮机高温部件运行超温的关键控制部件。由于 G50 燃气轮机在额定工况下的透平进口温度在 1300℃以上，商用机组无法通过常规测量手段监测该温度，因此采用间接测量的方法计算透平入口温度。间接测量参数包括透平进口压力 p_{in}、燃气轮机排气温度 T_{out} 和燃气轮机排气压力 p_{out}。运用热力学公式可以得出透平入口温度 T_{in} 为

$$T_{in} = \frac{T_{out}}{\left(\dfrac{p_{out}}{p_{in}}\right)^{\frac{n-1}{n}}} \quad (8-6)$$

由于理论计算值和实际温度存在一定的误差，因此需要对计算结果进行修正。修正的依据来自于整机试验过程中对透平入口温度的实际测量值。G50 燃气轮机在满负荷试验过程中采用多种测试手段对透平叶片表面温度进行测量，包括在叶片表面布置热电偶和喷涂示温漆。考虑到示温漆需要在试验完成后判读而热电偶的测量位置较为局限，在试验过程中还利用红外光学高温计对叶身区域温度进行扫描以取得实时的试验数据。透平温度的限制值来自总体性能要求和试验后对透平叶片状态的检验。当燃气轮机在运行过程中透平入口温度达到限制值时，燃气

轮机负荷将无法继续提高，燃气轮机进入温控模式。

压气机排气压力限制器主要是防止压气机运行至失速的工况区域。排气压力限制器限制函数的设置依据来自压气机的部件性能试验。该试验在东汽2013年建成的压气机试验台上实施，在近两年的试验周期中，东汽取得了详细的压气机运行图谱。

燃气轮机发电功率限制器是对燃气轮机可以发出的最大机械功进行限值，限制依据来自于燃气轮机结构和机械强度设计的边界限定。通常情况下，燃气轮机不会触碰到功率上限，但在外界温度极低时可能会出现透平未超温但燃气轮机出力已经达到最大限定的状态。

燃气轮机起动控制器主要负责燃气轮机在点火和升速阶段的燃料给定，采用开环控制模式。当燃气轮机转速超过自持转速并达到顺序控制器投入转速时，燃气轮机燃料控制由起动控制器切换至转速控制器，此时机组转速依靠转速控制器闭环控制并逐步升速至额定转速。当燃气轮机发电机组完成准同期并网后，机组切换至负载控制器控制模式并运行至基础载荷。负载控制器除了控制燃气轮机达到机组设定负荷外，同时也承担一次调频的功能。

G50燃气轮机有8个独立的燃烧筒，每个筒都有三路燃料供应管道，分别命名为主A燃料、主B燃料和值班燃料。燃料分配控制器的作用是将总燃料按照一定比例分配到燃烧器的三路燃料管道中。燃气轮机在运行和变工况过程中除了严格控制燃料和空气的比例关系外，三路燃料的分配比例也是不断变化的，其变化规律需要精心地调试，否则燃气轮机将面临回火和热声振荡的风险。燃料分配控制器的核心算法和函数是基于大量的燃烧调整试验数据得出的，该试验主要在东汽燃烧器试验台上开展。目前的计算和仿真手段无法精确地预计燃烧器在不同工况下的火焰状态。由于每台燃气轮机的生产制造偏差和运行的环境条件不完全相同，在电站调试时通常需要进行燃烧调整，因此燃料分配控制器也具备在线燃调的功能，以满足工程应用的需求。

3. G50燃气轮机顺序控制流程

G50燃气轮机机组具有一键起停功能，此功能是通过控制系统CPU根据预先设定好的程序自动控制现场各个执行机构实现的，即顺序控制系统。

顺序控制功能的主要作用是使燃气轮机能够自动运行并达到目标工况。根据电站燃气轮机现场应用的需求，燃气轮机通常有不同的运行模式和加载模式，顺序控制的主体步序将根据运行模式的不同进入不同的分支。G50燃气轮机运行模式说明如下：

（1）燃气轮机运行模式的选择　按照目前的功能设计，G50燃气轮机商业机有多种运行模式。在燃气轮机运行之前，操作人员首先对机组运行模式进行选择，然后确认机组起动条件达成后，即可单击"运行"按钮，使燃气轮机进入起动程序。燃气轮机的主要运行模式为

1）燃气轮机自动运行（AUTO）：在该模式下，燃气轮机按照步序全自动升速并加载至目标载荷。整个过程自动化运行，不需要人为干预，但会根据电厂运行的习惯设置人工确认断点。

2）燃气轮机步进调试运行（STEP）：在该模式下，燃气轮机会按照顺序控制的步序单步运行，当燃气轮机开始运行时，由运行人员单击"下一步"按钮使燃气轮机一步一步运行。最终燃气轮机可运行至设定载荷，也可以从设定载荷单步运行至燃气轮机停机。该运行模式主要在燃气轮机电站调试期间使用。燃气轮机步进调试运行模式可与自动运行模式随时切换。

3）燃气轮机高速盘车功能（PURGE）：在该模式下，燃气轮机自动运行至高速盘车转速状态，对燃气轮机进行吹扫，在运行人员未单击"停止"之前，燃气轮机将持续吹扫状态。

4）燃气轮机辅机一键起动功能：在燃气轮机正式运行之前，应保证燃气轮机辅机处于正常运行状态。为了方便操作，运行人员可使用辅机一键起动功能，使润滑油泵、控制油泵、油箱风机和罩壳风机等顺序起动，满足机组起动条件。

（2）燃气轮机加载模式的选择　当燃气轮机运行至额定转速并完成同期并网后，机组将运行至最小载荷状态，等待进一步加载。燃气轮机有多种加载方式可供选择，具体为

1）通过手动按钮增减模式给燃气轮机加载（一次调频功能关）：当机组并网后系统默认加载方式为手动按钮增减加载，加载步长可设定，控制系统按照转速不等率自动计算加载载荷所对应的燃料量，控制原理为燃料开环控制模式。燃气轮机在加载过程中，运行人员通过观察发电机负荷变送器的反馈，确定燃气轮机的当前载荷。

2）通过手动按钮增减模式给燃气轮机加载（一次调频功能开）：当机组达到一定运行条件时，运行人员可以投入一次调频功能，若此时燃气轮机在手动增减载荷的模式，一次调频功能会根据发电机频率反馈自动修正燃气轮机燃料量，以达到快速稳定网频的目的。

3）通过负荷设定模式给燃气轮机加载（一次调频功能关）：当机组并网后，运行人员可以选择负荷设定模式给燃气轮机加载，燃气轮机会按照设定目标自动调整燃料量至目标载荷，加载速率为系统内部设定值，加载过程中不需要运行人员手动干预。在该模式下，燃气轮机的输出载荷不受网频变化的影响，控制系统将自动保持机组的输出载荷，使其与设定目标一致。

4）通过负荷设定模式给燃气轮机加载（一次调频功能开）：当运行人员选择负荷设定模式给燃气轮机加载时，若一次调频功能开，一次调频功能模块会根据网频反馈调节燃气轮机燃料输出，同时自动调整负荷设定值，以实现对网频波动的补偿。

5）通过自动发电控制（Automatic Generation Control，AGC）功能给燃气轮机加载：当运行人员选择 AGC 指令给燃气轮机加载时，指令将传递到燃气轮机负荷设定接口，通过负荷设定模式加载。因此，AGC 模式只是将燃气轮机的负荷设定由燃气轮机控制窗口手动输入切换为燃气轮机 DCS 自动给定。

8.5.2 燃气轮机保护系统示例

区别于主流保护系统采用继电器回路，G50 燃气轮机保护系统以独立于燃气轮机控制系统的双冗余 CPU 为核心，搭配用于保护关键参数的独立硬件，形成了一套安全可靠，搭建方便，过程可视、可回溯，维护便捷的保护系统，同时作为 DCS 的一部分，保护系统也可与控制系统 CPU 通过以太网进行通信，使得控制系统和保护系统都能完整读取整个系统的所有参数，这样两套系统相互交互，方便工程人员编制更加严密且冗余度更高的控制和保护逻辑。

1. G50 燃气轮机保护系统硬件结构

G50 燃气轮机的保护项目按照风险高低分为多个层级，分别由不同的系统来判断和执行，控制系统（TCS）、保护系统（TPS）和监视系统（TSI）将在不同的保护项目中发挥着各自的作用，并通过保护系统组成有机整体共同保证燃气轮机的运行安全。图 8-11 所示为 G50 燃气轮机的保护系统硬件结构示意图，可以看出保护系统在整个控制系统中的联结关系和作用。

（1）保护系统（TPS） 主要包含保护系统 CPU 及卡件，卡件主要由 DI 卡件与 DO 卡件组成，全数字量的结构组成保证了响应的快速性及可靠性，其输出主要控制最关键的数字量执行机构，保证在跳机时燃气轮机的电源及气源均已切断。

（2）控制系统（TCS） 用于获取模拟量跳机信号，如温度、压力等，执行动作包括调节 IGV、防喘放气阀及燃料调节阀等模拟量控制的执行机构，使跳机过程更加安全可控。与保护系统的交互除通过 DCS 网络通信外，还可通过 DI、DO 卡件接有硬接线通信，能够更好地保证停机时的通信可靠性。

（3）运动参数监视系统（TSI） 对于轴振及转速等变化较快的参数信号，DCS 受硬件限制较难处理，所以会配备一套运动参数监视系统，将信号转化为数字量信号进入保护系统中实现停机操作。

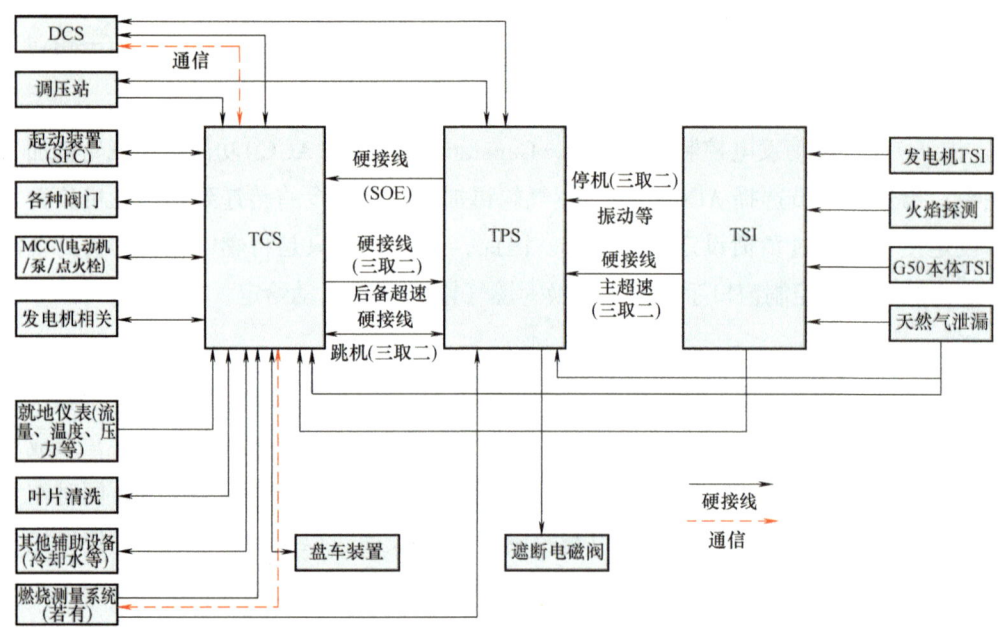

图 8-11　G50 燃气轮机保护系统硬件结构

（4）燃烧测量系统　又称作燃烧脉动压力监视系统，主要用于燃烧保护。该系统将对燃烧器内部动态压力进行实时测量，通过对动态压力进行采集和频谱分析，判断当前燃烧器是否处于振荡燃烧状态。该系统能够将判断结果以数字量的方式传输给 DCS，以便进行降负荷或跳机保护等动作。

2. G50 燃气轮机主要保护项目

（1）急停按钮紧急停机保护　通常需要在控制室设置紧急停机按钮，且该按钮触点通过硬接线直接和控制系统跳机总出口的继电器模组相连。按下按钮后，可不通过 CPU 的运算直接通过硬件跳机。

（2）建筑烟雾或火灾保护　当消防系统产生烟雾和火灾报警时可输出开关量信号（至少三路），用于和控制系统连锁，给运行人员报警和直接连锁跳机。

在控制室和现场将配置专用的火灾急停按钮盒，由运行人员和现场巡检人员确认火情后手动触发急停按钮。

（3）燃气泄漏保护　通过消防报警系统配置的燃气探测传感器来提供相关的报警，该报警信号直接和控制系统联动，当燃气泄漏触发后，控制系统直接执行跳机动作。

（4）控制系统通信故障保护　控制系统的通信保护分为两个方面，分别是控制器之间的通信和控制器与上位机的通信。控制器之间的通信故障主要利用看门狗逻辑来识别。整个控制系统设计有两对 TCS 控制器和一对 TPS 控制器，最重要的通信是三对控制器之间的数据交换。三个控制器按一定的频率互相发送校验信号，同时不断地检测校验信号的频率是否正常，当校验信号异常时，则判断通信故障，触发系统跳机。控制器和上位机的通信主要利用系统自带的检测系统来监视，当某操作员站发生通信故障后，其画面会显示明显的提示报警，但不会触发控制系统急停。

（5）燃烧器燃烧振荡保护　燃烧器燃烧振荡保护通过专用的动态信号测试系统实现。G50 燃气轮机在每个燃烧筒上布置两个脉动压力测点。通过在整机试验台开展的大量燃烧调整试验，提取出燃烧脉动的特征频段和幅值，用于作为判断燃烧振荡的强弱状态。将这些识别特征固化于硬件系统后，即可自动实时判断燃烧状态，当燃烧振荡达到阈值时，向控制系统输出开关量信号，以实施自动调整、自动降载以及跳机等保护动作。

（6）机械振动异常保护　G50 燃气轮机商业机轴系由发电机、齿轮箱和燃气轮机本体构成，其设备配套的振动信号全部进入 TSI 系统进行监视和保护，通过专用的调试软件在 TSI 中设定对振动的报警和保护限值，当参数触发报警和跳机限值时，TSI 通过开关量信号连接 TCS 显示报警，同时连接 TPS 进行系统跳机保护。同时，为使运行人员可以实时监视设备的振动数值，TSI 采用 4～20mA 模拟量将振动信号的通频值传输给 TCS，利用 TCS 也可以对振动信号进行软件限值保护。

（7）燃烧器部分熄火保护　燃烧器的部分熄火保护分为以下三个阶段：

1）燃气轮机点火阶段。燃气轮机在点火栓放电期间，开起火焰检测，若 8 个火焰探测器全部监测到火焰信号，则机组点火成功，进入火焰保护状态。若有 1 个或多个火焰探测器未监测到火焰信号，则机组点火失败，实施跳机保护。

2）燃气轮机起动阶段。该阶段燃气轮机开始向额定转速升速。8 个火焰探测器应持续监测到火焰状态，若有任一个或多个火焰探测器未监测到火焰信号，则系统判断燃气轮机熄火并执行跳机动作。

3）燃气轮机运行阶段。当燃气轮机完成开机到达额定转速的运行工况后，火焰探测器将会退出保护，主要原因是当燃气轮机载荷增加后，火焰状态发生改变，不利于火焰探测器可靠地识别火焰状态。当火焰探测器被切断后，需要采用通过燃气轮机运行状态来判断燃气轮机是否熄火。

（8）排气温度（BPT）的保护　利用燃气轮机排气温度可以对燃气轮机透平进口温度和燃烧器进行保护，是燃气轮机安全运行的重点保护项目。利用 BPT 对燃气轮机的保护主要分为以下几个方面：

1）检查 BPT 单个测点和 BPT 平均值之间的偏差。可保护燃气温度的不均匀性，或燃烧筒的局部熄火。

2）对 BPT 平均温度的限值保护，主要保护透平超温和排气超温。

（9）其余常规保护项目　G50 燃气轮机其余常规保护项目见表 8-1。

表 8-1　G50 燃气轮机其余常规保护项目

保护项目	保护内容	备注
超速保护	超速保护	模拟量保护
润滑油系统保护	润滑油箱液位保护	模拟量保护
	润滑油母管压力开关保护	模拟量保护
	各设备入口油压保护	模拟量保护
	润滑油温度保护	模拟量保护
控制油系统保护	控制油箱液位保护	模拟量保护
	控制油箱温度保护	模拟量保护
各设备轴承保护	轴承温度限值保护	模拟量保护
密封空气系统保护	密封空气压力限值保护	模拟量保护
关键控制测点丢失保护	对关键测点进行坏点判断，当坏点数量无法保证安全运行时触发跳机	
水系统保护	水系统的进水压力限值保护	模拟量保护

8.6　分轴燃气轮机控制系统

8.6.1　分轴燃气轮机结构带来的控制新问题

图 8-12 和图 8-13 所示分别为分轴燃气轮机的示意图及其平衡运行线，分轴

燃气轮机的高压透平驱动压气机,动力透平带动负载,压气机、燃烧室和高压透平组成燃气发生器。可见,分轴燃气轮机最重要的特点是燃气发生器与动力透平仅能通过气体参数的变化相互影响,所以负载特性对机组的运行工况影响不大。不管驱动何种类型的负载,不管是恒速驱动还是变速驱动,燃气发生器所在的压气机轴(或高压轴)的转速、空气流量、透平进口温度、压比等参数均随着负载的改变而基本按同一规律变化。随着负载的降低、压气机轴转速下降,空气流量、压比也相应降低。鉴于分轴燃气轮机的结构特殊性,其压气机轴不与负载轴相连,可在较大幅度范围内变速运行;另外,其动力透平一般由 1～2 级透平组成,使得转动惯量较小,这些均给其控制系统带来了下列新问题。

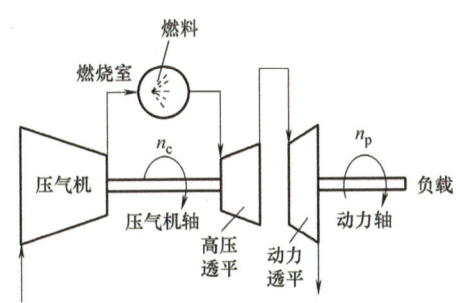

图 8-12　分轴燃气轮机示意图

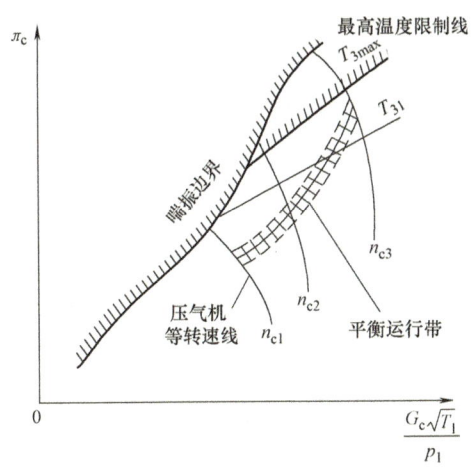

图 8-13　分轴燃气轮机平衡运行线

(1)加载过程的喘振和超温问题　若分轴燃气轮机处在怠速时要求迅速增

加负荷，负载轴（或低压轴）上的力矩平衡关系被破坏，动力透平的转速迅速降低，此时按单轴燃气轮机的调速系统给燃烧室迅速增加燃料的做法是不允许的。从图8-13所示的机组平衡运行线可见，在低转速时，虽然平衡运行线和喘振线存在安全裕量，但距离喘振线较近。此时，若在压气机轴转速没有提升之前就向燃烧室迅速增加燃料量会使得压气机发生喘振；在较高转速时，即使不进入喘振还存在最高温度限制的问题。机组转速没有提升之前，就将对应于满载的喷油量喷入机组，反而因机组空气流量没有达到满载时数值，从而导致超温。因此，必须控制分轴燃气轮机从低负荷工况到高负荷工况的加载过程，以防止机组喘振和超温。

（2）减载过程的燃烧室火焰吹熄问题　分轴燃气轮机减载过程存在的燃烧室火焰吹熄问题，由下列原因造成：一方面，因为分轴燃气轮机的压气机转速、空气流量随负载的减小而降低，所以机组怠速空载时供应燃料量比较小，此时只有在较小的空气流量时燃烧室火焰才不会被吹熄；另一方面，因压气机转子的转动惯量大，其升速和降速过程存在惯性，升速与降速不会瞬时完成。当机组在较高负荷运行时突然甩负荷，负载轴上的力矩平衡被破坏，动力透平主动转矩高于发电机阻力矩，使得惯性较小的动力轴在较大的过剩转矩作用下转速迅速上升，引起负载轴的转速调节系统减少燃料量，但压气机轴的转动惯量大，压气机轴转速降低慢，空气流量仍然较大，从而产生大空气流量、低燃料量的现象，容易使燃烧室火焰吹熄。因此，分轴燃气轮机需要对其减载过程进行合理控制，防止燃烧室火焰吹熄。

（3）甩负荷过程的超速问题　因分轴燃气轮机的特殊结构，其动力透平和燃气发生器是分开的，使得甩负荷时动力透平容易超速，有时负载轴转速超调量甚至达到了转子、叶片强度所不允许的程度，导致保护系统动作。

引起分轴燃气轮机甩负荷超速现象的主要原因有：①动力透平与燃气发生器没有机械连接，加之动力透平转子的转动惯量非常小，使得其加速极快；②动力透平与燃气发生器没有机械连接，当负载轴转速升高时，没有压气机的阻力矩来抑制其转速升高的作用（压气机阻力矩与转速正相关）；③压气机轴与负载不直连，且燃气发生器轴系的转动惯量又大，使得甩负荷后压气机轴转速降低较慢，在过渡时间内仍然向动力透平供应高压燃气，使得负载轴转速继续升高。

可见，分轴燃气轮机在甩负荷时超速问题非常突出，需要设置相应控制功能以防止机组在甩负荷时超速。

8.6.2 分轴燃气轮机控制系统的形成

分轴燃气轮机动力透平的驱动负载需要改变功率时，只能通过改变燃气发生器的气动功率来实现。通常，在给定大气参数条件下，分轴燃气轮机的燃气发生器平衡运行线上各点的气动功率是燃料量的单值函数。同时，特定负荷形式的负载功率需求与动力透平转速之间也具备确定关系，使得动力透平的功率也是燃料量的单值函数。所以，分轴燃气轮机的控制功能是依靠改变燃料流量来实现的。

根据分轴燃气轮机的运行原理可知，燃气发生器的运行点只能位于其平衡运行线上，所以燃气发生器的运行状态可由压力轴转速、燃气温度或压比来单独确定。

发电用分轴燃气轮机的核心控制任务为机组的功率与频率，所以应设置机组在正常运行状态下的功率频率控制系统。一般情况下，因机组平衡运行线上高压转子转速与燃料流量一一对应，所以发电用分轴燃气轮机可设置由动力透平转速有差调节改变无差压气机轴转速控制系统给定值的串级控制系统。

前述分轴燃气轮机特殊结构带来的控制新问题需要特定的考虑来解决。对于加载过程的防喘振和超温问题及减载过程的燃烧室火焰吹熄问题，应主要根据压气机轴的实际运行状态调节燃气发生器的燃料流量，同时设置相关限制值，所以需要在分轴燃气轮机运行图上设置相应的加载运行线和减载运行线，如图 8-14 所示。

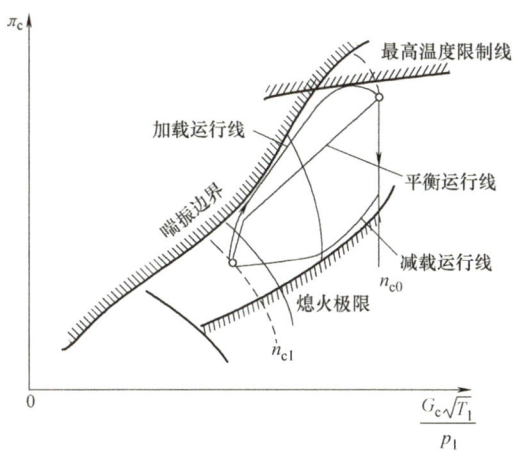

图 8-14 分轴燃气轮机示意及其运行线

对应于加载过程，设置加载运行线（图8-14），低转速时与喘振线保持安全裕量，高转速时主要受限于最高温度限制。由于该加载运行线上每一点的空气流量、燃气温度和压比等参数已知，若机组按照加载运行线运行，则在每一个压气机轴转速下进入燃烧室的燃料流量可以完全确定，此时可有加载过程的燃料流量-压气机轴转速曲线和燃料流量-压气机出口压力曲线。可见，机组加载过程中，机组的燃料消耗量应随压气机轴转速的升高而逐渐增加，即使负载轴转速因负载量增大而降速。

对应于减载过程，首先应设置最小燃料量限制，即使负载降低很多而导致动力透平转速大幅度升高时，也应限制燃料流量的下限值，不能由调速系统任意减小，以保证高空气流量下不熄火。同时，类似于加载过程，设置减载运行线（图8-14），依据不同空气流量有对应的熄火极限，可由压气机出口压力（或压气机轴转速）来控制减载过程的燃料流量，以保证不熄火。在减载运行线上，开始可直接将燃料流量大幅度减小，保证在额定空气流量下不熄火，然后随压气机轴转速的下降再逐步降低燃料流量。

对于甩负荷过程的超速问题，应要求控制系统的调节机构动作快速，尽可能快地大幅度减少燃料量，当然应保证不熄火。因此，控制系统中除了常规负载轴转速信号外，还应引入其微分信号，即减速率，以加快燃料调节阀响应速度。另外，还可以直接采用电负荷信号，只要负载降低，当动力透平转速来不及升高时就直接通过负荷信号的变化把燃料流量降低。

综上各种考虑，可形成分轴燃气轮机的控制系统，其示意图如图8-15所示。该控制系统包含压气机轴转速控制系统、压气机出口压力控制系统、动力透平功率转速控制系统和燃气最高温度限制系统四个部分。这四个系统的输出经最小值选择器输出最小值，随后会同点火燃料量和最小燃料限制值经最大值选择器选出最大者作为燃料流量控制指令，该指令进入电液转换伺服系统以改变燃料流量。

1）压气机轴转速控制系统：该系统用于起动过程中通过限制压气机轴的加速率来获取适当的起动过程，且正常运行时限制压气机轴转速的最大值。

2）压气机出口压力控制系统：用于以给定的燃料流量-压气机出口压力曲线来控制机组的加载过程。

3）动力透平功率转速控制系统：使用动力透平转速有差调节改变无差压气机轴转速控制系统给定值的串级控制系统，实现机组正常运行下的功率与频率调节。

4）燃气最高温度限制系统：测量动力透平排气温度，用大气温度进行修正，用以限制燃气温度。

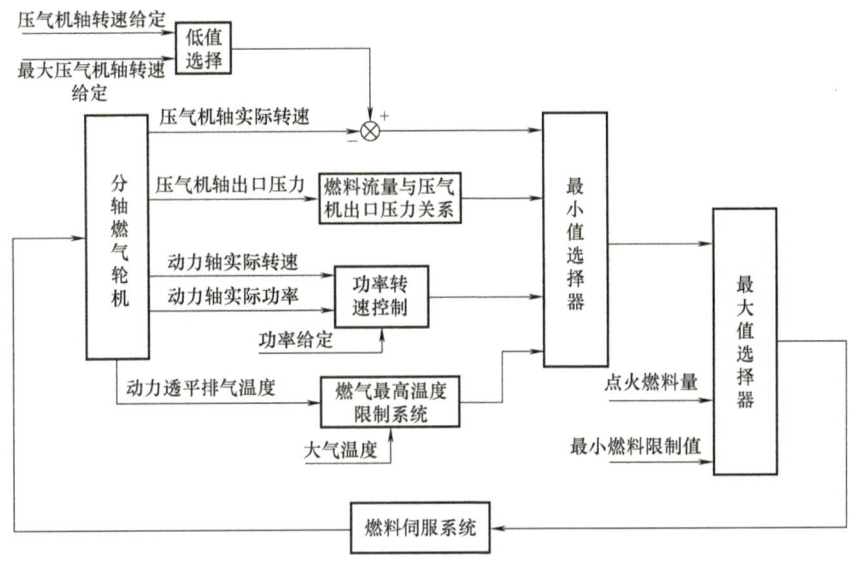

图 8-15 分轴燃气轮机控制系统示意图

8.6.3 动力透平喷嘴可调的分轴燃气轮机控制

若分轴燃气轮机的动力透平第一级喷嘴可调，随工况变化可调整该喷嘴安装角，则可重新分配高压透平与动力透平之间的焓降，使得工况变化按照所需的运行线进行。此时，分轴燃气轮机增加了一个可调变量，燃气发生器的工况可由两个独立变量（动力透平喷嘴角度和燃料流量）来调节。通过改变这两个变量之间的关系可实现平衡运行线的自由选择，机组调节方案较多。

8.7 多轴燃气轮机控制系统

随着燃气轮机技术的发展，其透平进口温度（TIT）不断提高，相应压比也不断提高，以更有效地提高效率。但是，高压比压气机的性能曲线斜率较陡，特别是在高转速下喘振边界变得较陡，给机组运行带来很大困难。基于此，发展出了采用双转子压气机组成的燃气轮机，包含双轴燃气轮机和三轴燃气轮机等类型。图 8-16 所示为典型三轴燃气轮机结构示意图。

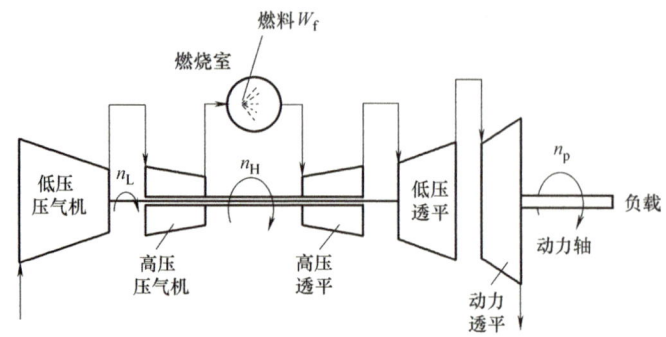

图 8-16　三轴燃气轮机结构示意图

图 8-17 所示为三轴燃气轮机最基本的转速功率控制系统示意图。由图 8-17 可见,三轴燃气轮机的转速功率控制系统不仅包括常规控制回路,还包括参数限制模块。控制系统采用串级 PI 控制,并通过 Min-Max 结构融入参数限制来实现控制功能。在该控制系统中,常规控制回路包含动力涡轮转速 n_P 控制、功率 - 转速前馈控制、燃气发生器高压转子转速 n_H 控制、燃气发生器高压转子加速度 n_{Hdot} 控制和燃气发生器燃料量 W_f 控制。串级控制的外回路是动力涡轮转速功率控制回路,稳态时采用动力涡轮转速 n_P 控制,非稳态时切换为功率 - 转速前馈控制;串级控制的内回路是燃气发生器高压转子转速控制回路,稳态时为高压转子转速 n_H 控制,非稳态时采用高压转子加速度 n_{Hdot} 控制,其实燃料量控制 W_f 也处于该内回路中,以实现燃料量的准确调整。对于 Min-Max 结构所融入的参数限制,最小值选择器模块中包括低压转子换算转速最大值限制 $n_{Lc,max}$、低压转子转速最大值限制 $n_{L,max}$、高压转子换算转速最大值限制 $n_{Hc,max}$、高压转子转速最大值限制 $n_{H,max}$、动力涡轮转速最大值限制 $n_{P,max}$ 和低压涡轮排气温度限制 $T_{Lo,max}$;最大值选择器模块中包含燃料量 $W_{f,min}$ 和 $W_{f,max}$ 限制、高压转子加速时的加速率 $(dn_H/dt)_{ac}$ 和燃空比 $(W_f/p_3)_{ac}$ 限制、高压转子减速时的减速率 $(dn_H/dt)_{dec}$ 和燃空比 $(W_f/p_3)_{dec}$ 限制。

三轴燃气轮机转速功率控制系统的控制流程为:首先,由动力涡轮转速 n_P 控制回路或功率 - 转速前馈控制回路确定串级控制外回路的控制信号,连同各转速限制和温度限制经最小值选择器,获取内回路高压转子转速给定 n_{Href};随后,由高压转子转速 n_H 控制回路或高压转子加速度 n_{Hdot} 控制回路计算燃料量控制信号,连同燃油流量、燃空比和转速变化率的限制值经最大值选择器获取燃料量给定;最后,由燃料量调节回路控制执行机构输出精确的燃料量。

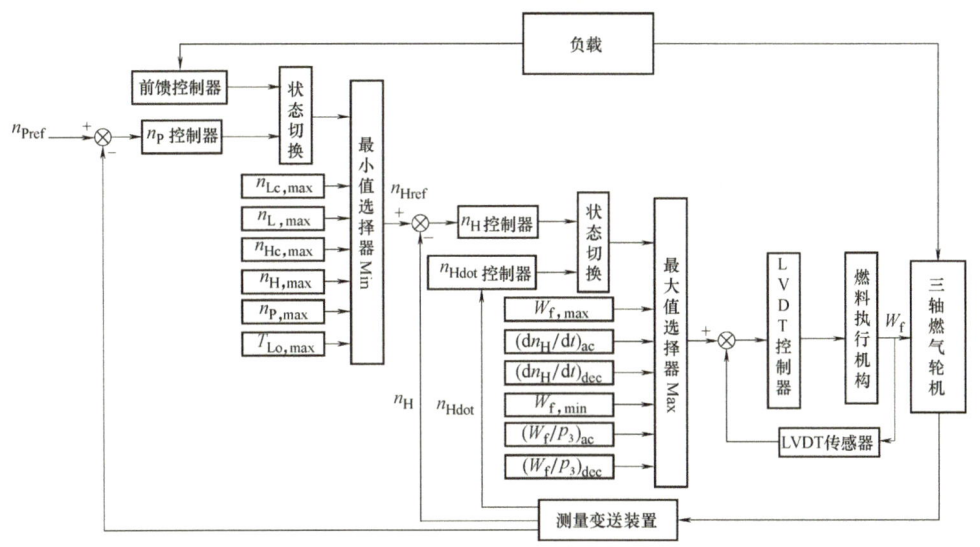

图 8-17 三轴燃气轮机转速功率控制系统示意图

当三轴燃气轮机的动力涡轮与发电机组达到额定转速后,若负载信号和控制指令均保持恒定,即意味着机组运行于稳态。为保证三轴燃气轮机发电机组频率稳定,系统采用串级控制策略,动力涡轮转速闭环控制作为串级控制的主控制回路(外环),燃气发生器的高压转子转速控制和燃料量控制作为串级控制的副控制回路(内环),此即为三轴燃气轮机的稳态控制回路。

当三轴燃气轮机加减负载时,作用在动力涡轮转子上的力矩平衡受到破坏,转速将偏离额定转速,此时控制系统应采用加减速度控制回路,该控制作用具备串级控制结构,此时,动力涡轮转速控制回路为串级回路的主控制回路(外环),燃气发生器高压转子转速变化率控制回路为串级回路的副控制回路(内环)。在动力涡轮的加速或减速过程中,采用分段控制的策略交替使用稳态控制回路与加减速控制回路进行控制,具体分段控制规则根据动力涡轮转速变化范围来确定。

再进一步进行研究,鉴于电力负载变化对应的时间量级很短,动力涡轮轴系力矩平衡的破坏将在瞬间完成,若仅交替使用稳态控制回路和加减速控制回路的分段控制策略则不具备快速响应能力,使得系统产生控制滞延,增大了动力涡轮转速的最大扰动量(超调量)。所以,为提高系统响应速度,可利用前馈控制的提前控制作用,在系统中引入功率–转速前馈控制后与前述控制作用组成前馈–反馈控制策略。

第 9 章

试验验证技术

燃气轮机是由众多零部件组成的复杂装备，各个零部件及其组合体的性能与可靠性能否达到预期设计目标都需要通过试验进行验证。因此，燃气轮机研发就是设计、制造、试验、优化设计的迭代过程，而试验验证既是是否继续"迭代"的判据，又是如何"迭代"的依据。由于燃气轮机的核心零部件大多在高温、高压、高转速下工作，对其参数和运行状态进行精确测量需要许多特殊的技术手段。为了降低试验难度和成本并确保产品的可靠性，燃气轮机试验通常采用零件—部件—整机试验循序渐进的方式。零件试验主要包括叶栅气动试验、透平叶片冷却试验等，部件试验主要包括压气机试验、燃烧室试验、透平试验等。本章将结合我国自主研发的 G50 重型燃气轮机的研发历程，对燃气轮机核心零部件试验和整机试验进行简要介绍。

9.1 燃气轮机测量技术

燃气轮机试验测量的主要参数包括压力、温度、应力应变、转速、振动、位移等，具有参数种类多、精度要求高、测量环境苛刻等特点。下面从稳态参数测量、动态参数测量和特种测量技术三个方面介绍燃气轮机的参数测量方法。

9.1.1 燃气轮机稳态参数测量

稳态参数测量也称为静态测量，是指被测的物理量在测量过程中可以近似认为不随时间变化。燃气轮机的稳态参数测量主要用于确定燃气轮机部件或整机的一些性能指标，如压气机气动性能计算需要的总压、静压、总温、气流角和进气、排气、抽气流量以及关键部位的气流速度、进口导叶角度等，燃烧室性能试验的总温、总压、燃烧筒的壁面温度等。

静态参数测量系统通常由测量元件、传感器或变送器、数据采集系统等组成。测量元件的主要作用是按照特定的测量方法将待测物理量无失真地传递到传感器感应元件上。

对于总压、静压、气流角和气流速度测量来说，气动探针是最常用的测量元件，如用于气流静压测量的静压探针、用于气流总压测量的总压探针、用于气流速度大小测量的毕托管以及用于气流速度大小和方向测量的三孔探针、五孔探针和七孔探针等。图 9-1 所示为一些典型气动探针结构，其中三孔探针主要用于测量二维速度，五孔和七孔探针主要用于测量三维速度，但七孔探针测量速度方向角的范围远大于五孔探针。除了单点速度大小和方向测量外，将此类探针与自动坐标系统组合还可以测量流场内各点的气流角、总压、静压、马赫数等参数。与热线、激光多普勒测速仪等方法相比，气动探针具有价格低廉、设备简单、使用方便、对环境要求低、测量可靠性高等优点，因此在燃气轮机各类气动试验中得到广泛的应用。

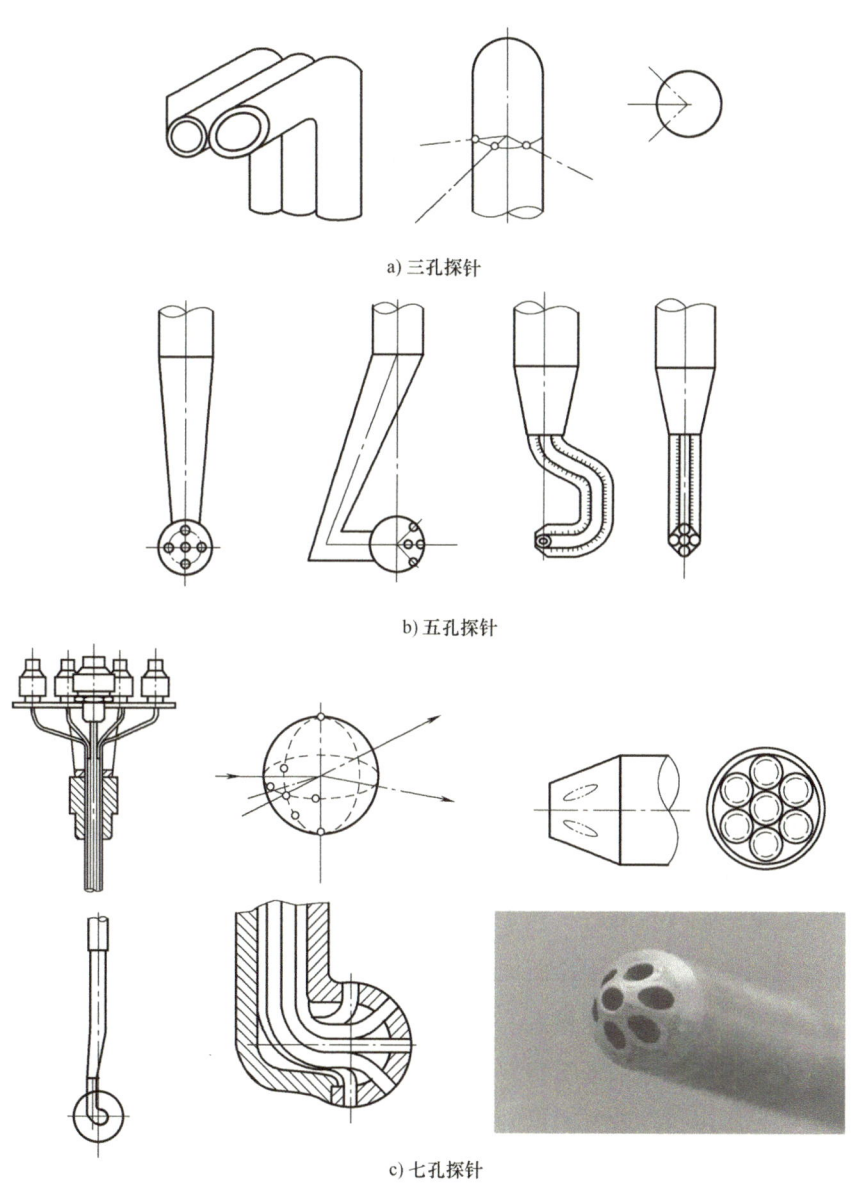

a) 三孔探针

b) 五孔探针

c) 七孔探针

图 9-1　典型气动探针结构

温度测量通常采用温度传感器,将其直接插入气流中进行测量。然而,由于温度传感器探头周围流场的复杂性,其测量结果既不是气流静温,也不是气流总温,而是介于两者之间的一个量值。当气流速度较低时,如输送气流管道内的流动,总温和静温的差异不大,可以按照上述方法测量温度。但是,对于 $Ma > 0.3$ 的高速气流来说,总温和静温的差异不可忽略,通常采用总温探针测量气流的总温,同时测量气流的速度,然后按照下面的公式计算出静温:

$$T = T^* - \frac{v^2}{2c_p} \qquad (9-1)$$

式中,T^* 为总温;v 为气流速度;c_p 为气流比定压热容。

典型总温探针结构如图 9-2 所示。可以看到,总温探针本质上就是在温度传感器头部增加一个滞止罩,利用进、排气孔径的差异,将罩内气流滞止下来,使探头测量温度接近总温。

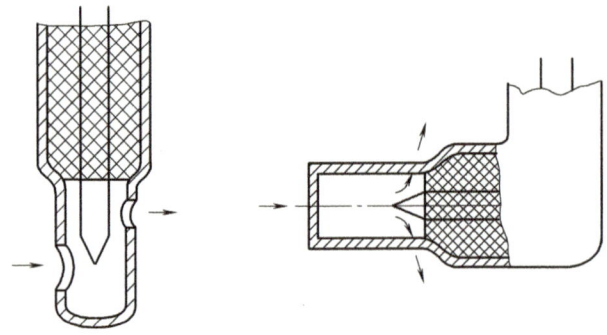

图 9-2　典型总温探针结构

流量测量在燃气轮机研发中是非常重要的,其测量元件多种多样,最常用的有标准孔板、标准喷嘴、文丘里管、长喷嘴、均速管等,利用伯努利方程,由测量元件前后的压差计算气流平均流速和流量。除此之外,还有热式流量计、容积式流量传感器等采用其他工作原理的流量计,都属于静态参数测量。

综上所述,静态参数测量系统的核心是传感器或变送器。测量压力的传感器主要有绝对压力传感器、差压传感器、表压传感器等。测量温度的传感器主要有热电偶、热电阻以及红外测温仪、红外热像仪等。流量测量本质上是基于测量元件的压力和温度测量,此处不再赘述。

由于高精度的压力传感器非常昂贵,对于配置数十个甚至上百个压力测点的气动性能试验来说，采用压力扫描阀可以大大减少传感器数量、提高测量精度。其工作原理是：数十个压力测点共用一个高精度压力传感器，通过切换装置在不同时刻测量不同测点的压力，因为切换速度非常快，可以很方便地"同时"获得多通道的压力。

为了实时显示、存储各传感器的测量值，数据采集系统是必不可少的。图9-3所示为典型静态数据采集系统，它主要由数据采集板、数据采集仪和计算机组成。数据采集板接收各压力、温度传感器的模拟信号，进行A/D转换后传送到数据采集仪，处理成计算机接口能够识别、接收的信息后输入计算机，最后用专用软件对各参数测量值进行显示、存储和分析。

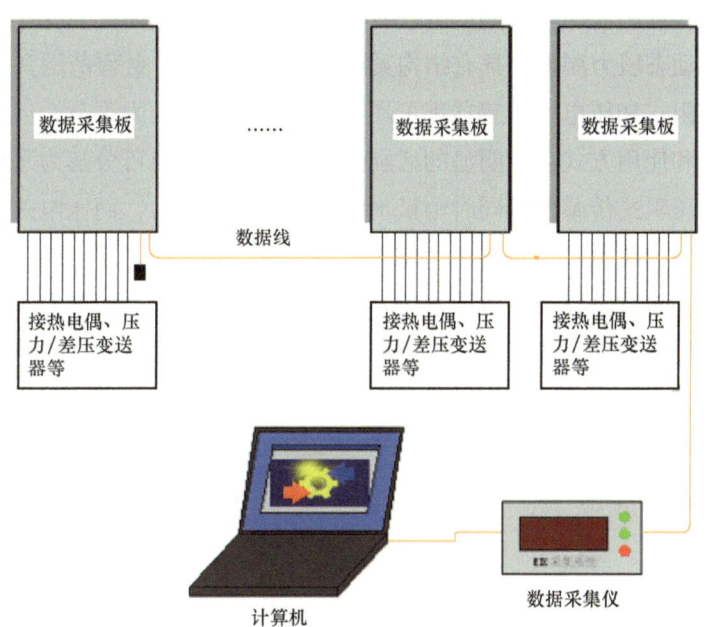

图9-3 典型静态数据采集系统

高精度的数据采集板也是非常昂贵的，为了降低成本，可以借鉴压力扫描阀的原理，通过电气切换装置在不同时刻处理不同传感器的模拟信号，减少高精度A/D转换模块数量。在燃气轮机试验中，压力扫描阀在燃气轮机流道和典型截面的压力场测量方面得到了广泛应用。

9.1.2 燃气轮机动态参数测量

动态参数测量是指被测的物理量在测量过程中不断变化，测量结果是一个随时间变化的变量。燃气轮机动态测试主要用于测量动态压力、应力应变、振动、噪声等，为燃气轮机压力脉动、振动机理研究以及安全运行提供基础数据。

为了提高测量系统的响应特性，动态参数测量通常要求传感器就近布置、齐平安装，所以动态参数测量通常没有测量元件，仅需要传感器和动态数据采集系统。

燃气轮机动态压力测量通常使用压阻式或压电式动态压力传感器。压阻式动态压力传感器是利用半导体的压阻效应，通过测量传感器膜片上半导体敏感元件的电阻值变化来获得被测介质的动态压力。压阻式动态压力传感器的结构简单，精度和灵敏度高，输出电平大，并且可微型化。图9-4所示为一种可封装在叶片表面的微型压阻式动态压力传感器，其厚度只有0.64mm，宽度只有1.6mm。压电式传感器是利用晶体材料的压电效应，通过测量压电晶体受力变化时表面电荷的状态实现动态压力测量，具有结构紧凑、频率响应高、量程范围宽等优点。

尽管压阻式和压电式传感器都可用于燃气轮机动态压力测量，但两种传感器的应用领域和使用方式存在明显的区别。若气流动态压力可分解为平均压力和脉动压力，则压阻式传感器可同时测量平均压力和脉动压力，而压电式传感器仅能测量脉动压力。压阻式传感器在中低频压力信号测量方面具有优势，而压电式传感器在高频、超高频以及高压压力信号测量方面优势明显，两者具有互补性。另外，压电式传感器除了测量流动压力外，还广泛应用于振动信号的测量。

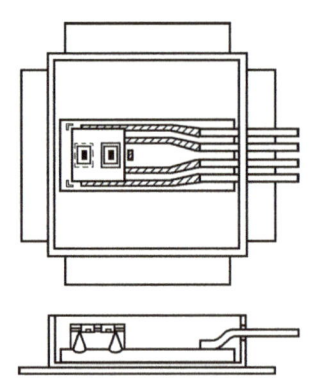

图9-4　微型动态压力传感器

燃气轮机应变测量主要采用电阻应变片，这也是应用最为广泛的一种方法。测量零部件在某一处的应变后,利用材料应力-应变关系就可得到此处的应力值。燃气轮机的核心部件燃烧室的应变测量一般使用高温应变片，使用温度要求达到1000℃以上，目前我国还无法生产如此高温的应变片。

燃气轮机振动测量通常包括转子振动、轴承盖振动等。用于燃气轮机振动测量的传感器主要有电涡流位移传感器、磁电式速度传感器、压电式加速度传感器等。

电涡流位移传感器主要用于监测转子振动，利用两个垂直于轴心正交布置的电涡流传感器就可以得到转子对应位置的轴心运动轨迹，对研究转子振动机理、分析评估机组振动故障具有重要价值。测量前将传感器固定在待测轴附近的静止部件上，传感器头部与轴表面之间预留一定的间隙，通过测量间隙变化获得转轴振动值。因此，电涡流位移传感器属于非接触相对振动测量，固定传感器的静止部件刚度应尽可能大，以消除静止部件自身振动的影响。

磁电式速度传感器和压电式加速度传感器都属于接触式测量，可通过螺纹连接、专用胶粘接或磁铁吸附等方式将传感器固定在待测非旋转部件的特定位置，如燃气轮机轴承盖、壳体、基座等，用于监测对应位置的振动特性。

动态数据采集系统的基本功能与静态采集系统相同，都是 A/D 转换，但需要更高的采样频率，通常要求 200kHz 以上，最高可达 20MHz，所以无法用静态采集系统采集动态数据。大多数便携式动态数据采集系统集成了 A/D 转换、数据传输与存储、数据显示和处理分析等功能，如图 9-5 所示的动态采集系统，其具有最高 2MHz 的采样频率、16 位的 A/D 量化精度和最高 800V 的电压测量范围，并自带多种频谱分析软件，非常适用于实验室的动态数据测量。

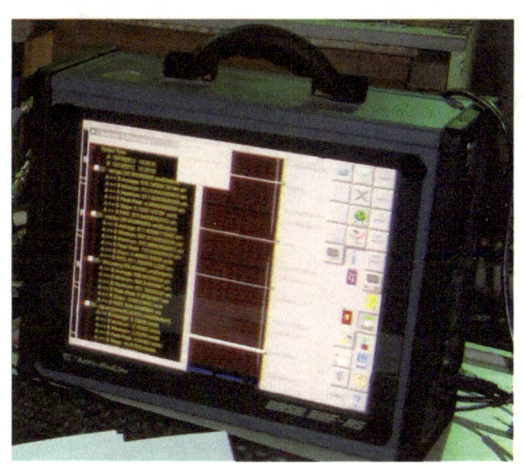
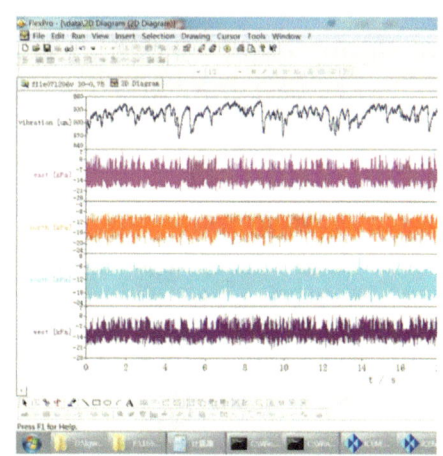

图 9-5　典型便携式动态数据采集系统

9.1.3　燃气轮机特种测量技术

由于高温、高转速的极端试验环境，燃气轮机试验需要的特种测量技术非常多,下面仅介绍几种最常用的特种测量,分别是光学高温计、温敏漆与压敏漆、叶尖定时测量技术和遥测技术。

(1)光学高温计 对于高温物体来说,表面温度越高,光谱辐射越强,光学高温计就是利用上述特性进行温度场测量的非接触式仪表,通过一系列光学组件和光电转换元件获取待测物体表面辐射强度,进而换算成表面温度值。

光学高温计是透平叶片表面温度测量的主要手段之一,该方法通常与透平高温叶片表面布置热电偶和温敏漆同时使用,能够实现不同测量手段的相互补充和验证。

常用的光学高温计的结构型式有两种,分别是固定镜式和翻转镜式。

固定镜式高温计探针内反光镜片位置固定,由位移机构带动红外探针伸缩,在伸缩过程中从叶尖向叶根方向扫描,探针伸缩范围为 20～40mm,可以扫描 15～35mm 叶高范围叶片表面的辐射量,进而得到对应位置叶高范围内的叶片表面温度场数据。该探针结构通用性较好,对于多组叶片测试情况,成本较低。然而由于机械结构限制,同一支探针扫描叶高范围仅 15～35mm。

翻转镜式高温计探针伸入内流道后固定,探针内有执行机构,能够在软件控制下带动反光镜片翻转,由于机构限制,翻转角度(即扫描角度)最大为 55.7°,其中最小可视角度为 86.4°,最大可视角度为 142.1°。但该探针无法像固定镜式的探针那样实现探头的伸缩,因而只能测量探针局部区域。翻转镜式探针适用于定制的、针对某一个特定叶片区域的测量。

图 9-6 所示为用于燃气轮机叶轮温度测量的光学高温计及典型测量结果。

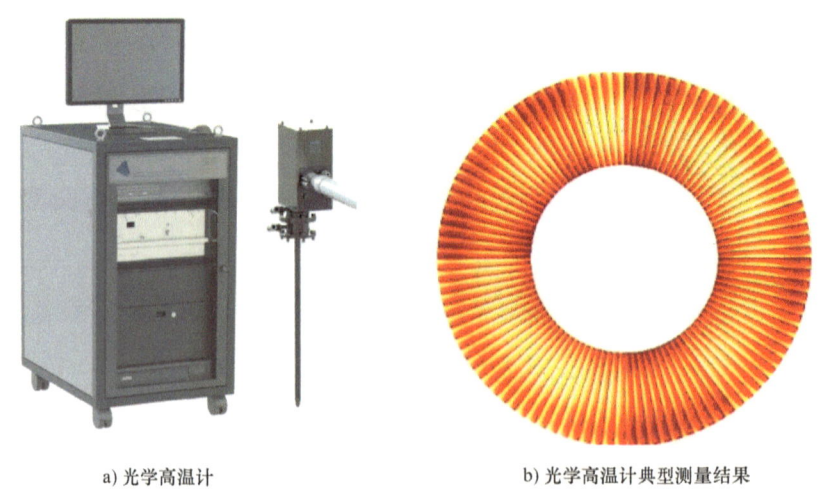

a)光学高温计　　　　　　　b)光学高温计典型测量结果

图 9-6　光学高温计及典型测量结果

（2）温敏漆与压敏漆　传统的表面温度场测量主要依赖表面温度传感器。20世纪80年代，温敏漆（TSP）技术的出现为燃气轮机部件温度分布测量提供了新的技术手段。在特定温度范围内，某些热敏感材料在不同温度下呈现不同颜色。TSP就是利用热敏感材料的上述特性进行物体表面温度场测量的非接触式测量技术，可根据待测物体的温度范围，选择特定的热敏感材料，将其溶于合适的溶剂，喷涂在待测物体表面形成涂层，然后利用相机记录、分析物体表面颜色的变化规律，就可以得到物体表面的温度分布特性。TSP测温方法成本低、分辨率高、全域测量，与传统方法相比具有明显优势。

在燃气轮机试验中，温敏漆主要用于测量透平转子叶片、静叶以及部分盘腔的表面温度分布，也可以用来测量燃烧室部件的温度场。温敏漆的选型以行业标准《不可逆示温涂料》（HG/T 4562—2013）为基础，对于同一测量对象，选用单、多变色温敏漆进行交叉喷涂，以获得良好的测量效果，测量精度预期能达到±10℃或者更高。

按照国内外关于温敏漆专项试验的做法，测温试验时试验件需尽量在10min左右升温到测量状态（一般是最高工作状态），并在测量状态下稳定运行3～5min，然后逐步降低温度到室温，最后对试验件进行分解并拍照和判读。尤其需要避免试验过程在最大峰值状态下反复升温、降温，以及长时间试验，否则会出现温敏漆判读困难或局部位置脱落的情况，如图9-7所示。此外，如果试验件不能分解，被遮挡部分拍照困难，无法画出变色温度等温线等，也将造成温敏漆判读困难或判读精度降低。

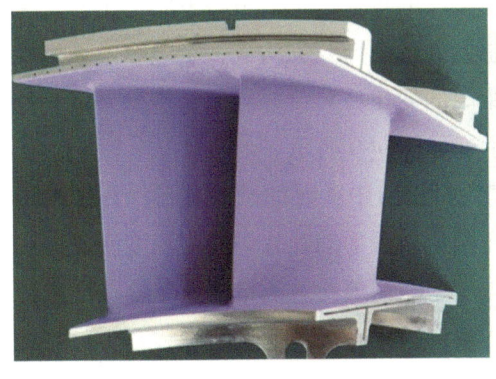　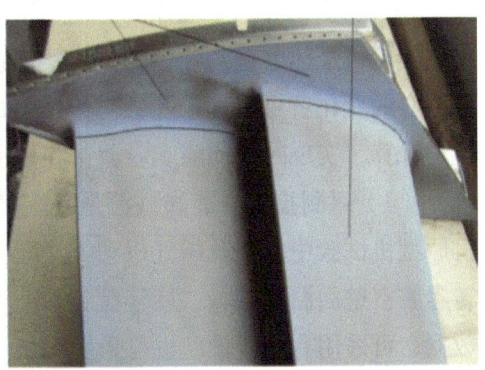

a）试验前叶片表面的温敏漆涂层　　　　b）长期试验后叶片表面的温敏漆涂层

图9-7　燃气轮机部件的TSP典型测量结果

与TSP技术的工作原理、测量方法相同且同步发展的还有压敏漆（PSP）技术，其主要用于测量物体表面的压力分布。

（3）叶尖定时测量技术　燃气轮机的转子叶尖振动通常采用叶尖定时（BTT）测量系统进行测量，该系统可用于监测叶片颤振、外部物体对叶片的损伤、旋转失速、低周疲劳裂纹、叶尖摩擦、叶片蠕动和其他叶片振动异常等。该系统主要由传感器（光纤、涡流、电容）、前置放大器、BVSI（叶片振动传感器接口）模块、采集主机和软件组成，如图9-8所示。

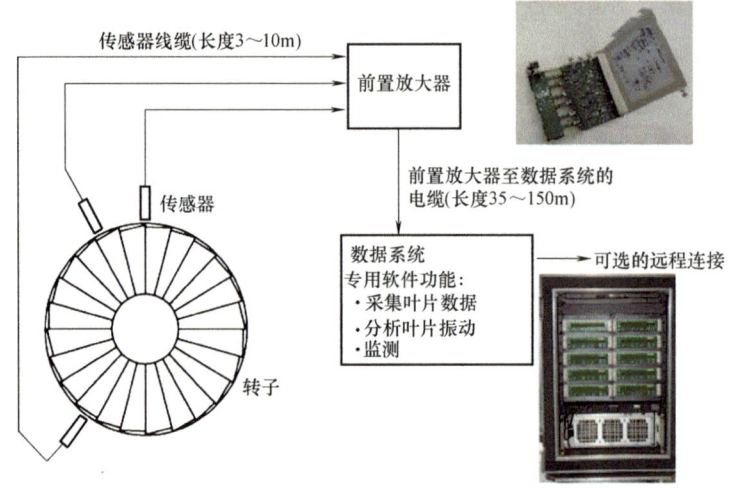

图9-8　BTT系统构成图

燃气轮机动叶片与缸体间隙也是试验关注的重点之一，可将电容传感器安装在燃气轮机缸体上正对叶尖的位置，传感器的电极与叶尖构成一个电容。通过检测电容的变化就可以确定叶尖与传感器距离的变化，对传感器信号进行采集、处理与计算，实现叶尖间隙实时测量和显示，如图9-9所示。

（4）遥测技术　旋转件测量是燃气轮机试验中重要的试验项目，在燃气轮机原型机试验中，涉及压气机动叶片应变测量、透平动叶片应变与温度测量、旋转盘腔室壁面温度测量、旋转盘腔温度与压力等参数测量。对于旋转件测量数据，可采用有线传输，也可采用无线传输，遥测通常指无线传输。

在燃气轮机整机或部件转动件参数测量时，遥测系统通过机械结构和电气功能的匹配设计，灵活多变的发射机组合方式，可为用户提供高达数百个遥测通道。测量时，遥测发射机将前端传感器接收到的物理信号经过调理、采样等处理后转换为数字信号，经过调制后通过天线发射出去，然后接收机通过天线接收信号并解调还原为测量数据，最终在数据采集软件中采集、分析与存储。遥测系统具有速度快、抗干扰能力强、结构紧凑、通道多、易安装、性能稳定可靠，可用于高转速测量等特点。

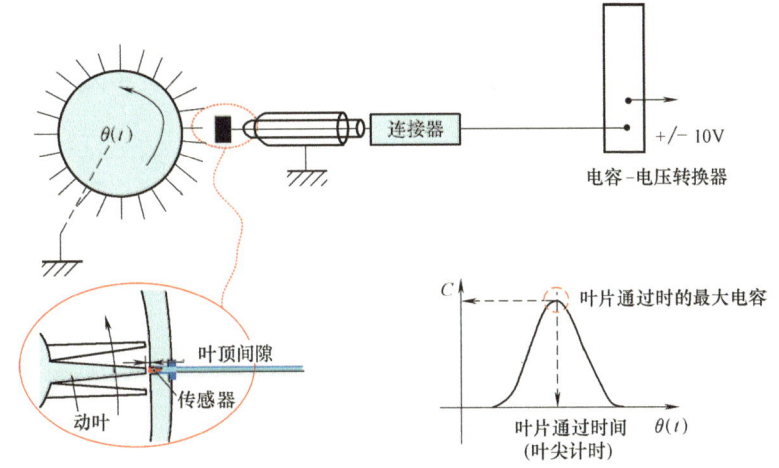

图 9-9　叶尖间隙测量系统工作原理图

除了上述特种测量技术外，燃气轮机试验还可能用到热线热膜流速测量、粒子图像测试系统、激光多普勒系统、晶体测温、平面激光诱导荧光系统等，限于篇幅，此处不再详细介绍。

9.2　压气机试验

压气机作为燃气轮机三大核心部件之一，试验验证是必不可少的。压气机试验的种类主要包括单级试验、多级试验以及整机试验。其中单级和多级试验的压比低、耗功小、试验设备简单，因此可能发生的破坏性和风险均远小于整机试验。同时单级和多级试验可以分析某些设计参数的选择以及级间的相互影响，从而积累必要的设计数据。通过压气机试验可全面测量压气机的气动性能和机械性能，其中气动性能包括总体特性、各叶片排的级间匹配特性，机械性能包括叶片振动特性、叶顶间隙变化、叶片应力分布等。

9.2.1　压气机试验台

国外各大重型燃气轮机公司，如通用公司、西门子公司、阿尔斯通公司、三菱公司等都拥有自己独立的压气机试验台及试验体系，为压气机研发提供技术支持。为了满足 G50 燃气轮机的研发需求，东方汽轮机有限公司建设了一套高压比、大流量重型燃气轮机压气机试验台，用于压气机技术的试验验证。该试验台用大功率电动机和齿轮箱驱动试验压气机，电动机功率为 25MW，压气机转速在 0 ~ 13200r/min 范围内可调，具备压气机单/多级试验，以及压气机整机性能试验的能力。该试验台不但能满足 50MW 燃气轮机压气机试验需求，通过相似模化也能满足 300MW 燃气轮机的压气机试验需求。图 9-10 所示为压气机试验台的主要设备布置以及试验台全景。

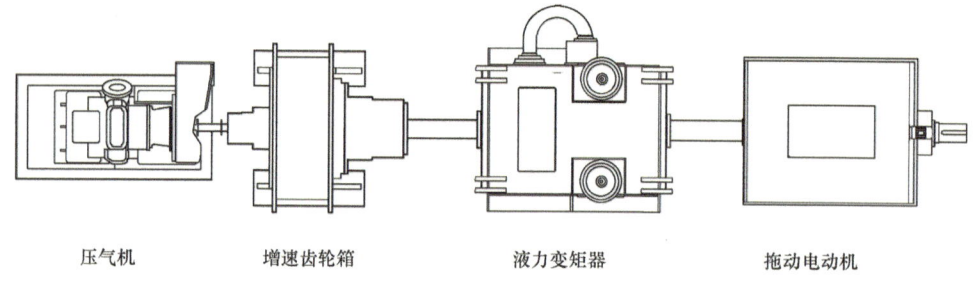

压气机　　　增速齿轮箱　　　液力变矩器　　　拖动电动机

a) 压气机试验台主要设备布置

b) 压气机试验台全景

图 9-10　压气机试验台

9.2.2　压气机试验方案

压气机试验的主要目的是获得内部各排叶片的工作特性。通过测量各叶片排间的气缸壁面静压，并结合流量、温度、几何等数据，就可以计算得到各叶片排的压损系数和压升系数随进气角的变化规律，为分析压气机级间匹配特性提供基础数据。大多数情况下，试验结果都能清晰地展示特性线的形状。压损系数随进气角的变化曲线呈一典型的"U"形，在中间区域损失较低，而随着正冲角和负冲角的增大，损失也逐渐增加。压升系数随进气角呈强烈的正梯度，但在某些情况下特性曲线在高进气角时呈现出较平坦的特征，说明该叶片排可能发生失速。

压气机试验可以采用原尺寸试验或者缩尺模化试验。缩尺模化试验具有试验件尺寸小、试验耗功低、通用部分多等优点。然而，考虑到加工误差以及表面粗糙度等参数无法严格模化，采用缩尺模化试验时需要深入分析、论证其试验和测量误差。

重型燃气轮机的压气机试验是一项难度极大的挑战，这是因为压气机的有效工作范围非常狭窄，试验时必须将压气机限制在安全工况范围内，既不能越过堵塞工况也不能越过喘振工况，一旦越过该范围，机组运行急剧恶化，甚至产生灾难性后果。因此，制订试验方案时需要充分考虑试验的风险和难度，按照循序渐进、逐步探索的原则进行试验。例如 G50 燃气轮机中的高压比压气机，由于它的功率较大、危险性高，为了降低试验的难度和风险，采用缩尺模化分段试验，主要开展：

① 后半段压气机多级试验。
② 前半段压气机多级试验。
③ 压气机整机试验。

因为压气机的后半段通流面积小、压比低，耗功小于 1000kW，可能发生的破坏性相对较小，风险较低，因而首先开展后半段试验。压气机的前半段压比高于后半段压比但低于整机压比，流量与整机相同，试验风险和难度都高于后半段压气机。整机试验的压比最高，其可能的破坏性和风险都远远大于前两项试验，因此放在最后进行。在确定了试验方案后，需要对试验件进行制造和总装。G50 燃气轮机压气机中三个试验件均按 1/2 比例模化，图 9-11 所示为三套试验件的三维结构模型。

9.2.3　压气机试验典型结果

图 9-12 所示为压气机后半段试验的结果，图 9-13 所示为压气机前半段试验的结果。可以看到，试验结果与设计预期基本一致，表明 50MW 燃气轮机压气机的设计计算方法是可靠的。

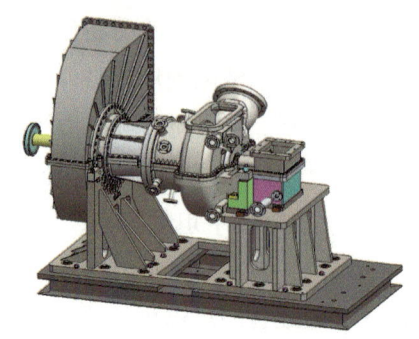

a) 后半段压气机试验件

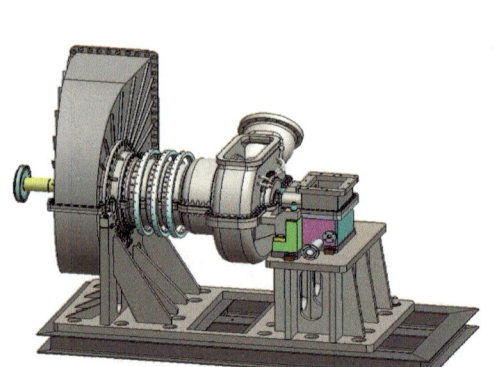

b) 前半段压气机试验件

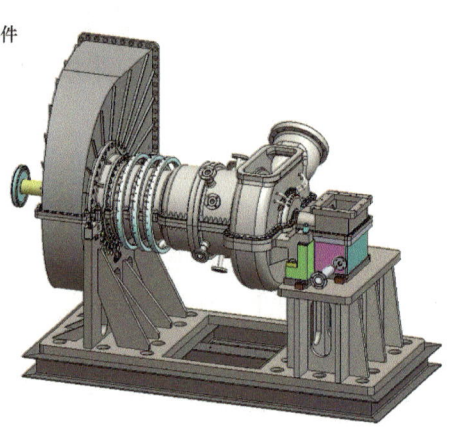

c) 压气机整机试验件

图 9-11　压气机试验件三维模型

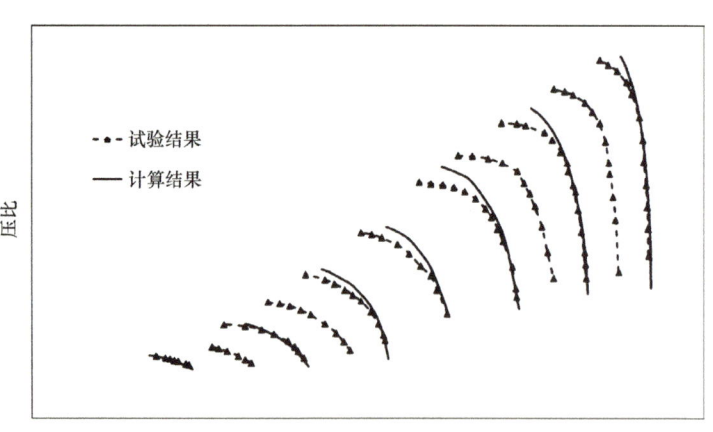

a) 压比随折合流量的变化

图 9-12　压气机后半段试验的结果

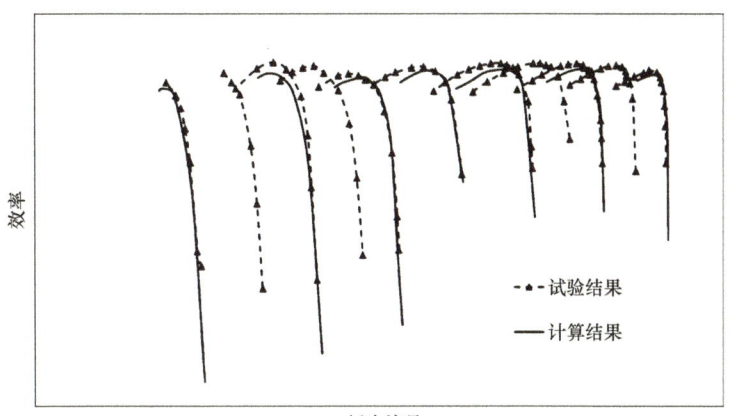

b) 效率随折合流量的变化

图 9-12 压气机后半段试验的结果（续）

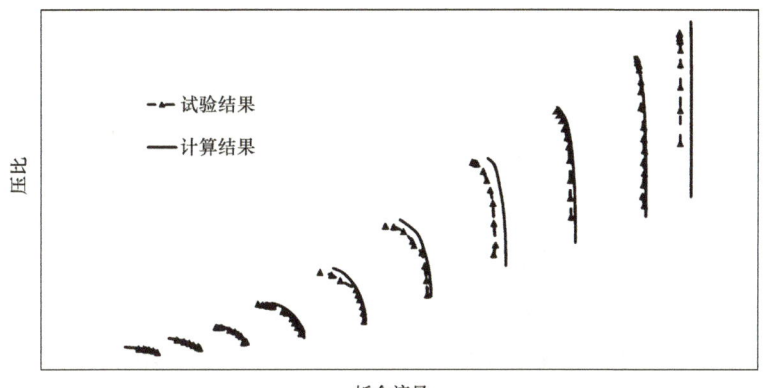

a) 压比随折合流量的变化

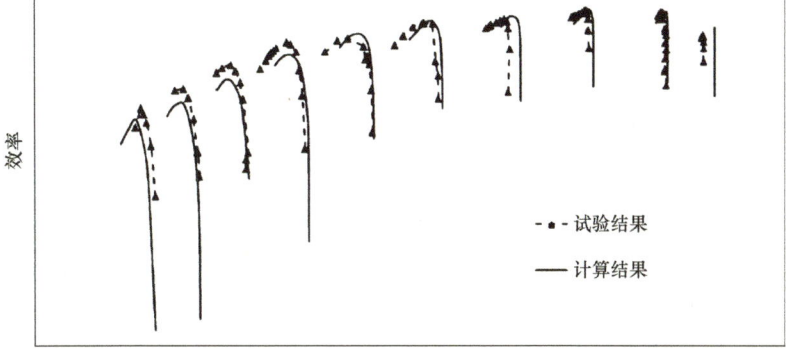

b) 效率随折合流量的变化

图 9-13 压气机前半段试验的结果

9.3 燃烧室试验

由于燃烧室内部流动及化学反应极为复杂,难以运用数值手段进行准确模拟,所以试验研究是燃烧室研发的主要手段。另外,试验研究也是燃烧室最终定型的关键环节,是完善整个设计体系的决定因素。

9.3.1 燃烧室试验台

国外主要燃气轮机公司及相关高校均拥有独立完善的先进燃烧室试验台,如通用研发中心、荷兰代尔夫特理工大学、英国卡迪夫大学等。另外,为保证研发优势,发达国家在国家层面建设了许多燃烧室试验台,如美国能源部国家能源技术实验室,可进行包括振荡燃烧、燃料特性等一系列燃烧试验。这些试验台的能力基本涵盖了当今燃气轮机最高参数要求,对重型燃气轮机而言,即透平进口温度(TIT)大于1600℃,压比大于20。国内大型燃烧室试验台主要集中在航空部门,近年来,一些研究院也搭建了自己的试验台,如中科院热物理所的合成气燃烧试验台等,但试验参数一般集中于中、低压;对全压试验,还需做进一步改造和完善才能使用。

为了满足G50的研发需求,东方汽轮机有限公司按照环管型燃烧室全尺寸性能试验要求,建设了1套重型燃气轮机燃烧室试验台,用于燃烧室设计技术的试验验证。试验台如图9-14所示,主要由空气系统、燃料系统、冷却水系统和测量控制系统组成。空气经流量计后进入安装有一个火焰筒和喷嘴的试验段。燃料从燃料管线,经阀门和流量计,进入喷嘴和燃烧器,与被加热的空气混合、燃烧。在试验段进口装有空气温度和压力测量系统,在燃烧器出口装有测量耙,分别测量出口温度场或燃气组分浓度,乏烟气排入大气。

a) 试验段

图 9-14 燃烧室试验系统

b) 总体布置

图 9-14 燃烧室试验系统（续）

试验台具备常压和全压燃烧室燃烧试验测试能力。常压试验台验证旋流器和喷嘴流动特性，对燃烧室热态性能进行初步评估和调整，为全压燃烧试验提供经验和数据基础，包括点火边界、燃烧稳定极限、热传导和燃烧室壁面温度、燃烧效率和排放、出口温度场分布等。全压试验台可以精确测定在燃烧室实际工作压力下燃烧室热态性能，包括燃烧稳定性、燃烧效率、排放指标、出口温度场和壁温分布等。试验系统的主要指标见表 9-1。

表 9-1 试验系统的主要指标

系统	设计指标	
	最大流量 /（kg/s）	最高压力 /atm（1atm=101325Pa）
空气系统	21	25
	可分别提供常压和高压气源，且气源波动小	
燃料系统	0.4	25
	有多路燃料，包括燃料流量计及控制阀门 拥有独立天然气增压站，压力可调且具有稳压功能 燃料管道具备 N2 置换系统，同时具备天然气调制能力	
冷却水系统	冷却水流量 107 t/h	冷却段最高压力 3MPa
测量控制系统	测量气流温度和金属壁温的 K 型 /B 型热电偶、温敏漆、温度耙 压力测量耙 高温应变片、燃烧脉动压力 出口烟气成分测量耙	

（续）

测量控制系统	涡街流量计、涡轮流量计、孔板流量计等各式流量计
加温系统	空气最高加热至550℃
辅助系统	仪表用空气系统、燃料阀门等的控制油系统
总体布置	空间足够，燃烧室本体进出口空气管道、燃料管架布置

9.3.2 常压试验

常压试验主要用于方案初步筛选，观察点火情况，测定燃烧室的压力损失特性、流量分配特性、燃烧效率、出口温度场分布、熄火极限和壁温分布等。常压试验又分为冷态试验和热态试验两大类。

（1）常压冷态试验 燃烧室中的空气一部分参与燃烧，另一部分用于冷却，空气压力损失情况和各部分空气比例是否合理直接影响燃烧室的性能与安全。常压冷态试验的目的就是在燃烧室不加温条件下评估燃烧室的气流结构、各流道的几何尺寸、空气流量分配和压力损失是否满足设计要求等。以"封堵法"为基础，在燃烧室进入自模化状态后进行试验。

通过燃烧室的压力损失定义为进出口总压差与进口总压的比值（即 $\Delta p/p_3$）。在初期常压试验中，如果有必要，一般通过测量与调整压损来满足设计要求。在初期试验与修正中，通过分析燃烧室不同部件的流量限制和测量部件的实际压损，评估混合区域的流量分配，以满足反应区温度的设计要求。

（2）常压热态试验 在燃烧室研制初始设计阶段，需要考察和筛选燃烧室结构参数对点火、燃烧性能等的影响，可做常压热态试验，但得出的参数只能是定性分析。主要对以下几个问题进行试验研究：

1）点火界限试验。在任何封闭环境中，气体燃料的燃烧都伴随着爆炸的危险，因此必须遵守安全规程，使试验台在日常规范下工作，将危险降到最小。一旦空气和燃料混合的点火或着火区域建立，就可以进一步研究点火界限。需要注意的是，空气温度对点火界限范围有重要影响。

2）稳定极限试验。稳定极限就是指燃烧室中火焰不能继续维持时的燃空比，需要考虑燃料流量的上、下极限。当在一系列运行条件下确定这些极限后，就可以找到包含燃烧室运行区域在内的"稳定范围"。

受制于燃烧室承受高温的能力和排气系统的过度加热，并非总能完成富油熄火的稳定极限试验。在实际试验时要求：当燃空比达到设计值时，燃烧室到达满负荷状态，试验人员再对相关数据进行全面采集。

除了上述试验外，热态试验还包括燃烧室壁温试验、燃烧室出口温度分布试验、燃烧效率和排放试验、燃烧室压力脉动试验等内容，详见中、高压试验部分，此处不再赘述。

9.3.3 中、高压试验

燃烧室全压试验主要是测取燃烧室综合性能。因为在常压试验中，压力和流量没有达到设计值，导致辐射换热、火焰筒壁温及机械强度方面并不能反映实际的工作状态，出口温度分布也有明显差异。所以，除了点火试验外，常压热态试验中的其余试验均需在中、高压试验中进行再验证。

1）稳定极限试验。同常压试验。

2）燃烧室壁温试验。主要验证火焰筒冷却设计的有效性和冷却空气量的影响，为火焰筒壁面应力分析提供壁温分布数据，另外，通过试验了解壁温热点出现的位置和原因，并研究气动和结构参数及燃料对壁温的影响。

壁温值、最高值和平均值是燃烧室寿命的重要标志，也是预测冷却技术的设计是否准确的标志。在壁温测试中，热电偶、温敏漆和光学仪器是最常用的测量设备。通常，用热电偶测量燃烧室表面指定位置的准确温度值，但不能实现区域一致性的测量。所以，为了得到温度的峰值和平均值，选择合适的位置安装热电偶是非常重要的。

温敏漆试验可以在 ±30℃ 的误差范围内显示出热点位置和各处温度值。这些预备试验能决定全压试验在哪些具体部位布置壁面热电偶，以保证在长期试验中获得最有效的结果。温敏漆试验程序的标准化，是获取一致结果最有效的方法，需要严格按照温敏漆使用要求进行试验操作。

3）燃烧室出口温度分布试验。燃烧室出口温度的分布会影响透平静叶喷嘴和透平动叶片寿命。

出口温度分布系数（OTDF）关系到涡轮喷嘴导流叶片的寿命和冷却要求，定义如下：

$$\mathrm{OTDF} = \frac{(T_{\mathrm{PEAK}} - T_{\mathrm{MEAN}})}{(T_{\mathrm{MEAN}} - T_3)} \quad (9\text{--}2)$$

式中，T_3 为燃烧室进口截面平均温度；T_{PEAK} 为燃烧室出口截面最高燃气温度；T_{MEAN} 为燃烧室出口截面平均温度。

透平动叶片对径向温度分布系数（RTDF）非常敏感。RTDF 可以从给定径向位置的平均值中推断得到。

$$\text{RTDF} = \frac{(T_{\text{MAX RADIAL}} - T_{\text{MEAN}})}{(T_{\text{MEAN}} - T_3)} \quad (9-3)$$

式中，$T_{\text{MAX RADIAL}}$ 为燃烧室出口截面径向最高平均温度。

出口温度通常由热电偶测量；1100℃以上的温度，使用套有惰性材料（如二氧化硅）的 Pt/Pt-Rh 热电偶进行测量。热电偶通常采用铠装结构以避免热辐射的影响。为了测得当地最高温度，必须布置大量测点，一般采用旋转测量耙进行测量。

4）燃烧效率和排放试验。出口温度测量和排气取样分析法都可以用来评估燃烧室的燃烧效率，前者可同时兼顾 OTDF 和 RTDF 的分析，但对效率评估的精度不如后者。为了评估燃烧效率和排放，最少需要测量 CO_2、CO、UHC、O_2 和 NO_x 五种成分。排气样品取自于平均分布在燃烧室出口的多点平面，由许多固定在排气通道的或移动的探针耙取出。

采用理想等截面样品取样，并且进行逐点速度变化修正。通过对所应用的燃空比与样品平均碳平衡值的比较，可以得到整体样品的典型性。另外在使用大量热电偶和取样耙的情况下，可以缩短整体试验时间。

5）燃烧室压力脉动试验。燃烧振荡是由燃烧过程热释放和声学振荡过程的反馈激发的，会给燃气轮机带来极大的危害，不但制约机组的运行边界和动力输出，而且会导致热部件的严重损坏，甚至整台机组的损坏。压力脉动试验就是通过安装在燃烧室内部的压力脉动测点，实时监测分析燃烧室的压力脉动情况，保证燃烧室在安全范围内运行。

9.4 透平试验

燃气轮机透平试验主要包括三大类，分别是叶栅气动试验、透平叶片冷却试验及二次空气系统试验。

叶栅气动试验主要分为平面叶栅吹风试验和透平级试验。平面叶栅吹风试验是验证叶型设计结果和分析流动特性的有效手段，为叶栅二维特性研究提供了基础数据，并为新的叶型设计积累经验，对提高叶片性能具有重大意义。因此，平面叶栅吹风试验是叶型研究的必要手段，通过该试验获取各级效率与流量系数、载荷系数的关系曲线，得到反动度、损失系数、气流角沿径向变化规律，以及动叶片顶部间隙的泄流损失、级变工况性能等关键性能参数。透平级试验主要用于验证透平级特性以及动、静叶栅的匹配特性。

透平叶片冷却试验包括冷态流动试验、中温中压叶栅试验及挂片试验。冷态流动试验是利用气体动力学原理，测量特定温度、压力下通过叶片冷却流道的质量流量，计算出相似流量，以此来评价和判断总温总压不同于试验条件时的冷却通流能力，并预测冷却设计效果。

二次空气系统试验包括关键元件试验以及抽、吸系统旋转试验。空气系统试验可以获取各个特征结构（抽气长孔、腰形槽、轮盘端面齿等）的流量系数曲线以及整个流道的总流量和支路流量。

9.4.1 叶栅气动试验

（1）平面叶栅吹风试验　为减少高温透平内部的流动损失，提高机组效率，首先必须要深入、透彻地了解叶片内部流动现象的本质、流场结构和损失机理。除了利用常规数值计算模拟内部流动之外，最重要的还是要依靠不断发展的先进测试仪器和流场测试技术进行深入、细致的试验研究。

平面叶栅吹风试验的主要目的是测量叶栅的叶型损失，包括叶片边界层中的摩擦损失和边界层脱离引起的涡流损失、出口边后的尾迹损失以及冲波损失。因此，可以根据影响叶型损失的主要因素进行针对性试验，主要包含进气角的影响、安装角的影响和马赫数的影响等。

东方汽轮机有限公司建立的平面叶栅试验台如图9-15所示，主要由进气阀、扩压段、整流器、稳流段、收缩段、试验段和探针位移机构等组成。叶栅进气角可通过专门的蜗轮蜗杆结构进行调整，转盘调节范围为0°～90°。由2500kW风机提供气源，风机出口最大压力为275kPa（表压），最大流量为900m^3/min。通过改变试验进气阀与放空阀开度，调节进口总压并使进口总压在试验过程中保持稳定，其压力波动不大于0.3%。

图9-15　平面叶栅试验台

在试验过程中,整个测量系统的误差主要包括压力测量误差和角度测量误差。

压力测量误差源于试验探针（包括楔形探针和总压探针）、压力扫描阀和大气压的测量。探针的压力测量精度为 0.2%，压力扫描阀的系统精度为 0.05%，大气压力测量精度为 0.025%。角度测量误差主要取决于楔形探针本体测量精度以及探针安装精度，探针角度测量的最大误差为 0.5°，安装误差可控制在 0.3°以内。

为了减少上游边界层对待测叶栅流场的影响，在待测叶栅两侧分别布置 3 ~ 4 个叶片，如图 9-16 所示。在测量叶栅中间位置布置一系列直径为 0.5mm 的壁面静压孔，从端面用静压管引出，用于测量叶片表面压力分布。利用安装在坐标架上的楔形探针测量不同栅距位置的叶栅出口气流方向角和总压，实现对叶片尾缘出口截面处流动参数的测量。

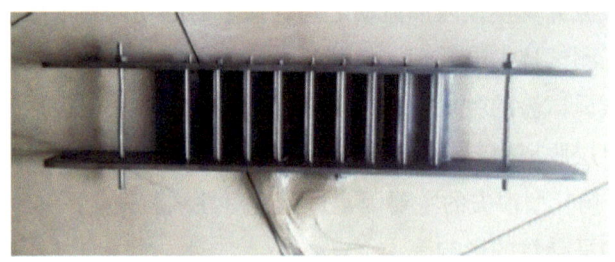

图 9-16　平面叶栅试验段

（2）透平级试验　透平级试验通常采用 1 级静叶 +1 级动叶片的单级透平试验或 1 级静叶 +1 级动叶片 +1 级静叶的 1 级半透平试验，典型试验台如图 9-17 所示。通过透平级试验可以获得各级效率与流量系数、载荷系数的关系曲线，反动度、损失系数、气流角沿径向变化规律，动叶片顶部间隙泄流损失，级变工况性能等关键性能参数。

图 9-17　透平级性能试验台

（3）原型机试验　原型机试验是验证一个机组设计方法和制造水平的最直接手段，可以在试验中暴露出设计或制造的不足之处，从而进一步改进使机组达到原定的设计指标或要求，同时也是将研发成果转换成产品的必经途径。原型机试验系统极为复杂，规模巨大，如图9-18所示为G50透平原型机试验台。原型机试验与实际机组试验的主要区别是，原型机试验通常配置大量的试验测点，一般多达几千甚至上万个测点，用于测量各部件的气动性能、传热性能和安全可靠性等，为机组的性能分析和优化设计提供基础数据。

为获取高温透平级间压力，在叶片上下平台、前缘尾缘布置多组静压测点。布置测点过程需要克服空间小、引线多和装配复杂等困难，实现直接监测高温透平级间运行压力状态，便于掌握各级叶片功率分配，另外也为冷却、二次空气系统等方向提供分析依据。同时在末级动叶片后布置用于监测气流方向的探针，通过采用坐标位移机构，可以实现探针径向方向移动。探针结构须穿过透平内外双层缸体，设计时充分考虑轴向、径向膨胀和气密性，可有效预防燃气泄漏和卡涩等问题。在位移机构的带动下，探针可获取不同叶高处排气的气流出口方向，为排气扩压器性能分析和优化排气扩压器提供重要数据支撑。另外，在燃气轮机合适位置还布置有温度测点，用于机组起停、燃烧调整等。

图9-18　燃机原型机试验台

9.4.2 透平叶片冷却试验

测量高温透平叶片的冷却性能，首先要测定高温透平叶片的温度分布，因此温度测量，特别是透平叶片温度的试验预测和测量方法及其准确性对于透平叶片冷却设计以及使用寿命的评价具有重要意义。由于流动和传热机理复杂，计算结果存在较大的不确定性。为了获得准确的温度分析结果，需要在叶片设计的不同阶段开展不同的冷却试验进行验证。透平叶片冷却试验主要包括叶片流量试验、内换热系数试验、外换热系数试验、气膜有效度试验、综合冷效试验和整机试验等。这些冷却试验需要循序渐进，在不同设计阶段及时对设计结果进行修正和验证，确保透平冷却叶片开发的顺利进行。

（1）叶片流量试验　为了验证冷却设计的流量和阻力计算是否合理，需要进行叶片流量试验。典型试验系统如图9-19所示，待测叶片安装在试验段下游，试验段内有专门的稳压设备和测量仪表。另外，在试验过程中还需要监测大气温度和压力、试验件进口温度和压力以及流量等参数。开展不同进气压力下的试验就可得到冷却空气的流量特性。

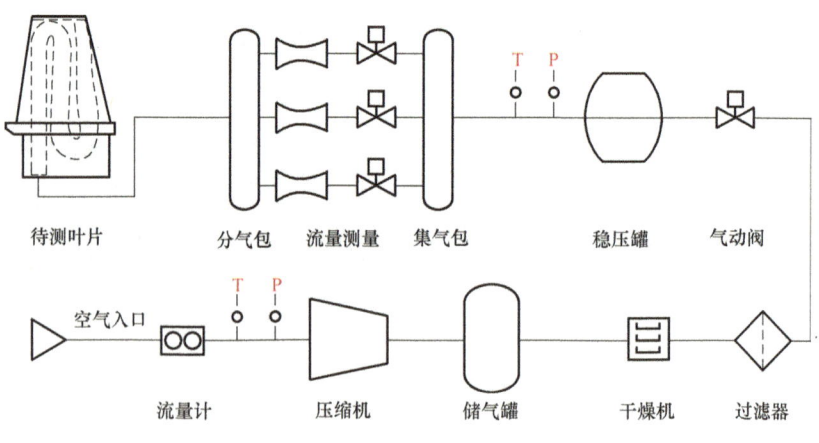

图9-19　叶片流量试验系统示意图

（2）内换热系数试验　内换热系数试验的主要目的是确定叶片内部冷却通道的换热效果，一般在叶片流量试验后进行。内换热系数试验测量方法很多，例如基于薄膜热通量计的间接测量、瞬态液晶（TLC）显影测量以及稳态液晶测量等。

TLC显影测量的基本原理是：在透明的叶片内侧涂上TLC涂料，根据TLC涂料变色速度与换热系统的关系，通过测量液晶的瞬态变色情况就可以评估换热系数分布。该试验所需设备包括透明试验件、TLC 涂料、总温和总压探针、LED 光源、高速相机以及图像处理软件等。试验通常在大气环境中进行,进入冷却通道的空气一般需要加热,与当地大气形成一定温差以激发液晶显示。

（3）外换热系数试验　叶片外换热系数主要与单位面积的换热量（热通量）和换热温差有关。对于在风洞中开展的叶片外换热系数试验,换热温差可以用热电偶或热电阻测量叶片金属表面温度和气流温度计算得到,因此核心问题是如何获得热通量。目前,热通量可以利用薄膜热通量计直接测量风洞中叶片表面的热通量,也可以通过二维温度计算得到叶片位置的热流密度。外换热系数试验尽管难度非常大,但是可实施性比较好,因此国外许多燃气轮机和航空发动机制造商都开展过相关试验。

（4）气膜有效度试验　气膜有效度试验的主要目的是评估叶片气膜冷却的效果,为叶片冷却结构优化提供基础数据。国内外对气膜冷却技术已经开展了大量的研究,但对新设计的叶片,由于气膜冷却问题的复杂性,气膜有效度试验仍然是必不可少的。

气膜有效度试验通常在叶栅风洞试验台上进行,利用加热器提高主气流温度或利用制冷机降低冷却气流（大多采用 CO_2 或者 N_2）温度,使两者具有一定的温差。然后,用瞬态热敏液晶技术（TLC）、PSP、气动探针、高速相机、TSP、稳态热敏液晶技术、图像分析和处理等先进测量技术测量叶片表面的压力、温度和气体浓度分布,结合热电偶等常规测量确定气膜有效度。为了提高试验的有效性,气膜冷却试验前应首先测量叶片的表面静压分布等参数,验证叶栅气动特性。

（5）综合冷效试验　为了检验叶片冷却设计的效果,需要对叶片进行综合冷效试验。综合冷效试验台通常采用真实的燃烧室和涡轮叶片,可在模拟机组实际工况参数下进行长时间的叶片冷却效果考核。此外,利用高温综合冷效试验还可以获得叶片表面温度分布,为建立相似准则提供验证数据。图 9-20 所示为西安交通大学的高温叶片综合冷效试验系统。综合冷效试验是难度最大的部件级试验之一,受试验成本、设备参数的限制,大多数发电用燃气轮机综合冷效试验都采用一些降参数简化措施。

（6）整机试验　燃气轮机研制过程中,为了便于试验测量或剥离次要因素的影响,涡轮叶片相关试验,包括综合冷效试验,其参数条件与燃气轮机实际工作环境存在一定的差异。因此,还需要利用燃气轮机整机试验来最终验证透平冷却设计效果。整机试验能够系统性地检验所有级动、静叶片的冷却设计在实际工况下的性能表现。

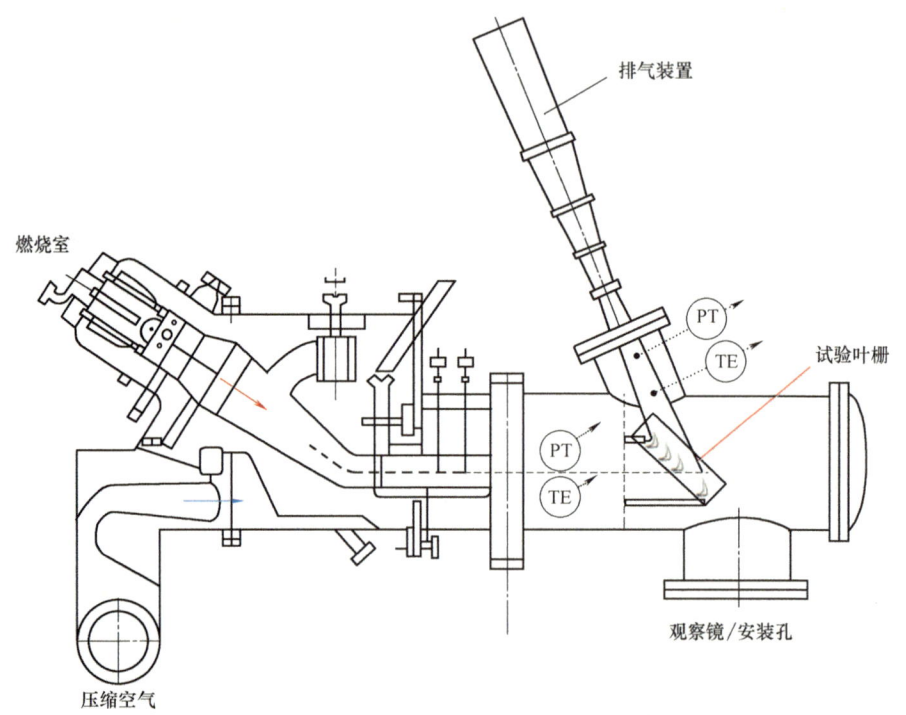

a) 试验段结构

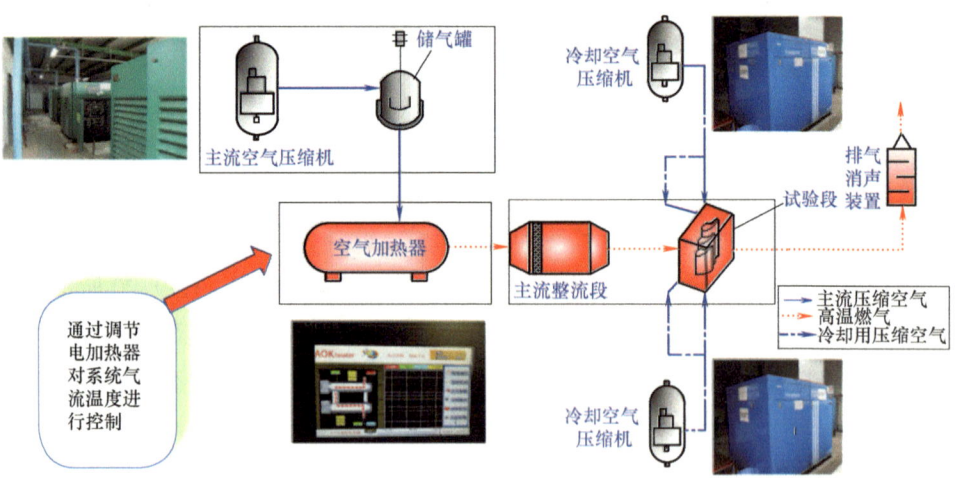

b) 试验系统

图 9-20　高温叶片综合冷效试验系统

为了确保整机试验获取的数据能够准确地反映高温透平叶片的设计工作状况，G50 燃气轮机试验时使用了先进的光学高温计、数百支微细铠装热电偶以及在高温透平叶片涂装温敏漆等方法进行温度分布测量。由于燃气轮机的透平气缸结构复杂、空间狭小，几乎所有热电偶都需要通过叶片平台的开槽部位，穿过叶片持环（或分割环），再通过透平缸体和外界的安装座，将温度信号传输到数据采集设备，这给试验原型机的加工以及整体的装配带来了极大的难度，对于冷却测点的存活能力也是极大的考验。因此，在整机试验之前，尽可能地使用各种试验手段对燃气轮机的零部件特别是高温透平叶片的冷却设计进行详尽的评价和验证，是减少整机试验难度的最佳路径。

9.4.3 二次空气系统试验

燃气轮机透平冷却气以及轮缘密封气都是由内部的抽/供气通道供给的，这些通道供给空气的压力、流量直接影响叶片的冷却效果以及是否发生燃气倒灌事故。由于通道结构复杂且分布在转动部件上，机组实际运行时通道的流量又无法直接测量，所以在方案设计阶段准确把握通道的气体流动特性就显得尤为重要。单纯依靠一维理论计算、三维流体仿真或热流体管网建模计算的误差比较大，所以需要开展试验研究，以准确获取各个特征结构（如抽气长孔、腰形槽、轮盘端面齿等）的流量系数曲线及整个流道的总流量和支路流量。二次空气系统试验对提高燃气轮机运行安全性具有重要意义。

G50 燃气轮机的二次空气系统试验台如图 9-21 所示。其工作流程是：经鼓风机增压后的空气首先进入储气罐，消除压力脉动，然后引入试验台本体，从气

图 9-21 二次空气系统试验台

封装置、抽气孔、端面齿、径向通气槽等排入大气。储气罐到试验台本体的管路上安装了高精度涡街流量计，用于测量进入试验台本体的二次空气流量。储气罐上还配置了安全阀和放空阀，以防储气罐超压，另外还可以利用放空阀调节试验压比。试验台本体由变频电动机、试验转子、气封和筒体等构成，试验转子在变频电动机的推动下变转速运行，可进行不同转速下的密封性能试验。

由于存在动静间隙的工质泄漏，在进行试验件试验之前必须测得各压比、转速下的气封泄漏量。为了理清转子旋转对进口总压的影响，在改变工况时应该先改变转速，然后改变压力，待压力稳定后再记录所测物理量。

9.5 整机试验和验收试验

9.5.1 整机试验

在燃气轮机研制过程中，虽然已开展了压气机、燃烧室和透平等关键部件的验证试验，但是由于试验条件的差别以及各部件间的相互影响，部件试验还无法完全代替整机试验。因此，部件试验完成后，仍然要进行整机试验。

整机试验是指全台燃气轮机试验，其主要目的是通过试验和调整来解决压气机与透平间的匹配问题，同时测定机组的稳定工作范围和变工况特性。此外，在整机试验中可以对机组的进、排气装置的除水、防腐蚀、消声以及降低压力损失等进行测定并做相应改进。

整机试验设备主要由试验台架、进排气系统、燃料系统、电气控制系统、测试系统、操纵台等组成。其中试验台架的设计需要满足：

1）燃气轮机的各项试验要求。

2）不改变现有燃气轮机安装位置的条件下，通过适应性改造就可以开展其他型号燃气轮机的试验。

燃料系统主要由增压装置、过滤器、压力变送器、流量计等组成，应满足燃气轮机对燃料供给的要求，提供正确的燃料压力，并具有燃料计量功能。

图 9-22 所示为 G50 燃气轮机试验台。该试验台的试验能力非常强大，具备以下功能：

1）广泛的压气机操纵性验证能力。

2）广泛的燃气燃烧验证能力。

3）低负荷低排放（Turndown）验证能力。

4）透平的耐热和寿命验证能力。

5）燃气轮机架构验证能力。

6）电网需求的响应能力验证。

7）快速加载能力验证。

8）超越设计范围的验证能力。

9）主要停机程序和功能验证。

图 9-22　G50 燃气轮机试验台

9.5.2　验收试验

除了为产品研发、设计定型开展的零部件试验和厂内整机试验外，燃气轮机的制造水平、现场安装和调试质量以及环境参数等都对机组工作性能有重要影响。为了确定燃气轮机在实际生产中的性能参数是否达到考核指标，完成机组安装、调试和试运行后，需要进行验收试验，并考虑以下问题：参考条件和保证值；试验结束时评价准则；试验控制边界和测量传感器位置；仪器详细信息，包括类型、位置和校准要求、开始试验前对稳态运行的要求；允许的燃料条件变化范围，包括组分和热值；运行条件，如试验负荷、转速、运行条件最大允许变化范围；试验前设备清洁和检查；性能老化的规定；试验读数和观测结果记录；试验运行次数和每次运行时间；数据采集频率、数据合格和剔除的标准；用于计算最终试验结果的试验运行方式；偏离规定条件时，用于修正的数值、曲线或算法；数据保存、文件留存、数据和试验报告分发要求；对试验程序修改的协议和记录；记录试验前后燃气轮机具体控制参数。

  性能试验的验证结果包括燃气轮机功率、热效率/热耗率和透平排气能量。当试验无法在参考条件下进行时，需要将试验结果修正到参考条件，从而与性能保证数据进行对比。此外，验收试验还需要验收燃气轮机其他性能参数，包括燃气轮机能量平衡、压气机进口空气质量流量、燃烧室能量平衡和透平进口温度等。

第 10 章

燃气轮机材料、制造与运维技术

一台燃气轮机的零部件多达数万个,设计选材复杂、精度质量要求极高,其制造难度不言而喻。为突破技术壁垒,东汽专门针对叶片、转子、燃烧室和气缸等关键部件的选材和制造工艺,以及机组运维技术开展了深入系统的研究和探索,建立了一套完整的具备自主知识产权的重型燃气轮机制造体系。本章以东汽G50重型燃气轮机为例,对燃气轮机各关键部件的材料选择、制造工艺以及机组运维技术进行简要的介绍。

10.1 叶片制造工艺

10.1.1 叶片结构与材料

叶片是燃气轮机的重要组成部分,不论是压气机部分还是高温透平部分,都安装着不同形状与大小的叶片。压气机部分叶片的作用是通过叶片与叶片间形成的流道将气体压缩,提供给燃烧室充足的空气进行燃烧,其叶片气动要求高,型面折转角小,对进气侧轮廓要求高于其他区域。高温透平部分叶片的主要作用是将在燃烧室燃烧后的高温燃气通过叶片间流道进行膨胀做功,将热能转换为机械能,其叶片叶型与汽轮机叶片相似。

(1)压气机叶片 压气机的作用是向燃烧室供应高压空气,按机内气体主流方向,可分为轴流式与离心式两种。地面重型燃气轮机均采用轴流式压气机形式,其叶片种类主要由可调导叶(导叶片)、动叶(动叶片)和静叶(静叶片)组成。

静叶一般可分为直接装配的静叶(图10-1)与静叶环两种结构特征。以某机型为例,其1~4级静叶为装配式静叶,其5~17级静叶和出口导叶为拚配式静叶,按单只叶片加工,整级拚配装焊后再进行加工并分割成弧段。

动叶片主要由叶根和气道两部分组成。叶根负责连接动叶片与轮盘,应保证连接处具有足够强度、连接可靠、安装位置准确。一般可分为T形叶根和燕尾形叶根,与转子的装配方式可分为周向、轴向与径向装入式。图10-2所示为轴向装入式叶片,也是目前最常用的叶片装配方式。

(2)透平叶片 透平叶片分为透平静叶与透平动叶片。透平静叶结构由下缘板、叶身及上缘板组成,如图10-3所示,上下缘板主要是与持环配合,安装固定叶片；叶身的主要作用是形成特定的气流通道，改变燃气流动状态及气流方向。

图 10-1　静叶结构示意图

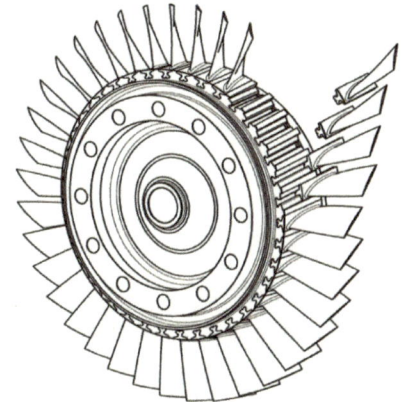

图 10-2　压气机动叶片装配示意图

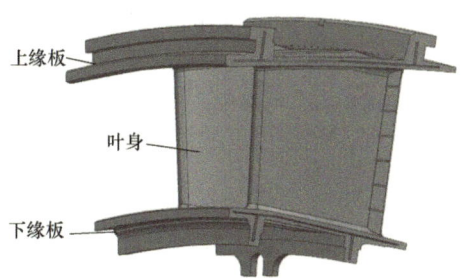

图 10-3　透平静叶结构

透平动叶片安装在透平转子上,整圈分布在透平静叶后。动叶片结构主要由叶根、叶身两部分组成,部分动叶片还有叶冠,如图10-4所示。叶根部分大都采用枞树形叶根,与透平转子配合安装,主要起叶片安装定位的作用。带叶冠的叶片整圈装配后,相邻叶片叶冠相互贴紧,可减小叶片弯扭变形,提高叶片刚性和阻尼减振效果。

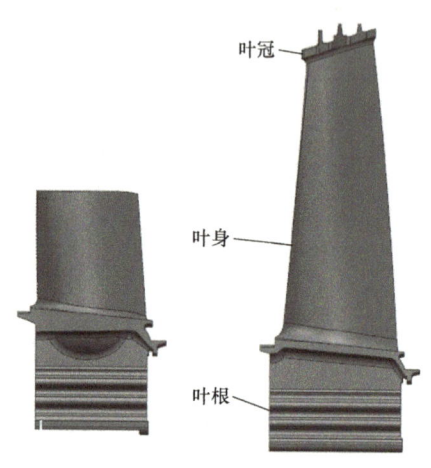

图 10-4　透平动叶片结构

透平叶片是燃气轮机中关键热端部件之一,长期连续工作于高温、高腐蚀环境和复杂应力环境下。目前主流的燃气轮机透平初温普遍在1300℃以上,接近或超过了大部分合金的熔点,普通的合金已经不能满足透平叶片的使用需求。与航空发动机涡轮叶片相比,重型燃气轮机透平叶片的材料应具有寿命长、耐腐蚀等特点,因此航空发动机涡轮叶片材料不能直接用于燃气轮机透平叶片。燃气轮机透平叶片材料的性能要求见表10-1。

表 10-1　燃气轮机透平叶片材料的性能要求

部件	材料性能要求
动叶片	长时持久、蠕变强度;热疲劳强度;高低周疲劳强度;抗氧化、腐蚀性能;制造性能
静叶片	长时持久、蠕变强度;热疲劳强度;抗氧化、腐蚀性能;制造性能

高温合金是燃气轮机目前所用透平叶片的主要材料。随着燃气轮机功率和效率的不断提升,必须研发新的叶片材料以替代高温合金,如陶瓷材料、金属间化

合物等。国外已经制备出陶瓷叶片，并开展了相关原型机试验验证，但是脆性是陶瓷材料的固有缺陷，也是其致命弱点。近年来，国内外专家学者开始把研究重点放在陶瓷基复合材料上，已取得部分进展，成为新的研究前沿。

10.1.2 叶片制造技术

（1）叶片制造工艺流程

1）压气机叶片。以压气机叶片为例，其进口可调导叶、1~6级静叶与1~7级动叶片采用模锻毛坯，其余动、静叶采用方钢毛坯。通常采用五轴叶片专用加工中心制备。针对不同毛坯形式的各级叶片主要工艺流程如下：

静叶：毛坯来料→加工定位基准→粗加工各部（在成品尺寸上全周法向放量）→精加工各部（除总长外其余尺寸按图样要求加工到位）→加工总长→型面抛光（提升型面表面粗糙度）→尺寸检测→表面涂层。其中方钢静叶片增加了加工定位基准工序。

模锻动叶片：毛坯来料→方箱定位（采用方箱将叶片固定）→精加工叶根（将叶根按产品图尺寸加工到位）→粗铣型面（将气道型面放量加工）→精铣型面（将气道型面按图样要求加工到位）→加工总长→型面抛光（提升型面表面粗糙度）→叶根喷丸→尺寸检测→表面涂层。

方钢动叶片：毛坯来料→加工定位基准→粗加工各部→精加工各部（除总长与叶根外其余尺寸按图样要求加工到位）→线切割叶根型线→精加工叶根→加工总长→型面抛光→叶根喷丸→尺寸检测→表面涂层。

2）透平叶片。透平叶片毛坯采用精密铸造成形，加工定位基准大多为叶片非加工面的点，叶身及流道转接面为最终成形表面，不需进行机械加工，后续仅做表面喷涂处理。由于毛坯方案、初始定位基准与常规锻造叶片存在明显区别，叶片制造工艺流程与常规汽轮机叶片制造存在明显区别，但与压气机叶片制造流程相同。

典型透平动、静叶加工制造工艺流程如下：

透平动叶片：毛坯来料（精铸毛坯）→叶根型线加工（包括叶根型面及叶根进出气侧）→径向面加工（叶根与叶身连接部）→叶冠加工（带叶冠部分）→冷却结构加工（如气膜孔）→无损检测→尺寸检测→表面涂层。

透平静叶：毛坯来料（精铸毛坯）→出气侧特征加工（包括出气侧平面、圆弧、槽）→进气侧特征加工（包括进气侧平面、圆弧、槽）→内背径向面加工→冷却结构加工（如气膜孔）→无损检测→尺寸检测→表面涂层。

（2）压气机叶片制造关键技术　压气机动、静叶片刚性差，气道轮廓度、位置度要求高，尤其是进气边轮廓度要求极高，叶高尺寸要求与总装配要求高，制造难度大，对加工工艺、设备、夹具、量具、刀具等方面提出很高要求。

1）基准转化。叶片在进行加工前，要先将毛坯基准转换成加工基准，而加工基准的确定与叶片的结构型式（动叶片或静叶）、叶片各主要部位加工余量的大小、选用的加工方法以及设计基准标注方式等因素有关。

模锻毛坯的检测定位基准常见为三顶尖形式，通过三个顶尖孔限定了叶片的6个自由度，这样既能保证加工时各部位余量均匀，还能通过该基准来判断是毛坯自身质量问题还是加工质量问题。

2）加工变形控制。加工变形是叶片加工控制的主要难题，在制造工序流程上首先考虑用粗加工先释放部分应力，让叶片充分变形，然后再对变形后的物料进行模锻半精加工和微余量精加工。夹具采用高精密五轴钳，使得装夹面积为近似对称两条线，以防止装夹时产生应力导致加工完叶片变形。一般采用双驱高精度五坐标加工中心对叶片型面及装配面进行高精度尺寸加工，与此同时还需设计专用拂配量具、装配槽通止量规、开档专用量具，如图10-5所示。

图 10-5　检测量具示意图

（3）透平叶片制造关键技术

1）透平叶片精密铸造。为满足机组运行效率和透平叶片的使用寿命，透平叶片精铸质量要求十分苛刻，包含叶片的尺寸精度、缩松、热裂、夹杂、内腔完整性、晶粒度、微观组织等。极高的质量要求对透平叶片精铸工艺提出了巨大的挑战。

先进燃气轮机透平初温已经超过1500℃，远高于高温合金的熔化温度，仅依靠叶片材料以及热障涂层技术并不能满足叶片高温运行需求，使用冷却技术可以极大地提高叶片承温能力（400～600℃）。随着冷却设计技术的不断进步，叶片内腔结构也日益复杂，并对叶片制造提出了更高的要求。叶片内腔结构只能通过陶瓷型芯形成，如图10-6所示，其尺寸精度和材料理化参数直接影响其合格率。

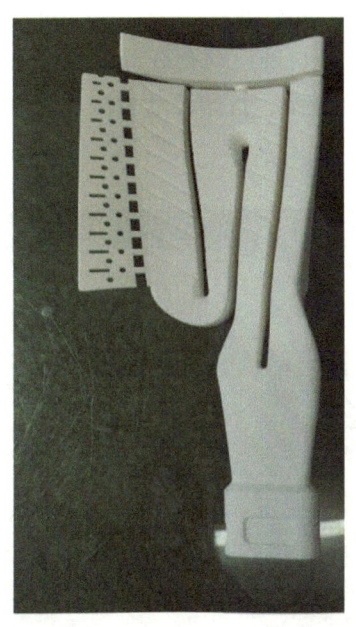

图10-6　某空心叶片用陶瓷型芯

空心叶片精密铸造对陶瓷型芯有着苛刻的尺寸、性能等要求。在蜡模压制前，需要将型芯预置在蜡模模具中，这需要型芯具有很高的尺寸定位精度和足够的抗弯强度。浇注后型芯在1500℃左右的高温金属液中浸泡，对型芯热抗弯性能、抗蠕变性能以及热化学稳定性能等都提出了严苛的要求，尤其是定向柱晶/单晶叶片，合金液温度更高、浸泡时间更长，对型芯要求更加严苛。

目前，陶瓷型芯材料主要有氧化硅、氧化铝、氧化锆等，但工程上应用最多的是氧化硅，其具有线胀系数小、抗热振性优良以及化学稳定性好等优点。虽然氧化铝的熔点和化学稳定性比氧化硅更高，但由于氧化铝碱溶解能力比较弱，造成脱芯困难，当前应用有限。

注射成型是目前制备陶瓷型芯最为成熟有效且广泛应用的方法，其基本步骤为：浆料配制、注射成型、冷却矫形、填料造型、高温焙烧、检测、修型、强化等。使用前，陶瓷型芯一般需要进行强化处理，以增加抗折强度。目前有低温强化和高温强化两种，增加其室温抗折强度的方法称为低温强化，常用低温强化剂有环氧树脂、PVA、甘露醇等；增强其高温抗折强度的方法称为高温强化，常用高温强化剂有硅酸乙酯水解液、硅溶胶、铝溶胶等。

陶瓷型芯3D打印技术近年来受到广泛关注。为了实现良好的打印质量和精细度，3D打印技术所采用的原料粒度基本在15μm以下，由于缺少大颗粒作为骨架支撑，3D打印陶瓷型芯目前广泛存在高温性能不足的问题。另外，陶瓷型芯（图10-7）3D打印成本高昂、打印尺寸受限、难以实现量产等问题始终是其发展必须突破的瓶颈。

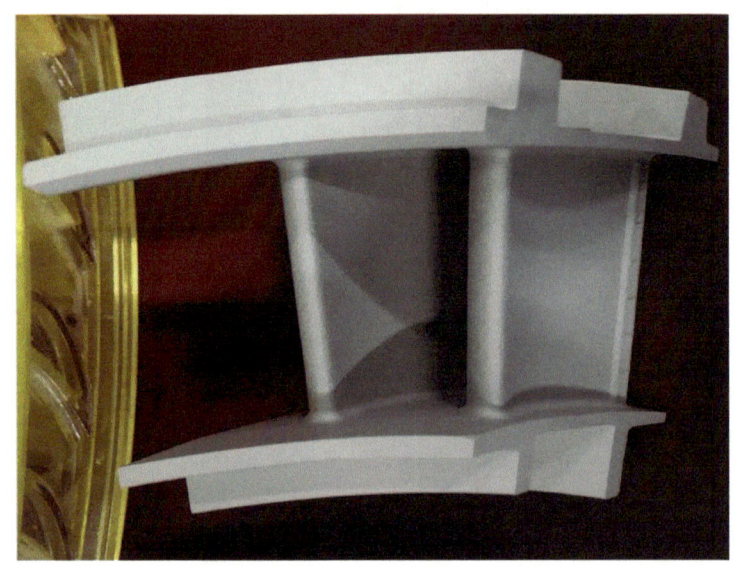

图10-7　3D打印陶瓷型芯

2）透平叶片加工　透平叶片与常规叶片在叶片装夹、加工制造、叶片检测等方面都存在较大差异。透平叶片常用加工方法有磨削加工、电火花加工、铣削加工等。

① 叶片加工装夹。透平叶片多采用精密铸造毛坯，通流部分特征除部分冷却结构外都由铸造直接成形，无加工余量，其余安装定位特征以毛坯基准或其转化基准定位加工。透平叶片毛坯一般是采用分布在叶片非加工区域的六点作为基准，如图10-8所示，并以此定位进行后续加工。目前精密铸造水平难以直接做到毛坯各个基准点余量都毫无偏差，要满足正常加工需求，还需通过后期基准点余量修磨，或通过装夹工装补偿的方式，来解决精铸毛坯基准点余量偏差的问题。

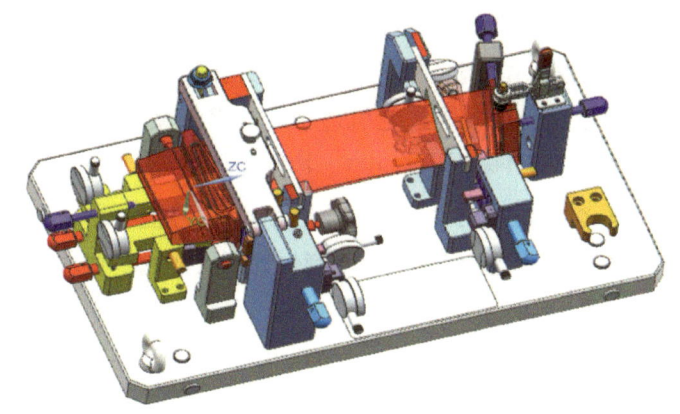

图 10-8 叶片六点定位工装示例

② 磨削成形技术。磨削成形技术广泛应用于透平叶片的各曲面、沟槽的磨削加工，如透平动叶片叶根型面、透平静叶上下缘板、安装槽等结构。随着对磨削过程的研究不断深入，目前的高效成形磨削工艺主要分为"大切深"和"快进给"两类。比较典型的有缓进给磨削工艺、连续修整磨削工艺、高效深切磨削工艺。

磨削加工过程中，通过合理控制磨削深度、工件进给等磨削参数，优化调整冷却系统，对磨削加工部位进行充分冷却，同时用金刚石滚轮对砂轮进行连续修正，以保证加工面尺寸、精度要求。

③ 电火花加工技术。电火花加工种类众多，透平叶片加工制造涉及的电火花加工种类主要有：电火花线切割、电火花成形加工、电火花穿孔、电火花铣削等加工方式。

电火花成形加工，主要运用在透平叶片窄槽结构、部分异形孔结构加工，如阻尼槽、静叶密封槽等结构。电火花穿孔加工的典型应用是透平叶片的气膜孔加工。电火花铣削加工，是以类似铣削的方式控制电极进行加工，典型应用是透平叶片异形孔孔口形状的加工。

④ 铣削加工技术。基于高温合金优异的力学性能，铣削加工存在铣削力大、铣削温度高、刀具易磨损等不利因素，以致加工面质量和精度难以保证。透平叶片加工过程中，要通过选择合适的加工机床，优化刀具结构、参数，充分冷却等手段，实现高温合金的高速铣削加工。

透平叶片加工制造中，铣削加工多用于磨削加工难以实现部位的成形加工，如透平静叶缘板上的安装槽、凹槽结构。

⑤ 精密焊接技术。透平叶片材料为沉淀强化类镍基高温铸造合金，γ' 相含量较高，尺寸精度要求高。由于透平动叶片自身结构限制，叶顶孔空间位置狭小，叶顶孔封焊工艺难度大。G50 燃气轮机透平叶片采用激光熔覆技术实现工艺参数 – 微观组织 – 性能关系匹配，解决控形控性技术难题，攻克了高 γ' 相含量镍基铸造合金焊接液化裂纹控制技术难题，焊接后接头性能良好，同时结合三维数值模拟，分析叶顶孔封焊应力应变情况，确保焊后尺寸满足要求，透平动叶片叶顶孔封焊示意图如图 10-9 所示。

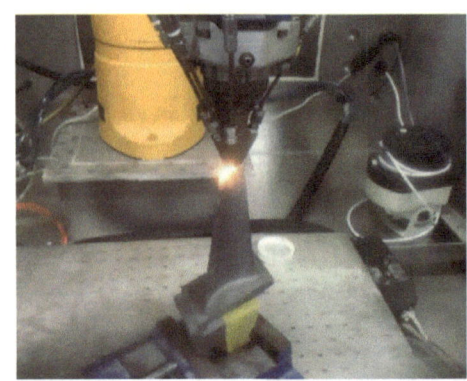

图 10-9　透平动叶片叶顶孔封焊示意图

由于静叶与插件的装配为精铸毛坯面与压型件装配，两者的精度偏差已经超过要求的间隙值，透平静叶与插件装配后，插件与静叶腔室底部台阶间的间隙，是影响透平叶片冷却效果的重要指标。为了满足设计要求的间隙值，通过交叉匹配，并适当修磨插件长度尺寸，最终通过内窥镜及塞尺检查根部装配情况，保证装配间隙。

⑥ 真空热处理技术。透平叶片采用精密铸造技术进行毛坯制造，铸造后需通过热处理来改变微观组织，细化晶粒，提高常温、高温力学性能以及蠕变性能，同时又不能使叶片产生氧化和过大变形。高温合金在高温高真空的情况下进行热处理，由于表面活性元素（如铝、镍等）挥发，产生贫化层会严重影响叶片高温性能，从而降低叶片使用寿命。为了解决上述问题，开展了叶片材料的热处理工艺研究，设计了分段冷却制度并匹配最佳真空度，采用叶根立式装夹法，实现透平时效性能、贫化层均一性和变形精确控制。图 10-10 所示为透平叶片热处理贫化层及变形监测结果。

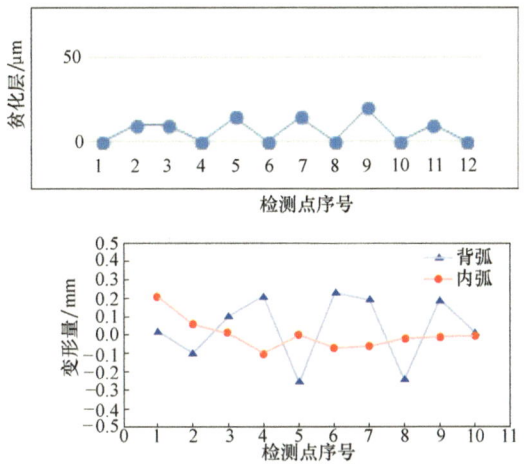

图 10-10　透平叶片热处理贫化层及变形监测结果

10.2　转子制造工艺

10.2.1　转子结构与材料

（1）转子结构　燃气轮机转子主要由压气机轴头、叶轮和透平叶轮通过拉杆连接而成，是燃气轮机运行的核心部件，按功能区可划分为压气机转子和透平转子，两者通过中间轴进行连接。G50 燃气轮机压气机转子由压气机轴头、压气机 3～17 级轮盘、压气机侧中间轴等通过 12 根拉杆螺栓连接而成，叶轮之间通过止口定位，通过径向销止动。压气机部与透平部之间通过 48 颗螺栓连接两侧的中间轴；在透平侧中间轴内部，中间轴套管连接着压气机侧中间轴与透平 1 级轮盘，用于通冷却空气；透平部由透平侧中间轴、透平 1～4 级轮盘、透平后端轴等通过 12 根拉杆螺栓连接而成，透平轮盘及透平侧中间轴之间通过端面齿啮合，结构如图 10-11 所示。

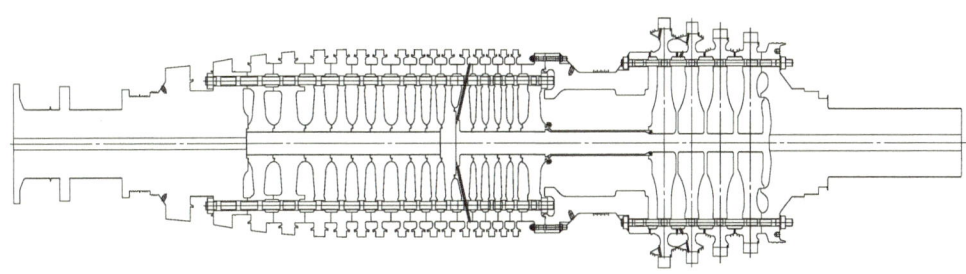

图 10-11　转子结构图

图 10-12 ~ 图 10-16 分别展示了压气机轴头、压气机轮盘、拉杆、中间轴和透平轮盘结构。

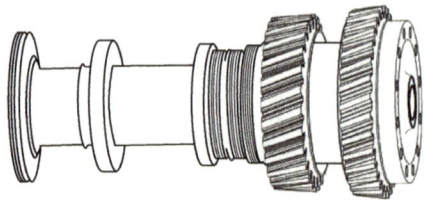

图 10-12　压气机轴头示意图

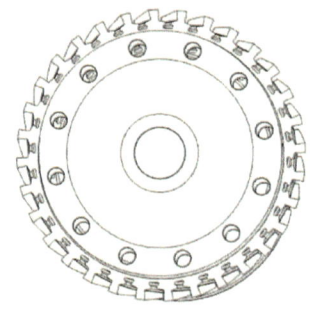

图 10-13　压气机轮盘示意图

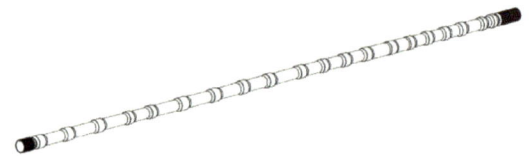

图 10-14　拉杆示意图

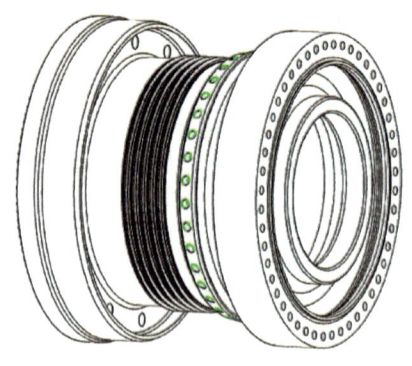

图 10-15　中间轴示意图

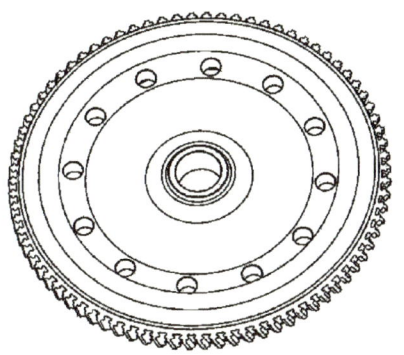

图 10-16　透平轮盘示意图

（2）转子材料　转子部件按材料形式由锻件、圆钢组成，其中轮盘均采用锻件加工制成，拉杆则采用圆钢加工。由于转子所处的工况环境和作用功能不同，材料选用也不同，主要材料见表 10-2。

表 10-2　转子主要材料

序号	零件名称	材料	备注
1	压气机轴头、压气机轮盘	$30Cr_2Ni_4MoV$	
2	压气机轮盘、中间轴	X8CrCoNiMo10_6	
3	透平轮盘	IN718	高温工况
4	拉杆	IN718	高温工况

10.2.2　转子制造技术

燃气轮机转子大多采用高温合金材料，强度、硬度高，加工硬化严重，且加工要求高，需要解决制造中的一系列难题，如高温合金端面齿的磨削，高温合金接配面的精度保证。另外，高温合金轮盘端面齿磨削后的性能、组织变化需要试验验证，超深孔钻削加工、中间套筒精度保证、测点孔加工等难点都需要攻克。

（1）转子制造工艺流程

压气机轮盘：来料→粗车→精车→磁粉探伤→划线→拉杆孔镗削→轮槽铣削→标记刻印及划线→超精车→径向销孔底孔铣削→钳工清理各毛刺、倒角→磁粉探伤。

透平轮盘：来料→粗车→热处理→精车→着色探伤→划线→拉杆孔镗削→轮槽拉削→标记刻印→空气冷却孔钻铰→补充精车→端面齿磨削→着色探伤→钳工

清理各毛刺、倒角。

转子装配：分为预装配和台位装配两种方式。预装配流程：压气机轮盘成组预装配→扩铰径向销孔→成组轮盘解体；压气机侧中间轴与透平侧中间轴预装配→扩铰连接孔→中间轴解体。转子台位装配流程：台位上立压气机轴头→叠装压气机3～17级轮盘和压气机侧中间轴→穿压气机拉杆→拉杆拉伸→叠装中间轴套管、透平侧中间轴→中间轴螺栓拉伸→叠装透平轮盘→立透平后端轴→穿透平拉杆→拉杆拉伸→转子翻身下台位→叶片装配→叶顶磨削→高速动平衡→进机组装配。

（2）转子制造关键技术

1）轮盘车削。转子是一个旋转体，其几何公差和尺寸公差的要求高，车削加工机床和刀具的选择尤为重要。机床选用高精度的数控卧式车床和数控立式车床，数控卧式车床的加工对象是轴头和接配后的转子体，数控立式车床的加工对象是压气机轮盘、中间轴和透平轮盘。

车削加工轮盘时，采用常规方法夹持叶轮外圆进行加工，接配面和轮槽端面都会发生较大变形，超出设计要求。在精车轮槽端面、超精车接配面时，一般采用垂直压紧的方式。通常采用专用软件分析、确定螺杆压紧力大小，确保加工高精度的接配面，使其平面度控制在设计范围内（精度0.001mm），保证转子接配后的精度要求。

2）轮盘拉削。透平轮盘榫槽目前一般在高速数控自动拉床上加工，安装工件的工作台可无极分度，分度精度高达3.6″，拉床设计有自动化刀库，一次性可安装6～30把刀具，加工过程中根据设定好的程序自动更换刀具，全程不需要人员干预。目前常见拉床有卧式和立式两种，小型航空轮盘绝大多数采用卧式拉床，以方便观察和操作。重型燃气轮机轮盘一般采用立式拉床，有利于保证装夹的稳定性。

拉削方式一般分为成形法和渐切法两种。透平轮盘榫槽型线比较复杂，一般需要两种方式结合起来使用，粗加工采用渐切法，更有利于简化刀具设计和制造，降低刀具成本，精加工采用成形法，以此保证型线精度。拉刀外形如图10-17榫槽拉削工步如图10-18所示。

近年来，随着硬质合金技术的快速发展，在拉削领域已经开始尝试使用机夹式硬质合金刀片或者镶嵌式整体硬质合金刀片，其拉削速度可达35m/min以上，极大地提高了拉削效率，但总体来说目前应用较少，主要是刀片质量稳定性稍差，综合成本稍高，大批量用于产品生产造成质量问题的风险仍然存在，但其是未来榫槽拉削技术的重要发展方向。

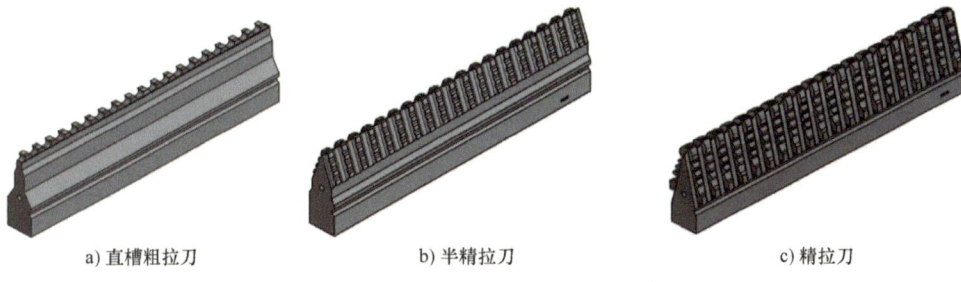

a) 直槽粗拉刀　　　　b) 半精拉刀　　　　c) 精拉刀

图 10-17　拉刀外形

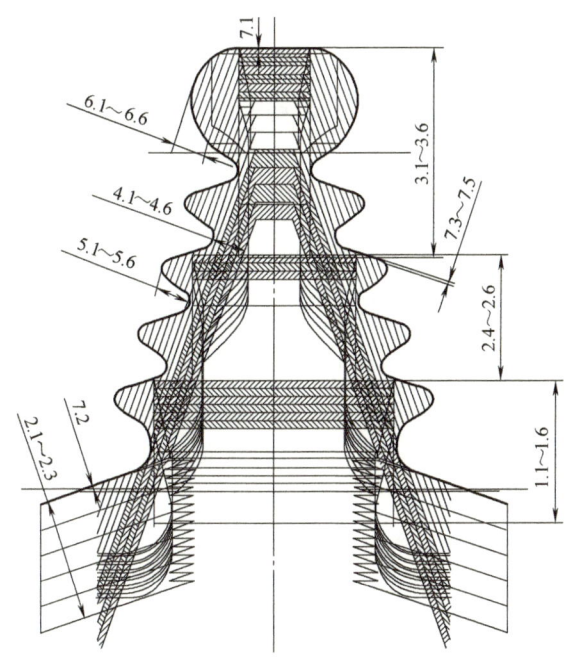

图 10-18　榫槽拉削工步图

3）端面齿磨削。航空发动机和重型燃气轮机各级透平转子的连接和固定主要采用圆弧端齿，其齿形特殊，具有承载能力强、定位精度高、自动定心、装配简便等优势。

圆弧端齿成形原理如图 10-19 所示，齿形的粗精加工都采用具有较大径向尺寸的环形砂轮成形磨削的方式。

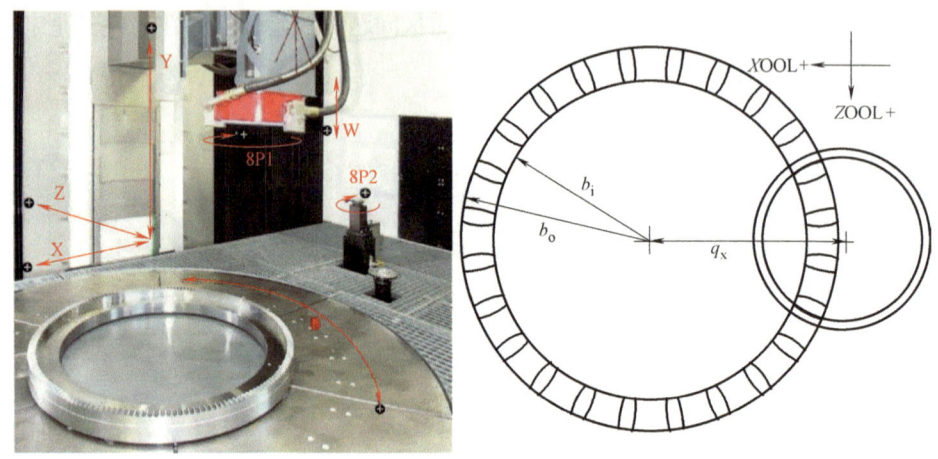

图 10-19　圆弧端齿成形原理图

端面齿的齿面为弧形，按其方向分为凹齿和凸齿。砂轮与齿盘坯回转轴线平行，外砂轮面磨削凹形齿面，内砂轮面磨削凸形齿面，每次磨削同一齿盘上两个轮齿相邻的两个面，依次通过机床工作台分度走位，继续加工下一个齿面。

端齿加工后采用专用检测盘检测齿形精度，在齿面上涂抹红丹粉或蓝油，根据检测盘上残留的红丹粉或蓝油来判断端齿接触率是否满足要求，为了更加真实地反映零件装配后的接触情况，亦可采用零件互扣检查方法。

4）转子装配。重型燃气轮机转子一般采用立式装配，需要建专用安装台位。整根转子采用翻转装置固定在地基上，为了提高转子稳定性，一般会在转子中部安装工装，使其与台位连接在一起。压气机各轮盘由于级数多，在台位下预先进行分组接配。透平轮盘由于轮盘间装配的小件较多，单个轮盘在台位上进行接配。

轮盘叠装时一般从压气机部分向透平部分安装，先将轮盘依次叠装好，安装过程中采用定位销或激光干涉仪对中，之后安装拉杆，将拉伸器与拉杆螺栓固定好，起动液压泵将拉杆拉伸到设计伸长量。

5）转子动平衡。由于制造工艺误差、转子叶片装配不均匀与变形等因素影响，转子存在质量分布沿轴向、周向不平衡的问题，这将会导致转子振动，轴承、轴封等部件磨损，降低设备使用寿命和效率。因此，燃气轮机机组转子在制造或维修过程中，需要对转子进行动平衡。动平衡是通过在转子上去重或加重的方法以改变转子上的质量分布，使质心偏心引起的转子振动或作用在轴承上的动载荷减小到允许范围内，达到机组平稳运行的目的。

根据转子工作转速，将转子分为刚性转子和挠性转子两种，需要在不同的动平衡机上进行平衡。高速动平衡机如图 10-20 所示，转子动平衡可以在该类机器上进行，也可以在机器本体上进行。

图 10-20　高速动平衡机

10.3　燃烧室制造工艺

10.3.1　燃烧室结构与材料

（1）燃烧室结构　燃烧室是燃气轮机核心高温部件之一，主体材料选用耐高温合金材料，结构上采用薄壁结构，便于冷却和散热，因此燃烧室结构非常复杂，对制造精度和质量要求比较高。

燃烧室结构一般为多层套装结构，如图 10-21 和图 10-22 所示。由于材料种类多、焊缝数量密集、冷却孔数量多且位置精度要求高，加工时易变形，对制造

图 10-21　燃烧室结构示意图

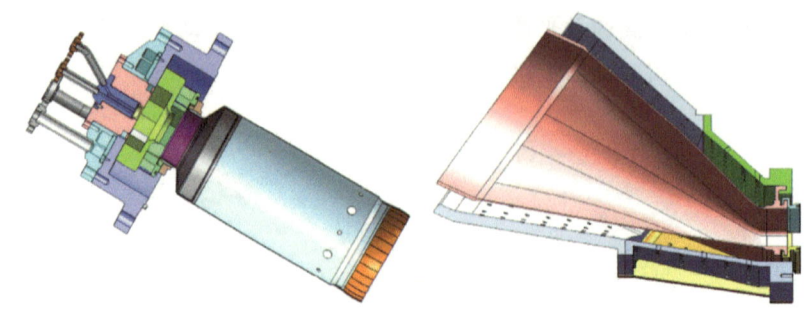

图 10-22　燃烧室主要部件结构示意图

技术要求高，制造过程中尺寸精度控制难度大。燃烧室一般由喷嘴、火焰筒、过渡段、外围部件等组成，高温燃气经燃烧室尾筒过渡进入透平做功。

（2）燃烧室材料　燃烧室按材料毛坯形式分类包括钢板件、锻件及铸件，其中钢板件占比最大；按照材料种类分类包括镍基高温合金、钴基高温合金、不锈钢、铁基耐热钢等材料，以镍基高温合金材料为主。燃烧室各部件具体材料见表 10-3。

表 10-3　燃烧室各部件具体材料

名称	喷嘴	火焰筒及过渡段	外围部件
材料	SUS310 Haynes 230 Nimonic 263	Haynes 282 Haynes 230 Hastelloy X Nimonic 263	FSX-414 $06Cr_{19}Ni_{10}$ SUS410

10.3.2　燃烧室制造技术

（1）燃烧室制造工艺流程　组成燃烧室的各零件从毛坯下料开始，经过材料成形、粗加工、焊接、热处理、精加工、喷涂、组装等诸多工序。以过渡段为例，其主要工艺流程为：钢板激光下料→钣金成形→焊前加工→焊接组配→校形→高能束焊接→真空热处理→无损检测→机械加工→电火花加工→型线检测。

（2）燃烧室制造关键技术

1）钣金成形。燃烧室许多薄壁件制造工艺涉及钣金成形技术，钣金成形的质量及制造精度直接影响后续产品的组配、尺寸精度，最终影响部件的冷却效率，甚至产品运行寿命。钣金成形的主要方法包括拉延成形、模压成形、旋转冲压成形、旋压成形。

燃烧室钣金成形会出现开裂、起皱、回弹等问题，如图10-23所示。形状简单的零件可基于钣金成形经验进行工艺及模具设计、参数选型，但是对于复杂形状钣金件，无法采用传统的方法分析各种因素对成形工艺的影响，因此需要借助有限元分析手段，对成形起皱、开裂及回弹缺陷进行预测，以优化成形工艺及模具。

图10-23 钣金件成形缺陷

2）热处理。燃烧室的零件在成形或者粗加工过程中需要进行去应力热处理，一般选用真空固溶热处理，使热处理后材料性能满足要求。典型材料真空固溶热处理工艺如图10-24所示。

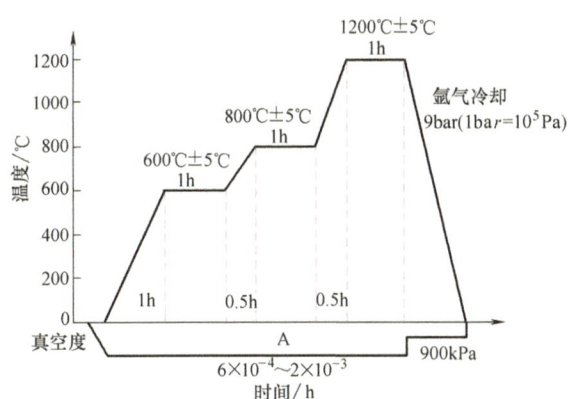

图10-24 典型材料真空固溶热处理工艺

对于时效性高温合金的热处理则需要考虑其强化相的析出，如哈氏合金X-750，主要以γ''相进行时效强化，零件成形后需进行时效处理增加硬度和弹性，通过时效处理，利用析出相与基体位错的交互作用从而起到强化效果。时效处理的时机选择非常关键，为了控制焊接质量，提高加工效率，一般会选择在焊接后或者半精加工后进行时效处理。如 Nimonic 263 材料制造的火焰筒，一般会在焊接后进行时效热处理。

3）焊接。燃烧室主要为薄壁件焊接，焊缝密集且空间结构复杂，采用传统的熔焊方法焊接变形大，焊缝质量难以保证，无法满足燃烧室制造精度要求，因此燃烧室部件焊接主要采用激光或电子束的高能束焊接方法，对焊接前的组配精度要求极高，一般要求在 $10\mu m$，通常采用"I"形坡口。对于部分由于结构受限或者焊接量较小的情况，手工氩弧焊则是主要采用手段之一。焊接变形是燃烧室的行业难题，通常需要设计专用仿形可调工装辅助完成。

4）高温合金及薄壁构件加工。燃烧室的加工难点主要在于异形件装夹定位、高温合金材料加工。异形件装夹的难点主要体现在以下两点：一是装夹工装的设计，二是装夹力的选择。装夹工装的设计要综合考虑工装加工过程干涉、加工坐标系快速建立等问题。装夹力的选择需要在工件装夹变形与克服加工位移之间进行取舍，燃烧室的异形件多为薄壁件，装夹力对产品的制造精度影响很大，装夹力过大会导致产品变形超差，装夹力过小会导致产品加工位移。

高温合金材料加工难点主要在于加工时不容易断屑，刀具磨损也较为严重。为解决高温合金 Haynes230 材料加工断屑难度大的问题，需要选择合适的背吃刀量和刀具进给深度参数。

10.4 气缸类部件制造工艺

10.4.1 气缸类部件结构与材料

（1）气缸类部件结构　燃气轮机由压气机、燃烧室和透平三部件组成，沿气体流动分类，由进气缸、压气机缸、燃兼压缸、透平缸、排气缸五部分组成，如图 10-25 所示。气缸不仅起到定位、支撑内部装配件（如轴承、转子、静叶栅、静叶持环、燃烧室等）的作用，同时也是气道组成的一部分，与转子叶顶外圆配合形成通流流道，故气缸的制造精度对提升机组效率、确保稳定性和安全性等具有重要作用。

由于功能不同，其结构差异较大，五大气缸部件的结构特点具体如下：

进气缸、排气缸（图 10-26）采用铸件、锻件、钢板的组合焊接结构，分为内环、外环结构，内环里侧有轴承档、气封档，采用支撑筋连接内、外环。

图 10-25　气缸结构示意图

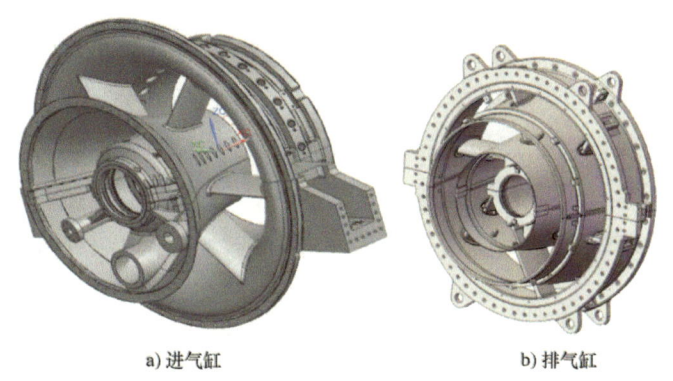

a) 进气缸　　　　　　　　b) 排气缸

图 10-26　进气缸、排气缸结构示意图

　　压气机缸、燃兼压缸、透平缸整体为铸件毛坯，采用水平剖分结构（图 10-27），进、出气端面均采用法兰孔连接；压气机缸和透平缸内腔有静叶环安装槽。燃兼压缸内腔有定位静叶持环的开档圆及扭力销孔，外侧均布一圈燃烧室孔及管口。

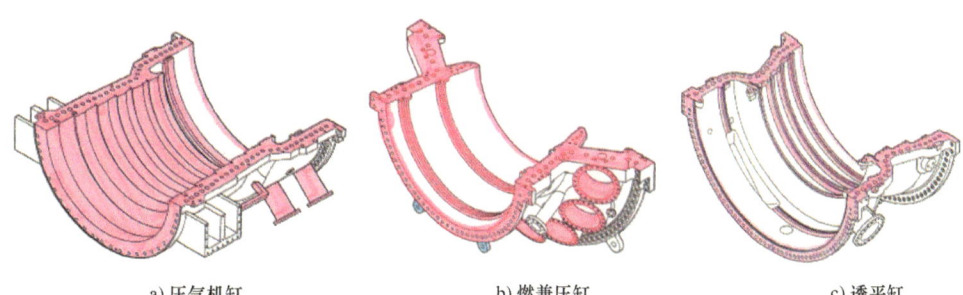

a) 压气机缸　　　　　b) 燃兼压缸　　　　　c) 透平缸

图 10-27　压气机缸、燃兼压缸、透平缸结构示意图

（2）气缸类部件材料　燃气轮机气缸类部件制造材料种类很多，按材料类别形式主要有碳钢、合金钢、不锈钢。进气缸采用铸件、锻件焊接组成；压气机缸、燃兼压缸、透平缸一般采用整体铸件铸造而成；排气缸通常由钢板成形焊接组成。

10.4.2　气缸类部件制造技术

（1）气缸类部件制造工艺流程　气缸类部件制造主要工艺流程为：零件毛坯配套→平台装配→焊接→热处理→无损检测→中分面加工→合并上下半→内外圆及燃烧室安装孔加工→拆开上下半→垂直面加工→无损检测→压力试验。其中进气缸完成后需要进行压力试验，仅燃兼压缸需要进行燃烧室安装孔加工。

（2）气缸类部件制造关键技术

1）气缸焊接及变形控制。目前国内的气缸焊接通常采用手工焊接方式，部分零部件采用自动化焊接技术，国外的燃气轮机生产公司采用机器人专机与变位机协同实现自动化焊接，其焊接变形相对手工焊接要小。排气缸的焊接量最大，一般主要采用二氧化碳气体保护焊，辅以焊条电弧焊和氩弧焊。对于合金钢材料的焊接，焊前需要预热，焊后进行去应力热处理，以降低残余应力。

2）气缸中分面铣削。气缸中分面是重要的密封面，中分面平面度要求 ≤ 0.03mm，表面粗糙度值 ≤ $Ra1.6\mu m$，加工质量的保证与设备选择、装夹变形控制、刀具选择、切削参数选择密切相关。在气缸支撑允许的情况下，采用与机组装配或运行时一致的摆放方式，这样可消除气缸在不同工位状态自身产生的变形影响。燃气轮机气缸，受结构影响，多采用立放的方式加工，进、出气端垂直接配面作为支撑面，加工时支撑面稳固。气缸装夹变形的控制需要支撑稳固、受力均匀，对于如进气缸类气缸，内、外环之间仅靠加强筋连接，连接刚性不足的构件，需同时支撑外环及内环端面，圆周方向均布支撑 3～5 点；针对构件重心偏高的问题，通常在进气端做辅助支撑，防止中分面加工时产生振动影响加工质量。

10.5　涂层制备与喷涂

10.5.1　涂层类别

在重型燃气轮机透平部件、燃烧室部件、压气机部件等关键零部件上制备各类功能涂层，其不但有助于降低金属基体温度，还可以防止高温氧化、腐蚀，提升零部件耐磨性，提高燃气轮机效率。目前，重型燃气轮机各类功能涂层已广泛应用于透平部件、燃烧室部件和压气机部件等关键零部件上。

（1）高温热障涂层　透平叶片长期服役在高温、高载荷、高腐蚀等耦合的恶劣工况条件下，远远超过当前高温合金基材的使用极限，必须制备一层兼具隔热、抗氧化、抗腐蚀等功能的高温涂层，即热障涂层（Thermal Barrier Coating，TBC）。TBC属于陶瓷–金属多相材料复合的薄膜–基体系统，其制备工艺涉及掺混粉末固–液（气）相快速转变与流固耦合动力学等复杂物理过程，微观结构包含网状裂纹、多尺度孔洞等预制缺陷形式，热障涂层的结构和原理如图10-28所示。

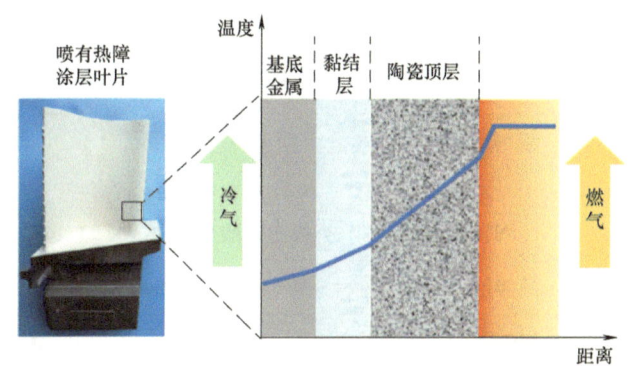

图10-28　典型燃气轮机透平叶片热障涂层结构及功能示意图

（2）高温耐磨涂层　重型燃气轮机中一些高温部件，要承受高温磨损。目前高温耐磨涂层制备工艺有大气等离子喷涂和超声速火焰喷涂，制备的涂层具有优良的高温热稳定性、化学稳定性和耐磨性，在金属基体耐温极限以下具有高的抗磨料磨损性能和低的摩擦因数。

（3）高温抗氧化防腐蚀涂层　透平叶片服役在高温、高载荷、高腐蚀等耦合的恶劣工况条件下，为有效延长透平叶片的使用寿命，必须在其表面涂覆一层兼具抗氧化、防腐蚀等功能的高温涂层。常见的制备工艺有氧气助燃超声速火焰喷涂（HVOF）、低压等离子喷涂（LPPS）、真空等离子喷涂（VPS）等。

（4）抗微动磨损涂层　微动磨损是在化学与机械共同作用下发生在分子层面最终导致材料损失的磨损过程。燃气轮机透平叶片叶冠使用工况就是高温微动磨损。为提高透平叶片使用寿命及效率，增强其高温抗微动磨损性能，必须在透平叶片接触工作面喷涂抗微动磨损涂层。

燃气轮机压气机动叶片以不同型式的叶根固定在叶轮榫槽部位，榫槽与动叶片叶根接触区域间隙较小，长时间运行后将发生微动磨损、微动疲劳，疲劳裂纹可能导致转子灾难性的破坏。在压气机动叶片叶根部位采用大气等离子喷涂工艺制备 CuNiIn 防微动磨损涂层可以有效地保护动叶片叶根和转子轮盘榫槽部位。

（5）无机防腐涂层　无机涂料通常是指以无机材料为主要成膜物质或黏结剂的一类涂料。燃气轮机压气机叶片用无机防腐涂层是一种通过硅酸盐/磷酸盐为黏结剂，纳米铝粉为功能填料的水溶性涂料，经过高温固化而制备的涂层，导电性好，属于牺牲阳极涂层。

10.5.2　涂层材料及制备工艺

燃气轮机常用涂层种类、材料及制备工艺见表 10-4。

表 10-4　燃气轮机常用涂层种类、材料及制备工艺

涂层种类	常用涂层材料		涂层制备工艺
热障涂层（TBC）	工作层（陶瓷面层）	YSZ 陶瓷面层（ZrO_2 类稀土锆酸盐类）	APS
	粘接层	M（Ni、Co）CrAlY	HVOF
高温耐磨涂层	$NiCr-Cr_3C_2$ 复合粉末		APS、HVOF
高温抗氧化防腐蚀涂层	FeCrAlY、NiCrAlY、CoCrAlY、NiCoCrAlY、CoNiCrAlY		HVOF、LPPS
抗微动磨损涂层	CoMoCrSi 系列高温抗微动耐磨涂层		HVOF
	CuNiIn 防微动磨损涂层		APS
无机防腐涂层	黏结剂	硅酸盐/磷酸盐	水性涂料喷涂＋高温固化
	功能填料	纳米铝粉	
减磨涂层（润滑涂层）	二硫化钼（MoS_2）		APS、涂敷

注：APS—大气等离子喷涂；HVOF—氧气助燃超声速火焰喷涂；LPPS—低压等离子喷涂。

10.6　运维技术

10.6.1　燃气轮机运维概述

机组可用率是用户最为关心的内容之一。正确执行检查和维护计划对降低强迫停机时间，提高机组可用率至关重要；制造厂商合理的维修计划设计能够有效缩短维修时间，同样可以提高机组可用率。

$$可利用系数 = (1-UH/PH) \times 100\%$$

式中，UH 为总不可用小时数（包括强迫停机、计划维修小时数，非计划停机、维修时间等）；PH 为统计期间小时数。

随着燃气轮机通流参数和燃烧温度的提升，功率增加的同时，效率也有了明显的提升。通常在仅考虑计划维修小时数情况下，对于技术成熟的功率小于 100MW 的燃气轮机，可利用系数为 94%～97%；对于功率大于 100MW 的燃气轮机，可利用系数为 85%～89%。燃气轮机可利用系数随功率提高而下降，这是因为大功率机组维修时间更长，另外，功率更大的机组通常也意味着温度和压力更高，损伤更明显，维护更为复杂，时间花费更多。

10.6.2　燃气轮机检修内容

燃气轮机主要部件失效占比见表 10-5，可以看出，失效占比较大的部件为燃烧器、透平第 1 级静叶。

表 10-5　燃气轮机主要部件失效占比

失效部件	占比（%）
燃烧器	27
透平第 1 级静叶	21
透平第 1 级动叶片	17
控制系统	15
轴承	7
压气机叶片	5
其余	8

对于燃气轮机关键部件，例如燃烧器和透平热通道，需要根据制造商提供的检查要求，定期对其进行检查、维护和更换。图 10-29 给出了典型燃气轮机的维护计划，主要包括大修（M 检）、透平检修（T 检）和燃烧室检修（C 检），表 10-6 给出了对应的检查项目、拆解范围以及检查的部件。

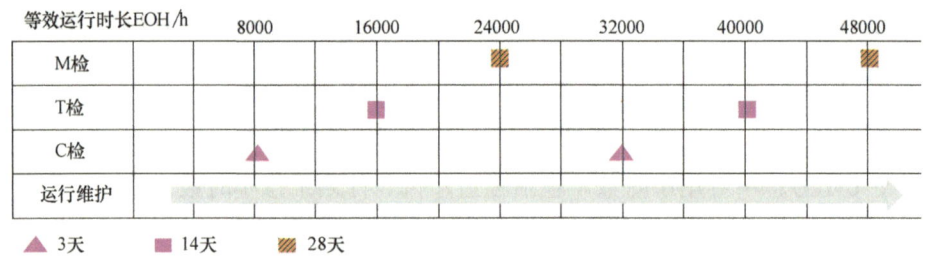

图 10-29 燃气轮机维护安排

表 10-6 燃气轮机维护内容

检查项目	拆解范围	检查部件
内窥镜检查	无须拆解机组	压气机、燃烧器、透平主要部件
燃烧室检查 （C检）	拆解燃烧室	燃烧器火焰筒、过渡段和燃烧喷嘴外观检查和无损检测 点火栓外观检查和火花试验、火焰探测器性能试验 外观检查透平第 1 级动叶和静叶 外观检查压气机进口导叶、1 级动叶片和出口导叶
透平检查 （T检）	拆解透平气缸 上半部分	透平动叶、静叶和气封的外观检查和无损检测 外观检查压气机进口导叶、1 级动叶片和出口导叶 同时进行燃烧器检查
大修检查 （M检）	拆解所有气缸并 吊出转子	所有部件的外观检查和无损检测 同时进行辅助系统、控制系统和仪表的检查

（1）内窥镜检查　燃气轮机缸体上设计有窥视孔，可以在不拆除缸体的情况下，使用内窥镜定期对关键部件进行检查。可检查内容包括但不限于：非正常的积垢、表面缺陷（例如磨蚀、腐蚀或者脱落）、部件变形或外物击伤、结构缺失、击痕、凹陷、裂纹、摩擦或接触痕迹，以及其他非正常现象。

内窥镜检查可以更好地了解机组内部状态，帮助制订检修计划。内窥镜检查必须在停机状态下进行。

图 10-30 所示为停机状态下对透平热通道进行内窥镜检查图片。

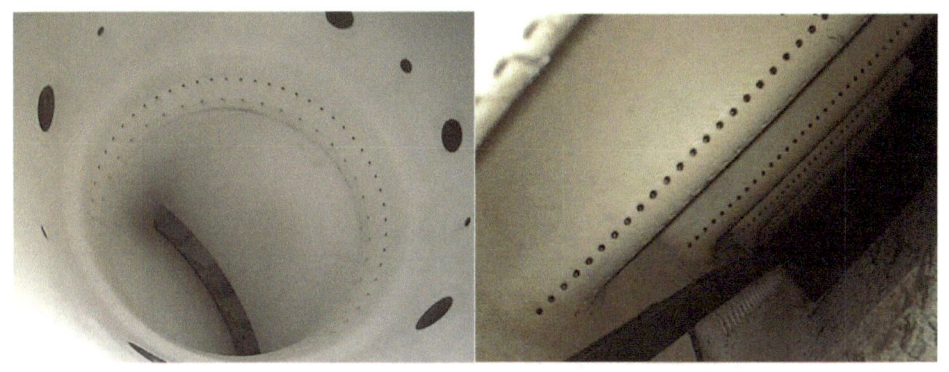

图 10-30 内窥镜检查透平热通道

（2）燃烧室检查（C 检） 燃烧室检查包括以下部件：燃料喷嘴、燃烧器旋流器组件、点火栓和火焰筒。该项检查仅需要对燃气轮机进行相对短暂的停机。进行该项检查时需要拆卸燃烧室。同时目视检查第 1 级透平静叶和末级透平动叶片是否在正确位置。

在该项检查中，要根据制造商提供的检查标准来判断是否需要对燃烧室部件进行修理、更换或者修补。

（3）透平检查（T 检） 透平检查内容涵盖所有燃气轮机的热通道部件，包括上述的燃烧室部分的检查。各项检查包括拆卸透平缸上半部分和燃烧室部分，转子留在原位。

所有的热部件都必须拆除，根据制造商提供的检查标准，进行外观检查、尺寸校核、无损检测（NDT）。轴承检查不属于该项检查。燃烧室和透平部件应该根据需要进行修理、更换或者修补。

（4）大修（M 检） 对燃气轮机的所有组件实施大修检查，同时拆卸所有上半缸并吊出燃气轮机转子。大修期间应检查下列项目，如图 10-31 所示：

1）所有转子部件，包括压气机和透平叶片。
2）压气机和透平轮盘。
3）推力轴承。
4）包括在燃烧室检查部分中的所有部件。
5）包括在透平检查部分中的所有部件。

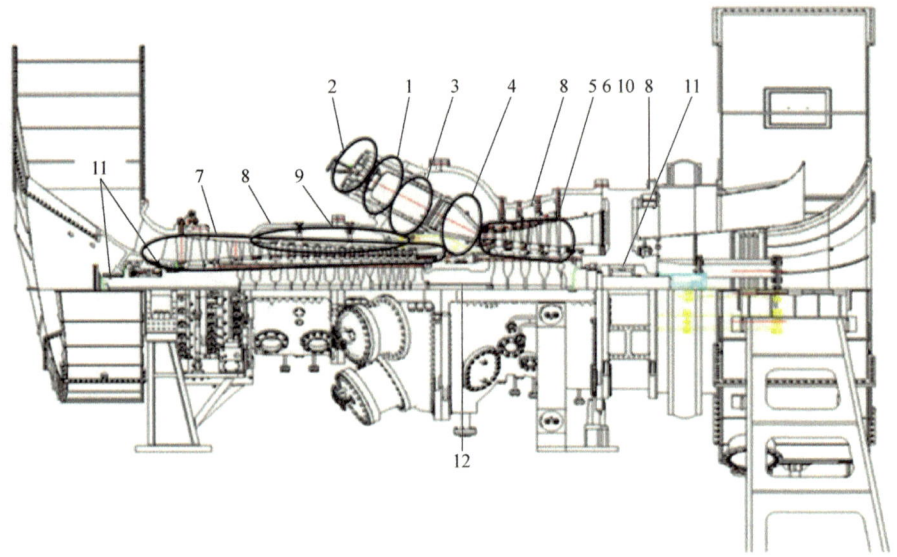

1—火焰探测器和点火器　2—燃烧喷嘴　3—燃烧室火焰筒　4—过渡段　5—透平动叶
6—透平静叶　7—压气机动叶和静叶栅　8—排气、透平和压气机缸　9—压气机静叶环
10—透平1、2、3和4级静叶环　11—推力轴承和支持轴承　12—转子

图 10-31　大修（M 检）

6）检查期间还要检查相关的辅助设备、控制和仪表系统。

根据需要修理、更换及修补所有组件、零件和系统，以保证在下一次检查计划前燃气轮机能安全运行。

除了上述定期维护方法以外，基于状态的实时维护策略在现代燃气轮机中也开始应用，通过合理的传感器布置和数据分析，结合部分设计数据，负责维护的人员能够实时了解设备的运行条件和运行特性的趋势。

10.6.3　热部件寿命管理

影响燃气轮机部件寿命的因素很多，在制订热部件寿命管理方法及维修计划时，必须充分理解影响部件寿命的因素。总的来说，燃料类型、是否注水、起动频率、负荷周期、环境、起动时间等都会影响燃气轮机部件寿命。

（1）注水对寿命的影响　向燃烧室注水可以降低燃烧温度，以降低 NO_x 生成量，同时还可以提高燃气轮机的输出功率。但另一方面，注水会增大压气机出口压力和加重燃烧室的压力振荡，同时会使高温部件金属温度提高，缩短高温部件寿命。

(2）燃料类型对寿命的影响　燃料种类对零件寿命方面的影响主要与燃烧过程中释放的辐射能和液体燃料的雾化能力有关。一般来说，天然气是其最佳燃料，不需要雾化，具有最低的辐射能，因此可以提高零件的寿命，而原油和残渣油由于具有较高的辐射能并比较难雾化，因此这种燃料的使用会缩短零件的寿命。另外，燃料中的杂质将磨蚀或者腐蚀控制阀和燃料喷嘴，喷嘴的阻塞和堵塞将导致燃气轮机的进口段温差加大，从而损坏透平叶片，某些燃料杂质还会导致热部件的腐蚀。因此，不同的燃料对寿命的影响也是不一样的。

(3）负荷周期对寿命的影响　如果燃气轮机不需要频繁和迅速的负荷变动，燃气轮机的正常负荷变化和燃气轮机持续的额定负荷运行对部件的寿命影响很小。而迅速和频繁的负荷变动对燃气轮机部件寿命的影响与燃气轮机的频繁起动和停机对部件寿命的影响相类似，对寿命影响很大。

(4）环境对寿命的影响　如果存在粉尘颗粒或者腐蚀性气体，它们进入燃气轮机就会对燃气轮机的维护产生重要的影响。如果是磨蚀性的大气环境，应特别注意进口过滤系统的设计，以便减少或消除这一状况。如果是腐蚀性大气环境，应使用防护涂层。

(5）起动时间对寿命的影响　标准程序起动时间能够最大限度地降低瞬时热应力并最大限度地延长零部件的寿命。如果该机组具有应急起动能力，那么应急起动的每次触发都将缩减零部件的额外寿命。

需要频繁起停机的调峰机组的寿命影响因素主要是热疲劳，而连续运行机组寿命的影响因素主要是蠕变、氧化和腐蚀。连续运行和起停对寿命的影响因素见表 10-7。

表 10-7　连续运行和起停对寿命的影响因素

连续运行影响	起停影响
蠕变	热机械疲劳
高周疲劳	高周疲劳
氧化	磨损
腐蚀	外物击伤
磨损	
外物击伤	

燃气轮机部件损伤主要集中在燃烧器和高温透平，表 10-8 为一些常见的损伤类型和损伤原因。

表 10-8 常见损伤类型和损伤原因

损伤类型	位置	损伤原因
严重氧化	高压动、静叶	环境、燃料
严重烧蚀	高压动、静叶	TBC 涂层缺失
裂纹	燃烧器内筒/高压动、静叶	热应力
腐蚀	高压动、静叶	热腐蚀、化学腐蚀
叶尖缺失	压气机、透平动叶片	动静碰磨、外来物打击
严重变形	燃烧器内筒/过渡段	燃烧器温度不均匀

参 考 文 献

[1] 蒋洪德，任静，李雪英，等. 重型燃气轮机的现状和发展趋势 [J]. 中国电机工程学报, 2014, 29: 5096-5102.

[2] 蒋洪德. 世界重型燃气轮机产品系列发展史及其启示 [N]. 科技日报, 2016-06-15(7).

[3] SOARES C. Gas turbines: a handbook of air, land and sea applications [M]. Amsterdam: Elsevier, 2011.

[4] 姜伟，赵士杭. 燃气轮机原理结构与应用 [M]. 北京：科学出版社，2002.

[5] BROOKS F J GE gas turbine performance characteristics [R]//GE Power Systems, Report No. GER-3567H. Boston: [s.n.].

[6] TAHMASEBZADEHBAIE M, SAYYAADI H, SOHANI A, et al. Heat and mass recirculations strategies for improving the thermal efficiency and environmental emission of a gas-turbine cycle [J]. Applied Thermal Engineering, 2017, 125: 118-133.

[7] 孔祥林，田晓晶，程国强，等. 中国首台F级50 MW重型燃气轮机的自主研制 [J]. 天然气工业, 2020, 40(12): 12-17.

[8] 中国燃气轮机产业联盟. 中国燃气轮机产业联盟工作报告 [J]. 电器工业, 2018, 6: 28-33.

[9] 沈阳黎明航空发动机（集团）有限责任公司. 燃气轮机原理、结构与应用 [M]. 北京：科学出版社，2002.

[10] 曹蕃，陈坤洋，郭婷婷，等. 氢能产业发展技术路径研究 [J]. 分布式能源, 2020, 5(1): 1-8.

[11] DITARANTO M, HEGGSET T, BERSTAD D. Concept of hydrogen fired gas turbine cycle with exhaust gas recirculation: Assessment of process performance [J/OL]. Energy, 2020, 192: 116646. [2021-01-24]. https://doi.org/10.1016/j.energy.2019.116646.

[12] KOTOWICZ J, BRZĘCZEK M, JOB M. The thermodynamic and economic characteristics of the modern combined cycle power plant with gas

turbine steam cooling [J]. Energy, 2018, 164: 359-376.

[13] DIXON S L, HALL C A. Fluid mechanics and themodynamics of turbomachinery [M]. 6th ed. Oxford: Butterworth-Heinemann Press, 2010.

[14] 李孝堂,侯凌云,杨敏,等.现代燃气轮机技术[M].北京:航空工业出版社,2006.

[15] 彭泽琰,刘刚,桂幸民,等.燃气轮机原理[M].北京:国防工业出版社,2008.

[16] WISLER D C. Loss reduction in axial-flow compressors through low-speed model testing [J]. ASME Journal of Engineering for Gas Turbines and Power, 1985,107(2): 354-363.

[17] BENSER W A. Analysis of part-speed operation for high-pressure-ratio multistage axial-flow compressors [R]. [S.l.]: NACARME, 1953.

[18] 王飞.多圆弧叶片造型及其在多级轴流压气机气动设计中的应用[D].北京:北京航空航天大学,2014.

[19] HOBBS D E, WEINGOLD H D. Development of controlled diffusion airfoils for multistage compressor application [J]. Journal of Engineering for Gas Turbines and Power, 1984,106 (2): 271-278.

[20] SCHREIBER H A. Experimental investigations on shock losses of transonic and supersonic compressor cascade [R]. [S.l.]: AGARD1, 1987.

[21] SMITH L H. Axial compressor aerodesign evolution at General Electric [J]. ASME J. Turbomachinery, 2002(124): 321-329.

[22] 桂幸民,滕金芳,刘宝杰,等.航空压气机-气动热力学理论与应用[M].上海:上海交通大学出版社,2014.

[23] LIEBLEIN S, ROUDEBUSH W H. Theoretical loss relations for low speed two-dimensional cascade flow [R]. [S.l.: s.n.], 1956.

[24] 李根深,陈乃兴,强国芳.船用燃气轮机轴流式叶轮机械气动热力学[M].北京:国防工业出版社,1980.

[25] GAMIER V H, EPSTEIN A H, GREITZER E M. Rotating waves as a stall inception indication in axial compressors [J]. ASME J.

Turbomachinery, 1991, 113:290-301.

[26] CAMP T, DAY I J. A study of spikes and modal stall phenomena in a low-speed axial compressor [J]. ASME J. Turbomachinery, 1998, 120:393-401.

[27] WELCH M, IGOE B. An introduction to combustion, fuels, emissions, fuel contamination and storage for industrial gas turbines [C] // ASME Turbo Expo: Turbine Technical Conference & Exposition. New York: ASME, 2015.

[28] LEFEBVRE H. Gas turbine combustion alternative fuels and emissions. [M]. 3rd ed. Oxford: Taylor & Francis, 2010.

[29] SOARES C. Gas turbines: a handbook of air, land and sea applications [M]. 2nd e. Amsterdam: Elsevier Inc, 2015.

[30] TIMOTHY C, LIEUWEN V Y. Gas turbine emissions [M]. Cambridge: Cambridge University Press, 2013.

[31] JANSOHN, P. Modern gas turbine systems: high efficiency, low emission,fuel flexible power generation [M]. Cambridge: Woodhead Publishing Limited, 2013.

[32] GÜLEN S C. Gas turbines for electric power generation [M]. Cambridge: Cambridge University Press, 2019.

[33] RAZAK A M Y. Industrial gas turbines performance and operability [M]. Cambridge: Woodhead Publishing Limited, 2007.

[34] BOYCE M P. Gas turbine engineering handbook [M]. 4th ed. Oxford: Butterworth- Heinemann, 2012.

[35] GIAMPAOLO T. Gas turbine handbook: principles and practice [M]. 5th ed. Liburn: Fairmont Press, 2014.

[36] 沈炳正,黄希程. 燃气轮机装置 [M]. 2版. 北京:机械工业出版社, 1991.

[37] POINSOT T, VEYNANTE D. Theoretical and numerical combustion [M]. Philadelphia: RT Edwards, Inc,2005.

[38] 朱梅林. 燃气轮机 [M]. 武汉:华中工学院出版社, 1982.

[39] 王新军,李亮,宋立明,等.汽轮机原理[M].西安:西安交通大学出版社,

2014.

[40] SMITH S F. A simple correlation of turbine efficiency [J]. Aeronautical Journal, 1965, 69(655):467-470.

[41] AINLEY D G, MATHIESON G C R. A mETHOD of pERFORMANCE eSTIMATION for axial-flow turbines [M]. London: Defense Technical Information Center, 1951: 2974.

[42] DENTON J D. Loss mechanisms in turbomachines [J]. Journal of Turbomachinery, 1993, 115(4):621-656.

[43] 宋立明. 基于进化算法的轴流式透平机械叶栅气动优化系统的研究 [D]. 西安：西安交通大学，2006.

[44] HARRISON S. The influence of blade lean on turbine losses [J]. Journal of Turbomachinery, 1992, 114(1):184-190.

[45] FISCHER A, RIESS W, SEUME J R. Performance of strongly bowed stators in a four-stage high-speed compressor [J]. Journal of Turbomachinery, 2004, 126(3):333-338.

[46] ROSIC B, XU L. Blade lean and shroud leakage flows in low aspect ratio turbines [J]. Journal of Turbomachinery, 2012, 134(3): 1167-1178.

[47] CARTER T J. Common failures in gas turbine blades [J]. Engineering Failure Analysis, 2005;12(2):237-247.

[48] HOU J, WICKS BJ, ANTONIOU R A. An investigation of fatigue failures of turbine bla des in a gas turbine engine by mechanical analysis[J]. Engineering Failure Analysis, 2002, 9(2): 201-211.

[49] 谢永慧,景祺,张荻,等. 燃气轮机透平叶片冷却通道传热特性研究进展 [J]. 中国电机工程学报，2017, 37(6): 1711-1721.

[50] 谢永慧,刘天源,张荻. 新能源形势下的"智慧汽轮机"及其研究进展[J]. 中国电机工程学报，2021,41(2): 394-409.

[51] 谢永慧,张荻,吴君,等. 核电汽轮机末级长叶片振动特性研究进展 [J]. 热力透平，2015,44(4): 239-248; 257.

[52] 谢永慧,张荻. 汽轮机阻尼围带长叶片振动特性研究 [J]. 中国电机工程学报，2005, 25(18): 86-90.

[53] 谢永慧, 张明辉, 周琴, 等. 透平复杂阻尼结构叶片强度与振动特性优化研究 [J]. 热力透平, 2015, 44(1): 1-6.

[54] 赵子辉, 谢永慧, 张荻, 等. 汽轮机叶片结构阻尼研究发展现状及展望[J]. 汽轮机技术, 2008, 50(1): 1-5; 8.

[55] 谢永慧, 马丹丹, 张荻, 等. 汽轮机叶片枞树型叶根轮缘优化研究 [J]. 热力透平, 2012, 41(2): 116-121; 159.

[56] 谢永慧, 张荻. 复杂阻尼结构汽轮机末级长叶片寿命评估相关研究进展及展望 [J]. 汽轮机技术, 2007, 49(6): 401-405; 422.

[57] 谢永慧, 邓实, 张荻, 等. 基于热流固耦合分析的重型燃气轮机透平高压叶片寿命研究 [J]. 热力透平, 2011, 40(3): 151-158.

[58] 吴厚钰. 透平零件结构和强度计算 [M]. 北京: 机械工业出版社, 1982.

[59] 徐自力, 艾松. 叶片结构强度与振动 [M]. 西安: 西安交通大学出版社, 2018.

[60] 中国动力工程学会. 火力发电设备技术手册: 第二卷 汽轮机 [M]. 北京: 机械工业出版社, 1998.

[61] VANCE J M. Rotordynamics of turbomachinery [M]. Boca Raton: John Wiley & Sons, 1991.

[62] CHILDS D. Turbomachinery rotordynamics: phenomena, modeling, and analysis [M]. Boca Raton: John Wiley & Sons, 1993.

[63] MUSZYNSKA A. Rotordynamics [M]. Boca Raton: CRC press, 2005.

[64] MATSUSHITA O, TANAKA M, KANKI H, et al. Vibrations of rotating machinery [M]. Berlin: Springer, 2017.

[65] 袁奇, 高进, 李浦, 等. 重型燃气轮机转子结构及动力学特性研究综述 [J]. 热力透平, 2013, 42(4): 294-301.

[66] 高进, 袁奇, 李浦, 等. 燃气轮机拉杆式转子的刚度模化和模型修正方法 [J]. 西安交通大学学报, 2013, 47(5): 18-23.

[67] 高进, 祁乃斌, 郭勇, 等. 燃气轮机周向拉杆转子弯曲故障动力学特性研究 [J]. 东方电气评论, 2018, 32(126): 44-49.

[68] 张成利, 王新军, 王松, 等. 燃气轮机二次空气系统的设计要求与布置特点分析 [J]. 燃气轮机技术, 2010, 23(2): 39-42; 52.

[69] 吴志方. 燃气轮机空气温度测量值的精度分析与改进[J]. 东方电气评论, 2021, 35(137): 30-33.

[70] 杨允, 张士杰, 肖云汉. 环境温度对燃气轮机分布式供能系统优化配置的影响[J]. 热能动力工程, 2013, 28(4): 345-351.

[71] 高南兴. 进气喷雾冷却及其在我国燃气轮机上的应用[J]. 发电设备, 2015, 29(1): 1-6.

[72] 曾斯. 浅谈三菱M701F燃机压气机进气温度对IGV开度的影响[J]. 机电信息, 2011(24): 54-55.

[73] 张国平, 蔡志平. S109FA SS燃气-蒸汽联合循环电厂经济性分析[J]. 燃气轮机发电技术, 2006, 8(3/4):378-385.

[74] 辛黎虎, 辛军哲, 刘金星. 燃气轮机进气蒸发冷却系统的设计及其效果分析[C]// 中国电机工程学会燃气轮机发电专业委员会2010年年会论文集. 北京: 中国电机工程学会, 2010.

[75] 田磊. 西门子重型燃气轮机闭环控制策略解析[J]. 燃气轮机技术, 2016, 29(1): 68-72.

[76] 北京能源投资(集团)有限公司, 西门子电站自动化有限公司, 西门子(中国)有限公司. 西门子燃气轮机控制系统解析[M]. 北京: 中国电力出版社, 2016.

[77] 章素华. 燃气轮机发电机组控制系统[M]. 北京: 中国电力出版社, 2013.

[78] 虎煜, 陈学文. 西门子V94.3燃气轮机控制系统[J]. 上海电力, 2006, 19(2): 152-155.

[79] 刘尚明, 何皓, 蒋洪德. 重型燃气轮机控制发展趋势及未来关键技术[J]. 热力透平, 2013, 42(4): 217-223.

[80] 陈凯, 李建伟, 毛志伟. 西门子H级燃气轮机的主要系统及其控制与保护[J]. 燃气轮机技术, 2020, 33(2): 49-53.

[81] 毛丹, 诸粤珊. 三菱M701F燃气轮机控制系统简析[J]. 湖南工业大学学报, 2008, 22(6): 76-79.

[82] 郭正㮒. 燃气轮机自动控制系统设计[M]. 北京: 机械工业出版社, 1986.

[83] 任其智, 赵小宁. PG9351FA燃气轮机原理与应用教程[M]. 北京: 电

[84] 刘尚明,虎煜,刘冰. 单轴联合循环发电机组的燃气轮机功率监测[J]. 热力透平, 2009, 38 (1): 61-64.

[85] 中国电气工程大典编辑委员会. 中国电气工程大典: 第4卷 火力发电工程 下[M]. 北京: 中国电力出版社, 2009.

[86] 沈立锐, 丁超, 夏焱, 等. 基于MPC的三轴燃气轮机转速负荷控制[J]. 燃气轮机技术, 2020, 33(2): 1-9.

[87] 张亚东, 姜里运, 宋少华, 等. 三轴燃气轮机发电机组突变负载控制策略研究[J]. 热能动力工程, 2016, 31(11): 26-31.

[88] 倪维斗, 徐基豫. 自动调节原理与透平自动调节[M]. 2版. 北京: 机械工业出版社, 1991.

[89] 姚秀平. 燃气轮机与联合循环[M]. 北京: 中国电力出版社, 2010.

[90] 李孝堂. 航机改型燃气轮机设计及试验技术[M]. 北京: 航空工业出版社, 2017.

[91] 黄健, 冯杰, 孙文强, 等. 一种减弱压气机叶片叶背分离的方法[J]. 冶金能源, 2016, (2): 50-52.

[92] 钟亚飞, 马宏伟, 李金原, 等. 航空发动机进气总压畸变地面试验测试技术进展[J]. 航空发动机, 2020, 46(6): 62-77.

[93] 王威, 李雅军, 苗安立, 等. 燃气轮机振荡燃烧的主动控制方法[J]. 热能动力工程, 2017, 32(9):33-39.

[94] 周瑜, 乐嘉陵, 陈柳君, 等. 径向双旋流燃烧室流场结构大涡模拟研究[J]. 推进技术, 2017, 38(4): 909-917.

[95] 何敏, 刘云鹏, 颜应文. 地面燃气轮机单管燃烧室流量分配试验[J]. 航空动力学报, 2018, 33(4): 919-927.

[96] 周灵敏, 王博, 魏佳明, 等. 燃气轮机涡轮叶片冷却试验技术[J]. 航空动力, 2020(4): 27-30.

[97] 王振成. 飞机发动机高效涡轮冷却技术的分析与应用[J]. 现代制造技术与装备, 2020(6): 171-172.

[98] 栗迅. 某型燃气轮机整机试验台研制[J]. 装备制造, 2010(4): 159.

[99] 全国燃气轮机标准化技术委员会. 燃气轮机 验收试验: GB/T 14100—2016[S]. 北京: 中国标准出版社, 2016.

[100] National Academies of Sciences, Engineering, and Medicine. Advanced technologies for gas turbines[M].[S.l.]: National Academies Press, 2020.

[101] BOYCE M P. Gas turbine engineering handbook[M]. 4th ed. Oxford: Butterworth-Heinemann Press, 2012.

[102] BUNKER R S. Gas turbine heat transfer: 10 remaining hot gas path challenges[C]. Barcelona: ASME Turbo Expo: Power for Land, Sea, & Air, 2006.